SPAC 理论与实践

唐兆凡◎著

中国金融出版社

责任编辑：黄海清
责任校对：李俊英
责任印制：张也男

图书在版编目（CIP）数据

SPAC 理论与实践/唐兆凡著 . —北京：中国金融出版社，2022.9
ISBN 978 - 7 - 5220 - 1678 - 8

Ⅰ.①S… Ⅱ.① 唐… Ⅲ.①上市公司—企业融资—研究—中国
Ⅳ. ①F279.246

中国版本图书馆 CIP 数据核字（2022）第 114651 号

SPAC 理论与实践
SPAC LILUN YU SHIJIAN
出版
发行　中国金融出版社

社址　北京市丰台区益泽路 2 号
市场开发部　（010)66024766，63805472，63439533（传真）
网 上 书 店　www. cfph. cn
　　　　　　（010)66024766，63372837（传真）
读者服务部　（010)66070833，62568380
邮编　100071
经销　新华书店
印刷　保利达印务有限公司
尺寸　169 毫米×239 毫米
印张　24. 25
字数　350 千
版次　2022 年 9 月第 1 版
印次　2022 年 9 月第 1 次印刷
定价　98. 00 元
ISBN 978 - 7 - 5220 - 1678 - 8
如出现印装错误本社负责调换　联系电话（010）63263947

前　　言

特殊目的收购公司（Special Purpose Acquisition Company，SPAC）作为"空白支票"公司（"Blank Check" Companies），通过 IPO 募集资金，以便与私营公司合并。美国在过去两年经历了一场 SPAC 热潮。华尔街在 2021 年创纪录地在纽约证券交易所和纳斯达克（NASDAQ）通过 SPAC 募集了超过 1600 亿美元资金，这个额度几乎是 2020 年的两倍，尽管华尔街的 SPAC 热潮似乎正在褪去，而美国 SEC 提议的提高 SPAC 披露要求的法规草案可能导致美国 SPAC 市场进一步降温。

但 SPAC 在全球的热潮可能还未结束。虽然进展缓慢，但欧洲正积极追赶这一热潮。美国 SPAC 市场的过度饱和可能预示着欧洲大陆的转折点即将到来。不过欧洲的 SPAC 热潮看起来不会像美国那样具有爆发性。

在亚洲，对于在中国香港和新加坡的 SPAC 市场来说，去年只是一个谨慎的开始，而它的增长速度正在加快。今年第一季度，只有 1 家 SPAC 在中国香港上市，融资金额为 1.28 亿美元，而在新加坡上市的 SPAC 有 3 家，融资总额为 3.34 亿美元。但今年第二季度令人惊诧地成了一座里程碑——仅中国香港就发起了十几起 SPAC 的上市。

我的好朋友和合伙人唐兆凡博士为我们提供了一本关于 SPAC

理论和实践全貌的著作。作为著名的经济学家和法学家，他也是纽约州和中国的执业律师，拥有超过 20 年的经验。这本书将对世界范围内金融行业的专业人士提供很大的帮助，同时也是唐博士卓越的专业知识、专业技能和学术成就的最新证明。

菲力士·奥迪兹（Felix W. Ortiz）

美国纽约州前副议长、美国州议员协会前联席主席

2022 年 7 月

目　　录

第 1 章　导论 ………………………………………………… 1

第 2 章　SPAC 金融史的结构与变迁 …………………… 17

第 3 章　传统 IPO 的发展及演绎 ………………………… 34

第 4 章　SPAC IPO 的交易结构及其经济学解析 ……… 74

第 5 章　SPAC 初始并购的过程与反向并购 …………… 94

第 6 章　SPAC 股东投票权委托陈述与要约收购 ……… 115

第 7 章　SPAC 与 PIPE ……………………………………… 157

第 8 章　SPAC 税收结构及其税务筹划 ………………… 189

第 9 章　SPAC 的法律风险 ………………………………… 230

第 10 章　SPAC 的理论及创新 …………………………… 274

第 11 章　SPAC 的国际化及可持续发展 ………………… 315

第 12 章　SPAC 的未来 …………………………………… 356

参考文献……………………………………………………… 369

第1章 导 论

2020 年美国特殊目的收购公司（Special Purpose Acquisition Company，SPAC）IPO 市场急剧升温以来，已有近 900 家 SPAC 在纽约证券交易所或 NASDAQ 成功 IPO，融资额达 2335.9 亿美元。同时，仅仅 2021 年全年就有 221 家私控公司（"未上市公司"）通过与 SPAC 并购实现在纽约证券交易所或 NASDAQ 上市（这一过程即 De‐SPAC），De‐SPAC 并购总价值约为 4036.3 亿美元。在金融界赫赫有名的对冲基金经理比尔·阿克曼（Bill Ackman）、投资银行家迈克尔·克莱恩（Michael Klein）、瑞士信贷（Credit Suisse）前 CEO 迪德简·蒂亚姆（Tidjane Thiam）等知名金融人士已将自己的身份重塑为 SPAC 专家。美国的前政要也纷纷登场，如美国国务院前国务卿康多莉扎·赖斯（Condoleezza Rice）、联邦众议院前议长保罗·瑞安（Paul Ryan）等都参与了 2020 年风靡华尔街的 SPAC 热潮（见表 1‐1）。

表 1‐1　　　　　　美国融资额排名前十的 SPAC

（2019 年 1 月 1 日至 2021 年 12 月 31 日）

发行人（SPAC）	发行次数（起）	融资总额（百万美元）
Pershing Square Tontine Holding Ltd	1	4000
Churchill Capital Corp. IV	1	2070
Soaring Eagle Acquisition Corp.	1	1725
Foley Trasimene Acq Corp. II	1	1467
Churchill Capital Corp. Vii	1	1380
KKR Acquisition Holdings I	1	1380
Austerlitz Acquisition Corp II	1	1380
Social Capital Hedosophia VI	1	1150
Jaws Mustang Acquisition Corp.	1	1035
Foley Trasimene Acquisition	1	1035

资料来源：Refinitiv, an LSEG Business。

2021 年 10 月，一家 SPAC 公司 Digital World Acquisition Corp. 宣布计划与美国前总统唐纳德·特朗普（Donald Trump）推出的社交媒体平台合并的消息传出后，该 SPAC 公司的股价飙升，短时间内股价上涨近 17 倍。事实上，SPAC 在 2020/2021 年已经变得流行（见图 1－1），以至于天后级流行歌星詹妮弗·洛佩兹（Jennifer Lopez）和 NBA 篮球传奇巨星沙奎尔·奥尼尔（Shaquille O'Neal）等名人也纷纷加入，将其推广到美国华尔街以外的地方。

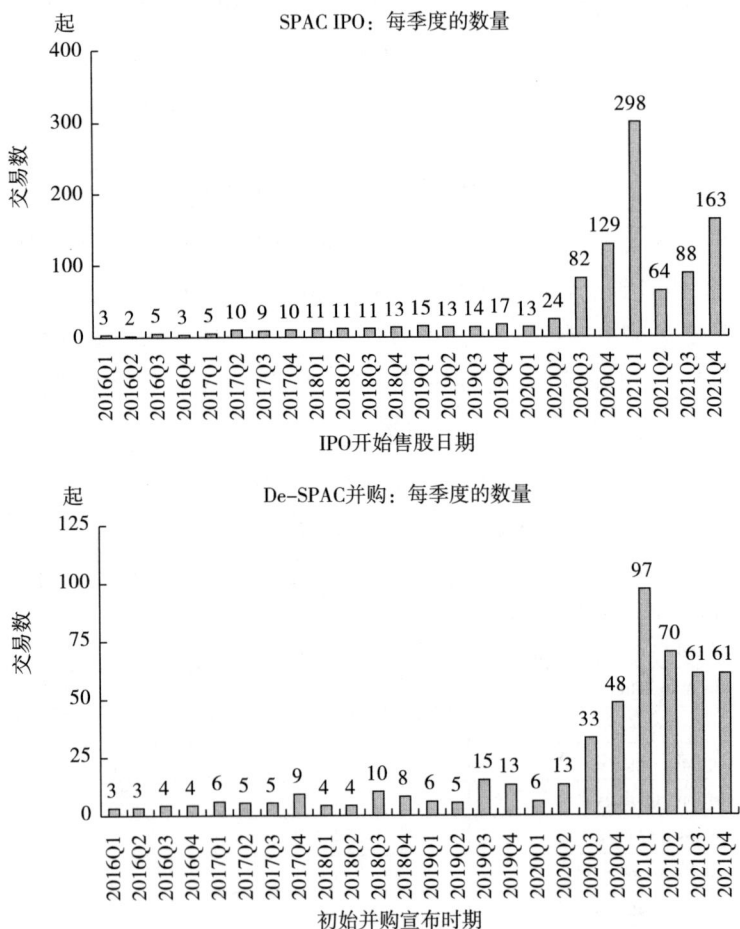

图 1－1　SPAC 和 De－SPAC 的数量（按季度）

（资料来源：Deal Point Data）

现代意义上的 SPAC 于 20 世纪 90 年代作为应对美国监管变化的金融创新出现在美国，现在欧洲的英国、荷兰、意大利、芬兰、瑞典、德国和法国，以及亚洲的新加坡、韩国、马来西亚、中国香港等超过 10 个国家和地区已经采用了这种特殊 IPO 的融资及并购模式。

SPAC 从其融资的法律形式上看首先是 IPO 的一种，它源于传统的 IPO，但与传统的 IPO 又有很大不同。有一种 SPAC 理论认为 SPAC 是"穷人的私募股权基金"，因为对冲基金及其他机构投资者在金融市场上比散户有更多的选择，因为它们一直在投资比较复杂的金融产品，如私募股权（PE）等，而这些投资机会往往不属于散户投资者。但特定的散户投资者可以通过投资 SPAC 以获得类似机构投资人的投资机会：因为这种模式允许所有二级市场投资者参与同一个 PE 类型的投资计划，然后通过反向并购或杠杆收购来完成套利并退出。在法律形式上，SPAC 是为了与有实际经营业务的企业进行业务合并（本书称其为初始并购）而设立的空壳公司，通过 SPAC 反向并购上市模式的一个重要特征是规避了美国证券法中一些重要的规范性监管控制，因此，美国证券业的自我监管机构（SRO）、SPAC 公司以及投资银行和律师事务所等在自我监管的前提下实现变革，试图为投资人提供相对充分的保护。纽约证券交易所（The New York Stock Exchange，NYSE，以下简称纽交所）和 NASDAQ 也多次修正针对 SPAC 的规则，在保护投资人的同时促进交易的发生。但另一种理论认为 SPAC 是对冲基金利用这种模式进行证券投机的工具，这些对冲基金被称为"SPAC 黑手党"。根据一份研究报告（本书第 4 章将详述），"SPAC 黑手党"成员约持有 SPAC IPO 70% 的股权份额，前五大"SPAC 黑手党"（对冲基金）的成员持有 2019—2020 年 SPAC IPO 总股份的 15%。

1.1　SPAC 的金融史简介

现代意义上的 SPAC 首次于 20 世纪 90 年代在美国华尔街出现时，其主要目的是通过设计这种结构以规避美国证券交易委员会（Securities and Exchange Commission，SEC）的第 419 号规则（Rule 419）对空白支票公司（Blank Check Company）IPO 过分严格的规定。其最初的发起人（Sponsor）

创建了一个灵活的结构，可以适应不断变化的市场环境，并可能形成更强大的交易模式。然而在 20 世纪 90 年代的第一阶段（第一代 SPAC，下文将详述），SPAC 只是一种在场外（OTC）市场存在感很弱的金融创新，其交易结构前后仅发生了很小的变化，也没有被其他业界的同行效仿。因此，在原发起人因其他原因声誉受损时，SPAC 这种模式就被华尔街暂时放弃了。在 10 余年后的 2003 年，SPAC 重新在华尔街被推出，随着新的发起人进入市场后尝试新的变化，SPAC 的结构经历了频繁的变动。但为了确定有些金融创新是否必要，试错的过程不可避免，因此也未能及时说服华尔街接受这种模式。随着 2008 年国际金融危机的爆发，流动性短缺导致许多投资者只想撤回他们的资金，而无法考量 SPAC 结构是否优越，或拟并购的目标公司是否物超所值。因此在 2008 年国际金融危机之后的一年，流动性普遍短缺，加上投资者偏好更安全的投资，SPAC 难以实现成功的初始并购。在这种情形下，SPAC 的发起人和推广者不得不修改其交易结构，以增加SPAC 成功的机会。可能的选择包括增加初始并购期限的限制、增加投资人回报或改变投票模式。在实践中，SPAC 不得不作出改进，以说服投资人，同时增加 SPAC 成功实现初始并购的概率：SPAC 存续时间被缩短、投票权被转换为要约收购等。于是，SPAC 在 2009/2010 年回归华尔街，并逐渐被NASDAQ 和纽交所等主板市场接受，在接下来的 7 年里以更温和的速度增长（年复合增长率约 29%），其中 2015 年达到 39 亿美元融资总额的峰值。2017 年以后增长的速度加快，2017—2020 年平均融资总额为 141 亿美元（其中 2017—2019 年两年平均融资总额为 114 亿美元），对比 2003—2016 年的平均融资总额 25 亿美元增长了近 5 倍。

2020 年新冠肺炎疫情（COVID–19）期间，在美国 SPAC 迎来了爆发性增长（见表 1–2 和图 1–2），而且在 2021 年 SPAC 有过热的趋势，仅在第一季度就筹集了约 950 亿美元。2021 全年美国 SPAC IPO 数量创历史新高，达 613 起，其中第四季度 SPAC IPO 几乎是第三季度的 2 倍。到 2021 年年底，共有 572 家 SPAC 在寻求收购目标，这些 SPAC 总募资额为 1384 亿美元，创下历史最高纪录。与此同时，截至第四季度末，仍有 270 起 SPAC IPO 在美国 SEC 注册中，潜在总募资额为 594 亿美元。

表 1 – 2　　　　　美国 De – SPAC 交易的年度小结

(2019 年 1 月至 2021 年 12 月的交易量和交易总额)

年份	交易数量（起）	市场份额（%）	交易总额（百万美元）
2019	26	8	28312.70
2020	92	27	139180.50
2021	221	65	403635.40
总计	339	100	571128.60

资料来源：Refinitiv，an LSEG Business。

百万美元

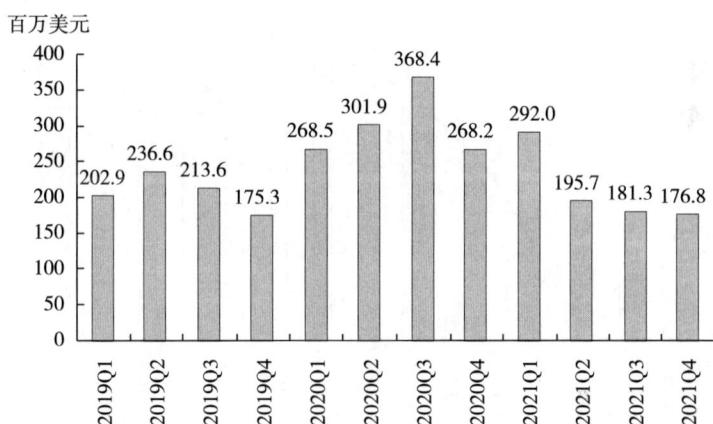

百万美元

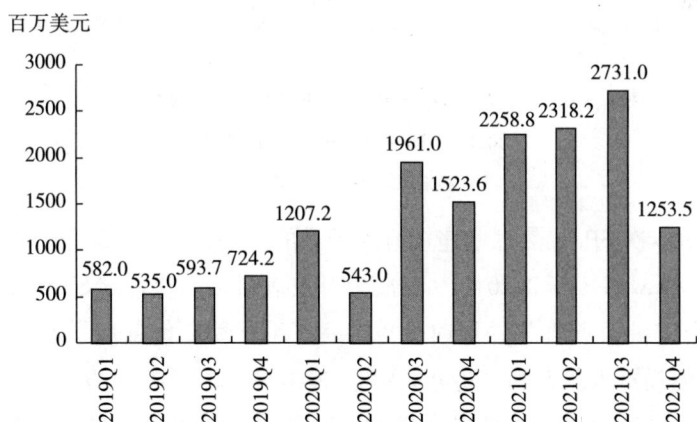

注：IPO 股票发行日截至 2021 年 12 月 31 日；De – SPAC 交易宣布日截至 2021 年 12 月 31 日。

图 1 – 2　SPAC IPO 平均募集资金总额（上）

与 De – SPAC 交易的平均股权价值（下）

（资料来源：Deal Point Data）

2020—2021 年风靡美国和国际金融市场的 SPAC 热潮似乎远远超越了前面所述的两种理论（见图 1－3），2020 年，美股共有 248 家 SPAC 上市，总融资额达 828 亿美元，占美股 IPO 市场总融资额约 45%。2021 年全年美国 SPAC IPO 数量创历史新高达 613 起。到 2021 年底，共有 572 家 SPAC 在寻求收购目标创下历史最高纪录，同时仍有 270 起 SPAC IPO 在美国 SEC 注册中，潜在总融资额为 594 亿美元。

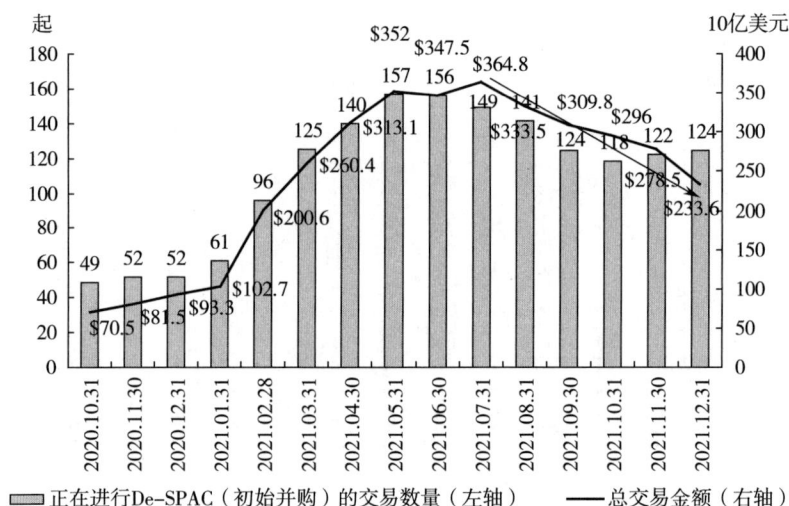

图 1－3 正在进行 De－SPAC（初始并购）的交易数量

（2020 年 10 月至 2021 年 12 月）

（资料来源：Deal Point Data）

出于对本次 SPAC 热潮中违规行为泛滥的担心，美国 SEC 前主席杰·克莱顿（Jay Clayton）于 2020 年 9 月底公开发表讲话，在肯定 SPAC 是对传统 IPO 的一个"健康竞争"的同时，也暗示了对 SPAC 信息披露不足的担心。美国 SEC 的投资人教育和宣传办公室于 2020 年 12 月 10 日发布了以教育和警示投资人为目的的公告，题为《SPAC——你应该知道些什么》（*SPACs——What You Need To Know*），美国 SEC 的公司融资部也发布了对 SPAC 信息披露的 SEC 员工意见（Staff Opinion）。虽然这两份文件都没有正式的法律效力，但华尔街无疑不敢掉以轻心。美国 SEC 现主席盖瑞·

詹斯勒（Gary Gensler）在 2021 年 4 月宣誓就职前后，SEC 明显加强了对 SPAC 的监管。SEC 在 4 月发布了指导意见，就 SPAC 认股权证的会计处理方式和前瞻性披露的责任风险对 SPAC 企业提出了警告。SEC 工作人员认为，根据条款有些 SPAC 认股权证应被视为负债，而非股权投资。结果，许多 SPAC 不得不重述其财务报表，这一过程在 2021 年 6 月前基本完成。但美国 SEC 也成功地让 SPAC IPO 从高点回落，市场似乎重新回归理性（见图 1－4）。

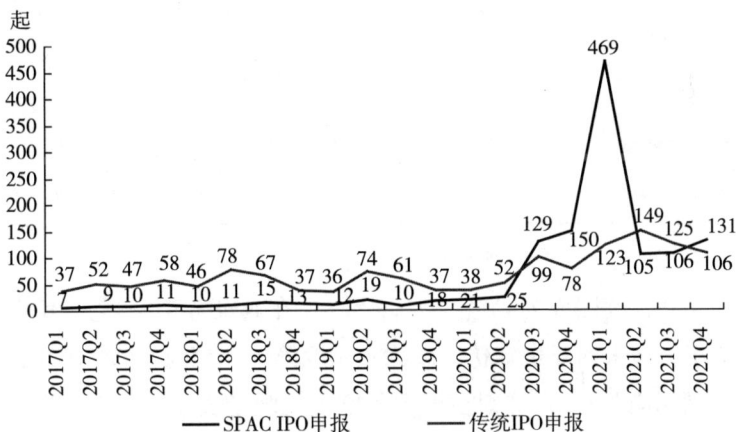

图 1－4 每季度递交给 SEC 的新 IPO 申报：SPAC *v. s.* 传统 IPO

（初始申报日期 2017 年 1 月 1 日至 2021 年 12 月 31 日）

（资料来源：Deal Point Data）

美国之外，在欧洲、亚洲和非洲也都有类似美国 SPAC 的结构，如英国、德国、荷兰、韩国、南非和马来西亚等国家和地区也开始引进 SPAC。

欧洲现代意义上的 SPAC 历史始于 2005 年。英国和意大利历来是欧洲最活跃的 SPAC 上市地点。然而，2021 年 1 月以来，意大利逐渐落后，荷兰和法国有后来居上的趋势。英国金融事务监管局（Financial Conduct Authority，FCA）发布了与 SPAC 制度相关的最终政策修改陈述，该陈述于 2021 年 8 月 10 日生效，鼓励 SPAC 在伦敦证券交易所上市。在那以后，英国重新变成欧洲 SPAC 上市最活跃的司法管辖区之一（见表 1－3）。

表 1-3   2021 年 1 月至 10 月欧洲证券交易所
新挂牌 SPAC 的数量和市场份额

交易所所在国家	挂牌数量（家）	市场份额（%）
荷兰	11	34
英国	5	16
法国	4	12
瑞典	4	12
德国	4	12
芬兰	2	7
意大利	2	7
总计	32	100

资料来源：Refinitiv, LSEG Business。

2009 年底，韩国成为第一个允许 SPAC 在其证券交易所上市的亚洲国家。2011 年，马来西亚也效仿，成为东南亚第一个允许 SPAC 在其交易所上市的国家。两国的 SPAC 规则在很大程度上反映了美国 SPAC 的规则。2020 年以来，亚洲金融市场显示了对 SPAC 的强劲需求。2020 年 1 月 1 日以来亚洲的发起人在美国发起设立了 40 个左右 SPAC，与此同时亚洲的投资人也对 SPAC 越来越熟悉。多个亚洲国家和地区在研究和探讨在本地的证券交易所引入 SPAC 模式，以吸引 SPAC 在亚洲本地的交易所 IPO。香港和新加坡的证券监管机构和交易所 2020 年起都在考虑引入 SPAC 制度。

2021 年 9 月 2 日，新加坡交易所发布了《SPAC 拟议上市框架》，正式允许 SPAC 在其主板上公开上市。在新加坡交易所修订的上市规则公布后，为满足有兴趣在香港推进 SPAC 上市的需求，香港联合交易所有限公司（香港联合交易所的全资子公司）于 2021 年 9 月发表了关于建立 SPAC 机制的咨询文件，提交建议书反馈的截止日期为 2021 年 10 月 31 日。2021 年 12 月 17 日香港联合交易所公布 SPAC 最终规则，于 2022 年 1 月 1 日起实施。

SPAC 的金融史可以概括如下：在美国，空白支票/超低价股公司曾经在各个交易所非常活跃，特别是 20 世纪 80 年代。但随后，这种金融工具开始被用于证券操纵和金融诈骗，如 1987 年发生了一起涉及 Onnix Financials 的丑闻：虽然该公司没有任何业务，但它欺骗其投资者并出售不存在的证券。根据美国 SEC 的数据，在 1987—1990 年空白支票公司的高峰期，美国大约有 2700 家空白支票公司通过证券发行（Offerings）进入证券市场。最后的结果是 1990 年《低价股法案》（*Penny Stock Reform Act*，本书第 2 章将

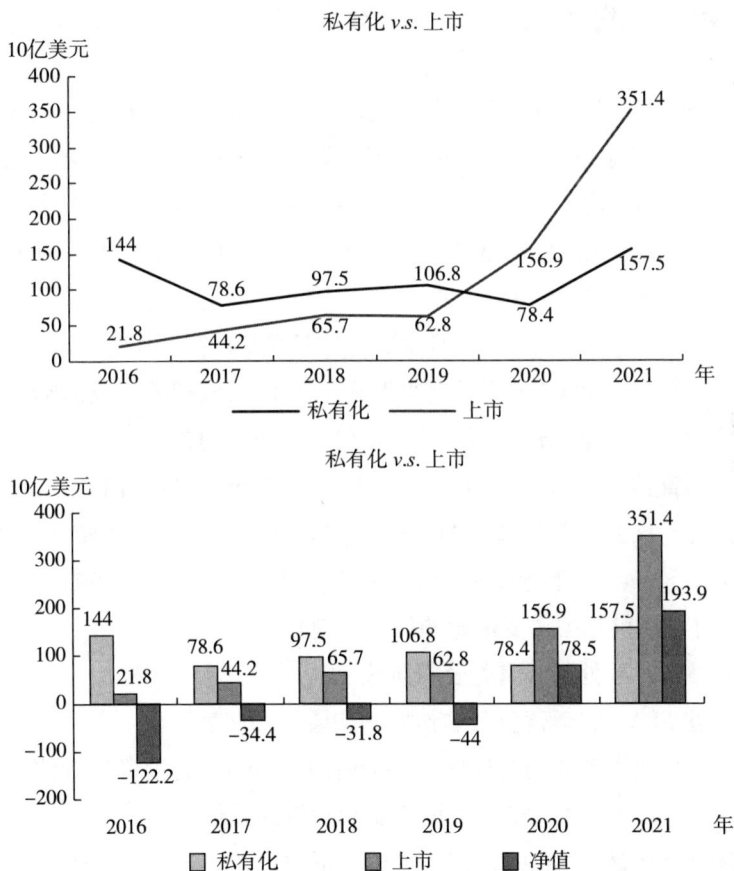

私有化 *v.s.* 上市

私有化 *v.s.* 上市

图 1 - 5　2020 年开始私有化和上市的趋势逆转在 2021 年加剧

（资料来源：Deal Point Data）

详述）的颁布。该法案及 SEC 规则的颁布引起华尔街的金融创新，进而导致了 SPAC 的产生，但这种创新在 20 世纪 90 年代没有延续下去。2000 年后，SPAC 又回到金融市场，而且这次有更严格的法律和制度来保护投资者。从那时起，SPAC 以稳定的步伐发展着，并逐渐跨越国界，成为家喻户晓并被广泛采用的投资模式（见图 1-5）。截至 2022 年第一季度，在欧洲和亚洲，有超过 10 个国家和地区仿效美国，引进了 SPAC 制度。

1.2　SPAC 的定义

SPAC 成立的唯一目的在于上市之后，通过增发股票并购一家或多家未上市公司（有时会采用"股票 + 现金"的交易结构，偶尔也会有纯现金收购），即 SPAC 初始并购交易（或 De - SPAC Transactions，即去 SPAC 交易），从而使该等私控公司迅速实现上市，而 SPAC 的发起人及投资人实现投资回报。SPAC 在完成 SPAC 并购交易之前为空壳公司，其自身不存在任何其他业务。一般情况下，SPAC 须在上市后的 24 个月内完成 SPAC 的初始并购交易，否则，SPAC 或需要获得股东批准延长该期限，或面临清算并将托管账户内的资金全部返还至 SPAC 股东。下面我们参考一下美国 SEC 的投资人教育和宣传办公室于 2020 年 12 月 10 日发布的以教育和警示投资人为目的的公告。该公告题为《SPAC——你应该知道些什么》（*SPACs——What You Need To Know*）。在公告中，SEC 表明了其目的是为投资者在考虑投资一家 SPAC 时，提供相关重要概念的信息，包括：

（1）当 SPAC 处于其空壳公司阶段；

（2）在 SPAC 和运营公司的初始并购阶段和之后阶段。

重要的是要了解如何在这些不同的阶段对 SPAC 的投资进行估值，包括对 SPAC 发起人和相关人士的经济利益和动机的评估。

在解释什么是 SPAC 时，该公告用了很大篇幅来描述。首先，该公告指出，SPAC 为特殊目的收购公司，属于空白支票公司（Blank Check Company）的一种。SPAC 已经成为各种并购交易的流行工具，包括将一家公司从私控公司转变为上市公司。某些市场参与者认为，与传统的 IPO 相比，通过

SPAC 交易使私控公司成为上市公司，在定价和交易条款的控制方面更具确定性。该公告随后比较了通过与 SPAC 并购上市和传通 IPO 上市的区别。通过 SPAC 方式上市，最常见的是通过 SPAC 收购或与非上市公司合并的方式，通常发生在 SPAC 完成自身的 IPO 数月或一年多之后完成交易并在交易所挂牌交易。然而，与通过传统 IPO 上市的运营公司不同，SPAC 自身上市时只是一家空壳公司。这意味着该公司没有基本的运营业务，除了现金和有限的投资（包括 IPO 所得）之外，没有其他资产。而通过传统 IPO 上市的运营公司，最初都是从一种或多种运营业务开始并发展，后来可能发展到一定的规模，从而确定自身拥有足够的资源和结构来完成 IPO，以及满足随后 SEC 的报告要求，并选择寻求在公开市场筹集资金，从而成为一家上市公司。

SEC 在其公告中随后指出，如果一个投资人在 SPAC 公司的 IPO 阶段投资于 SPAC，他或她主要依靠的是 SPAC 的管理团队，其理由是 SPAC 唯一的商业模式是寻求收购或与未上市的运营公司合并（这种收购或合并一般被称为初始并购）。SPAC 可以在其 IPO 招股说明书中确定其寻求合并公司的特定行业或业务，但一般没有确定的义务，仅仅在其确定的行业中寻找初始并购的目标公司。一旦 SPAC 确定了初始并购的目标公司（运营公司），该 SPAC 的管理层将与该运营公司进行谈判。如果其并购协议得到了 SPAC 股东的批准（如果需要股东投票的话，有时 SPAC 采取要约收购的方式不需要股东投票），则可以完成初始并购。这种交易通常以反向合并的形式进行，即该运营公司与 SPAC 或 SPAC 的子公司合并。虽然初始并购有多种结构方式，但初始并购后的公司是上市公司，将继续进行目标公司的运营业务。

1.3　SPAC 的注册地

美国的 SPAC 大多在美国特拉华州注册设立，但如果 SPAC 初始并购的目标公司在美国境外的可能性更大时，出于税务因素及为了 SPAC 并购交易的结构便利，SPAC 也会在美国境外注册，如在开曼群岛、英属维尔京群岛

（BVI）等（见图 1 - 6）。

2021年第一季度
英属维尔京群岛0.3%

开曼群岛
41.1%

特拉华州
58.6%

2021年第二季度
英属维尔京群岛4.7%

开曼群岛
51.6%

特拉华州
43.7%

2021年第三季度

英属维尔京群岛   纽约州1.0%
2.3%

开曼群岛
33.0%

特拉华州
63.6%

2021年第四季度

英属维尔京群岛1.2%   百慕大1.0%

开曼群岛
47.1%

特拉华州
50.8%

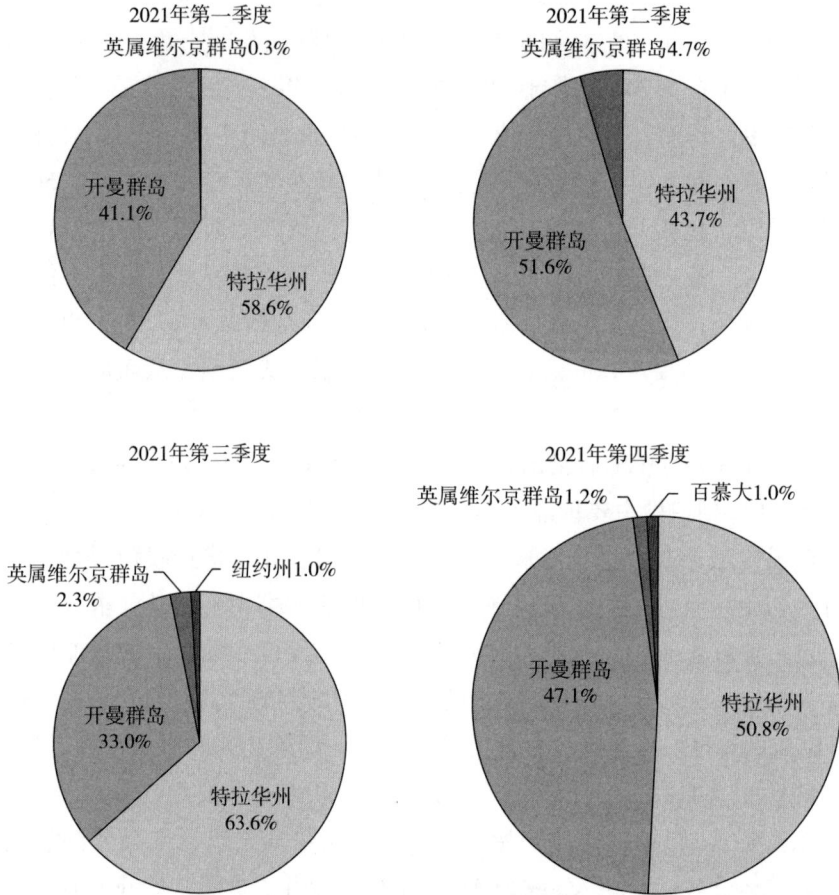

图 1 - 6　SPAC 的注册地

（因四舍五入，百分比加总不为 100% 。下同。资料来源：Deal Point Data）

1.4　SPAC 的投资人

　　SPAC IPO 的常见投资人为机构投资人（其投资计划通常涵盖公开市场股票）、对冲基金及公众投资人。SPAC 上市所募集的资金需存托在托管账户内，在 SPAC 并购交易完成时方得以释放，以用于支付 SPAC 并购交易所需的现金对价、SPAC 股东赎回其持有 SPAC 股份的金额，以及 SPAC 并购交易完成后的公司运营资本。

根据近期一份研究报告（详见本书第 4.6.1 节），在 SPAC IPO 后，向美国 SEC 申报 Form 13F 的机构投资者持有 SPAC 股权的中位数是 85%，在初始并购前是 87%，而其平均比例是 82% 和 79%。

1.5 SPAC 的比较优势

尽管存在很多争论，但一般认为成立 SPAC 速度很快，步骤简单且费用低廉，仅需几万美元，即可成立一个空壳 SPAC，在 3~4 周内即可向美国 SEC 提交上市申请。同时由于 SPAC 为新成立的空壳公司，不存在披露历史财务报表或资产的需要，且需要披露的潜在风险事项很少，SPAC 申请上市的股票（或股权单元，Unit）注册陈述通常较为格式化，仅包含一般性语言及董事与高管简历。因此，SEC 对于 SPAC 的申请上市的注册陈述的审核意见通常较少，所以 SPAC 通过 SEC 审核的时间较快。SPAC 发起人多为有相关行业背景和经验的管理团队，并通常会获得财务投资人的支持。

从各参与方的视角，SPAC 也有其独特的优势。对于发起人而言，SPAC 有相对较低的前期投资及极高的投资回报率。对于私募基金发起人而言，与传统募集基金方式相比，SPAC 可发挥私募基金在寻找投资目标、执行交易以及有效推动所投公司成长方面的优势，SPAC 可作为传统收购基金之外的融资工具。SPAC 募集资金的流程相较于一般基金募集资金的流程更为简单。对于正在寻求快速上市并希望减少上市过程不确定性的私控公司而言，通过 SPAC 上市速度快、确定性大。

1.6 SPAC 与初始并购前的交易结构及投资人保护

SEC 的投资人教育和宣传办公室于 2020 年 12 月 10 日发布的公告，强调了 SPAC 招股说明书的作用。该公告指出，无论投资人是通过参与 SPAC 的 IPO，还是在 IPO 后在公开市场购买 SPAC 的证券来投资该公司，他们都应该仔细阅读 SPAC 的 IPO 招股说明书,并根据该 SPAC 的持续申报义务向 SEC 提交的定期和当前报告来考量投资的明智性,同时 SEC 提请投资人了解 SPAC 的投资条款。此外,考虑到 SPAC 没有可评估的实际运营业务的历史,回顾 SPAC 管理层及其发起人的背景就非常重要。

1.6.1 信托账户

通常情况下,SPAC 的 IPO 募集到的资金存在信托账户中。SPAC 通常将该信托账户的资金投资于相对安全、有利息的投资工具,如美国国债等。在初始并购时,SPAC 为其投资者提供赎回其股份的机会,而不强制其成为合并后上市公司的股东。如果 SPAC 没有完成初始并购,SPAC 的股东是该信托账户的受益人。

1.6.2 交易价格

在 IPO 中,SPAC 的定价通常为每股权单元 10 美元。与传统的运营公司的 IPO 不同,SPAC 的 IPO 价格不是基于对现有业务的估值。当股权单元、普通股和认股权证开始交易时,它们的市场价格可能波动,而这些波动可能与 SPAC 的最终初始并购的成功关系不大。

1.6.3 认股权证

SPAC 的 IPO 结构通常是向投资者提供一个由普通股和一个或半个认股权证等组成的证券单元。认股权证是一种基于协议赋予的权利,赋予持有人在未来的一定时间内以一定价格从公司购买一定数量的额外普通股的权利,通常是溢价于认股权证发行时的股票价格。SPAC 的证券将在 IPO 后一段时间内交易,而在 IPO 之后的某个时间,SPAC 的普通股和认股权证可能开始相互独立地交易,并有它们各自的交易代码。

1.6.4 赎回和投票

一旦 SPAC 确定了初始并购的目标企业并启动该程序(见图 1 – 7),SPAC 的股东将有机会赎回他们的股份。在多数情况下,会对初始并购的交

易进行股东投票。SPAC 的每个股东可以选择在初始并购后继续作为存续的
上市公司的股东，或者赎回其股票并接收其在信托账户中持有的按比例数
额的资金。

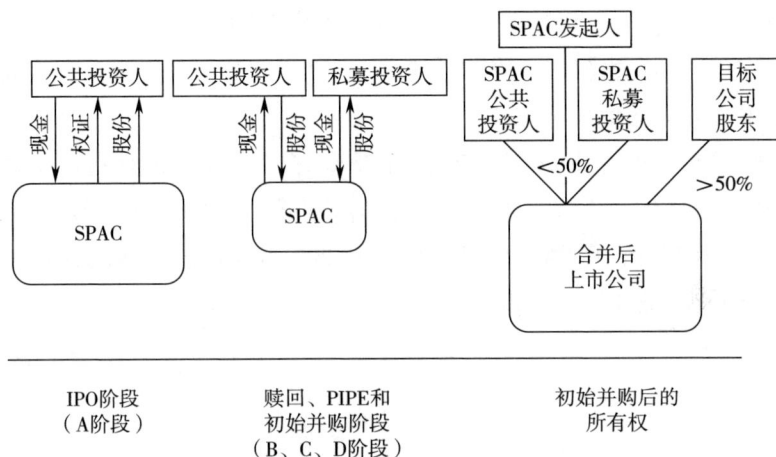

图 1 - 7　SPAC 并购过程

这是 SPAC 投资者最重要的抉择，因为 SPAC 即将从本质上一个"壳"
公司（空壳公司）转变为一个运营公司。作为投资者，他们既可以决定在
SPAC 的信托账户中按比例赎回其股份，也可以决定保留其股份并继续作为
合并后存续公司的投资者。这取决于他们如何看待潜在的初始并购及其
估值。

1.6.5　发起人的利益

SPAC 发起人通常以比 IPO 或公开市场上的投资者更优惠的条件购买
SPAC 的股票，华尔街的普遍做法是发起人以 2.5 万美元的价格获得 SPAC
IPO 时总股份的 20%，这些股份被称为创始人股份（Founder Shares，或者
Founder Promote）。但在初始并购时 SPAC 的发起人为了达成并购协议或完
成初始并购的交割，可能会放弃其部分利益，包括部分创始人股份。

2020 年在美国被业界称为 SPAC 之年，超过 240 家 SPAC IPO，超过 90
家 SPAC 完成初始并购，而且完成历了史上最大的 SPAC IPO。2021 全年美

国 SPAC IPO 数量又创历史新高，达 613 起，有 221 家 SPAC 完成初始并购。

美国的政策制定者们在 2020 年放任市场狂奔之后，2021 年开始考量 SPAC 的新规。从 2020 年底开始，美国 SEC 开始加强对 SPAC IPO 信息披露的审查，同时对 De – SPAC 的交易进行了更详细的调查。2021 年 12 月底，SEC 主席詹斯勒发表演讲，质疑通过 SPAC 上市的公司是否为投资者提供了与传统 IPO 相同的保护措施。

全球的投资人在 2021 年对美国的 SPAC 投资机会依然保持着浓厚的兴趣，但欧洲的 SPAC 发起人越来越多地转向欧洲本土证券交易所发起 SPAC。在亚洲，新加坡和中国香港不约而同地在 2021 年引入了 SPAC 制度，加入了全球对 SPAC 资金和人才的竞争。

第 2 章　SPAC 金融史的结构与变迁

根据牛津 IPO 手册（The Oxford Handbook of IPOs），SPAC 作为一种投资工具的历史可以追溯到 18 世纪的英格兰。在臭名昭著的南海泡沫（South Sea Bubble）期间，当时萌芽期的 SPAC 被称为"盲目资金池"或"盲池"（Blind Pools）。一位没有在历史上留下姓名的发起人留下了一段话，作为南海泡沫的一部分写进了历史：他通过发行股票为一家"运营着一项具有巨大优势的事业，但没有人知道它是什么"的公司融资，于是成功筹集到了资金。英国的盲目资金池在 20 世纪 20 年代早期被引入美国资本市场，被称为"投资信托"，但它们的活动随着大萧条的到来而减少。在最近的历史中，在 20 世纪 80 年代和 90 年代，以空白支票公司形式重新定义的盲目资金池和投资信托的概念在美国资本市场的一些领域受到了关注。当时的主要推动者都是在场外（OTC）证券交易市场上的低价股的推动者。

因此，美国的证券界一般认为 SPAC 的前身是 20 世纪 80 年代困扰美国证券市场的空白支票公司（Blank Check Company），而当时的空头支票公司常常伴随着欺诈、腐败和市场操纵。美国 SEC 把空白支票公司定义为"一个处于发展阶段的公司，该公司没有具体的商业计划或目的，或已明确表明其商业计划是将与未来再确定的公司进行合并或收购的公司"。在 20 世纪 80 年代的空白支票公司中，严重的欺诈等违法行为在低价股票市场中特别常见。为了保护投资者和恢复投资者信心，1990 年美国国会通过立法授权美国 SEC 制定规则，对空白支票公司的信息披露等方面严格管理，即美国国会在 1990 年通过的《1990 年证券执法补救及低价股改革法案》（*Securities Enforcement Remedies and Penny Stock Reform Act of* 1990，即 *Penny Stock Reform Act* 或《低价股法案》），SEC 根据该法案于 1992 年制定了第 419 号规则（Rule 419）。于是，空白支票公司随后从美国证券市场上几乎消失。

几年后，作为以前空白支票公司的替代，SPAC 以一种更健康的方式出现。当然对于 SPAC 是不是属于空白支票公司存在一定的争议：尽管美国 SEC 认为 SPAC 属于空白支票公司，还是有少部分学者或律师有不同意见。不过这种争议纯粹是概念上的，对实际操作几乎没有影响。对于 SPAC 是否是空白支票公司的争议，本书采用美国 SEC 的观点。

与 20 世纪 80 年代的空白支票公司一样，SPAC 同样没有运营历史或资产，也没有运营收入，其目的是通过公开股票市场筹集资金以完成其在招股说明书里描述的企业合并或收购，即初始并购（Initial Combination）。然而，与 20 世纪 80 年代空白支票公司普遍的欺诈性上市不同，SPAC 不受法律法规对空白支票公司规定的限制，因此在 IPO 时不会和普通的空白支票公司一样受到严格监管。

2.1　SPAC 的渊源：空白支票公司的历史及其监管结构的变迁

20 世纪 80 年代是美国证券市场飞速发展的十年。根据 1990 年美国参议院的报告，1980—1989 年，美国券商的数量增长近 90%，以共同基金为主的投资公司（Investment Company）的数量增长 145% 以上，投资顾问（Investment Advisor）的数量增加了 2 倍多。与此同时，证券市场上的欺诈和腐败的规模和频率也大幅增加。截至 1989 年，证券欺诈指控增长了 260%，由非法和不道德的证券交易行为使以个人投资者为主的中小投资者遭受了巨额的损失，特别是在低价股（Penny Stock）交易市场上。在证券欺诈行为增长的同时，美国 SEC 的执法能力和审查权力却没有增长，这直接导致了在证券监管领域一定程度的政府失灵。

因此，对 20 世纪 80 年代和 90 年代美国证券业监管和执行的不力导致了一系列的泡沫，而这种泡沫是由空白支票发起人系统性地欺诈和剥削投资者导致的。根据 20 世纪 80 年代末公布的美国国会的 SEC 听证会报告，监管机构承认低价股票市场的欺诈和滥用已达到"流行病的程度"。当时，空白支票管理团队的典型行为是，在宣布收购一家私控公司后，行使认股权证，预期市场会对这一宣布作出积极反应。一旦市场股价上涨，管理团队就会抛售股票，收割其暴利。这种策略被称为"注资和抛售计谋"（Pump – and – Dump Scheme），在此过程中股票经纪人和做市商对投资者隐瞒了重要的定价信息。

综上所述，到 20 世纪 80 年代末，美国证券市场上低价股的欺诈和滥用已经达到了泛滥的程度。1989 年，北美证券管理协会（NASAA）总结道："低价股市场上骗子是……美国小投资者面临的诈骗和滥用方面的头号威胁。……低价股市场的滥用主要因为投资人缺乏关于低价股的可靠信息披露，投资者无法作出明智的投资决定。此外，有相当多的低价股市场参与人有证券犯罪的历史，加上过分宽松的监管机制……出现了非正统和不道德的投资工具，如空白支票公司股票的发行。"到 1990 年，美国 SEC 收到的新的股票公开发行注册（Registration Statement）中 20% 是由空白支票公司提交的。在典型的空白支票公司低价股的欺骗性发行中，一般涉及为了操盘手的利益而操纵小盘股公司低价股市场的价格。1988 年，美国 SEC 正式承认空白支票公司是在低价股票市场进行欺诈和欺骗的证券工具且大量存在，因此成立专责小组监督更积极的执法行动。

于是，美国国会、SEC、NASAA 和全国证券交易商协会（NASD），以及各个州的证券监管机构开展了历史性的合作。美国国会最终采取了具体行动，以防止空白支票公司通过低价股市场进一步操纵证券市场，通过了《低价股法案》。

2.1.1　空白支票公司欺诈的典型案例

利用空白支票公司进行欺诈的典型案例是 Onnix Financial Group, Inc.（Onnix）一案。Onnix 一案中相关证券从业人员和空白支票公司发起人无视证券法，大肆进行证券欺诈和市场操纵，是 20 世纪 80 年代在低价股市场上盛行的空白支票公司欺诈的典型案例。可以说 Onnix 一案是美国国会通过《低价股法案》和美国 SEC 在 1992 年通过第 419 号规则的推手。Onnix 一案的背景是从 1984—1987 年，阿诺德·查理·基姆斯（Arnold Charlie Kimmes）和迈克尔·赖特（Michael Wright）成立了 70 多家空白支票公司，这些公司的证券也在低价股票市场上进行交易，而 Onnix 是其中的代表。如同其他空白支票公司一样，Onnix 以 IPO 的方式正式开展其操纵和欺诈计划，在 IPO 过程中售出了 125 万个股权单元，每个单元的定价为 20 美分，而每个单元包括 10 股普通股和 40 股认股权证。Onnix 所有 IPO 的单元都立即出售给了美国和其他 6 个国家的投资者。因此从各方面来看，Onnix 的 IPO 似乎都取得了圆满成功，但一系列涉及 Onnix 的可疑活动还是很快引起了联邦监管机构的注意。1986 年夏天，Onnix 宣布进行 1 股换 2 股的配股，其结果是 Onnix 前后共发行 2500 万股普通股股票和 1 亿股认股权证。1987 年 1 月，在没有任何明显理由的情况下，Onnix IPO 各股权单元的持有人行使了认股权证的购买权，并将其所有股份出售给了一家机构投资者，即总部位于丹佛的券商 Blinder，Robinson & Company（Blinder），而 Blinder 又把这些股份转售给了其散户投资人。SEC 在为期两年半的调查中，发现了 Onnix 公司的高管、董事及股东都是基姆斯和赖特安排的。此外，大多数 Onnix IPO 的投资人都是基姆斯和赖特控制的基金。这些买家随后将股权投资单元存入基姆斯和赖特控制的账户，因此基姆斯和赖特实际上在 Onnix 的 IPO 前就拥有 Onnix 及这些股票，而且在 IPO 后继续拥有和控制 Onnix。后来基姆斯和赖特与 Blinder 达成了协议，根据该协议，他们同意向 Blinder 提供该无实际运营业务公司的已发行股票作为对价，而 Blinder 支付基姆斯和赖特所付出的所有费用，再加上未来股票售出时所产生利润的 50%。于是，Blinder 以每股 30% ~112.5% 加价向其散户投资人推销那些股票，并成功卖出了 Onnix 所有流通在外的股票，加上 4.2 万股从来不曾存在的股票。其结果，是 Blinder 在短短几天内就获得了 310 万美元的毛利润——投资回报率达 120%。

美国 SEC 对参与 Onnix 一案违法行为的多位参与人提出诉讼，控诉他们"出售未注册证券、未保留适当账簿和记录、从事诈骗计划、不合理加价，和从事未经授权的交易以及对员工的未履行监管义务等"。麦耶·布林德（Meyer Blinder），即 Blinder 的 CEO，被判入狱 46 个月（实际服刑 40 个月），罚款 10 万美元，并被判终生禁入证券行业。基姆斯和赖特都承认了其违反证券欺诈等指控，并和检察官合作作为污点证人出庭指证麦耶·布林德，以换取检察官的宽大处理：法官同意检察官的提议，基姆斯和赖特都被判处 2 年监禁。

2.1.2　美国国会的应对

像 Onnix 这样的空白支票公司，一般来说，既没有经营历史，基本没有员工和资产，也不存在商业上成功发展的前景，而它们目的基本是欺骗投资者以牟取非法利润。为了应对低价股市场上欺诈性空白支票公司的"流行"，美国国会通过了《低价股法案》，并因此修订了《证券法》（*Securities Act of* 1933，《1933 年证券法》）第 7 节的内容：（美国国会）认识到"目前的监管环境未能阻止……空白支票公司股票的发行，被用来为操纵市场提供便利、成为损害投资者利益的金融产品"。《低价股法案》第 508 条提出对任何空白支票公司的发行人（Issuer）提交的注册陈述作出特别规定。

根据该法案，SEC 被授权制定新的规则，以监管并阻止空白支票公司的欺诈等违法行为，具体内容如下：

（1）披露要求；

（2）募集所得资金使用和证券发行的限制；

（3）股东赎回权。

另外该法案还非常精准地定义了"空白支票公司"的概念：空白支票公司是一家（1）处于初始发展阶段，（2）发行低价股股票，且（3）没有商业计划（除了和市场上现有的公司合并的计划之外）的公司。

在美国国会通过《低价股法案》的 6 个月后，美国 SEC 依据该法案的授权制定并颁布了第 419 号规则，以履行该法案规定的职责。

2.2　第 419 号规则及其后续影响

美国 SEC 在其制定的第 419 号规则中，细化了关于空白支票公司的定义，将其描述如下：

（1）基本上把所有的努力都投入创建一项新业务，但其业务的主要运行还没有开始，或者尽管已经开始但没有由此而产生可观的收入；

（2）正在发行"低价股"（Penny Stock）；以及

（3）没有具体的商业计划或目的，或已表明其商业计划是与某个或某些未确定的公司进行合并或收购。

美国 SEC 在第 419 号规则中对空白支票公司发行的"低价股"的投资者制定了多种形式的保护。这些保护措施包括但不限于：

（1）把空白支票公司 IPO 筹集到的资金存到一个托管账户中；

（2）把空白支票公司 IPO 中所发行的股票存到一个托管账户中；

（3）空白支票公司在未完成该并购的情况下只能在 18 个月内持有 IPO 募集的资金，18 个月期满后该资金将返还给投资人；

（4）被监管的空白支票公司 IPO 中发行的证券不得买卖；

（5）要求 IPO 的空白支票公司在其招股说明书中披露其与托管账户有关的所有义务，包括在没有完成并购的情况下将募集的资金返还的日期；

（6）在该空白支票公司完成并购后，对公司的 IPO 注册文件（一般是 Form S－1 或 Form F－1）进行修订，包括被并购公司财务上的细节；

（7）如果该空白支票公司 IPO 的投资者不赞成拟议的并购，有获得返还其监管账户中投资款份额的权利；

（8）要求该空白支票公司 IPO 所并购标的的公司的估值必须不低于该监管账户中投资款的 80%；

（9）要求 80% 投票权的股东投票同意该并购才可以完成并购。

第 419 号规则对滥用空白支票公司的低价股市场有着及时和戏剧性的影响，实际上这个市场在第 419 号规则生效后几乎消失了。第 419 号规则严格的合规要求使空白支票公司几乎不可能完成法定的并购。因为一旦该并购被宣布，该空白支票公司 IPO 的股东有权撤回其投资，该空白支票公司的管理层无法确切知道有多少资金可以用于并购，而从资金进入监管账户到退款期限届满只有短短的 18 个月。第 419 号规则规定的空白支票公司的资金监管和股东的赎回权，确保了空白支票公司在 IPO 中筹集的资金不会被该公司管理层滥用：因为第 419 号规则要求空白支票公司至少把 IPO 所募集资金的 90% 存入监管账户中，所以该资金无法提供给空白支票公司的管理层或个人使用。第 419 号规则同时规定需要持有 80% 投票权的股东投票同意该并购才可以完成并购，同时赋予了所有 IPO 投资人赎回其投资的权利，确保了并购过程无法被仓促完成。由于第 419 号规则的规定使空白支票公司的并购过程变得更加烦琐，管理层不太可能（如果不是完全不可能的话）滥用其自身的权力而为他们自己谋取利益，或者通过参与"炒高和倾销"该空白支票公司股票的计划偷偷为他们自己获利。

不幸的是，第 419 号规则同时也极大地影响了使用空白支票公司进行合法投资和并购。例如，有学者估计，1987—1990 年，大约有 2700 家空白票公司进入资本市场，而在 20 世纪 90 年代最初的两年多只有大约 15 家空白支票公司进入资本市场。这种市场状况激励了许多发起人和券商进行新的尝试和创新，促使他们建立一种新型的空白支票公司。终于，一种被 SEC 认可的新型空白支票公司在市场上出现了：这种公司既将遵守所有的监管规定，又做了一些金融创新。虽然这些发行证券的新公司本质依然是空白支票公司，但它们发行的股票却不是低价股，因此它们不在第 419 号规则的监管框架内，它们所受到的监管和传统 IPO 的股票发行基本一致。但这些金融专家们创造性地自愿遵守了第 419 号规则的大部分规定，用来恢复投资者对空白支票 IPO 的信心，而这种信心已经被空白支票公司的低价市场中广为人知的欺诈行为所严重损害。这种新的空白支票公司，就是 SPAC。

2.3　SPAC 的产生与发展

20 世纪 90 年代中期，美国经济正从 20 世纪 80 年代末的深度衰退中复苏。随着经济开始好转和公司业绩的增长，IPO 和其他公募证券发行的潜在优势也在增加。这时，一个对 SPAC 的非常重要的金融专家出现了：GKN 证券公司（GKN Securities）的时任董事长戴维·纳斯布温（David Nussbaum）。他寻求利用变化的金融环境和第 419 号规则导致的严苛监管环境进行金融创新。纳斯布温的意图是创造一种混合性空白支票公司。一方面，这种新的空白支票公司不受第 419 号规则的限制，因为空白支票公司拥有超过 500 万美元的资产，因此其发行的股票不属于第 419 号规则规定的低价股；另一方面，这种新的空白支票公司自愿采用了基本上所有第 419 号规则的限制，通过协议和公司章程规定的方式来实现第 419 号规则大部分的内容。这种新的空白支票公司自愿采用大部分第 419 号规则的限制，既是为了吸引对投资空白支票公司持谨慎态度的投资者，也是为了让 SEC 能够认可这种模式。1993—1994 年，纳斯布温和他的团队创办了 13 家空白支票公司，其中 12 家成功完成了初始并购。华尔街业界给这种新的空白支票公司取了一个很应景的名字：Special Purpose Acquisition Company，即 SPAC。

2.3.1　第一代 SPAC

　　20 世纪 90 年代出现的 SPAC 属于第一代 SPAC。这一代 SPAC 为投资者提供了熟悉的保护：SPAC 将通过 IPO 筹集到的大部分钱都存在一个托管账户里，只有很少一部分的资金用来支付运营费用；同样，SPAC 也赋予投资者赎回其投资的机会。当然，SPAC 模式和也不是完全与第 419 号规则的规定一致。例如，与第 419 号规则规定的严格的 18 个月内完成初始并购的期限相比，SPAC 管理层一般有 2 年的时间来完成并购。此外，与第 419 号规则严苛的股票交易限制相比，SPAC 的股票在 IPO 之后、初始并购之前就被允许交易，但禁止认股权证在 SPAC 初始并购完成之前行权，从而保护了De - SPAC 之前的投资者，使其股票避免了被稀释的风险。另外早期的SPAC 通常也需要绝对多数股东对拟议的初始并购的批准，并因此采用了"20% 转换门槛"的规定，这意味着如果超过 20% 的股东选择赎回他们的股票，那么拟议的初始并购将被视为被否决。有评论人士认为，早期的 SPAC会自愿遵守第 419 号规则和其他保护投资者的措施，都是为了向投资者灌输对 SPAC 成功上市的信心，同时为了安抚作为监管者的 SEC，从而避免 SEC对 SPAC 出台进一步的监管措施。据报道，在第一个 SPAC 的 IPO 开始之前，纳斯布温及其律师戴维·米勒（David Miller）"花了 1 年多的时间与监管机构合作，以完备 SPAC 用来保护投资者和防范欺诈的措施"。

　　20 世纪 90 年代，随着科技股开始繁荣，IPO 市场也开始升温，规模较小的公司也能用传统 IPO 的方式成功地募集到资金。因此，作为 SPAC 的主要需求方，这些成长型中小公司既然可以通过传统 IPO 途径进入资本市场，似乎也不需要采用 SPAC 模式了。然而，纳斯布温用 10 多个成功的 SPAC 案例证明，改良的空白支票公司的 IPO 仍然可以为投资者提供一种创新的、具有盈利前景和合理安全的投资。投资者的投资款可以被 SPAC 自愿采用第 419 号规则来获得较充分的保护，同时投资人可以选择在收购之前和合并公告宣布之后退出。

但 SPAC 并没有在 20 世纪 90 年代获得进一步发展。这一模式在 20 世纪 90 年代中期的失败，主要是因为这一时期通过传统 IPO 进入资本市场是非常容易的，从而 SPAC 的市场需求并不旺盛。美国全国证券交易商协会（National Association of Securities Dealers，NASD，即 FINRA 的前身）在 20 世纪 90 年代中后期的监管和处罚行为也是第一代 SPAC 失败的重要原因。这些监管处罚撤销了 29 家券商的执照，其中包括 GKN 证券公司，甚至连 GKN 证券公司的 CEO 纳斯布温的个人证券执照也被吊销了。NASD 的裁决称，GKN 证券公司主导了市场，不断收取过高的溢价，阻碍了公平竞争。在 NASD 的裁决之后，SPAC 直到近 10 年后才重新出现。2003 年 8 月，另一家小型投资银行早起鸟资本（Early Bird Capital）雇佣了许多前 GKN 证券公司的员工，承销了最初的第二代 SPAC，其中第一个是 Millstream Acquisition Corp. 。

2.3.2　第二代 SPAC

进入 21 世纪以后，随着 SPAC 第一个高潮在 2007 年的出现，SPAC 模式也有了一些新的变化，我们把这时期的 SPAC 称为"第二代 SPAC"，其主要特点是主流金融机构越来越多地进入了这个领域，并且慢慢地进入主板证券交易所。2003 年第一个第二代 SPAC，Millstream Acquisition Corp. ，是一个只有 2400 万美元规模的小型上市公司，但是它却标志着 SPAC 这个模式对华尔街的回归。在随后的 5 年，SPAC 的融资额以 246% 的年复合增长率在华尔街扩张。2004 年有 12 家 SPAC 公司进行了 IPO，2005 年有 28 家，2006 年有 37 家，2007 年有 65 家。SPAC 模式在整个 IPO 市场中所占的比例越来越大。2004 年，SPAC 仅占全部成功 IPO 募资额的 5.2%，而 2007 年 SPAC 已经占全部成功 IPO 上市公司总数的 26.6%，同时 SPAC 在 IPO 中募集到资金的比例也在持续增加。例如，2007 年 SPAC 的 IPO 平均募资额超过 1 亿美元。早期的第一代 SPAC 基本都是由小型的券商承销的，而第二代

SPAC 则有不少知名券商承销了 SPAC 的 IPO，如美林、德意志银行和花旗集团等华尔街大投行。与第一代 SPAC 不同，第二代 SPAC 的主要投资者也变成了机构投资人。华尔街的投资银行越来越渴望参与 SPAC 市场，因为它们可以在 SPAC 周期的各个阶段获得丰厚的利润，包括承销 IPO、为收购一家现有的未上市公司向 SPAC 管理层提供建议，以及协助管理层确保任何必要岗位的配置和为 SPAC 的初始并购提供融资等。

早期的第二代 SPAC 主要是在柜台交易公告牌市场（OTCBB）上挂牌，由全美证券交易商协会监管。随后的第二代 SPAC 多数在美洲证券交易所（AMEX）上 IPO 并挂牌交易。虽然在 OTCBB 上市的 SPAC 也需要向 SEC 提交注册陈述，但在美洲证券交易所等全国性交易所交易的证券被视为"覆盖证券"（Covered Securities），因此不受美国各州证券监管部门的监管。第二代 SPAC 的不同质量表明这种投资工具的适应性。后来，在 NASDAQ 和纽交所 IPO 的 SPAC 也越来越多。

2.3.3　美国各大证券交易所对 SPAC 的态度的变迁

如前所述，最初 SPAC 仅限于在场外市场（OTC Markets）交易，当然在 SPAC 完成初始合并后寻求转板到主板交易所交易也是很常见的。美国三大主板交易所之一的美洲交易所（AMEX）在 2005 年年中开始接受 SPAC 在 IPO 完成后直接在其交易所挂牌，随后 NASDAQ 和纽交所也在 2008 年也开始接受。当然在主板交易所上市使 SPAC 受到额外的监管，因为主板交易所一般有权根据交易所官员的判断允许或拒绝其挂牌上市，并要求申请上市的 SPAC 必须满足一定的定量标准。一般定量标准的规则要求包括盈利能力、经营历史和市场价值的标准等。

2.3.3.1　美洲证券交易所（NYSE－AMEX）

如前所述，美洲证券交易所（NYSE－AMEX）是首家允许 SPAC 直接挂牌上市并交易的美国主板交易所。在 2005 年以前，美洲证券交易所持续使用其在美洲证券交易所指南第 101 条中的自由裁量权，阻止 SPAC 直接在其交易所挂牌上市。但在 2005 年年中，随着 2 家 SPAC 公司分别于 6 月 30 日和 7 月 1 日在其交易所挂牌上市，美洲证券交易所暗中改变了其策略。美洲证券交易所当时并没有公开宣布策略的变化，也没有对 SPAC 提出额外的上市要求。

美洲证券交易所指南第 101 节包含了一般上市标准，包括四种可供选择的定量上市标准。标准一包括收入历史要求，标准二包括运营历史要求，SPAC 其实不能满足标准一和标准二的要求。标准三和标准四没有对公司历史的要求，但有更大的最低市场价值要求，分别为 5000 万美元和 7500 万美元，而 SPAC 满足这些要求则没有太大的难度。

这种情况到了 2010 年 11 月发生了改变：美洲证券交易所正式采用了 SPAC 的发行规则，如其第 119 - 10 条要求 SPAC 募集资金的 90% 或以上必须存在监管账户，在最长 36 个月的期限内必须完成其初始并购，而被并购的实体企业的价值必须超过监管账户内的资本的 80%，以及 SPAC 的股东有权赎回他们的股票等。2011 年，第 119 条又被修订，允许 SPAC 的初始并购可以不采用股东投票的方式来批准，可以用要约收购的形式来替代。

2.3.3.2　NASDAQ

从 2008 年 8 月起，NASDAQ 允许 SPAC 直接在其交易所挂牌上市。寻求 NASDAQ IPO 的 SPAC 必须将 IPO 募集资金的 90% 以上存入信托、托管或单独的银行账户，同时 SPAC 的初始并购必须在 36 个月内完成，而且被并购的运营公司的价值不得低于信托账户余额的 80%。SPAC 的初始合并必须得到持有公众股东的 50% 以上股份的股东批准，加上 SPAC 独立董事的多数也必须批准。SPAC 在 NASDAQ 上市也必须满足正常市值的上市标准。2010 年 12 月，NASDAQ 修改了其上市规则，允许 SPAC 初始并购以要约收购的方式进行，可以取代股东投票的模式。

2.3.3.3　纽约证券交易所

和 NASDAQ 类似，在 2008 年之前，纽交所的上市规则要求上市公司要么有营业利润，要么有营业历史，所以 SPAC 必须在完成初始并购后才能转板到纽交所上市交易。2008 年 3 月，纽交所提议修改其上市规则，以允许 SPAC 直接在纽交所 IPO 挂牌交易。纽交所的规则要求初始并购时，SPAC 必须通过公众股东对企业合并的多数投票，同时 SPAC 公司还必须为持有异议的股东提供不超过 40% 的赎回上限，超过这个赎回上限的公司必须被清算。SPAC 的初始并购必须在 3 年内完成。如果 SPAC 不能在 3 年内完成初始并购，发起人必须放弃清算分配的权利，券商必须放弃未支付的承销佣金，而 SPAC 本身则必须清算解散，将其信托账户中的余额按比例支付给公众股东。

在 2017 年之前，纽交所基本上是 SPAC 的第二选择，因为大多数 SPAC 发起人更喜欢 NASDAQ 的上市标准。2017 年，纽交所试图改变这一局面，并通过 SEC 批准对其 SPAC 上市标准的几项改革，使其与 NASDAQ 的 SPAC 上市标准基本保持一致，从而使其成为对 SPAC 颇具吸引力的证券交易所。这些变化包括允许 SPAC 以收购要约替代股东投票来满足初始并购的要求，并且纽交所还取消了 40% 股东赎回的强制性转换门槛。同时它增加了一项要求以加强对投资人的保护，即初始并购必须得到 SPAC 多数独立董事的批准，并将初始并购的股东投票的多数标准，从所有公众股东投票的半数变为参加股东大会投票股东的过半数通过。上述每一项调整都使纽交所的 SPAC 上市标准与 NASDAQ 的上市标准保持一致。

2.3.4　第三代 SPAC

2008 年国际金融危机似乎扼杀了 SPAC 在华尔街的存在空间，在 2008 年 9 月至 2009 年 11 月这一年多的时间内，没有新的 SPAC 在美国各大交易所完成 IPO。然而随后在 2009—2010 年，有 8 家 SPAC 完成了 IPO。尽管其中一些初始并购的结构与金融危机前非常相似，但这一时期华尔街的金融创新给 SPAC 的结构带来了历史上最重大的变化之一——允许 SPAC 使用要约收购的模式来满足对初始并购的合规要求，而不是像以前只有让股东对初始并购进行投票表决一种方式。57th Street General Acquisition Corporation 是历史上第一个采用要约收购模式完成初始并购的 SPAC。第三代 SPAC 的另外一个特征是主要在主板交易所完成 IPO，而且有更多的大型知名投行和投资人参与 SPAC 的 IPO 和初始并购业务。

SPAC 2009 年回归华尔街后，在接下来的 6 年里以温和的速度增长（年复合增长率为 29%），其中 2015 年达到 39 亿美元融资总额的阶段性峰值。2017 年以后增长的速度开始加快，2017—2020 年 SPAC 的平均融资总额为

141 亿美元，而 2017—2019 年这两年 SPAC 的平均融资总额为 114 亿美元，对比 2003—2016 年的平均融资总额的 25 亿美元，增长了近 5 倍。

2.3.5　SPAC 在 2020 年以后的爆发

很多人预见了 SPAC 的持续增长，但几乎没有人会预见 SPAC 在 2020 年和 2021 年的爆发。2019 年本来也是 SPAC 在其金融史上创纪录的一年：SPAC 的 IPO 募资总额达 136 亿美元，超过以往任何一年。然而，SPAC 在 2020 年的表现是现象级的，以至于很多人把 2020 年称为"SPAC 之年"。2020 年 SPAC 的 IPO 发行数量和额度打破了以往的所有纪录：248 家 SPAC 的 IPO 募集了超过 830 亿美元，募资总额比 2019 年（59 笔 IPO 筹集了 136 亿美元）增长了 5 倍以上，IPO 数量增长了 3.2 倍。2020 年的 SPAC 平均 IPO 规模也比 2019 年的 SPAC 大得多——2020 年为 3.34 亿美元，而 2019 年为 2.305 亿美元。在 2020 年之前，SPAC 的 IPO 无论从数量还是募资总额规模从未超过传统的 IPO。2020 年，248 起 SPAC IPO，占 IPO 总数量的 55%，IPO 总筹资额的 46%。

2021 年美国 SPAC IPO 数量创历史新高，达 613 起，但却是跌宕起伏的一年。2021 年 3 月，美国有创月记录的 109 家成功进行 IPO 的 SPAC（第一季度共 298 起），4 月的 SPAC IPO 则几乎处于停滞状态。其主要原因是 2021 年 3 月底到 4 月，SEC 的执行首席会计师（Acting Chief Accountant）保罗·芒特（Paul Mounter）和公司融资部（Division of Corporation Finance）的执行主任（Acting Director）约翰·科茨（John Coaters）相继并联名在 SEC 官网上发布声明，称某些 SPAC 认股权证应该归类为负债类工具，而非股权类工具。那么，正在进行中的交易以及现有的 SPAC 可能将不得不回过头来，重新计算每个季度认股权证的价值，并据此调整 Form10 - K（年报）和 Form10 - Q（季报）的财务报表。2021 年 4 月 12 日，上述 SEC 两位高官又联合在 SEC 官网发出了更严肃的一篇声明（Statement），同样是关于 SPAC 权证的性质（股权还是债权）及 SPAC 并购是前瞻性（Forward Looking）陈述的法律地位（PSLRA 规定的避风港是否适用）问题。2021 年 4 个季度的 SPAC IPO 数量分别为 298 起、64 起、88 起和 163 起）（见图 2 - 1）。

SPAC IPO：每季度的数量

De-SPAC并购：每季度的数量

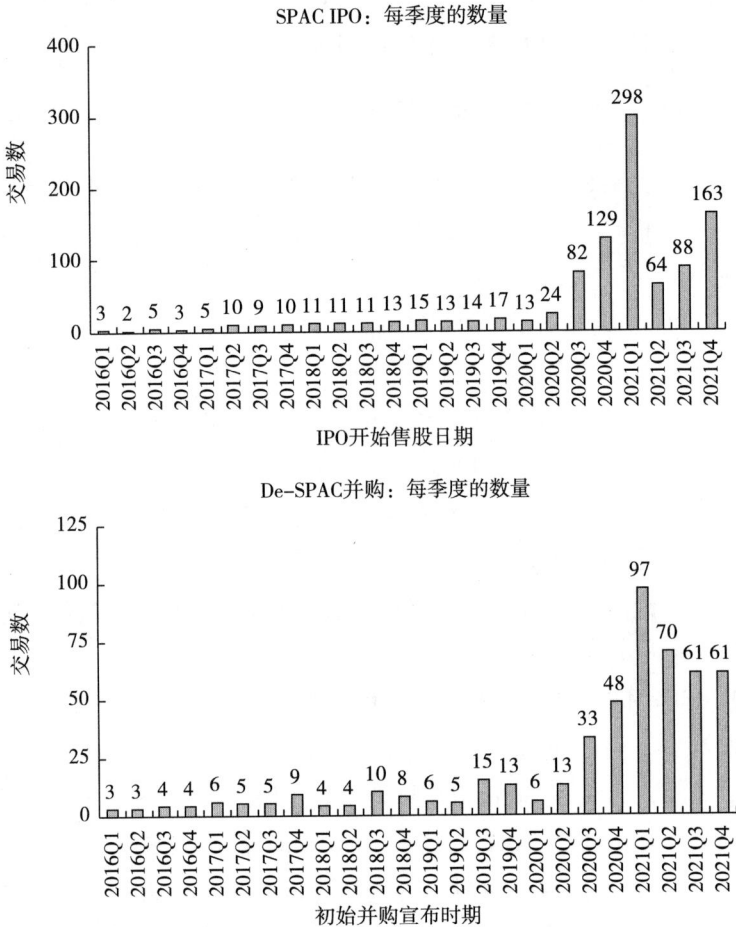

图 2-1　SPAC 和 De-SPAC 的数量（按季度）

（资料来源：Deal Point Data）

　　有的业界专业人士把 2020/2021 年 SPAC 的爆发归因为 5 种因素的推动：（1）新冠肺炎疫情的迫切性使公司寻求其他融资途径；（2）最近一些 SPAC 取得了成功；（3）知名金融专家和知名企业参与的吸引力；（4）投资者态度的改变；以及（5）更好地保护投资者的法规和监管。

　　和其他爆炸性的经济和金融现象一样，SPAC 在 2020/2021 年的爆发，首先应该归因于市场的需求曲线在近乎无限地向供应端上滑动，且需求端也在增长。从供应端的角度，2020 年暴发的新冠肺炎疫情，使各国政府无一例外地用财政刺激和货币政策的空前结合来拯救经济（如美联储的无限量化宽松），而美联储的无限量化宽松以及美国的财政刺激，最终促使美国股市出现创纪录的上涨。几乎所有的资产都变得很昂贵，所以散户和机构投资者都在寻找任何潜在的套利或价值来源，即使是充满投机性的资产。SPAC 因而成为一个具有吸引力的投资载体。

从需求端看，即企业融资的角度，新冠肺炎疫情在市场上引发的不确定性也加快了未上市公司接受 SPAC 的步伐（见图 2 – 2）。未上市公司不太确定能否在不久的将来从其他途径获得大规模的融资，但很多企业有融资的需求。考虑到股市在疫情期间的波动性，传统的 IPO 失去了一定的吸引力。原因有两个：一是企业失去了对 IPO 融资额度的控制；二是传统的 IPO 时间较长，一般需要数年时间才能完成，所以拟上市公司也在寻找更快的替代方案。因此，SPAC 的发起人和投资者利用这个机会为这些公司提供替代选择。

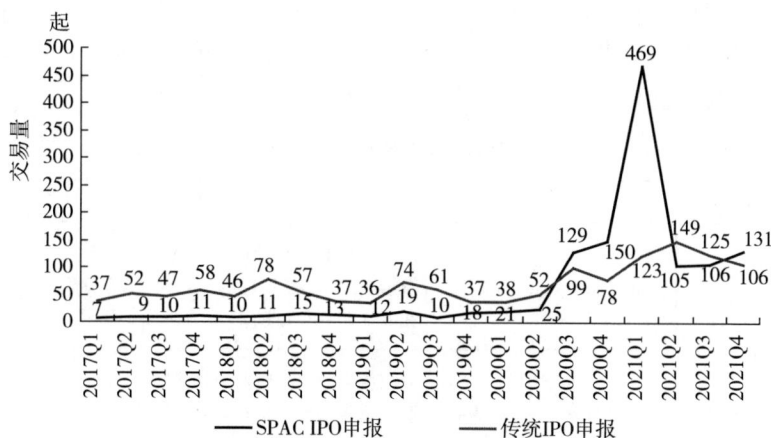

图 2 – 2　每季度递交给 SEC 的新 IPO 申报：
SPAC *v. s.* 传统 IPO（初始申报日期 2017 年 1 月 1 日至 2021 年 12 月 31 日）

还有其他一些因素促进了 SPAC 在 2020/2021 年的爆发，如私募股权和风险投资的干粉（已募集待投资的资金）达到或接近历史最高水平，在

2020 年中期前者超过 1.2 万亿美元，后者超过 2500 亿美元。鉴于金融市场的波动，私募股权和风险投资管理基金都在寻求将资金配置在更确定的机会上，并将其视为投资组合的退出途径。这也促进了 SPAC 在 2020 年的爆发。SPAC 发起人的素质也有了显著提高，大多数 SPAC 发起人要么是来自大公司的高管和知名投资家，要么是具有真正投资能力的知名人士。同时 SPAC 也具备了一流的市场营销，一些知名度高、声誉良好的公司和投资者参与了 SPAC 项目。这些因素一起带来了 SPAC 在 2020 年的爆发，并延续到 2021 年。

2.3.6　SPAC 的结构及金融创新的历史变迁

如前所述，SPAC 直到 2008 年才能够在纽交所或 NASDAQ 直接上市，而美洲证券交易所也是直到 2005 年才开始允许 SPAC 直接上市。1993—2008 年，约一半的 SPAC 在 OTC 市场进行交易，而 2011 年以来，几乎所有的 SPAC 都在有组织的交易所（主板交易所）进行交易。在一个有组织的交易所上市，使 SPAC 摆脱了各州《蓝天法案》的管辖，而且还增加了有关 SPAC 披露的信息量，并增加了 SPAC 证券的流动性。与此同时，几乎所有 SPAC 都存在一些差异，而这些差异是金融创新的来源。实际上，差异的趋势本身反映了金融创新的趋势（见表 2－1）。

表 2－1　　　　　　　　SPAC 的结构设计和创新

IPO 时间	公司名称	金融创新
2004 年 3 月	Great Wall Acquisition	没有聘请 Earlybird Capital 为主承销商 董事会主席或 CEO 无私募股权基金背景 在 IPO 时募集超过 2100 万美元
2004 年 8 月	Trinity Partners Acquisition	股权单元的双重股权架构 股权单元定价不是 6 美元 采用了更短的时间限制
2004 年 12 月	International Shipping Enterprises	没有给承销商以购买股权单元的期权作为承销费用的一部分 第一个单层股权架构采用了更短的时间限制
2005 年 6 月	TAC Acquisition	对内部股份采用了不同的锁定期

续表

IPO 时间	公司名称	金融创新
2005 年 6 月	Services Acquisition	主板交易所挂牌 第一个单层股权架构股权单元定价不是 6 美元 股权单元含一个权证（不是两个）
2005 年 8 月	Ad Venture Partners	第一个递延支付承销商报酬
2005 年 12 月	Star Maritime	第一个权证转换股权限制超过 20%
2006 年 3 月	Oracle Healthcare	第一个允许超额配售协议用市场回购的方式执行而非发行额外新的股权单元
2006 年 4 月	Shanghai Century	第一个用 F－1 方式的设立在美国境外的 SPAC IPO
2006 年 10 月	Rhapsody Acquisition	更长的期限限制（没有延长期限）
2007 年 12 月	Liberty Acquisition Holdings	股权单元中包含半个（50%）权证
2010 年 5 月	57th Street Acquisition	用要约收购的方式代替公众股东投票
2010 年 11 月	Australia Acquisition	可以在使用要约收购和股东投票之间自由选择
2011 年 10 月	Committed Capital Acquisition	既没有要约收购也没有股东投票权证，则不可赎回
2012 年 8 月	Hyde Park Acquisition Ⅱ	IPO 时只发行股票
2013 年 3 月	H2 Financial Management	对股东投票不设定赎回门槛（但公司的股权价值不能低于 500 万美元）
2013 年 7 月	Silver Eagle Acquisition	需要一个以上的权证购买一股股票
2013 年 10 月	Quartet Acquisition	股权单元中包含可以在初始并购后行使的附股权

资料来源：Review of Integrative Business and Economics Research，2017，6（2）：1－27。

　　在 2010 年前后，欧洲和亚洲的一些国际和地区金融中心纷纷引进这种特殊 IPO 的融资及并购模式。现在欧洲的英国、荷兰、意大利、芬兰、瑞典、德国和法国，以及亚洲的新加坡、韩国、马来西亚、中国香港等超过 10 个国家和地区已经引进并改进了这种特殊的 IPO 模式，以适应当地的投融资需求。

第 3 章　传统 IPO 的发展及演绎

如前所述，现代意义上的 SPAC 于 20 世纪 90 年代作为应对监管变化的金融创新出现在美国，现在欧洲的英国、荷兰、意大利、芬兰、瑞典、德国和法国，以及亚洲的新加坡、韩国、马来西亚、中国香港等超过 10 个已经采用了这种特殊 IPO 的融资—并购模式。

SPAC 从其融资的法律形式上看是 IPO 的一种，其确实源于传统的 IPO，但和传统的 IPO 又有很大不同。2020 年以来，世界上除了美国外的其他几个国际金融中心所在的要么放宽了 SPAC IPO 的规定以去除管制，如英国等；要么在历史上首次接受 SPAC 这种 IPO 模式，如新加坡、中国香港等。与此相反，美国的证券监管机构越来越多地表达了对散户投资者参与 SPAC 的担忧，并有加强监管的趋势。本章将分析 SPAC 在美国 IPO 的过程，并比较 SPAC 的 IPO 和传统 IPO 的异同。

3.1　SPAC IPO 的历史演化概述

设计 SPAC 模式的目的是避免第 419 号规则的监管，SPAC 最初被创建为一个灵活的结构，可以适应不断变化的市场环境和监管环境，并能够因此形成更为强大的交易模式。然而在 20 世纪 90 年代的第一代 SPAC 中，其结构前后只发生了微小的变化，当时这种模式也没有被业界的同行效仿。于是，在 SPAC 模式的首创者戴维·纳斯布温（David Nussbaum）因为其他原因声誉受损时，SPAC 这种模式在 20 世纪 90 年代就被华尔街放弃了。2003 年 SPAC 被重新推出后，随着新的发起人采用这种模式后尝试新的变化，SPAC 的结构开始了频繁的变动。在尝试的过程中需要确定有些改进是否合理，并不可避免地出现了一些问题，因此当时也未能及时说服华尔街接受这种模式。随着 2008 年国际金融危机的爆发，流动性短缺导致许多投资者只想撤回他们的资金，而无法兼顾 SPAC 的结构是否优秀或拟并购的目标公司是否物超所值。因此，在 2008 年国际金融危机之后的一年，流动性普遍短缺，加上投资者偏好更安全的投资，SPAC 就难以成功地完成初始并购。在这种环境下，SPAC 的发起人和推广者就不得不修改其交易结构，以增加 SPAC 成功的机会。可能的选择包括增加初始并购时间限制、增加投资人回报或改变投票模式等。在这些改进中，包括对初始并购的股东投票转换为要约收购。

如前所述，SPAC 从其融资的法律形式上看是 IPO 的一种，是源于传统的 IPO 并加以改进的融资模式。因此我们首先讨论一下美国传统的 IPO。

3.2　传统 IPO 与 SPAC 的异同

在美国，公司宣布开始 IPO 往往是从向美国 SEC 提交 Form S – 1 开始，在该份文件中须披露该公司业务运作的细节，而 IPO 的核心是投资者将资金投资该公司以交换其股份。SPAC 则扭转了这一过程，投资者在不了解其所投资的公司或业务的情况下投资 SPAC，而 SPAC 以空白支票公司的身份上市，其被要求的信息披露比常规的 IPO 更简单，而且通常都是大同小异的样板文件，因为资金投资于一个没有业务运作的实体，无法详细去描述、评估、报告或预测。

通过与 SPAC 并购的方式上市确实比传统 IPO 有独特的优势，如它要比传统的 IPO 快得多。递交给 SEC 的 SPAC 的注册陈述可以在短时间内完成，而时间越短其不确定性也就越小，进而风险也就越小；通过 SPAC 上市是一个更流畅的过程，文书工作更少；SPAC 为散户投资者去投资一些成长型公司提供了更好的机会。而传统的 IPO 将大部分募集资金的份额分配给了机构投资者。同时，SPAC 也更便宜，承销成本更低。在传统的 IPO 中，承销商获得募资总额的 5% ~7% 的佣金，而按照 SPAC 的程序，承销商基本会在 SPAC IPO 成功完成后获得 2% 的佣金报酬，在 De – SPAC 交易成功后获得另外的 3% ~3.5%。此外，对于 De – SPAC 的被并购方而言，没有路演就意味着公司没有营销成本。

3.3 传统 IPO 的步骤

分析一下传统的 IPO 并比较其与 SPAC 的异同，是对 SPAC 进行研究必不可少的步骤。

传统的 IPO 是许多企业家的梦想，是公司高管、董事会成员和股东证明他们成功建立了一个强大的企业强有力的证据，并且能为股东、员工和客户创造不菲的价值。然而，一个公司的 IPO 不仅是一个里程碑，也是一个新的发展阶段，作为一家上市公司，它拥有自己独特的机会、治理、成本、风险和挑战。

3.3.1 考量、计划和准备

一个公司的 IPO 需要付出大量的努力，如费用和管理层的时间及精力。为了进行 IPO，公司必须与法律顾问、审计师和承销商等密切合作，以识别、分析和解决无数的法律、会计和商业问题。考量推进 IPO 的公司在决定是否准备 IPO 时应考虑的一般因素包括：

（1）公司的盈利能力、增长前景、透明度其未来财务状况的可预测性；

（2）公司制定战略是否清晰及有凝聚力，以及是否有能力支持其成功的竞争策略；

（3）公司管理团队和董事会转变为一家上市公司的高管并取得成功的能力；

（4）管理层满足投资者关系需求的能力，包括阐明公司战略，建立并维持在证券分析师、金融媒体、监管机构、机构股东和资本市场其他参与者之间的信誉；

（5）清楚地表达公司知识产权能力和潜能的能力及公司主要的商业配置；

（6）公司竞争优势的地位和需要跨越的竞争壁垒；

（7）特定公司所属行业在公开市场的总体状况及具体状况；以及

（8）上市公司的法律、会计和监管机关的合规义务，包括遵守美国SEC 与主板交易所的交易规则的有关报告和披露义务、公司治理、财务报告的内部控制义务等。

在考量 IPO 时，公司还应该评估一些其他因素，包括该公司是否符合《创业公司创业法案》（*Jumpstart Our Business Startups Act*，即 JOBS 法案）规定的新兴成长型公司（Emerging Growth Companies，EGC）的资格，以及在上市前和上市期间对宣传的限制，如选择承销商、披露关联方交易、披露高管薪酬、禁止向董事和高级管理人员贷款、董事会和董事会委员会的结构和组成、道德和行为准则和程序、会计和公司法事务、在具体的证券交易所上市，以及遵守美国 SEC 的注册程序等。另外一个不得不考量的问题是成本，包括 IPO 的成本以及维持上市公司的成本。

3.3.1.1　聘请各类顾问/服务供应商

上市需要组建一个庞大而经验丰富的专业团队，包括公司的律师和券商、独立审计师、承销商、保险经纪人、金融打印机构和数据机房提供商。考虑到他们在整个过程中提供的建议和服务的重要性，以及他们参与 IPO 将向其他顾问和市场传递的信息，该公司应该仔细考虑其所聘用各方的技能和资格。公司和董事会需要评估和聘用的主要顾问和服务提供商如下：

公司外部律师　公司外部律师与公司的管理团队协同工作，特别是公司的首席财务官（CFO）和法务总监，并在整个过程中代表公司的法律利益。他们完整地参与并履行应有的义务，包括对公司进行尽职调查、起草提交给 SEC 的注册陈述（Registration Statement）、就与 IPO 过程相关的各种法律协议（如锁定期协议和承销协议等）向公司提供建议，并在整个过程中为公司提供所有重要的法律建议。

独立审计师和咨询会计师　独立审计师参与并执行审计工作，并在规定情况下审查由管理层编制并包含在注册材料中的某些财务报表，并向承销商提供"安慰函"，其中包括确认注册材料中某些财务数据的准确性。承销商和他们的律师将围绕独立审计师与公司的关系、他们在适用的相关规则和法规下的独立性、公司财务报表的完整性，以及他们准备和执行审计的过程和方法对相关会计师事务所（及独立审计师）进行深入的尽职调查。

美国 SEC 要求准备 IPO 的公司有 3 年历史的经审计的财务报告（新兴成长型公司需要 2 年）。但由于独立性的要求，独立审计师可能无法执行其中一些任务，因此可能需要另一个独立的咨询会计师。咨询会计师会提供有用的技能、经验和资源，以补充公司在转型时期的会计和控制职能。

IPO 承销商　承销商（承销集团、承销辛迪加）由不同的投资银行组成，每家投资银行在其中有不同的角色和地位。牵头投资银行被称为簿记行，之所以这么叫是因为一旦 IPO 进入营销阶段，它们就会负责 IPO 的订单。许多公司 IPO 时会选择不止一个簿记行，在这种情况下，其中一个将被指定为主簿记行，或"左簿记行"（Lead Left Bookrunner）。之所以这么叫，是因为其名称位列招股说明书顶部一行的最左边。公司应该谨慎选择 IPO 的主簿记行，因为主簿记行在整个 IPO 过程中都扮演着关键的角色，是 IPO 的"四分卫"。主簿记行对公司在 IPO 过程的各个方面提供建议，帮助公司在塑造其投资理论以便于 IPO 的营销，在路演期间指导公司与投资者的交流，并为 IPO 的最佳定价提供建议。

各簿记行作为一个团体密切参与 IPO 的尽职调查，参与起草 IPO 的注册声明、制作营销材料、创建路演时间表、为交易定价，并在 IPO 成功后在市场支持股票的行情。各簿记行的分析师也将参与对公司的尽职调查，在帮助各簿记行在随后的路演阶段向投资者提供独立的簿记行自己的观点。

在各簿记行之下还有另外一组承销商，通常被称为"联席经理"。联席经理的投资银行团队对簿记行负责的日常咨询工作的参与明显减少。然而，他们参与了大部分（如果不是全部）尽职调查。联席经理的研究分析师还将参与所有进行的分析师调查，他们还将在路演进行期间积极与投资者讨论他们对公司的看法（尽管与路演分开）。联席经理的主要职责是承销新股发行中的额外股份，在新股上市后提供额外的研究报道，并在股票上市后协助做市。

其他顾问　除上述人员外，还可能需要聘请与 IPO 有关的其他顾问，如薪酬顾问（就公司基于股票的薪酬结构和注册声明中的相关披露提供建议）、一个路演教练（在路演期间就最有效的展示方式向管理层提供建议）、一个投资者关系公司等。

其他服务提供商　除了顾问团队外，公司还需要一些与 IPO 相关的服务提供商，如：

（1）财务打印商和数据房供应商。该公司将需要指定一家财务打印商来排版和格式化其注册声明，监督通过电子数据收集、分析和检索系统（EDGAR）向美国 SEC 提交注册声明，并处理由美国 SEC 的评论和其他更新导致注册声明的后续更改。财务打印商还可能为该公司提供虚拟数据室服务，使尽职调查过程所需的文件可以上载，并由工作组以电子方式查看。

（2）证券转让代理（Transfer Agent）。为了在美国的证券交易所上市，公司将需要指定一个符合连接性和保险要求的转让代理，以在存托信托公司（DTC）的直接登记的系统内运作。

（3）电子路演提供者。进行 IPO 的公司会为机构投资者和散户投资者提供电子路演。这包括路演的录像带，可以通过电子方式观看，通常是由承销商代表公司安排的。

（4）股票期权/资产管理商。无论是在成为上市公司之前，还是在成为上市公司之后，公司通常会任命第三方来管理其股票期权计划。

3.3.1.2　IPO 相关的公司财务准备和应对

根据《证券法》（*Securities Act of* 1933，《1933 年证券法》），在美国 SEC 注册 IPO 证券的实体必须提交一份注册陈述（Form S – 1 或 Form F – 1），并分发与发布有关的招股说明书。公司的注册陈述和招股说明书必须载明有关公司的财务状况和经营成果的财务报表和其他财务资料。

《证券法》和相关法律法规规定了公司在发行债券时必须遵守的要求，这些法律法规也规定了豁免或例外的状况。这一框架包括使用相应表格登记证券的发行（特别是 Form S – 1、S – 3、S – 4 和 S – 11）。这些表格规定了根据 Regulation S – X 和 Regulation S – K 必须披露的信息。Regulation S – X 对财务报表和财务信息的形式和内容等作了规定，而 Regulation S – K 一般处理注册报表主体的非财务信息的披露。Form S – 1 是美国公司 IPO 的基本的注册材料。Form S – 3 通常用于已经在美国 SEC 注册过证券发行的公司的证券注册，而 Form S – 4 通常用于与合并或收购有关的债券或股票的注册。Form S – 11 可用于某些房地产公司类证券的注册，包括房地产投资信托

（REITs）或业务主要是收购和持有房地产投资权益的其他公司发行的证券。

美国 SEC 对上市公司必须在注册声明中提交的财务报表和其他财务信息有具体而复杂的规定。一些重要财务报表和其他财务信息包括：

（1）最近会计年度的经审计的年度财务报表；

（2）最近完成的未经审计的期中财务报表和相应期间的前一年的未经审计的期中财务报表；

（3）过去 5 个会计年度以及最近完成的期中的财务信息（通常从公司的财务报表中总结）；

（4）对于已被收购或可能被收购且超过特定重要门槛的企业，分别编制经过审计的年度财务报表和未经过审计的期中财务报表；根据收购的重要性，公司可能被要求提交 1~3 年的经审计的财务报表；

（5）按权益法核算的超过一定重要性门槛的重大投资，应单独编制经审计或未经审计的年度财务报表；

（6）拟发行证券的担保人及其以该证券为抵押品的关联公司的财务报表或者其他应披露财务情况；

（7）某些特定事项（如重大企业收购/处置、重组、重要资产交换和债务重组等）的预估财务信息；

（8）从事多项业务或在多个地理区域运营的公司的细分报告（要求的披露通常包括每个细分业务或区域的独立收入和运营数据）；

（9）特定行业和情况的补充财务附表；

（10）某些行业的公司强化的财务和运营指标的披露。

根据相关法律、法规和规则，被归类于下列任何类别的公司财务申报要求有所不同：

（1）较小型上市公司：根据 Regulation S－K 第 10（f）（1）项的定义，较小型上市公司一般适用于预计公开流通股市值低于 2.5 亿美元的新发行人；它也适用于年收入不高于 1 亿美元且其公开流通股市值低于 7 亿美元的新发行人。

（2）新兴成长型公司（EGC）：根据《证券法》第 2（a）（19）节的定义，新兴成长型公司一般适用于以刚上市的年度起算，其前一个会计年度销售总收入低于 10.7 亿美元，下文将详述。

（3）外国私营发行人（FPI），根据《证券交易法》（*Securities Exchange Act of* 1934，《1934 年证券交易法》）第 3b - 4 条的定义，该法案一般适用于在美国以外设立并符合某些额外标准的公司。

上面列出的在注册陈述中需要披露的 10 项财务信息，以及三种不同财务申报要求的公司，关于这些美国相关的法律法规都作出了详细的规定。下面我们将描述与 SPAC 特别相关的财务信息要求和相关事项的详细规定。

被收购企业的财务报表　按照 Regulation S - X 项下第 3 - 05 号规则，如果拟上市公司已经完成或提议进行一个重要的收购，该项投资按照权益法下的标准将需要与上市公司合并报表，并需要在提交给 SEC 的注册陈述中加入该被收购企业的经审计的财务报表，加上适当的未经审计的期中财务报表。如果对多个相关或不相关产业的收购叠加达到了重要性标准，也需要在提交给 SEC 的注册陈述中包括该被收购企业的经审计的财务报表，加上适当的未经审计的期中财务报表。

根据 Regulation S - X 第 3 - 05 号规则的规定，拟议的收购是否需要在注册陈述中包含其财务报表，取决于该收购的重要性和可能性。美国 SEC 尚未就企业合并的可能性标准发布正式的指导意见。一般来说，该标准是基于支持收购发生可能性的证据。然而，美国 SEC 认为公开宣布的公司合并是收购可能性的有力证据。除了律师的建议外，公司还必须考虑以下因素来评估收购的可能性：

（1）考虑公司高管之间讨论收购的进展、保密协议的执行、意向书的执行、尽职调查的实施进展等因素，以及董事会和/或股东的批准，并向适当的政府监管机构提交收购批准。

（2）未能完成收购相关的财务和法律处罚，包括迄今为止在追求收购过程中产生的成本。

（3）所需监管批准的重要性。为遵守 Regulation S - X 第 3 - 05 号规则而编制的财务报表进行审计的独立会计师不需要在 PCAOB 注册，除非被收购的企业是美国的上市公司。需要审计财务报表的年数取决于收购的规模及其对于公司的重要性，根据 Regulation S - X 第 i - 02 号规则第（w）项，考量下列的事项来检验对公司的重要性：

- 公司在被收购企业中的投资额与公司总资产的比例；
- 被收购企业的总资产与公司总资产的比例；与
- 被收购企业的持续经营业务的税前总收入与公司持续经营税前总收入的比例。

股权投资的财务报表　如果公司持有子公司的少数股权，即占50%或更少股份而且没有合并报表，但超过了法律法规规定的重要性标准的股权投资，也需要按照第 i-02 号规则（w）项把投资对象公司的财务报表包含在注册陈述中。

第 i-02 号规则（w）项，根据下列标准评估被投资对象的重要性：

（1）截至最近完成的会计年度末，拟 IPO 公司及子公司对被投资方的投资和预付款超过了被投资公司及其子公司合并总资产的20%；

（2）按照被投资公司及其附属公司最近会计年度的合并财务报表计算，拟 IPO 公司及其子公司在被投资方的股权权益价值超过了被投资公司及其子公司持续经营业务的税前20%。

如果满足上述任何一项条件，则必须提交被投资方的单独的财务报表。

较小型申报公司　按照 Regulation S-K 第 10（f）（1）项的定义，规模较小的申报公司可能有资格接受较简易的申报要求。这些较简易的要求简化了披露要求，使规模较小的申报公司更容易遵守，成本更低。根据规定，如果一家公司符合以下条件，就有资格成为"较小型申报公司"：

（1）在最近的第二个会计季度的最后一个工作日，普通股流通市值低于2.5亿美元；或

（2）上一会计年度的年总收入低于1亿美元，同时：

- 没有流动市值；或
- 截至最近的第二个会计季度，其流通市值低于7亿美元。

如果取得较小型申报公司身份，其 IPO 的注册陈述符合 SEC 的规模披露体系（简易性披露体系）即可。规模披露体系的披露要求被整合到 Regulation S-X 和 Regulation S-K 中。较小型申报公司财务报表要求的几个关键区别如下：

（1）经过审计的年度财务报表，包括过去 2 年的销售总收入、现金流、股东权益变化和综合收益报表，而普通公司则为 3 年。资产负债表要求也一样。

（2）重大收购的财务报表，Regulation S – X 第 8 – 04 号规则要求在较小型申报公司的收购业务中，如果该收购跨过了重要性门槛，只需要 2 年的财务报表。根据 Regulation S – X 第 3 – 05 号规则，如果该收购跨过了重要性门槛，且被收购的公司在最近一个会计年度的收入至少为 5000 万美元的，则需要 3 年的财务报表。

（3）重大股权投资的审计财务报表，Regulation S – X 第 8 号规则不要求按第 3 – 09 号规则要求提交被投资对象的单独财务报表，但要求披露该被投资对象的财务报表信息概要。

如果公司在最初的注册报表中符合较小型申报公司的资格，它必须在随后每个会计年度的第二个会计季度末重新评估这种状况。如果公司不再满足较小型申报公司的条件，则从下一个会计年度的第一季度开始向普通公司报告要求过渡。

新兴成长型公司　《创业企业创业法案》（JOBS 法案）创设了一种名为 EGC 的新型上市公司股票发行人类别，这些发行人在 5 年内不受美国 SEC 的某些申报要求的约束。按照 JOBS 法案的规定，EGC 是一个公司，在 2011 年 12 月 8 日或之前未曾有过注册的股票销售，而且其最近会计年度的全年销售总收入不足 10.7 亿美元。

JOBS 法案为 EGC 报告要求减免如下：

（1）EGC 可将其普通股股票的 IPO 注册陈述中所列经审计的财务报表限制在最近两个会计年度。JOBS 法案没有改变现有关于期中财务披露的要求，即注册人必须在注册报表中提供当前中期的未经审计的财务报表和上一年度的比较报表。

（2）EGC 可以通过提交其在初始注册报表中所提交财务报表的同一时期的信息，来遵守管理层的讨论和分析（MD&A）及 Regulation S – K 的选定财务数据要求。

（3）由于 EGC 不需要在其普通股证券 IPO 时提交的注册陈述中披露超

过 2 年的经审计的财务报表，美国 SEC 将不反对根据 Regulation S – X 第 3 – 05 号规则（关于重大收购的财务信息披露）或第 3 – 09 号规则（关于重大股权投资的财务信息披露）规定的财务报表年度限制为 2 年；如果 EGC 在其 IPO 的注册陈述中自愿提供第三年经审计的财务报表，但选择将根据 Regulation S – X 第 3 – 05 号规则或第 3 – 09 号规则规定的财务报表年度限制为 2 年，SEC 工作人员也不会反对；EGC 也可以将这些减免安排应用到它所提交的任何其他注册陈述中。

（4）EGC 可以免除财务报告内部控制审计师认证的要求。

（5）在对高管薪酬披露方面，EGC 可以适用较小型报告公司的披露减免的规定。

已经取得 EGC 的公司可以保有该身份，直至：

（1）其年度总收入达 10.7 亿美元的会计年度的终止日；

（2）其注册的普通股股票销售日起五周年的会计年度的终止日；

（3）发行人在前三年累计发行超过 10.7 亿美元不可转换债券的日期；或

（4）发行人被认为是一个大型加速申报人（Large Accelerated Filer）的日期。

一个 EGC 必须不断地重新评估它的资格，以确定其符合 EGC 的身份。如某一公司在任何时候未能继续符合 EGC 资格，则该公司必须遵守适当的过渡规则，在不再符合 EGC 资格的年度内开始遵守非 EGC 的申报和披露规定。

外国私营发行人（FPI） 在美国进行 IPO 的外国公司可能有资格成为外国私营发行人。FPI 的定义是外国政府以外的设立在外国发行人，但以下情况除外：

50% 以上的已发行投票权证券由美国居民直接或间接持有，以及下列任何一项：（1）大部分高管或董事是美国公民或居民；（2）发行人超过 50% 的资产位于美国；或者（3）发行人的业务主要在美国经营。

对于即将 IPO 的公司，FPI 的决定是在向美国 SEC 提交首次注册陈述之前 30 天内做出；此后，每年在最近的第二会计季度的最后一个营业日确定

FPI 的资格。

外国私人发行人首次注册报表的财务报表要求见 Form 20 - F 的第 3 项、第 8 项、第 17 项和第 18 项以及 Regulation S - X。财务报表要求在许多方面与美国国内发行者存在显著差异。一些主要差异如下：

（1）经审计的财务报表通常必须涵盖最近 3 个会计年度，但有一些例外：

● 如果发行人存在时间少于规定的 3 年，应提供相应的财务信息，可能需要提供发行人的前身（如果存在）；

● 如果美国以外的司法管辖区不要求在 3 年期限的最初一年提交资产负债表，该资产负债表可能会被忽略；和

● 如果财务报表是按照美国公认会计原则（GAAP）编制的，则只需要对最近 2 年的财务报表进行审计。

（2）FPI 可以使用美国 GAAP 以外的会计准则，但他们可能需要与美国 GAAP 进行调整。如果公司使用国际会计准则理事会（IASB）发布的国际财务报告准则（IFRS），则不需要进行这种调整。

（3）无论披露的基础如何，经过审计的财务报表必须附有一份由在上市公司会计监督委员会（Public Company Accounting Oversight Board，PCA-OB）注册的独立会计师事务所发布的审计报告，并按照 PCAOB 的标准进行审计。这些会计师必须符合美国 SEC 和 PCAOB 的独立性标准。

（4）注册报表中包含的最新经审计的年度财务报表必须在注册报表提交日期之前 12 个月以内。如果公司能够充分说明在美国以外的该司法管辖区不需要遵守该要求，并且遵守该要求是不切实际的或涉及不适当的困难，SEC 将放弃该要求。但无论如何，申报文件中包含的最新经审计的年度财务报表，自注册报表生效之日起不得超过 15 个月。

（5）如果注册报表在上一个经审计的会计年度结束后 9 个月以上生效，公司必须提供未经审计的期中财务报表，该期中财务报表必须符合 GAAP，或者按照 GAAP 进行调整，如果公司使用由 IASB 发布的 IFRS 准则，则不需要调整。

（6）FPI 可以以任何货币编制财务报表。

3.3.1.3 公司治理结构及相关事项的完善

A. 公司组织架构和税务架构的调整

在准备 IPO 的阶段，通常会评估拟上市公司的税收和组织结构，这样可以避免不必要的成本和延误；也会考虑是否需要进行重大重组（小规模的调整是必不可少的），以及如果 IPO 未能如期进行，该重组的回报与成本和风险关系。这一阶段如果能尽早进行的话，IPO 的准备就会更从容一些。同时，采用复杂的税收或组织结构可能导致复杂的会计、法律和其他方面的挑战。在上市初期，评估拟上市公司的税收和组织结构的重要性是毋庸置疑的，这样可以避免不必要的成本和延误。

公司在美国 IPO 之前，一般需要解决一些组织问题。其中一些问题可以相对迅速地得到解决，如确定根据公司章程可以发行的股票的最佳数量和类型。其他的则需要更多的时间和精力去解决。一个根本的问题是公司继续现在公司注册地，还是重新注册到另一个州。在别的司法管辖区注册的公司可能考虑在特拉华州重新注册，因为特拉华州有完善的公司成文法及完善的公司判例法，这些法律对如何适用于董事会和其他公司行为，一般都有明确性和可预见性的规则，同时不乏科学性。另外特拉华州还拥有衡平法院（Court of Chancery），这是一个专门裁决公司和其他商业法律纠纷的法庭。但同时，在特拉华州成立公司是有代价的——州每年征收特许经营权税，与在其他许多州成立公司的成本相比，这可能是昂贵的。此外，如果公司在其所在州注册成立，那么在发生诉讼时，该公司可能会认为自己享有"本土法院"的同情优势。同样重要的是，公司需要考虑对其章程文件进行修改，使其更适合公司的 IPO。公司应该在 IPO 前完成这项任务，因为重组一般涉及股东投票，而在 IPO 之前，股东基础通常较小，获得股东批准的过程也相对简单。同时，IPO 前的股东通常会支持修改章程，因为他们认为这是 IPO 和实现投资流动性的跳板。在 IPO 之后，要获得股东对章程修改的批准，成本更高，耗时更久，因为这涉及准备、提交和分发正式的股东投票权委托书（Proxy），并根据相关法律和美国 SEC 的规定征求委托书。

如果考量在美国之外重新注册，开曼群岛往往是第一选择。其利弊和美国特拉华州类似：完善的公司法和周到的服务，但成本也更高。

B. 公司董事会及其专门委员会

监督公司业务和事务的最终责任归于董事会。例如，董事会监督财务报告和公开披露、监督内部控制和合规等。除了对重要战略和重要政策作出选择外，董事们还制定了企业的道德和伦理规则。一个治理良好的上市公司董事会将由各种各样的专业人士组成，他们带来各种与公司的业务和目标相关的互补技能。在决定董事会成员人选时，公司应考虑候选人的财务和专业背景、行业背景、上市公司经验、领导技能、性格和声誉等。

纽交所和 NASDAQ 都要求上市公司的董事会在公司 IPO 后相对较短的时间内变成由"独立董事"占多数。然而，如果可能的话，最好是在 IPO 时，董事会的大部分成员都是独立的，因为投资者在 IPO 时会关注公司治理的这一方面。

公司应确定现有外部董事会成员是否符合所适用规则下的"独立"定义，并确定任何关于董事会组成的新需求。如果该公司希望增加独立董事会成员，它应该在 IPO 前几个月，或在可行的情况下尽快开始确定和招募独立董事的过程。与新董事达成的任何协议都可能需要在 IPO 招股说明书中披露。"独立董事"是不受公司管理层影响、以董事身份行使判断的个人，独立董事不受可能妨碍其独立性的商业、家庭或私人关系的影响。

例如，对于在纽交所上市的公司，一般规则是，董事会的大部分成员必须是"独立的"，而且董事会必须有完全独立的审计、薪酬和提名委员会。然而，纽交所对 IPO 公司也有一个过渡规则。例如要求在上市时，在三个必须设立的委员会中，每个委员会至少有一名独立董事，且在上市 90 天内独立董事在三个必须设立的委员会中达到多数（每个委员会中至少两名独立董事），并在上市后的 1 年内达到完全合规的标准，即由独立董事占多数的董事会和完全由独立董事组成的三个必须设立的委员会（每个委员会至少三名独立董事）。

董事会必须确定该独立董事与公司没有重大关联，不会危及其独立判断和独立行为的能力。纽交所表示，"由于关注的是［该独立董事］独立于公司的管理层，［它］并不认为拥有哪怕是相当数量的股票本身，是构成独立的障碍"。纽交所有明确的规则规定何种情形下是"不独立"的，其中最重要的是董事会成员不能在过去 3 年内是公司的一名员工，也不能在过去的 3 年内任意 12 个月内接受公司超过 120000 美元的酬劳（不包括董事会酬劳）。类似的禁令也适用于该董事的直系亲属，这些规定还限制了该公司与董事会成员雇主的业务往来。

C. 反收购的保护

是否应在 IPO 时设计反收购保护措施，以阻止恶意收购者在不与董事会谈判的情况下强行获取公司控制权是另外一个必不可少的考量。考虑到投资者可能怀疑管理层正试图利用这种保护措施，以牺牲股东利益为代价来巩固自己的地位，一家公司应该考虑如何合理地采取这种保护措施。此类保护措施还可能影响上市公司被纳入某些股票指数的资格。

IPO 发行者可获得多种手段和保护措施，在一定程度上经常出现的最直接、最有力的反收购保护措施是高投票权/低投票权双重股权架构，它为持有高投票权股票的人（通常是创始人和家族所有者等）控制公司提供便利，如即使持有一种单独的低投票权股票的公众投资者拥有公司的大部分经济利益，高投票权股票持有者也有足够的投票权来控制董事的选举。另一个类似的制度设计是分类董事型董事会，即将一个董事会分成多个类别（总是 3 个），每个类别都有一个交错的多年任期（总是 3 年）。这可以防止恶意收购方在任何一次年度股东大会上更换超过一定比例（总是三分之一）的董事。在这种情形下，为了获得公司董事会的控制权，恶意收购者必须在至少连续两次年度股东大会上进行成功的代理权争夺，这一前景本身就可能对敌意竞购者构成重大威慑。在特定行业之外，高投票权/低投票权结构仍不太常见，因为这种制度设计可能会招致投资者的抵制。相比之下，绝大多数 IPO 发行者都对董事会进行了分类。然而，在规模较大的上市公司中，这种分类型董事的董事会结构能够长期保留的情况越来越少，因为股东对董事会解除分类提案的支持程度很高。

当然，还有许多其他措施几乎得到了普遍实施，没有受到投资者的强烈抵制。例如，IPO 发行人的公司登记证书通常禁止股东通过书面同意采取行动，这就阻止了公司的大股东采取先发制人的、单方面的行动来代替股东大会。该登记证书通常还会包含限制股东召开特别股东大会的能力的条款，从而进一步限制大股东们采取特别行动的能力。另外，公司章程总是要求股东在提名新董事或在股东大会上提出其他事项之前，及时提前通知公司。为了修改公司的注册证书或公司章程，也可能需要获得绝对多数股东的投票。解除分类型董事会的董事类别也是一样的，需要获得绝对多数股东的投票。但在规模较大、经验丰富的上市公司中，绝对多数投票要求已经变得不那么常见。

除此之外，一种几乎普遍的做法是空白支票优先股模式，即 IPO 的发行人在他们的公司证书中批准所谓的空白支票优先股，这使董事会能够创建并发行一系列新的优先股，并在特定时间内赋予该新股东一些特别的权利和优先权，以达到董事会所希望的效果。董事会当然可以利用这种能力采取某些反收购行动，包括在没有得到股东进一步批准的情况下实施股东权利计划或毒丸计划。通常情况下，如果未经董事会事先批准的第三方收购了该公司的大部分股票，那么原股东可以以极低的价格购买该公司的普通股，其效果是稀释该第三方所持有股票的价值和投票权。毒丸计划在 IPO 发行者中很少见，因为它们往往会在投资者中引发负面反应，但在获得空白支票优先股的授权后，董事会可以在需要时部署"毒丸"。

除非在其注册证书中选择免除该限制，否则特拉华州的反收购条款（Section 203 of the *Delaware General Corporation Law*，《特拉华州通用公司法》第 203 条）将适用于在该州注册的公司。众所周知，特拉华州是大多数美国上市公司的注册地。《特拉华州通用公司法》第 203 条规定，除非适用法律规定的例外，在某些特殊利益股东（Interested Stockholder）成为特殊利益股东三年内，公众持有的特拉华公司不得与该特殊利益股东（Interested Stockholder）从事某些"并购"（Business Combinations）。该规定通常禁止或延迟公司的董事会未批准的合并、资产或股票出售，以及其他接管公司或公司控制权变更的情形。美国其他州也采用了类似的法规。

D. 股权薪酬与员工激励计划

近年来，股权薪酬已经成为上市公司的一个热门话题。一旦上市，公司就会面临不同的考虑因素，从而影响其股权薪酬计划的结构和管理。所有股权薪酬计划的一个关键目标是为员工提供福利，并激励员工努力工作。上市公司还应考虑是否在公司 IPO 后，制订符合税收条件的员工股票购买计划（Employee Stock Purchase Plan，ESPP），向员工提供定期购买公司普通股的机会。ESPP 通常鼓励广泛的员工持股，每个员工使用他们的部分薪酬以相对于公平市场价值的适度折扣（通常达 15% 的折扣）购买公司的普通股。如果 ESPP 符合《国内税收法典》第 421 条和第 423 条（Sections 421 and 423 of *the Internal Revenue Code*）的设计和管理要求，达到规定持有期限要求的员工将在出售 ESPP 股票时获得优先税收待遇。即将上市的公司通常会在 IPO 时设置 ESPP 以使其生效。

管理层的股权激励安排可分为两大类：（1）基于股票的安排。在这种安排中，股权激励的价值与公司股价挂钩，受特定的其他条件的约束（通常只受公司持续服务时间的约束）。（2）基于绩效的薪酬安排。其价值取决于预先设定的绩效目标的实现与否，可能包括股票价格作为绩效的衡量标准。很多股权激励的制度设计既有基于股票的安排的特点，也有基于绩效的薪酬安排的特点，如限制性股票、限制性股票单位或实现特定绩效目标后授予的股票期权等（业绩目标达成后授予的限制性股份和限制性单位通常分别称为业绩股份和业绩单位）。另外，在制定管理层股权激励安排时，需要考虑到潜在的税收，证券法和会计等问题。最典型的基于股票安排的股权激励包括无资质股票期权、激励股票期权、股票增值权、限制性股票、影子股票奖励和股票购买计划——尽管这些类型的奖励可能有多种变体。许多上市公司采用了综合的长期激励计划，这使它们能够灵活地制定所有类型的奖励。

在 IPO 之前，另一个值得关注的领域是与公司股东之间的安排，以确保这些安排与 IPO 或公司未来作为上市公司的地位不冲突。

E. 现有股东的股票安排

一个常规的操作是在 IPO 前，IPO 承销商会寻求将所有 IPO 前的股东锁定到 IPO 定价后 180 天。所谓的锁定期书信指的是 IPO 前的股东和承销商之间直接达成的协议，根据该协议，股东同意他们不会出售自己的股份，也不会出借股份为他人融资，同时不会在锁定期结束之前，做任何可能导致把所持有股票从股东手中转移出去而获得经济利益的事情。从更广泛的意义上说，应该对所有股东进行全面审查，以确定股东是否有可能直接或间接阻碍 IPO 的同意、参与或其他权利的行使。

F. 公司治理、透明度和监督

2001 年安然公司（Enron）的倒闭和其他公司的倒闭，使公众关注到上市公司年度、季度和当前报告中信息披露的完整性和质量。美国国会通过《萨班斯—奥克斯利法》（Sarbanes - Oxley Act）要求对上市公司的定期报告和公司治理进行改革，美国 SEC、纽交所和 NASDAQ 竞相跟上步伐。2008 年的国际金融危机催生了《多德—弗兰克法案》（Dodd - Frank Act），要求进行更多改革。改革的结果是，上市公司必须采用并遵守一些书面的公司治理政策和程序。在 IPO 期间或之后不久，一家公司必须具备或至少应该考虑具备以下条件，有些条件取决于该公司在哪个交易所上市。

（1）在纽交所 IPO 的上市公司：

- 审计委员会章程；
- 薪酬委员会章程；
- 提名（和治理）委员会章程；
- 商业行为和伦理准则；
- 公司治理指南；
- 内幕交易政策（没有正式要求，通常不会要求在网站上公布）。

（2）在纳斯达克上市 IPO 的上市公司：

- 审计委员会章程；
- 薪酬委员会章程；
- 提名委员会章程（如果使用）；
- 符合美国 SEC 道德规范要求的商业行为准则；
- 举报人程序（虽然不是正式要求）；
- 内幕交易政策（没有正式要求，通常不会要求在网站上公布）。

3.3.2 传统 IPO 的过程

3.3.2.1 注册陈述准备阶段

在准备注册陈述但尚未提交给 SEC 之前的阶段，公司一般已经决定进行 IPO，并且已经聘请了承销商、外部律师和会计师等，开始尽职调查和起草注册声明。这个阶段也被称为"静默期"。因为在这段时间内，有关公司或 IPO 的不恰当的公开声明可能会危及 IPO。然而，新兴成长型企业（EGC）在这段静默期与投资者沟通时有一定的灵活性。新兴成长型公司可能会"试水"证券市场，即在 IPO 注册声明提交之前或之后不久，与合格的机构买家和机构投资者沟通，以确定对其潜在 IPO 的兴趣。

这个阶段往往是从一个组织会议开始的，IPO 工作小组的所有主要成员开会讨论 IPO 的进程，包括上市时间、关键任务、IPO 过程中的角色和责任等。担任主簿记行的券商通常会准备一本详细说明上述事项的备忘录。在这次会议期间，公司的首席执行官、首席财务官、总法律顾问和其他关键管理人员通常会就公司的状况做一个介绍，以确保工作组已经很好地理解公司的业务，财务状况和其他关键问题，以及明确执行 IPO 的关键路径。届时公司 IPO 工作组——公司、承销商、公司和承销商的法律顾问以及审计人员将第一次聚在一起讨论 IPO 的具体事宜。在该组织会议后，工作组会在 4~6 周内定期举行会议，主要任务是起草注册陈述、进行尽职调查以及起草各种协议和其他文件等。

注册陈述的起草   注册陈述是 IPO 提交给 SEC 的主要文件，具有向 SEC 登记证券和向投资者宣传这一投资机会的双重目的。美国国内公司 IPO 使用 Form S-1，外国私营公司在美国 IPO 使用 Form F-1。注册陈述的起草是公司、承销商（通常由主簿记行牵头）、公司和承销商的法律顾问以及公司审计师之间的密切合作的过程。公司在很大程度上依赖簿记行编制适当的营销故事，并在准备财务披露时与审计机构密切磋商。

尽职调查   尽职调查的目的有两个方面：一方面，也是最重要的，确保公司注册陈述的准确性和完整性；另一方面，保护承销商（和某些其他发行参与人）免予因 IPO 披露中的任何重大错误陈述和/或遗漏而承担法律责任。尽职调查由工作小组的所有成员进行，一直持续到 IPO 结束，但在首次向 SEC 提交注册陈述时，尽职调查应基本完成。

法律和其他文件　除了协助起草注册声明和参与尽职调查外，公司和承销商的法律顾问将与承销商、公司和审计师一起起草和完成以下文件：

（1）承销协议；

（2）现有股东的锁定期协议（通常在提交注册声明前签署）；

（3）法律意见书；

（4）安慰函；和

（5）宣布交易的申请（可选）、启动和定价的新闻稿等。

然后在主簿记行的协助下，该公司应确定自己是否有资格在纽交所或其他交易所上市，开始与该交易所进行讨论，并申请和保留股票代码。

3.3.2.2　提交注册声明及静默期

注册声明一旦提交给 SEC，该声明就会被公之于众。然而，新兴成长型企业可以在保密的基础上向美国 SEC 提交 IPO 的注册陈述。这些公司希望在市场窗口打开时做好准备，但又担心尚未完成的 IPO 会引起公众关注。一旦注册陈述被秘密提交或正常提交给美国 SEC，等待期就开始了，也是所谓静默期的关键阶段。在这个阶段，公司等待美国 SEC 对注册陈述进行审查和评论。

美国 SEC 大约需要 30 天时间完成对注册陈述草案的初步审查，然后 SEC 将通过一封正式的评论信回应该公司及其法律顾问，在评论信中对注册陈述提出某些意见，并邀请该公司通过修订和提交一系列修正案来解决这些问题。最初的评论信是公司与 SEC 反复协商过程的开始，这通常需要至少两到三次修改，可能持续 6 周或更长时间，具体取决于一些变量。

在等待期间，公司和承销商还会组织 IPO 的营销工作，包括路演介绍。如果这家公司是一家新兴成长型公司，它可以继续与某些类型的投资者沟通，了解他们对潜在 IPO 的兴趣。公司还在继续回应承销商律师提出的尽职调查问题，并为成为一家上市公司做好准备。

在澄清所有 SEC 的意见并修改注册陈述后，工作组将完成所有其他文件，包括承销协议和安慰函并发布新闻稿。当然，如果遭遇 SEC 的长期审查，将不得不推迟上市的时间，然后对注册陈述的价格范围进行修订，公司管理层向承销商的股权销售人员进行介绍，并开始路演，通常包括长达 7~8 天的投资者会议。

3.3.2.3　IPO 生效及生效后的期限

路演结束后，公司要求 SEC 宣布注册陈述生效，以便其销售 IPO 涵盖的股票。如果所有问题都已经得到解决，美国 SEC 将宣布注册陈述生效。在美国 SEC 宣布注册陈述生效的当天，承销商和该公司举行定价电话会议，由承销商向该公司推荐承销商从该公司购买股票并向公众转售的价格。在正式的定价电话会议之前，承销商会不同程度地向公司提供有关投资者感兴趣的信息以及其他相关的市场数据，以表明公司股票的适当价格区间。在定价电话会议上，公司董事会的一个委员会〔一般称为定价委员会（Pricing Committee）〕会正式批准股票出售给承销商并向公众转售的价格。定价电话会议结束后，承销协议被执行，当晚或次日市场开盘前，公司会发布一份新闻稿，宣布 IPO 主要的条款。第二天，承销商把公司的股票卖给投资者，公司股票就开始在交易所交易了。

根据股票在 IPO 当日或不久后的交易表现，承销商可以进行干预以稳定股票，消除短期波动（如果股票在 IPO 后跌破发行价）或行使绿鞋选择权（如果股票在 IPO 后轻松高于发行价）。绿鞋选择权是指在 IPO 的承销协议中的一项条款，规定如果对证券发行的需求高于预期，承销商有权向投资者出售比发行者最初计划更多的股票。

3.4　传统 IPO 的交易结构解析

3.4.1　临近 IPO 的私募可能带来的危险

当公司发行私募股权进行融资，不久后提交 IPO 注册陈述时，可能出现法律问题，美国 SEC 可能将私募与 IPO 整合在一起，则该私募将无法免予在美国 SEC 的注册。整合是指将两次发行视为一次发行，因此破坏了私募的注册豁免，并使公司因违反《证券法》的信息披露和其他法律要求而承担相关法律责任。如果公司希望在 IPO 注册之前或注册期间进行私募，避免被整合是必要的。有两种方法可以避免被整合。第一，公司可以利用法律规定的安全港条款；第二，公司可以将这两种产品结构设计为两个可区分的、独立的融资计划，并因此不构成整合。《证券法》项下 Regulation D 第 502 号规定，在首次公开发行前 6 个月以上完成的 Regulation D 项下的私募发行豁免将不会与 IPO 整合。此外，如果一家公司已经开始了私募，但随后放弃了私募寻求 IPO，符合《证券法》项下第 155 号规则可以提供一个法定避风港，在某些条件下保持 IPO 的合法性。第 155 号规则规定，在以下情况下，私募发行将不会与以后的 IPO 合并：

（1）私募拟发行的证券并没有真正的销售；

（2）公司和代表其相关人员在公司向 SEC 提交 IPO 注册陈述之前结束所有的私募发行活动；

（3）IPO 的初步和最终招股说明书包含有关放弃私募的必要信息；

（4）IPO 注册陈述必须在私募发行活动结束后 30 天后提交。不过如果私募证券只提供给合格投资人（或被合理认为是合格投资人的人士）或符合 Regulation D 项下第 506 号规定的具备必要知识和经验标准的人士，可以不受 30 天之后规定的限制。

3.4.2　提交给 SEC 的注册陈述及给投资人的招股说明书

美国《证券法》要求公司 IPO 时向美国 SEC 提交一份注册陈述，并要求该注册陈述在美国 IPO 过程中在开始发行股票之前由 SEC 宣布有效。目前美国 IPO 最常见的注册陈述类型是 Form S-1（REITs 使用 Form S-11，大多数外国公司使用 Form F-1，但其要求基本是相同的）。注册陈述旨在成为一份全面的文件，让投资者对公司有一个综合及平衡的看法。除了描述募股本身的条款外，它还包括财务报表、对公司经营成果和财务状况的讨论和分析、对公司业务的描述、与公司业务有关的重大风险的披露和对其股票的投资，以及有关公司董事、行政人员和重要股东的信息等。

美国 SEC 的公司融资部（Division of Corporation Finance）的主要任务之

一是审查公司 IPO 的注册陈述，以及公司提交给 SEC 的其他文件。《萨班斯
—奥克斯利法案》要求，对每家有报告义务的公司至少每 3 年进行一次一
定程度的审查，实际上 SEC 对大量公司的审查远比这个要频繁。

　　SEC 的公司融资部根据公司所属行业将注册陈述分配给其七个产业类办
公室中的一个，每个办公室由一个负责人领导（如能源与运输办公室的负
责人或生命科学办公室的负责人等）。一般来说，行业办公室由专业人员组
成，主要是会计师和律师，但也有一些具有专门知识的人，如采矿业或石
油业工程师，他们会参与特定行业的公司审查。当美国 SEC 的工作人员审
查文件时，他们并不是为了确定 IPO 或任何其他投资是否值得投资，他们的
任务是确保注册人遵守美国 SEC 对注册陈述的披露要求，并确保财务报表
符合所适用的权威会计制度和美国 SEC 工作人员关于会计和审计问题的解
释和政策。

　　在美国 SEC 的电子化数据收集、分析及检索系统（EDGAR）的申报文
件上。有一个标准产业分类代码（Standard Industrial Classification，SIC），
这些代码也是 SEC 的公司融资部向其所属的七个产业类办公室中分配拟上
市公司 IPO 申报材料时的基本依据（见表 3-1）。

表 3-1　　　　　　　美国 SEC 公司融资部各办公室的分工

标准产业分类代码	SEC 公司融资部办公室	产业部门名称
100	Office of Life Sciences	AGRICULTURAL PRODUCTION – CROPS
200	Office of Life Sciences	AGRICULTURAL PROD – LIVESTOCK & ANIMAL SPECIALTIES
700	Office of Life Sciences	AGRICULTURAL SERVICES
800	Office of Life Sciences	FORESTRY
900	Office of Life Sciences	FISHING, HUNTING AND TRAPPING
1000	Office of Energy & Transportation	METAL MINING
1040	Office of Energy & Transportation	GOLD AND SILVER ORES
1090	Office of Energy & Transportation	MISCELLANEOUS METAL ORES
1220	Office of Energy & Transportation	BITUMINOUS COAL & LIGNITE MINING

续表

标准产业分类代码	SEC 公司融资部办公室	产业部门名称
1221	Office of Energy & Transportation	BITUMINOUS COAL & LIGNITE SURFACE MINING
1311	Office of Energy & Transportation	CRUDE PETROLEUM & NATURAL GAS
1381	Office of Energy & Transportation	DRILLING OIL & GAS WELLS
1382	Office of Energy & Transportation	OIL & GAS FIELD EXPLORATION SERVICES
1389	Office of Energy & Transportation	OIL & GAS FIELD SERVICES, NEC
1400	Office of Energy & Transportation	MINING & QUARRYING OF NONMETALLIC MINERALS (NO FUELS)
1520	Office of Real Estate & Construction	GENERAL BLDG CONTRACTORS – RESIDENTIAL-BLDGS
1531	Office of Real Estate & Construction	OPERATIVE BUILDERS
1540	Office of Real Estate & Construction	GENERAL BLDG CONTRACTORS – NONRESIDENTIAL BLDGS
6770	Office of Real Estate & Construction	BLANK CHECKS
6792	Office of Real Estate & Construction	OIL ROYALTY TRADERS
6794	Office of Real Estate & Construction	PATENT OWNERS & LESSORS
6795	Office of Real Estate & Construction	MINERAL ROYALTY TRADERS
6798	Office of Real Estate & Construction	REAL ESTATE INVESTMENT TRUSTS
6799	Office of Real Estate & Construction	INVESTORS, NEC
7000	Office of Real Estate & Construction	HOTELS, ROOMING HOUSES, CAMPS & OTHER LODGING PLACES
7011	Office of Real Estate & Construction	HOTELS & MOTELS
7200	Office of Trade & Services	SERVICES – PERSONAL SERVICES
7310	Office of Trade & Services	SERVICES – ADVERTISING
7311	Office of Trade & Services	SERVICES – ADVERTISING AGENCIES
7320	Office of Trade & Services	SERVICES – CONSUMER CREDIT REPORTING, COLLECTION AGENCIES
7330	Office of Trade & Services	SERVICES – MAILING, REPRODUCTION, COMMERCIALART & PHOTOGRAPHY
7331	Office of Trade & Services	SERVICES – DIRECT MAIL ADVERTISING SERVICES

续表

标准产业分类代码	SEC 公司融资部办公室	产业部门名称
7340	Office of Trade & Services	SERVICES – TO DWELLINGS & OTHER BUILDINGS
8071	Office of Life Sciences	SERVICES – MEDICAL LABORATORIES
8082	Office of Life Sciences	SERVICES – HOME HEALTH CARE SERVICES
8090	Office of Life Sciences	SERVICES – MISC HEALTH & ALLIED SERVICES, NEC
8093	Office of Life Sciences	SERVICES – SPECIALTY OUTPATIENT FACILITIES, NEC
8111	Office of Trade & Services	SERVICES – LEGAL SERVICES
8200	Office of Trade & Services	SERVICES – EDUCATIONAL SERVICES
8300	Office of Trade & Services	SERVICES – SOCIAL SERVICES
8351	Office of Trade & Services	SERVICES – CHILD DAY CARE SERVICES
8600	Office of Trade & Services	SERVICES – MEMBERSHIP ORGANIZATIONS
8700	Office of Trade & Services	SERVICES – ENGINEERING, ACCOUNTING, RESEARCH, MANAGEMENT
8711	Office of Trade & Services	SERVICES – ENGINEERING SERVICES
8731	Office of Trade & Services	SERVICES – COMMERCIAL PHYSICAL & BIOLOGICAL RESEARCH
8734	Office of Trade & Services	SERVICES – TESTING LABORATORIES
8741	Office of Trade & Services	SERVICES – MANAGEMENT SERVICES
8742	Office of Trade & Services	SERVICES – MANAGEMENT CONSULTING SERVICES
8744	Office of Trade & Services	SERVICES – FACILITIES SUPPORT MANAGEMENT SERVICES
8880	Office of International Corp Fin	AMERICAN DEPOSITARY RECEIPTS
8888	Office of International Corp Fin	FOREIGN GOVERNMENTS
8900	Office of Trade & Services	SERVICES – SERVICES, NEC
9721	Office of Interrnational Corp Fin	INTERNATIONAL AFFAIRS
9995	Office of Real Estate & Construction	NON – OPERATING ESTABLISHMENTS

资料来源：SEC 官网。

当公司 IPO 的注册陈述被转交给 SEC 公司融资部的七个办公室之一时，工作人员将花几天到一周的时间将其分配到一个审查小组。通常情况下，这将包括 SEC 的律师和会计师各一名，他们是主要的审查人员，以及更资深的律师和会计师各一名，他们是复查人员。这个小组将由相关的办公室主任监督。在指定团队后，SEC 的法律审查员通常会联系公司的外部律师，通知他们文件将受到全面审查。SEC 工作人员将用大约 4 周的时间对注册陈述进行初步审查，并发出第一封评论信，再以电子邮件的方式发给公司及其律师（法律顾问）。当收到这封邮件时，公司及其法律顾问和审计人员在与承销商及其法律顾问磋商后，会准备适当的回应，其基本形式是重新提交一份修改后的注册陈述。修改后的注册陈述已反映了 SEC 工作人员的意见，如果需要还应提供最新的财务报表和其他最新进展，并附上一封解释公司对每位工作人员意见回应的信。在 IPO 中，通常会有几轮 SEC 工作人员的意见和重新提交的注册陈述，SEC 审查阶段所需的总时间通常为两个半月至四个月。统计数据显示，近年来，从首次提交到 IPO 注册陈述生效（这也包括营销阶段，因为注册陈述生效发生在路演之后，即定价之前）的中位数时间为 15 ~ 16 周。

3.4.3　IPO 的宣传和信息发布

美国《证券法》规定了公司在 IPO 中可能用于发行股票的信息种类和公司提供信息的方式。注册信息管理的监管通常旨在确保公司主要通过招股说明书传达有关 IPO 的信息，确保该招股说明书符合适用的美国 SEC 规定的详细披露要求。《证券法》、SEC 法规和 SEC 员工解释规定了公司在提交注册陈述前、提交注册陈述至注册陈述生效期间以及注册陈述生效后可能进行的宣传和信息发布。因此，在 IPO 过程的不同阶段，公司可能采取不同的宣传和信息发布方式。其实，这一监管机制限制了公司在 IPO 前、期间和之后可能进行的宣传和沟通。但一个公司需要继续经营，而大多数公司需要进行宣传、营销和沟通，以推广他们的产品和服务，接触客户并产生销售。但与此同时，SEC 需要监管向潜在投资者提供的信息。2005 年的《证券发行改革》（*Securities Offering Reform*）规定，美国 SEC 会采取措施，缓解公司出于商业目的沟通信息的需要与 SEC 对向投资者提供信息的监管之间的紧张关系。2012 年颁布的《创业公司创业法案》（JOBS 法案）的"试水"条款进一步放宽了对新兴成长型公司（EGC）的某些限制。

除了符合 JOBS 法案的 EGC 公司的"试水"行为，无论是公司还是券商都不能在向 SEC 提交注册陈述之前以书面或口头方式去销售其 IPO 的证券，也不能去营销其证券。"注册前宣传和沟通期"开始于公司决定注册其证券时，于公司提交其注册陈述时截止。对于一家公司何时决定注册其证券没有明确的界限，但最迟一旦公司与主承销商达成一致，让主承销商牵头其 IPO，就被视为已决定去注册其证券。因为美国 SEC 扩大式解释了证券注册前的以"书面或口头"的方式对股票的出售进行"发行或发行邀请"，如提供任何能引起公众心目中对某种证券的兴趣的信息就可以被视为"发行邀请"，所以公司的正常业务宣传或其他业务通信在证券注册前的期间可能会无意中构成"书面或口头的方式去要约邀请以销售其股票"。例如，美国 SEC 可能会将公司在提交注册申请前进行的产品宣传视为非法要约，因为其效果是让市场对该公司的 IPO 股票形成购买的兴趣，这一问题被称为"抢跑"（"Gun-Jumping"，字面翻译为"枪跳"）。同时，为了不过多地影响公司正常的生产经营，美国 SEC 设立了许多"安全港"，帮助澄清哪些类型的商业通信或营销在 IPO 之前和期间不会被视为非法的"抢跑"行为。如第 163A 号规则为在提交注册声明前 30 天以上的公司通信提供了一个安全港。根据美国《证券法》和 SEC 的规定，拟 IPO 公司在注册陈述提交 30 天之前的通信或信息不会违反关于"抢跑"的规定，前提是

（1）通信没有提到将被提交注册陈述涵盖的证券；

（2）通信是由公司或代表公司作出；

（3）公司在其控制范围内已采取合理措施，在提交注册声明 30 天内防止该信息的再传播或再复制。

另外一个常见的法律问题是"事实性商业信息"问题。公司需要灵活地进行正常的商业推广，如宣布其新产品或公司业务扩展等。必须确保公司在提交申请前的 30 天内以及整个 IPO 过程中，无须经常担心这些正常的商业活动构成证券销售的要约邀请，上升到非法"发行"证券的水平。第

169 号规则为"公司或代表公司"进行的"事实性商业信息"的通信提供了一个安全港。这些事实性信息是作为正常性商业推广而发出和接收的，而不是有意发给作为投资者或潜在投资者作为证券投资的考量使用的。"由发行人或代表发行人"是指该公司或该公司的正常商业代理人或代表作出的经授权或批准的信息发布。"事实性商业信息"指

（1）关于公司、其业务或财务进展或业务其他方面的事实性信息；以及

（2）关于公司产品或服务的广告或其他信息。

要依靠这个安全港，公司必须满足以下几个附加条件：

（1）公司必须在以前的正常业务过程中定期发布此类事实性商业信息；

（2）信息发布的时间、方式和形式必须与过去发布类似信息的重要方面保持一致；

（3）公司必须有意让客户和供应商等个人使用这些信息，而不是以让投资者接受信息为目的；

（4）这些信息必须由公司历来发布此类信息的员工或代理人发布。

第 169 号规则规定的安全港有两个重要的例外。其一，它不适用于有关 IPO 的信息或作为 IPO 发行活动的一部分而发布的信息。例如，虽然安全港可以按照过去的惯例发布新闻稿，但它不能将包括新闻稿在内的内容作为证券营销活动的一部分发给 IPO 中的潜在投资者。其二，避风港不适用于前瞻性信息。

预申报期间的许可公告　《证券法》项下第 135 号规则规定了对公司 IPO 的预申报宣传限制的一个有限例外。它允许公开宣布拟议的 IPO，只要该公告限于以下信息：

（1）拟 IPO 证券的名称和金额；

（2）拟 IPO 证券数量；

（3）发行时间；

（4）发行方式和目的的简要说明；

（5）该证券是否只针对特定类别的购买者；

（6）国家或外国证券法律或法规要求的任何声明或图例。

另外，公告不得指明承销商或描述发行人的业务，并最好包括说明公告不构成任何证券出售要约的说明。实际上，拟 IPO 的公司通常不会发布公告，在考虑是否发布此类公告时，应与 IPO 的承销商仔细协调。

新闻稿和其他通信 公司通常在其提交注册陈述后公开宣布 IPO，并告诉潜在投资者如何获得招股说明书。尽管有种种限制，公司可以发布的信息包括有关该公司及其业务、IPO 机制和预期时间表、开户程序、表达购买该证券的意思表示及有条件购买证券的要约，以及管理人员、董事和员工直接持股计划和其他参与 IPO 的程序。该通知可能以新闻稿、电子邮件或网站发布的形式发布。

3.4.4 融资与承销

公司股票的承销及其向公众分销是 IPO 的核心。在 IPO 过程中，一家或多家投资银行将"承销"该 IPO 的证券，而这些安排的细节规定在公司和投资银行的"承销协议"中。有两种类型的承销协议：一种是"坚定承诺"型协议。按照这种协议，承销商以固定价格（一般是价格区间）从公司购买一定数量的普通股，然后直接或通过经销商向公众转售股票。另一种类型是"尽最大努力"型承销协议，用于风险较高的股票发行。根据这种协议，承销商会"尽最大努力"把 IPO 的证券出售给投资者，但承销商不从该公司直接购买股票，因此没有太大的商业风险。由于大多数 IPO 是在"坚定承诺"的基础上完成的（SPAC 是承销协议都是"坚定承诺"型的），因此，本章只讨论"坚定承诺"型 IPO。

出售时机 承销商和该公司都有动机为 IPO 寻找最佳的时机，以最大限度地提高其成功的机会。相同或类似行业或拥有类似业务公司证券的市场周期，对 IPO 的价格和发行成功的影响非常大。证券市场对从事某一特定行业或业务的公司是否青睐、该公司是否处于"热门"的行业内，都会影响公司和承销商为 IPO 投入时间、金钱和资源的意愿。承销商和公司都希望安排好发行时间，以便赶上一个强劲或不断增强的证券市场周期。承销商通常会根据自己对公司股票市场"窗口"的看法，加快或延缓注册过程。

拟筹集的金额及价格　在承销商的建议下，该公司需要在提交注册陈述之前确定其可能寻求在 IPO 中筹集的最低资金总额，而这个数额可以在稍后的过程中增加。它出现在注册陈述的封面上，并将被用于计算交给美国 SEC 的备案费用，其中还将包括承销商有权购买的普通股的额外金额，即超额配售（下文将讨论）。在此过程的后期，该公司和承销商将确定（并向美国 SEC 提交）股票发行的最佳价格区间和发行的股票数量，招股说明书还必须披露募集资金的预期主要用途。承销商有时更愿意将发行所得分配给特定用途，如为特定项目融资或偿还债务，而不是简单地分配给营运资金和其他一般公司商业用途。投资者大概会认为，与管理层很大程度上的自由裁量权相比，特别确定的预期用途更有利于投资者。

股份分配　承销商有不同类型的账户，这些账户构成了公司 IPO 股票可能转售的主要账户。大多数担任主承销商角色的投资银行主要专注于向机构投资者销售，其他（通常是地区性）承销商主要面向零售客户。公司通常选择将这两种类型的承销商纳入承销辛迪加，以便机构投资者和个人投资者都能参与。机构投资者和散户投资者的最佳组合是一个备受争议的话题。机构投资者通常会持有大量普通股，而且它们通常被认为比散户投资者更老练，更能理解公司财务和运营的复杂性。同时，机构投资者更容易通过其购买和出售决策来影响公司的普通股市场。机构投资者通常也会在公司治理问题上采取更积极的态度。相反地，散户投资者可以为公司普通股提供流动性和稳定性，单个散户投资者的出售或购买很少引起公司普通股的市场波动。

现有股东股票在 IPO 中的销售　现有股东可能希望通过 IPO 出售他们持有的公司股票。一般来说，公司和承销商应该在注册过程的早期就解决这个相当敏感的问题。一些创始人和高级管理人员的净资产中可能有很大一部分是公司的股票。他们经常通过多年的努力来建立一个成功的公司，因此他们可能希望通过出售一些股票也是可以理解的。但承销商可能会担心，允许股东（尤其是高管或创始人）在 IPO 中出售其股票，可能会被视为内部人士的"解套"，因而可以视为他们对公司的前景心存疑虑。同时，拟IPO 公司则倾向于允许现有股东出售股票，而承销商又愿意取悦出售股票的

大股东。因此，在新股发行市场"火爆"的情况下，现有股东的股票可能
会被包括在 IPO 发行中。在另一些情况下，现有股东的股份出售受制于承销
商的超额配售权的行使。另外，承销商会将"锁定期"协议作为一种手段，
帮助稳定公司 IPO 后的股价。通常情况下，承销商会要求该公司及其董事、
高级管理人员和股东签订禁售协议。在该协议中，该公司及其董事、高级
管理人员和股东同意在一段时间内不出售、转让或以其他方式处置他们所
拥有的任何普通股，该锁定期通常在 IPO 后 180 天结束。

3.4.5　定价，交割和交易

　　IPO 过程的高潮时刻是该公司的股票在其上市的股票交易所挂牌并进行
交易的一刻。而在此之前，公司和承销商必须商定该 IPO 的股票价格，并和
其他的重要参与者一起共同努力完成 SEC 的审查过程，以及完成美国金融
业监管局（FINRA）对承销协议的审查和证券交易所的审查。公司和承销
商需要确保这些必须的步骤在路演结束之前或在路演期间结束。公司和承
销商努力在路演期间建立投资人的投资兴趣，并在路演完成后尽快定价，
以便尽快获得融资。但在定价和融资之前，公司必须向 SEC 申请，让 SEC
先宣布公司的注册陈述生效。一般来说，路演结束当天，公司和承销商会
要求美国 SEC 宣布注册陈述生效，而一旦生效，公司就会为 IPO 定价。美
国 SEC 规定，公司和主承销商必须以书面形式，至少在预期生效时间 48 小
时前向美国 SEC 申请，以申请美国 SEC 宣布该注册陈述生效。此外，在
SEC 宣布注册陈述生效之前，FINRA 也必须确认其对承销安排没有异议。
如果公司至少提前 48 小时提出生效要求，而且 SEC 对公司关于注册陈述评
论的解释表示满意，SEC 一般会同意公司要求的生效时间。生效令是 SEC
宣布注册陈述生效的官方文件，发布在 SEC 的 EDGAR 网站上。公司在美国
《1934 年证券交易所法案》下的注册声明（在 IPO 的情况下通常是一个简短
的注册声明 Form 8 - A）将与《证券法》项下的注册陈述同时生效。

　　IPO 通常在股市收盘后定价，在定价的次日开始交易。理想的定价发生
在路演的最后一天，当人们对 IPO 兴趣浓厚的时候。在定价之前会举行一次
尽职调查电话会议，以确保招股说明书中的所有信息仍然准确和完整。注

册陈述宣布有效后，由高级管理层代表的承销商和公司以及公司董事会的定价委员会（经常由首席执行官和一个或两个外部董事组成）通过电话协商以确定 IPO 的最终价格。承销商在该电话会议上会说明他们所推荐的价格，同时展示他们的理由。他们一般会提供数据和其他信息，包括"兴趣账本"（感兴趣的投资人及数量价格等的记载）、最近股市的表现，以及类似 IPO 的表现和其他事项。在各方达成一致后，公司董事会的定价委员会正式批准股票销售的数量及价格，并由公司的承销商公开 IPO 的价格。定价委员会还会同时批准承销协议，并为发行预留股份。随后负责公司外部审计的会计师将向承销商提交一封安慰函，确认该公司经审计的财务报表和其他财务信息。一旦完成了这些步骤，承销协议就会正式签署。在定价后，该公司通常会发布一份新闻稿，宣布发行条款。最终的招股说明书必须在定价或首次使用后两天内向美国 SEC 提交。

如果对 IPO 的需求超过最初在 SEC 登记的股票数量，SEC 的规则为"扩大" IPO 提供了一个简单的机制。在原注册陈述生效后，公司可立即提交一份简短的注册陈述，以销售超过 IPO 注册陈述 20% 的股票，这被称为"462（b）注册陈述"，因为这些都是按照美国 SEC 的 462（b）号规则进行的。462（b）注册陈述一经提交 SEC 将立即生效。但从实体法的角度，根据 462（b）号规则提交的注册陈述在各方面和 Form S - 1 的要求是一样的。和 Form S - 1 不同的是，462（b）号规则提供了一种快速、便捷的增加发行规模的流程，无须通过正式的 SEC 评论和公司澄清程序。

3.4.6　交割及交割文件

虽然在 IPO 过程中，一家公司的股票通常在 IPO 定价后的第二天就开始交易，但要到交易开始几天后才会真正地交割 IPO 卖出的股票。假设定价发生在交易实际开始的前一天，IPO 卖出股票的交割通常发生在定价后的第四个交易日。在交割结束时，承销商为他们购买的股票支付对价，股票由公司的转让代理（Transfer Agent，TA）转交给承销商。在现代的证券转让程序中，股票不是由公司的 TA 实际交付给承销商，实际上它们是以电子方式在证券行业的清算机构——证券托管信托公司（Depository Trust Company，

DTC）的账簿上登记转让而已。在交割结束前，公司的律师和承销商的律师准备各种交易文件，包括高管证书、法律意见书和交叉收据等，以便在交割结束的同时签字和交付。承销商的律师通常会提前准备一份核对清单（或结算备忘录），以确保在交割时交付的文件，或在交割时或之前采取的其他步骤没有遗漏。IPO 的参与者在交易结束前进行另一次尽职调查，公司的律师向美国 SEC 确认关于注册陈述没有"停止指令"生效。在交割结束时，公司的律师就向承销商提供证券的合法性以及就某些公司事务（包括承销协议的适当授权、执行和交付）向承销商提交法律意见书。此外，该公司的律师也会对注册陈述和招股说明书的完整性提出"冷安慰"意见。该 IPO 公司的外部审计人员也会提供一份日期为交割截止日期的"降落前"安慰函，以重申在承销协议签署时提交的安慰函，并在必要时就从该时间到实际结束期间可能发生的任何事态发展对其进行更新。在交割结束时，公司管理层交付已签署的证书，以确认注册陈述以及承销协议中的陈述和保证的准确性和完整性。IPO 收益的交付被确认，公司的律师协调 TA 进行的股份转让。

3.4.7　行使超额配售权

如果承销商选择行使他们的超额配售权，通常需要第二次交割以了结额外股份的出售。第二次交割的机制以及股票的交付与第一次交割类似。对于需求较大的 IPO，承销商可以在定价后立即行使超额配售权，超额配售权的交割与第一次交割同时进行。

3.4.8　IPO 后的披露和合规责任

一旦成功完成 IPO，该公司将受制于美国法律和 SEC 法规、规则所规定的公开报告、披露和其他要求。除此之外，设立在美国的上市公司必须每年以 Form 10 - K 的文件形式进行年度报告，以 Form 10 - Q 形式进行季度报告，并以 Form 8 - K 形式进行当前报告。当前报告的目的是披露和公布各种各样的"触发事件"，包括金融信息披露材料如会计期间的财务信息（如发布收益）、重大收购或资产处置、签订重大合同、董事和某些高管辞职，以及产生财务义务等。此外，该公司还将受制于美国 SEC 的委托投票规则（Proxy Rules）。委托投票规则规定，在年度和特别股东大会及相关事项中，委托书是用来征求股东的投票委托的。公司的董事、高管和超过 10% 的股东也将有新的义务——根据《1934 年证券交易法》（以下简称《证券交易法》）第 16 条的规定，他们必须报告他们对公司股票的受益所有权，以及这种受益所有权的变化。在 IPO 后受益持有公司 5% 以上股票的股东也必须根据《证券交易法》第 13（d）条的规定报告此类持股情况。

3.4.9　与 IPO 同时的《1934 年证券交易法》项下的义务

在 IPO 过程中，大部分文件的准备工作都集中在 1933 年《证券法》项下的 Form S－1 的注册陈述上，该文件根据证券法对 IPO 的普通股进行注册。然而为了使股票在 IPO 之后在交易所交易，该公司还必须根据《证券交易法》提交注册声明，以注册将在交易所交易的证券类别。根据《证券交易法》的注册是通过在 Form 8－A 上提交简短的注册陈述来完成的。对于同时申请 IPO 的公司来说，这个文件相对简单。Form 8－A 描述了上市公司证券的一般特征，包括股息和投票权，以及公司章程文件中的任何反收购条款等。

3.5　SPAC IPO 概述

SPAC 进行 IPO 的唯一目的是募集资金，是为未来的初始并购融资。SPAC 被归类为空白支票公司，该公司是"处于发展阶段的公司，没有特定的商业计划或目的，或在其商业计划中表明将与尚未确定的公司或其他实体进行合并或收购"。美国 SEC 的上市公司电子数据收集、分析和检索（EDGAR）数据库将 6770 标准产业代码（SIC）作为空白支票公司的子组，一般分配给 SEC 公司融资部的房地产和建筑办公室进行审查（一般空白支票公司的 IPO 都分配到这个办公室）（见表 3－2）。

表 3 - 2   SPAC 所属标准产业代码及其范围

标准产业分类代码	SEC 公司融资部办公室	产业部门名称
6510	Office of Real Estate & Construction	REAL ESTATE OPERATORS（NO DEVELOPERS）& LESSORS
6512	Office of Real Estate & Construction	OPERATORS OF NONRESIDENTIAL BUILDINGS
6513	Office of Real Estate & Construction	OPERATORS OF APARTMENT BUILDINGS
6519	Office of Real Estate & Construction	LESSORS OF REAL PROPERTY, NEC
6531	Office of Real Estate & Construction	REAL ESTATE AGENTS & MANAGERS（FOR OTHERS）
6532	Office of Real Estate & Construction	REAL ESTATE DEALERS（FOR THEIR OWN ACCOUNT）
6552	Office of Real Estate & Construction	LAND SUBDIVIDERS &DEVELOPERS（NO CEMETERIES）
6770	Office of Real Estate & Construction	BLANK CHECKS
6792	Office of Real Estate & Construction	OIL ROYALTY TRADERS
6794	Office of Real Estate & Construction	PATENT OWNERS & LESSORS
6795	Office of Real Estate & Construction	MINERAL ROYALTY TRADERS
6798	Office of Real Estate & Construction	REAL ESTATE INVESTMENT TRUSTS
6799	Office of Real Estate & Construction	INVESTORS, NEC
7000	Office of Real Estate & Construction	HOTELS, ROOMING HOUSES, CAMPS & OTHER LODGING PLACES
7011	Office of Real Estate & Construction	HOTELS & MOTELS
7200	Office of Trade & Services	SERVICES – PERSONAL SERVICES
7310	Office of Trade & Services	SERVICES – ADVERTISING
7311	Office of Trade & Services	SERVICES – ADVERTISING AGENCIES

资料来源：SEC 官网。

美国 SEC 的第 3a - 51 - 1 号规则将被券商"坚定承诺型承销"，且拟定融资额超过 500 万美元的公司排除在"低价股"的正式分类之外，因此不受第 419 号规则管辖。2003 年重新出现以来，每一家在美国金融市场上 IPO 的 SPAC 的融资规模都在 500 万美元以上，这使 SPAC 的发行人得以避免被归类为空白支票的低价股公司，从而避免成为美国 SEC 进一步审查的对象。

当 SPAC 的律师向美国 SEC 提交 Form S – 1，宣布在未来某一天进行 IPO 时，SPAC 就正式成立了。和传统 IPO 一样，初始注册陈述是一份冗长的文件，承销商描述了注册壳公司转型的过程，将在有限的时间内寻找合适的收购目标。Form S – 1 描述了新公司的融资需求和发行证券的商业模式，披露了整个承销协议。Form S – 1 还需要披露 SPAC 发起人和 SPAC 以及未来投资者之间的利益冲突，详细阐述了收购业务将如何开展，并介绍了管理团队的背景。此外，Form S – 1 还会披露托管账户的运作，所有在 IPO 中筹集的资金扣除管理费用后存入托管账户（目前新的 SPAC 基本将募集来的所有资金均存入托管账户），并详细解释了这个托管账户内的资金将用于将要发生的收购，而一旦收购无法发生或收购失败，该托管账户内的资金将要被清算并返还给投资人。一旦 SPAC 澄清了美国 SEC 所有的评论意见，SPAC 的管理团队和承销商就会为最终的 IPO 进行一系列准备工作，对 Form S – 1 的任何相关更改都会立即向美国 SEC 提交。一般在挂牌交易日期的前一天，SPAC 会向美国 SEC 提交 Form 424 – B。

3.5.1　SPAC IPO 发行证券的基础单位

SPAC 的管理层和承销商会考虑空白支票公司的发展历史，以股权单元作为基础单位的交易结构是一个稳妥的措施（实际上几乎所有的 SPAC 都以股权单元为基础交易单位）。以股权单元为基础交易单位的 IPO 能够相对较好地解决信息不对称问题，并使投资人认为有风险的公司表明自己的真实价值。股权单元是一种复合证券组合，由一定数量的股票和一定数量的期权组成，而期权可在未来某一天行使（现代 SPAC 权证的行权期限一般是 5 年）。20 世纪 90 年代的 SPAC 会发行由一股普通股和两股期权权证组成的单元。而最近的 SPAC 发行的单元一般由一股普通股和一股期权（有的是一半或三分之一股期权）组成。SPAC 单元中期权权证数量的变化，反映了 SPAC 作为一种资产类别在各种市场压力下的演变。

从 1993 年开始，SPAC 的股权单元的定价一直都在 5 美元以上（一开始基本都是 6 美元，现在几乎都是 10 美元），从而避免了第 419 号规则规定的监管低价股和其他空白支票公司的规定，这使承销商可以在 SPAC 上市后立即为其做市，也使投资者能够自由地参与 SPAC 证券的价格发现过程。在扣除行政和其他类似费用后，IPO 募集来的资金存放在已建立的金融机构的托管账户中，在那里这些资金被投资于短期高评级证券（以美国一年期国债为主），并一直保存在那里，直到被用来作为收购融资或在 SPAC 清算时返还给投资者。

2003—2005 年，SPAC 证券基本在场外交易市场进行交易。2005 年，在施加了许多限制之后，美洲交易所开始让 SPAC 直接在其交易所 IPO 并挂牌交易其股票。2008 年起，NASDAQ 和纽交所都开始有条件地让 SPAC 直接IPO 并挂牌交易其股票。

3.5.2　SPAC IPO 各主要利益方的动机

SPAC IPO 的主要利益方有三类：管理层、承销商和投资者。每个利益相关者都有自己的动机来参与 SPAC 的创建、IPO 和初始并购的过程。

3.5.2.1　SPAC 管理层

SPAC IPO 注册陈述和最终招股说明书详细阐述了 SPAC 管理团队（管理层）的组成、他们在金融业的过往经验、他们早期参与的 SPAC 及其并购，以及他们与风险资本和私募股权基金的联系。根据 2020 年和 2021 年SPAC 的招股说明书，SPAC 管理团队的许多成员都是知名的公众人物。他们的声誉、知识和技能是 SPAC 通过寻找合适的收购目标创造价值的保证。典型的 SPAC 管理团队有 6 名成员，根据有关研究其平均年龄 51.08 岁。管理团队平均投资约 2.5 万美元购买一家 SPAC 全部的上市前证券。根据注册股份的数量，管理团队通常支付的价格在每股 0.017 ~ 0.047 美元，并为SPAC 公司上市做准备。在 IPO 时，管理团队的成员将 80% 的股份出售给感兴趣的投资者，而发起人在创立 SPAC 公司时所支付的 2.5 万美元获得的股份占 SPAC 总股份的 20%，因此有的业界人士者称这 20% 的股份为"中介费"。

2005 年年中以来，来自其他利益相关者（主要是投资者）的压力增加，以及就初始并购的股东投票导致的不确定性，迫使 SPAC 管理团队增加了资金投入。在大多数此类交易中,管理层成员为了获得股东对初始并购的批准,会在 IPO 之前购买期权,在某些情况下还会认购一些股权单元。2003—2009 年,托管账户中大约 2.76% 的资金来自 SPAC 管理层的这些预先购买。2009 年之后,几乎每个 SPAC 的管理层都会购买期权或股权单元或二者的组合,金额一般超过 500 万美元,以确保 SPAC 不会在投资者对拟议收购对象不满意的情况下被解散。管理层的这种相对较低的投资比例在初始并购的股东投票时会产生利益冲突。在大多数收购中,管理层强烈倾向于并购交易的成功。当然,对于管理层来说,重要的是要说服投资者这些激励措施是正当的。

3.5.2.2　承销商:激励和特点

证券承销商在 SPAC 的产生和运作中起着重要的作用。许多从业人员都认为,现代版的 SPAC 是早起鸟资本(Early Bird Capital)的金融创新。早起鸟资本是一家小型投资银行,它翻新了第一代 SPAC,使它们符合美国 SEC 的所有要求,自愿添加额外功能以保护投资者权益,并获得投资者的信心,最终成为 SPAC 证券的做市商。早起鸟资本的大部分管理团队在 20 世纪 90 年代初期均受雇于 GKN 证券公司(GKN Securities),并受 1997 年 NASD 对于 GKN 证券公司裁决的影响。该裁决实际上关闭了空白支票公司的证券市场,直到 2003 年新一代 SPAC 重新出现。

SPAC 承销商往往也作为金融顾问积极支持 SPAC 的运作。在近一半的 SPAC 交易中,承销商还担任 SPAC 的顾问。在某些情况下,承销商以自己的账户购买 SPAC 的证券,并将其存入托管账户。虽然在第二代 SPAC 出现后的前两年,承销商可以在 IPO 交割后收到它们全部的佣金,但随后佣金的交付通常分为两个阶段:一部分在 IPO 成功交割后立刻交付(通常为 2% 或 2.5%),另一部分则在初始并购完成后交付。这种延期支付承销费用的制度设计,可以使投行和潜在的投资者之间的激励机制一致,以便于初始并购的成功。2006 年之前,SPAC 都由规模较小的投资银行独家承销。2006 年之后,一些大的投行进入了 SPAC 市场。在第二代 SPAC 的早期,代表主流金融机构的花旗银行和代表小型金融机构的早期鸟资本成为 SPAC 市场的主要承销商。

3.5.2.3　投资者及其动机

大多数 SPAC 投资者是机构投资者。有学者统计，机构投资者平均持有 SPAC 78.2%的股权，同时提供了近97%的现金。出资数额和股权比例之间的差异是 SPAC 发起人和承销商的利益造成的股权稀释。在期权潜在的转换和赎回的情况下，股权稀释还会加剧，有的研究报告显示的稀释水平约为 33%。承销商和管理层对冲这种稀释的方式是建立托管账户，把绝大部分 IPO 募集来的资金都存放在托管账户里。考虑到投资者购买期权和普通股组成的单元，早期 SPAC 投资者可以出售期权，持有普通股直到收购日期。有研究报告表明，在 2009 年之前，对 SPAC 进行投资是一些对冲基金的主要投资策略。SPAC 的基础股权结构使股东获得的收益相当于持有无风险债券加看涨期权的结合。在 2008 年国际金融危机之前，它们的收益率平均比同期美国国债高约4%。

3.5.3　2020/2021 年传统 IPO 和 SPAC IPO 的最新进展

在 2020 年经济和金融市场的大起大落中，IPO 市场的窗口在 2020 年上半年出人意料地关闭了。新冠肺炎疫情大流行导致的不确定性开始出现，但在 2020 年下半年，尽管疫情导致的不确定性对经济影响依然很大，但全球 IPO 融资总额逾 3000 亿美元，其中包括美国创纪录的 IPO 融资总额。鉴于仅仅几年前 IPO 市场还不温不火，此次 IPO 的重新回暖就显得格外引人注目。由于风险资本和私募股权的增加，公司延长了其等待 IPO 的时间，如 2019 年，美国上市公司数量处于 20 年来的最低水平。因此，对 IPO 市场的重新关注引发了这样一个问题，即"更长时间保持私有"的时代是否真的已经过去了？尤其是在企业获得越来越高、越来越令人信服的公开估值之际。实际上，过高估值甚至已经开始引发人们对公开市场出现"泡沫"的担忧。特别是在科技行业，此类公司在 2020 年上市时的市盈率中值是 2018/2019 年的两倍多。

2020 年 IPO 激增的另一个特征是非传统的 IPO，即 SPAC 的异军突起，加剧了人们对"泡沫"的担忧。2020 年，SPAC 的 IPO 占美国 IPO 数量的 50%以上，达到创历史纪录的高峰。而 2021 美国 SPAC IPO 数量创历史新高，达 613 起，但却是跌宕起伏的一年。2021 年 3 月美国有创月记录的 109 家成功进行 IPO 的 SPAC 后（第一季度共 298 起），4 月的 SPAC IPO 几乎处于停滞状态。2021 年 4 个季度的 SPAC IPO 数量分别为 298 起、64 起、88 起和 163 起。随着 SPAC 的数量和规模继续打破以前的纪录，这些趋势的可持续性，以及对公司和投资者的影响，都值得关注和研究。

第4章 SPAC IPO 的交易结构及其经济学解析

成功的金融创新是一个从无到有，然后慢慢被市场接受的过程，而在这个过程中该金融产品的交易结构也一直在进化。如前所述。SPAC 这个模式于 2010 年前后已经被美国三大主板交易所接受，标志着这个模式被华尔街普遍认可。SPAC 在 2020/2021 年的爆发，源于从 20 世纪 90 年代开始华尔街为适应第 419 号规则所带来的监管环境的变化而作出的金融创新的努力。2008 年的国际金融危机挤压了 SPAC 的生存空间，但金融危机带来的压力使金融创新的进度被加快了。本章回顾历史，重点论述当下华尔街 SPAC 的交易结构。

4.1 SPAC 交易结构的演变与交易所规则的修改

美国全国性的交易所改变其监管规则以接受 SPAC，实际上是对现状的承认。如前所述，美洲证券交易所（NYSE – AMEX）是首家允许 SPAC 直接挂牌上市并交易的美国主板交易所。2 家 SPAC 公司分别于 2005 年 6 月 30 日和 7 月 1 日在美洲证券交易所成功地进行 IPO 挂牌上市。3 年后 NAS-DAQ 和纽交所开始接受 SPAC 时，对 SPAC 实施了这两个交易所一般的上市要求标准，加上 SPAC 特有的上市标准，而这些标准随着时间的推移不断地完善。2008 年首次允许 SPAC 直接在 NASDAQ 和纽交所 IPO 上市时，这两个交易所的 SPAC 规则在很大程度上模仿了 SPAC 在实践中的普遍做法，甚至比 SPAC 在实践中的普遍做法更加慷慨和宽松。例如，这 2 家交易所的 SPAC 上市规则要求 SPAC 把至少 90% 的 IPO 收益存入监管账户，直到和一个或多个目标公司完成并购，并且该一个或多个目标公司的公允市场价值

（或公允市场价值之和）至少等于该监管账户内资产80%的价值。2 家交易所都要求在 SPAC 上市后 36 个月内，或在 SPAC 注册陈述中规定的更短时间内完成初始并购。2 个交易所都需要多数股东投票支持任何的初始并购，尽管细节有所不同。纽交所规定，任何初始并购必须"在正式召开的股东大会上，由公众股东的多数投票通过"；而 NASDAQ 的规定只要求，初始并购必须由股东大会上投票的"普通股"的多数投票通过。两家交易所都授予投票反对企业合并的公众股东赎回其投资的权利：如果初始并购被批准并完成，反对并购的股东可以按比例将自己的股份转换成监管账户中总金额中的份额，然后存入其存款账户。此外，2 家交易所都保留自由裁量权，根据发起人和承销商的声誉等因素决定某一具体的 SPAC 上市是否合适。

因此，三大主板交易所一开始采用的规则其实仅相当于编纂了当时已经存在的 SPAC 的普遍实践，因此基本上不需要对 SPAC 当时的结构进行任何大的更改。随着 2010 年以后各大交易所对 SPAC 规则的修订，使用要约收购取代对企业合并的股东投票，有可能不符合各大交易所的规则。然而，三大交易所相继放宽了规定，允许 SPAC 通过要约收购完成初始合并。

在目前的 SPAC 模式中，有两种 SPAC 的结构比较流行。一种是规模较小的 SPAC，这种模式要么允许对 SPAC 的初始合并进行股东投票，要么保留股东投票的选择。在该类 SPAC 中，和公众股东一样，SPAC 的内部人也持有部分股权单元（Units）。这种 SPAC 一般期限较短，而且 SPAC 的信托账户中一般存有超过 IPO 募资额 100% 以上的资金（超过部分一般由发起人提供或募集），还会包括配股等结构设计。另一种是规模较大的 SPAC，其内部人一般以持有认股权证为主，券商的佣金超过一半在完成初始并购后再收取，并规定可以使用要约收购代替股东投票作为初始并购的合规程序。

4.2　对 SPAC 交易结构演变的分析

在约 30 年的历史演变中，SPAC 的交易结构一直在进化。新的 SPAC 并不一定要复制最近的 SPAC 样本，却可能模仿一些更久远 SPAC 的特征。当然 SPAC 的发展演变不是盲目的，也不是随机的。SPAC 结构的演变是经过深思熟虑的，甚至并不总是清楚更改是否是更好的选择。

2003—2008 年，华尔街见证了 SPAC 交易结构的多样性。新的金融创新往往削弱了对任何特定交易结构组合的趋同，使这种趋同变得更短暂。这可能是 SPAC 这种模式顺利度过了 2008 年国际金融危机的原因之一。与生物进化不同，当环境发生变化时，金融创新多样性并不那么重要，重要的是能够在以后继续改变和创新，以适应新的环境。在金融危机之后，第一个 SPAC 与之前的 SPAC 几乎没有变化。然而，金融危机后 SPAC 的交易结构很快就发生了重大变化，如以要约收购来代替股东对初始并购的投票为代表的新模式。

上面我们讨论了两种比较流行的 SPAC 模式，但当然不能认为演变过程已经结束。以 SEC 为代表的监管机构基本上允许金融市场自由尝试新的设计和金融创新，但这些设计和金融创新必须满足基本的法律原则，如对股东的基本保护等。新的 SPAC 发起人可以自由进入金融市场，以新的金融设计和金融创新来吸引市场份额，已经在 SPAC 领域建立声望的金融专家也可以修改他们的设计来强化他们在市场中的地位。

4.3　SPAC *v. s.* 传统 IPO——从现行交易结构的角度分析

如果从现行的交易结构的法律形式来看美国 SEC 对 SPAC IPO 的审核流程，其实 SPAC 和传统的 IPO 经历相同的程序：向美国 SEC 提交注册声明，澄清 SEC 的评论意见，进行路演，然后采取坚定承诺承销模式。如前所述，与传统 IPO 不同的是，IPO 募集来的资金将保存在一个信托账户中，直到被释放用于 SPAC 的初始合并，或用于赎回在 IPO 中出售的股票。发行费用（包括承销折扣的前期部分）和少量营运资金将由组成 SPAC 发起人的实体或管理团队提供。上市后，SPAC 将寻求收购机会，并就目标公司的合并或收购协议进行谈判（以下简称初始并购）。如果 SPAC 需要额外资金进行初始并购或支付其他费用，发起人可以向 SPAC 提供额外资本或以 PIPE 等方式融资。在宣布签署初始并购协议后，SPAC 将进行强制性的股东投票或要约收购程序。无论哪种情况，公众投资者都有权将其持有的公众股份返还给 SPAC，以换取与 IPO 价格大致相当的现金。如果初始并购已经由股东批准（如果需要），其他的融资以及收购协议中指定的其他条件已经得到满足，初始并购将会完成并交割（De－SPAC）。这时 SPAC 和并购标的合并，变成一个正常的上市运营公司。

4.3.1　与传统 IPO 流程的比较

与传统运营公司的 IPO 相比，SPAC IPO 的速度要快得多。SPAC 在 IPO 注册声明中的财务报表非常短，可以在几周内准备好（而一个运营企业则需要几个月时间）。没有需要披露的历史财务业绩或需要描述的资产，业务风险披露因素也少得多。SPAC IPO 的注册陈述本质大多是套话，加上董事和高管的履历。因此，美国 SEC 对 SPAC IPO 的注册陈述的评论通常很少，也不是特别麻烦。从 SPAC 决定进行 IPO 开始，整个 IPO 过程可以在几周内完成。但随着 SEC 2020 年底对 SPAC 监管的加强，这个评论和澄清的过程越来越长。如 2021 年第三季度从向 SEC 递交 SPAC IPO 的注册陈述（Form S－1 或 Form F－1）到 IPO 定价评价需要 112 天，第四季度平均需要 156 天；而 2020 年的第三季度，平均只需要 55 天（只相当于 2021 年第四季度三分之一左右）。同时，De－SPAC 交易涉及许多和目标企业直接 IPO 相同的要求，包括经审计的财务报表和其他披露项目。如果目标企业被正常上市的运营公司收购，这些要求可能不适用。传统 IPO 的超额配售期权（通常被称为"绿鞋"或仅仅是"鞋"）通常从定价开始延长 30 天，而 SPAC 的超额配售期权通常延长 45 天。不过，这两种 IPO 的超额配售期权规模都是基础发行规模的 15%。

SPAC IPO 的承销折扣结构也和传统 IPO 不同。在传统 IPO 中，承销商通常会从 IPO 总收益中获得 5%～7% 的折扣作为佣金，这些折扣将从交易结束时交付的募资款项中扣除。在 SPAC IPO 中，典型的佣金（折扣）结构是在 IPO 结束时支付募集总资金的 2%，另外 3.5% 存入信托账户，在 De－SPAC 交易结束时支付给承销商。如果 De－SPAC 交易没有成功，则延期支付给承销商的 3.5% 折扣就无须再支付给承销商，并与信托账户余额的其余部分一起用于赎回公众股份。

在传统的 IPO 中，承销商和公司的董事和其他高管会签署一份自 IPO 定价起 180 天的禁售协议，而 SPAC IPO 典型的 180 天锁定期协议是自 De - SPAC 后一年起开始计算，但在一定条件下可以提前终止：通常是自 De - SPAC 起 150 天以后，在过去的 30 个交易日内，有 20 个交易日股价高于每股 12 美元。

4.3.2 信托账户

目前 SPAC IPO 成功募集的资金将被存入一个信托账户，而被存入该账户的资金总额通常相当于 IPO 募集资金总额的 100% 乃至以上，其中约 98% 的资金来自公众投资者，2% 或以上的资金来自发起人。信托账户中的资金通常投资于短期美国国债或以现金形式持有，该资金只有在有限的情形下可以取出，通常如下：

（1）初始并购；

（2）根据强制性赎回要约赎回普通股；

（3）支付递延支付的承销商佣金；

（4）如果还有余额，用于支付公司在 De - SPAC 交易后的交易费用和营运资金，信托协议通常允许从信托账户中提取用于支付公司注册地的年金和所得税的利息，偶尔也允许提取有限数额的流动资金（如每年 75 万美元）。

4.3.3 私募股权的考虑

考虑发起 SPAC 的私募股权管理公司往往面临着独特的考量，包括 SPAC 发起人应在基金结构中的位置，以及基金的法律文件是否允许其发起 SPAC。一个常见的问题是，发起人应该是一个或多个现有基金的投资组合公司，还是一个基金管理公司的子公司。基金协议可能会限制基金管理公司在现有基金之外发起 SPAC 的能力。另外，SPAC 旨在寻求的资产类型也可能不在现有基金的投资授权范围内。此外，这家私募股权管理公司可能需要考虑如何在 SPAC 和现有基金之间分配投资机会。图 4 - 1 是疫情之前私募股权基金和 SPAC 的关系的统计数据。

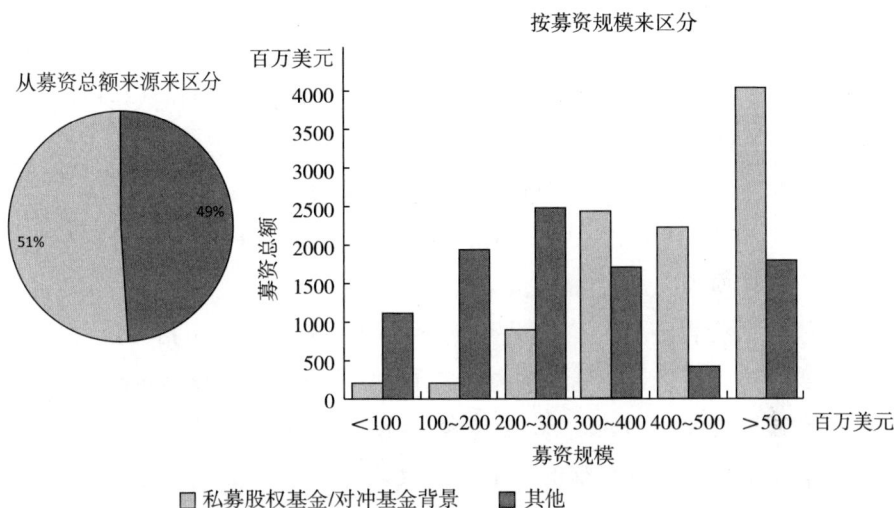

按募资规模来区分

从募资总额来源来区分

图 4 - 1　私募股权基金与 SPAC IPO（2014 年 1 月 1 日至 2017 年 11 月 30 日）

私募股权基金发起的 SPAC 通常有独立的管理层，如具有相关上市公司和目标行业经验的首席执行官或董事长。私募股权基金和 SPAC 的管理层往往会协商一个安排（通常包含在发起人的组织文件内），除此之外，每个缔约方将就风险资本、远期购买承诺以及股权的归属达成一致。

4.3.4　资本的交易结构

股权单元　在华尔街现行典型的 SPAC IPO 中向公众投资者出售股权单元，而且每单元包括一股普通股和未来购买一股（或一股以下）普通股的认股权证。每单元的发行价格几乎总是 10.00 美元。在 IPO 之后，这些单元变得可分离，这样公众股东可以交易单元、股票或权证，每种证券在证券交易所都分别交易。

公众股份与创始人股份　出售给公众的股权单元所包含的普通股有时被归类为 "A 类" 普通股，由发起人购买 "B 类" 或 "F 类" 普通股。公开股和创始人股作为一个类别参与股东会的投票，而且其投票权通常是相同的，当然在特定情形下对创始人股有些限制。发起人将在 SPAC 向 SEC 提交与 SPAC IPO 相关的注册陈述之前购买创始人股份，发起价格一般只是象征性的金额（通常为 25000 美元）。这些股份相当于注册上市部分的 25%，包括传统的 15% 的"绿鞋"股份。创始人股份的持有者将同意，在"绿鞋"没有完全行使的情况下，放弃一定数量的股份，以便他们的创始人股份数量继续等于实际出售给公众的股份数量的 25%。这导致创始人持有的股份相当于 IPO 完成后发行在外总股份的 20%，包括任何期权行使权或"绿鞋"权益。

在许多 SPAC 股权结构中，创始人的股份在 De–SPAC 交易时以一比一的方式自动转换为公众股份。

期权（认股权证） 面向公众出售的股权单元通常包括一部分期权，用于购买股票。最近最常见的结构是，在 IPO 中出售的股权单元包括半个期权，但在规模较大的 SPAC IPO 中包含三分之一期权的股权单元更为常见。但在所有情况下，只有完整的一个认股权证才可以行权及交易。创始人的认股权证以及投资人将在未来行使公众认股权证时所得的股票在 IPO 时没有向 SEC 登记，但通常受 IPO 时签订的股票注册权协议的约束，该协议将赋予这些证券持有人在 De–SPAC 交易后的特定需求和"附带"注册权（即在公司最近的下一个 Form S–1 或 Form F–1 时注册）。

认股权证的行权价格一般为每股认股权证 11.50 美元（比每股权单元 10.00 美元的 IPO 价格高出 15%）。认股权证可于下列期限中的较晚日期行使：

（1）De–SPAC 交易后 30 天；

（2）SPAC IPO 后 12 个月。

公开认股权证以现金结算，这意味着投资者必须以每股认股权证 11.50 美元的现金换取一股股票。创始人认股权证可以是净结算（也称为无现金结算），即期权所有人不需要交付现金，但获得的股票数量等于股票的公平的市场价值和期权行权价格之间的差异。如果公司股价高于固定价格（通常是每股 18.00 美元）并持续一段时间，公司可强制性赎回公众权证持有人的期权，但创始人的认股权证不可赎回。除了无现金行权和不可赎回外，创始人认股权证和普通股东认股权证一般具有相同的条款。

发起人期权（Sponsor Warrant） 购买的资金代表了"风险资本"，一般相当于付给证券承销商承销折扣（通常是 IPO 募集资金总值的 2%）＋200 万美元以支付发行费用和上市后的营运资本。发起人以每只认股权证 1.50

美元、1.00 美元或 0.50 美元的价格购买每股的创始人认股权证，其价格取决于在 IPO 中出售的股权单位中分别包含三分之一只、二分之一只或一只公开认股权证。除了在 IPO 时购买的创始人认股权证，大多数 SPAC 在 De - SPAC 交易中，还会向发起人发行 150 万美元的认股权证。

发起人和 IPO 的公众投资者都会获得认股权证（尽管发起人和 IPO 公众投资者的认股权证通常与普通股不成比例），因此发起人和 IPO 公众投资者在认股权证结构和条款上一般是一致的。公众投资者的认股权证可以被认为是对 SPAC IPO 公众投资者的"盲池投资"的补偿，而这些认股权证本质上稀释了任何 PIPE 投资者以及被并购目标公司的股权（见图 8 - 2）。

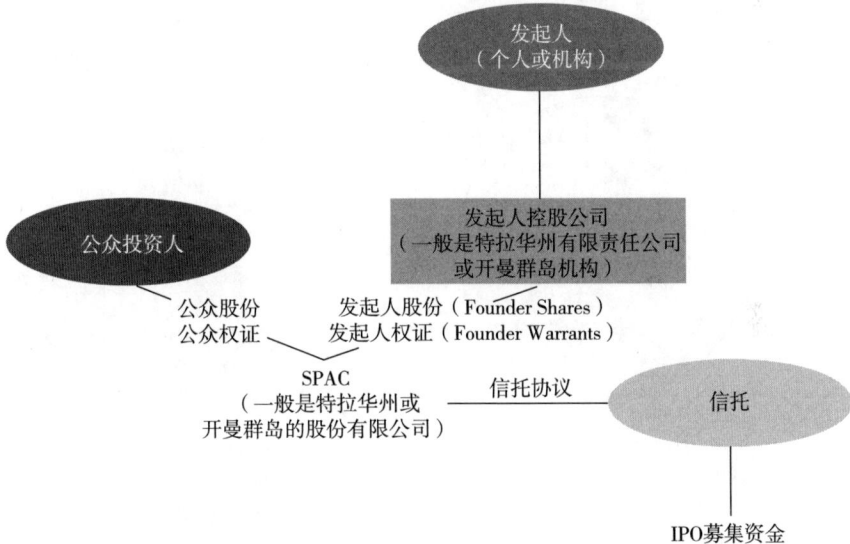

图 4 - 2 SPAC 资本结构说明

远期购买协议 在最近的一些 SPAC 的 IPO 中，发起人或机构投资者的关联公司与 SPAC 签订了远期购买协议，承诺购买与 De - SPAC 交易有关而发行的股票（股票或股权单元），以确保完成交易所需的额外资金。如果远期购买承诺来自私募股权基金或其他有限投资授权的投资者，在 De - SPAC 交易中必须满足发起人或机构投资者的投资授权。在一些案例中，远期购买承诺还必须得到远期购买方的再次同意，或者明确地作为远期购买方的一种期权。

4.3.5　SPAC 的公司治理和注册地

根据纽交所和 NASDAQ 的上市要求，SPAC 的董事会成员必须多数为独立董事。当然也和所有新上市公司一样，这个要求可以在一年内分阶段完成。SPAC 的董事在 IPO 时由发起人挑选，之后如有必要由 SPAC 董事会任命。在大多数情况下，在 De - SPAC 交易完成之前或之后，SPAC 不会举行公开的董事选举。另外一些 SPAC 规定，在 De - SPAC 交易完成之前，只有发起人的股份在董事选举中有投票权。

大多数 SPAC 在美国特拉华州注册成立（见图 4 - 3 和图 4 - 4），但也

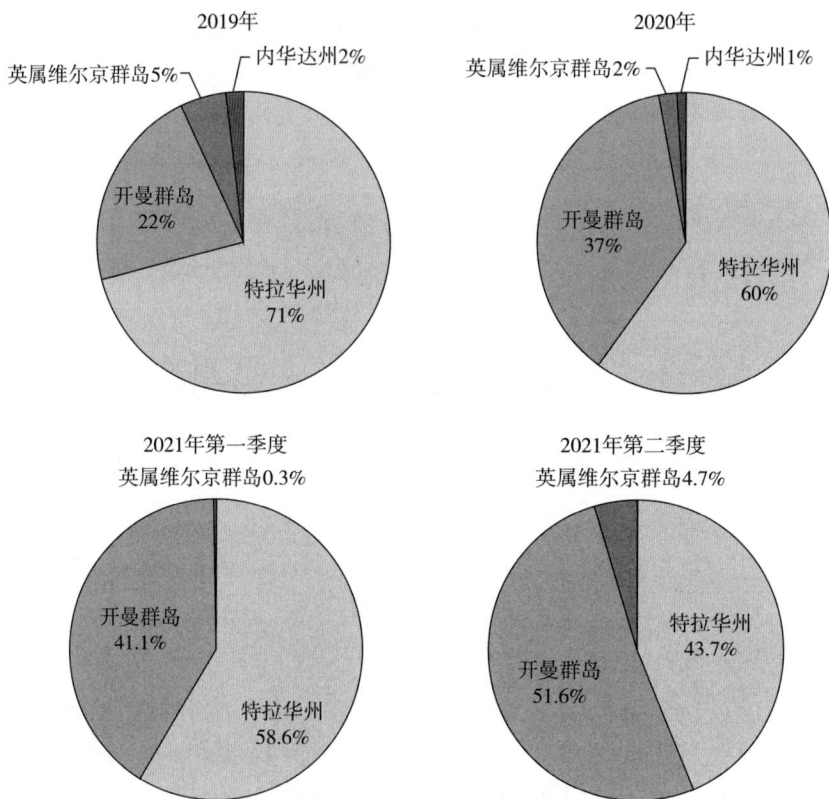

图 4 - 3　2019—2021 年 SPAC 公司注册地

（资料来源：Deal Point Data）

2021年第三季度

2021年第四季度

英属维尔京群岛2.3%　纽约州1.0%

开曼群岛 33.0%

特拉华州 63.6%

英属维尔京群岛1.2%　百慕大1.0%

开曼群岛 47.1%

特拉华州 50.8%

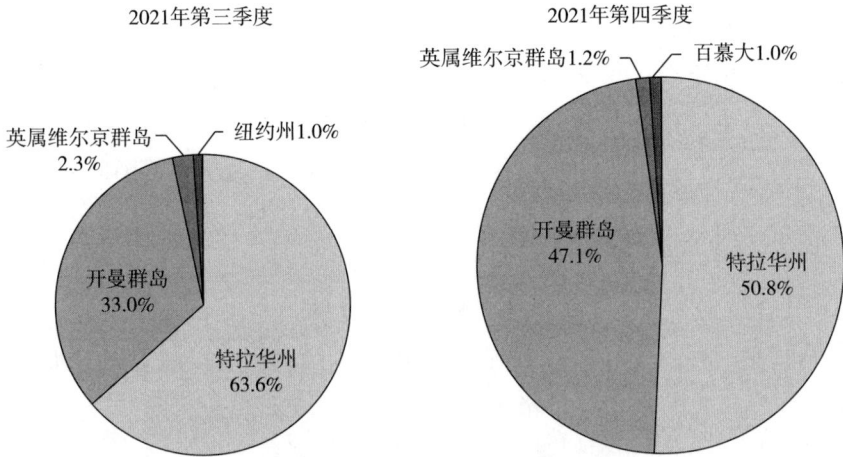

图 4 - 3　2019—2021 年 SPAC 公司注册地（续）

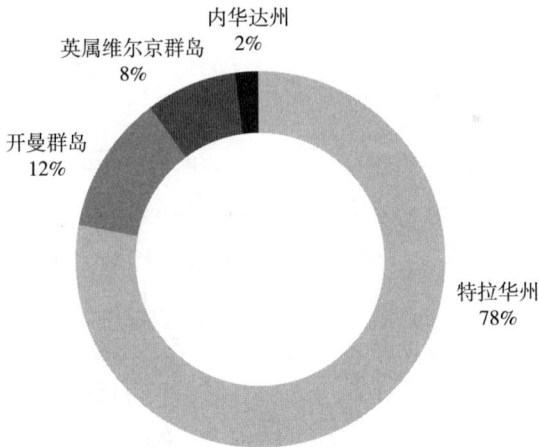

内华达州 2%

英属维尔京群岛 8%

开曼群岛 12%

特拉华州 78%

1	特拉华州	50/64（78%）
2	开曼群岛	8/64（12%）
3	英属维尔京群岛	5/64（8%）
4	内华达州	1/64（2%）

图 4 - 4　2020 年完成 De - SPAC 的 SPAC 公司注册地

（资料来源：Deal Point Data）

有一些是在外国司法管辖区成立的（最常见的是开曼群岛，但也有英属维尔京群岛或马绍尔群岛等）。如果 SPAC 可以合理地寻求美国以外的并购标的并收购外国资产，SPAC 可以允许一个更有效的交易结构，或者在购买国外资产后，重新把注册地迁入美国。这种离岸结构会导致一些税收问题，如被动外国投资公司问题等（本书第 9 章将详述）。注册在美国以外的司法管辖区会导致一些其他的特殊问题，如开曼群岛等外国司法管辖区的公司法不像特拉华州的公司法那样完善，而且开曼群岛注册的公司显然不允许"公司机会规则"等在美国比较普遍的法律机制。

从历史上看，大多数 SPAC 在 NASDAQ 上市，因为以前的纽交所 SPAC 规则比纳斯达克的规则要严格。但纽交所已经改变了其规则，目前纽交所和 NASDQ 的上市规则很相似，未来的发展有待观察。

4.3.6 SPAC IPO 协议及其他重要文件

在 SPAC 成立和 IPO 时，会签订一套近乎标准的合同和文件。其中一些，如公司注册证书和股东注册权利协议等，与传统的上市公司有相似之处，而另一些则是 SPAC 独有的。

章程（注册章程 & 协议型章程） 每个公司都由一份公司注册证书或类似的组成文件（例如，开曼群岛公司有一份名为"公司章程和章程大纲"的混合宪章和章程性文件）。SPAC 章程规定了设立公司的股份分为公众股份和发起人股份，包括对创始人股份转换比例的反稀释调整。它们还限制了 SPAC 使用信托账户资金的能力（某些特定用途除外），在一定条件下要求 SPAC 赎回公开股份，并在 De－SPAC 交易中为目标企业设定了最小规模等。在特拉华州注册的 SPAC 通常放弃了 SPAC 官员和董事的公司机会规则。

创始人证券发行协议 在 IPO 启动之前，发起人和 SPAC 会签订证券购买协议，一般规定 SPAC 以 2.5 万美元的价格向发起人发行创始人股份。创始人股份的数量为注册陈述中最初登记的公众股份数量的 25%，但将通过股票分割、股息或没收的方式增加或减少，使创始人股份的数量达到最终出售的公众股份数量的 25%。

认股权证协议　SPAC 和转让代理人将签订一份认股权证协议，其中规定认股权证的条款。认股权证协议还规定，在行使认股权证时，SPAC 有义务对基于认股权证发行的公众股份向 SEC 进行申报注册。认股权证协议一般还规定，公众认股权证的条款一般可在获得 50% 公众认股权证持有人同意的情况下予以有条件修订。

借据　所有组织费用和发行费用均由 SPAC 从 IPO 和出售创始人股份和创始人认股权证的收益中支付。这些费用包括法律费用和开支、印刷费用、会计费用、SEC/FINRA 费用、纳斯达克/纽交所费用、差旅和路演费用、董事的保险费及其他杂项费用等。在 IPO 结束前，SPAC 没有足够的现金支付这些费用，因此发起人与 SPAC 签订了一份借据协议，向 SPAC 提供借款，直到 SPAC 完成 IPO。借据包括任何组织和发行费用，直到 SPAC 可以用 IPO 的募集款项和在 IPO 结束时出售创始人认股权证的所得偿还借款。

内部协议　SPAC 与它们的官员、董事和发起人签订必要的书面协议。这些书面协议可能包括一项投票协议，要求 SPAC 管理人员、董事和发起人对其持有的创始人股和公开股（如果持有的话），在就 De – SPAC 交易和某些其他事项召开股东会表决时投赞成票，以及一项锁定期协议等。该书面协议还记载了 SPAC 管理人员、董事和发起人就其持有的创始人股和公开股（如果有的话）放弃任何与 De – SPAC 交易有关的赎回权的协议等。

SEC 优先注册权协议　SPAC 会与发起人及创始人股份和创始人认股权证的任何其他持有人（通常是 SPAC 的独立董事）订立注册权协议，给予发起人及其他持有人广泛的创始人股份的 SEC 优先注册权，给予创始人认股权证及发起人及其他股东在 SPAC 中持有的其他股权的 SEC 优先注册权。

认股权证私募购买协议　SPAC 与发起人签订协议，发起人根据该协议购买创始人认股权证，规定在 IPO 交割的前一个工作日交割创始人认股权证的购买对价。

管理服务协议　SPAC 与发起人（或发起人的关联机构）签订一项协

议，发起人（或发起人的关联机构）向 SPAC 提供办公空间、公用设施、秘书支持和行政服务，以换取每月的费用（通常为每月 10000 美元）。

除了上述协议和文件，SPAC 的董事会还会表决通过与其成立有关的协议型章程，这些章程在特拉华州的 SPAC 中是相对标准化的，同时包含了特拉华州上市公司的惯例条款。SPAC 还会与受托人签订投资管理信托协议，该协议规定在 IPO 后投资的管理，以及释放信托账户中的资金等条款。最后，SPAC 通常会与它们的董事和管理人员签订协议，除了在章程中规定的补偿之外，还向他们提供其他合同补偿。

如果按照其条款 SPAC 的有些协议和文件没有在 De - SPAC 交易时终止，则这些协议和文件通常会根据 De - SPAC 交易结构进行修订，如认股权证协议可以通过认股权证持有人的投票来修改、优先 SEC 注册权协议可以被股东协议取代、注册型章程和协议型章程经常被修改等。

4.4 传统 IPO *v. s.* SPAC——历史对比和资本市场结构的演变

从 1993 年 SPAC 这种模式出现到现在，美国的上市公司数量发生了戏剧性的变化，如美国主板上市公司的数量从 1996 年的 8090 家的峰值下降到 2019 年的 4713 家。有几个因素导致了过去 20 多年上市公司数量的下降（见图 4 - 5）。2002 年通过的《萨班斯—奥克斯利法案》(*Sarbanes - Oxley Act*) 提高了上市公司报告和治理标准，使上市公司的负担和成本变得更加沉重。另外在过去 20 多年里，利率长期处于低位，加上风险资本和私募股权的激增，使获取资本变得更容易，使企业能够在更长时间内保持私有而不必变成上市公司。互联网和云计算的兴起催生了许多新的企业，它们的资本密集度较低，也没有必要过早地寻求公开上市而进入资本市场。

而最近两年 SPAC 的爆发又增加了上市公司的数量，如 2020 年和 2021年两年共有 861 家 SPAC 上市，逆转了上市公司数量下降的趋势。

如前所述，SPAC 1993 年出现以来，特别是 2003 年重现华尔街以来，

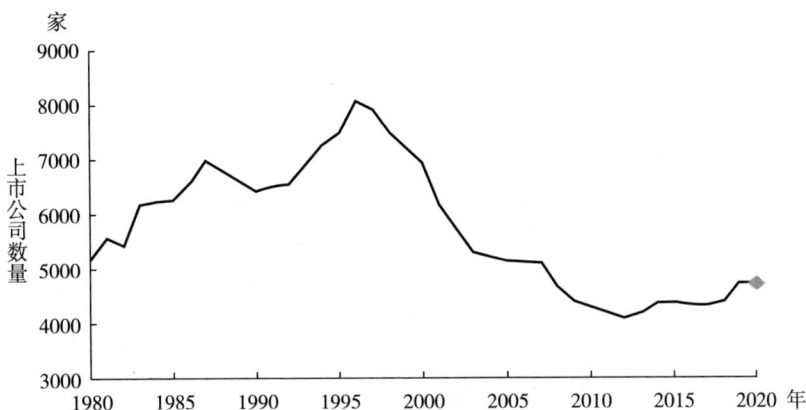

图 4-5　美国上市公司数量剧烈下降

（资料来源：Havar, Goldman Sachs Global Investment Research）

基本呈温和增长的趋势，直到 2020 年的爆发。其中由于 2008 年国际金融危机中断了一年多，SPAC 在 2009/2010 年再次回归华尔街后，在接下来的 7 年里以更温和的速度增长（年复合增长率为 29%），其中 2015 年达到 39 亿美元融资总额的峰值。2017 年以后增长的速度加快，2017—2020 年平均融资总额为 141 亿美元（2017—2019 年两年的平均融资总额为 114 亿美元），对比 2003—2016 年的平均融资总额 25 亿美元，增长了 4.64 倍。截至 2021 年底，共 572 家 SPAC 正在寻求并购目标，这些 SPAC 的监管账户中的资本总额达 1384 亿美元，另外有 270 起 SPAC IPO 仍在注册中，潜在融资额为 594 亿美元（见表 4-1）。

表 4-1　正在寻找并购目标公司的 SPAC v. s. 正在注册的 SPAC

SPAC IPO 概况 （截止日期：2021 年 12 月 31 日）	SPAC 数量 （家）	总募资额（10 亿美元）/ 总股权价值（10 亿美元）
正在寻找并购标的的 SPAC	572 *	138.4（总募资额）
正在注册的 SPAC	270	59.4（总募资额）
正在进行初始并购的 SPAC	124	233.6（总股权价值）
已经完成初始并购的 SPAC	336	570.2（总股权价值）

4.5 SPAC IPO 申报数据和定价

很多研究报告解释了 SPAC 在生命周期不同阶段的规律，而几乎所有的此类研究都着眼于 SPAC 股票的表现。例如，一份研究报告利用 EDGAR 数据库构建归档统计数据，并报告了 2003—2016 年进入金融市场的 245 家 SPAC 的主要股权单元结构特征的平均值。这些 SPAC 在 IPO 中发行的股票，平均发行价为 8.54 美元，共发行了 1513 万股股票。如果再加上超额分配的行使，SPAC 的平均收益毛利润为 1.3536 亿美元。2016 年之前美国 SPAC 市场的总规模略高于 331.6 亿美元。当涉及股权单元的绝对价格时，它们分别以 6 美元、8 美元或 10 美元的价格发行。

SPAC 交易结构的一个重要特征是托管账户，一般来说 IPO 的净募资额存放在这里。平均而言，98.01% 的总净募资额存入了托管账户，而在 2008 年后，SPAC 每年存入托管账户的资金都超过了 IPO 总募资额。原因有两个：一是 SPAC 的 IPO 承销商决定将部分佣金推迟到初始并购之后再收取，这些预期佣金收益（平均占总收益的 2.37%）被存入托管账户。二是 SPAC 管理层在 IPO 前购买期权权证或股权单元，并将这些资金也存入托管账户。

4.5.1 SPAC IPO 的定价和估值

如前所说，2016 年之前美国 SPAC 市场的总规模略高于 331.6 亿美元，它们的股权单元分别以 6 美元、8 美元或 10 美元的价格发行。现在 SPAC 的股权单元在 IPO 时几乎全部以 10 美元的定价发行。

在 SPAC 的研究文献中反复出现的一个主题是 SPAC 的 IPO 定价过低的程度，如有的研究报告认为低估了 3.8%。一份研究报告发现，在他们的样本中，87 家 SPAC 的平均单日回报率为 1.23%，相对于在传统 IPO 中公司的平均首日 26% 的 IPO 回报率来说，这相对较小。另一份研究报告得出另外的结论，这种低于通常水平的低估是直观的，与估值过程一致。根据他们的说法，SPAC 的 IPO 要比典型的 IPO 的工作量要少得多，因此也更容易。他们认为，SPAC 投资银行作为承销商和顾问的角色不应是劳动密集型的，因为 SPAC 代表的是"现金池"。此外，托管账户模式的建立使估值相对于典型上市公司的估值要更恒定。

4.5.2　SPAC IPO 与启动初始并购之间的表现

从 IPO 到初始并购或清算，SPAC 通常要花大约 2 年的时间。在此期间，SPAC 的股票、股权单元和认股权证可以自由交易。鉴于信托账户的建立，这些证券的价格应该接近信托账户的比例价值，但多数研究报告重点关注在重大公告时的异常回报。在这个阶段，关于 SPAC 的文献和研究报告主要集中在收购公告的回报上。基于不同的样本，有不同的结论，但大同小异，一般在 1.2% ~2.5%。

4.5.3　初始并购前后的股价表现

有不少学术文献和研究报告关注 SPAC 股价在初始并购前后的表现。Lakicevic 和 Vulanovic（2013）的研究报告称，SPAC 股东在初始合并完成当天获得 -3.81% 的回报。此外，他们发现初始并购后 7 天的回报率为 -9.59%。Jenkinson 和 Sousa（2011）报告称，初始并购后 6 个月的回报率为 -24%，收购后 1 年的回报率为 -55%。Howe 和 O'Brien 在 2012 年的报告称 SPAC 在初始并购后的第一年的平均半年回报率为 -14%，1 年回报率为 -33%，3 年回报率为 -54%。Datar 等（2012）研究报告称，2003—2008 年完成初始并购的 SPAC 股票的购买和持有回报。该报告称初始并购后 1 个月的回报率为 -5.37%，6 个月的回报率为 -20.93%，1 年的回报率为 -38.32%。Lakicevic 和 Vulanovic（2013）的报告中模拟建立了一个 2004—2009 年所有具有竞争性收购的 SPAC 的投资组合，并假设投资者在 IPO 后的第一个交易日购买一个股权单元并持有该单元，直到 2009 年 6 月最后一周。他们计算出的投资回报率为 -26.89%。总而言之，文献一致发现，作为一种资产类别，SPAC 的股票在初始并购后的表现逊于初始并购前的表现。

4.6 SPAC 的投资人分析：穷人的私募股权基金 *v. s.* "SPAC 黑手党"的资本游戏

很多学者和华尔街专业人士在列举 SPAC 的合理性时，将其描述为"穷人的私募股权基金"，指的是散户投资者投资 SPAC，是在信任并依赖 SPAC 发起人和高管识别并收购有吸引力的私控公司的能力，让散户投资者也有更多机会参与到证券市场的复杂交易中。同时，根据一些 SPAC 的研究报告，SPAC IPO 的投资被认为是由一群被称为"SPAC 黑手党"的对冲基金所主导的。这种理论认为，因为这些对冲基金在购买 SPAC IPO 的股权单元时并不以投资 SPAC 为主要目的，他们的目的是在 IPO 和初始并购之间卖掉其在 IPO 时购买的 SPAC 证券，或在初始并购时赎回其投资。当然这是个需要实证研究的理论。

4.6.1 从 SPAC IPO 到初始并购期间 SPAC 的投资人

美国斯坦福大学法学院教授迈克·克劳斯勒（Michael Klausner）、纽约大学商学院教授迈克·奥尔罗格（Michael Ohlrogge），与斯坦福大学商学院教授艾米·阮（Emily Ruan）做了实证研究。他们分析了 SPAC 提交给美国 SEC 的 Form 13F 之中申报人在公开交易的股票中股东的百分比，时间跨度为从 SPAC IPO 后的第一个 Form 13F 到初始并购前的最后一个 Form 13F，并由此来推断 SPAC 股东的股权比例及变化。美国 SEC 的 Form 13F 是管理资产超过 1 亿美元的机构投资人必须提交给 SEC 的季度报告（被豁免的机构除外），它会披露这些机构投资人的持股及仓位的情况，并为相关的精英投资者在证券市场上提供其所作所为有价值的信息。美国在 1975 年制定了法律，规定了 Form 13F 的披露和要求，其目的是让美国公众了解美国大机构投资者的持股情况。美国国会的议员们认为，Form 13F 将增强投资者对美国金融市场诚信度的信心。Form 13F 项下的机构投资者包括共同基金、对冲基金、信托公司、养老基金、保险公司和注册投资顾问公司等。

根据上面的报告，从 SPAC IPO 到初始并购程序开始，Form 13F 申报人的股份比例基本上是不变的。在 SPAC IPO 后，Form 13F 机构投资者持有 SPAC 股权的中位数是 85%，在初始并购前是 87%，而其平均比例是 82% 和 79%（见图 4 - 6）。上文的学者们的分析，这些数字还是低估了大型机构投资者持有 SPAC 股票的比例。其一，一些 SPAC 股权被内部人持有，而这些股票不在 Form 13F 申报的范围内；其二，由于种种豁免，一些富有的个人和机构股东持有 SPAC 股票却被免除了其 Form 13F 的申报义务。上文的学者们认为，根据数据，不能把 SPAC 描述为"穷人的私募股权基金"。他们认为，确实有一些散户投资者可能在初始并购前持有 SPAC 公司股份，然后在初始并购后的运营公司里继续持有这些股份，但由于他们持有的股权比例太低，不能把 SPAC 定性为"穷人的私募股权基金"。

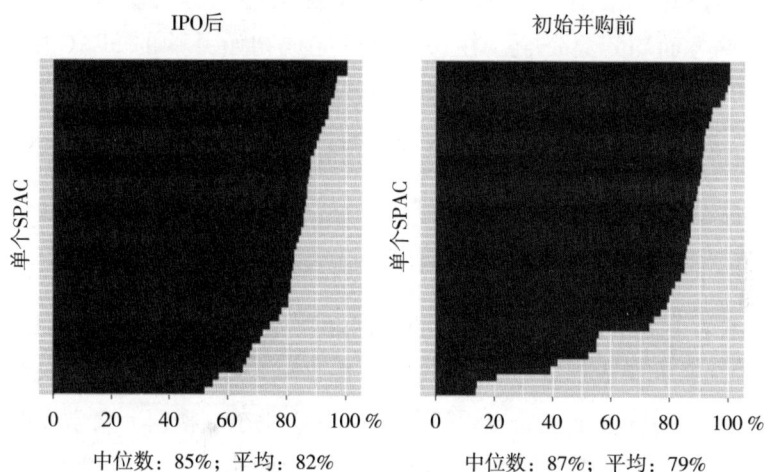

图 4 - 6　SPAC IPO 后 SPAC 股份被 Form 13F 申报者持有的比例

上文的学者们又分析了"SPAC 黑手党"持有 SPAC 股权的情况。因为 "SPAC 黑手党"不是一个严格的专业术语，没有被普通接受的定义，所以上文的学者们界定了"SPAC 黑手党"的内涵。他们给出的定义是，"SPAC 黑手党的成员"是一个有 Form 13F 申报义务的机构投资人，并且在 2010—2020 年，持有至少 10 万股从 SPAC IPO 到它宣布初始并购期间的股票。按照上面的定义，"SPAC 黑手党"成员约持有 SPAC IPO 70% 股权，而前五大

"SPAC 黑手党"（对冲基金）的成员持有 2019—2020 年 SPAC IPO 总股份的
15%。

4.6.2 赎回和再融资

SPAC 的一个关键特征是公众股东的赎回权。在初始并购交割之前，
SPAC 股东可以 10 美元的价格赎回其普通股，但保留他们的认股权证。根据
上文学者的研究，在 2019—2020 年完成初始并购的 SPAC 赎回的股份比例
的均值和中位数分别为 58% 和 73%，而其中四分之一的赎回率超过 95%。
为了弥补赎回造成的资金损失，77% 的 SPAC 筹集了额外的资金来完成初始
并购。SPAC 公司新的资金来源中，有 83% 的 SPAC 涉及从第三方投资者
募集基金（PIPE），有 61% 的 SPAC 涉及从发起人募集基金，有 44% 的
SPAC 从两方面均筹集资金。在这些所有完成初始并购的 SPAC 中，并购
的资本中从第三方募集的资本平均占 SPAC 交付资金的 40%。在超过三分
之一完成初始并购的 SPAC 中，大部分的资本都来自这些第三方投资者的
投资。

4.6.3 "SPAC 黑手党"的策略

SPAC 在初始并购前后的剧烈的赎回和再融资表明，SPAC 的 IPO 和目
标公司的融资在很大程度上是相互独立的。对大多数 SPAC 公司而言，超过
三分之二的 IPO 募集到的资金返还给了原 IPO 股东。根据上文学者的研究，
涉及 SPAC IPO 撤资率（包括全部和部分）的股东的平均值和中值分别为
90% 和 98%。对于"SPAC 黑手党"来说，撤资率则更高，平均撤资率和中
位数分别为 97% 和 100%。即使在赎回率相当低的 SPAC 中，撤资率也很
高。例如，在赎回率为 30% 或更少的 SPAC 中，平均撤资率仍为 85%。因
此，上文的学者认为，在 SPAC 的 IPO 中，投资者扮演的主要角色是让
SPAC 成立并运行起来，并准备好让一家私控公司作为并购标的。IPO 的股
东为此获得了丰厚的报酬。他们有权赎回他们的初始并购前的股票，赎回
价格等于他们购买的全部股权单元的价格加上利息，而他们保留认股权证。
大多数 IPO 的股东接受这个交易模式，并赎回他们的股份，而大多数不赎回

其股份的股东则会通过在公开市场上出售他们的股票的模式退出 SPAC。例如，在 2019—2020 年，在赎回其股权前，SPAC IPO 股东平均年化回报率约为 11.6%，而且这是一项无风险投资。

第 5 章　SPAC 初始并购的 过程与反向并购

初始并购及其程序被称为 De – SPAC，对于发起人和 SPAC IPO 投资人而言，这是他们设立 SPAC 和投资 SPAC 的主要目的。对于初始并购的目标公司而言，与 SPAC 合并是为私控公司提供了一种无须 IPO 就能上市的方式。如前所述，SPAC 模式现在在美国华尔街以及其他十几个国家和地区已经变得非常受欢迎，最近两年在美国 IPO 数量上 SPAC 都超过了传统的 IPO。然而，随着 2020 年底美国 SEC 对 SPAC 监管哲学的改变，SPAC 也遭到了更多的审查。SEC 工作人员强调 De – SPAC 后的上市公司管理层需要理解和遵守《证券交易法》的规定，保持足够的档案和记录，同时需要遵守《萨班斯—奥克斯利法案》规定以保持有效的内部财务控制、保持申报及遵守信息披露控制和程序的规定等。美国 SEC 的工作人员还强调了董事会在 SPAC 的初始并购之前、期间和之后监督的重要性及必要性。

5.1　初始并购前 SPAC 的必要条件概述

根据美国《证券法》及 SEC 的法规及规定，如果 SPAC 在其 IPO 时就已经在考虑和具体的目标公司并购，那么该 SPAC IPO 注册陈述中的财务报表，就可能需要把该目标公司的财务信息包含进去。而且，美国 SEC 通常会要求 SPAC 在其招股说明书中披露，该 SPAC 目前是否在考虑任何特定的初始并购之标的，以及 SPAC 的官员和董事们是否已经在考量与某个特定目标公司的初始并购。同时，在 IPO 时美国 SEC 通常会要求 SPAC 披露其官员和董事们内部是否发生过类似问题的讨论，以及他们是否和承销商或其他顾问讨论过此事。即使潜在的目标公司主动表示并购的兴趣，SPAC 及其高管和董事们一般会拒绝此类讨论，并回应这些潜在的目标公司，在 SPAC IPO 完成之前，他们不会考虑任何潜在的并购目标。如果 SPAC 发起人隶属于某私募基金公司，IPO 在其招股说明书通常会披露，SPAC 的管理团队的成员受雇于该私募基金公司，SPAC 及其管理团队会不断了解潜在的商业并购机会，而 SPAC 未来可能希望将和其中的一个或多个进行收购。此外，IPO 招股说明书通常还会包括一份声明，表明该 SPAC 不会考虑与任何已被该私募基金公司锁定的目标公司，并不会把这些目标公司作为初始并购的标的。

因此，SPAC 一般会在 IPO 完成以后再寻找并购标的。比起传统的 IPO，美国 SEC 通常会更快地完成 SPAC IPO 的注册陈述评论及澄清的程序，其原因主要是 SPAC 的注册陈述比运营公司 IPO 的注册陈述更为简单。SPAC 的资产负债表通常只显示递延发行成本，经营报表也只显示由 SPAC 的组织和启动费用所组成的名义经营费用，而股东权益和现金流量报表也基本只反映发起人的股份情况。由于它们通常符合 JOBS 法案规定的新兴成长型公司（EGC）的资格，SPAC 可能选择减少其披露的义务。SPAC 的 IPO 注册陈述通常也不必包括任何根据 Regulation S – X 规则第 3 – 05 条规定的被收购的企业的财务报表，因为如前所述，SPAC 公司在其 IPO 注册陈述生效之前，一般不会确定潜在的并购目标。

SPAC IPO 成功募集到资金之后，SPAC 必须及时向 SEC 申报文件形式（一般是 Form 8 – K 的形式），公布的 Form 8 – K 项下第 8.01 条经审计的资产负债表，显示其至少拥有 500 万美元的有形净资产（一般指总资产减去负债和无形资产等）。这点非常重要，因为如果 IPO 后 SPAC 公司的有形净资产低于 500 万美元，其运作会受 SEC 项下第 419 号规则的严格限制，其股票就必须被托管而无法在市场上交易。当然，SPAC 公司还必须遵守普通上市公司依据《证券交易法》规定的定期向 SEC 提交年报（Form 10 K）、季报（Form 10 Q）和当时报告（Form 8 K）的义务。如前所述，在 SPAC IPO 后一段规定的时间内，SPAC 必须完成初始并购，否则就会被清算解散。美国三大主板证券交易所规定的期限最长为 36 个月，但大多数 SPAC 把 IPO 结束后 24 个月定为最后期限。

5.2 初始并购对目标公司的要求与 1940 年《投资公司法案》

大多数 SPAC 会指出它们将聚焦在一个行业或一个地理区域内,以为 SPAC 的初始并购寻求并购标的。同时,大多数 SPAC 不会被禁止在其他行业或地区寻找并购标的。

De‑SPAC 的初始并购过程,就是 SPAC 与一个或多个目标企业(或资产)合并的过程。根据美国三大主板证券交易所的交易规则,该目标企业(或多个目标企业)的总资产的公平市场价值必须大于 SPAC 的信托账户总资产的 80%(不包括信托账户中递延的承销佣金和 SPAC 信托账户利息的应付所得税款)。在 SPAC 实务操作中,为了减轻 20% 创始人股份对 SPAC 总股份的稀释效应,SPAC 通常会选择规模至少是 SPAC 总资产两到三倍的企业作为合并目标。因此,De‑SPAC 的交易结构实际上基本是一个反向并购的结构。

初始并购的被并购公司估值的上限并没有具体的倍数(见图 5‑1)。

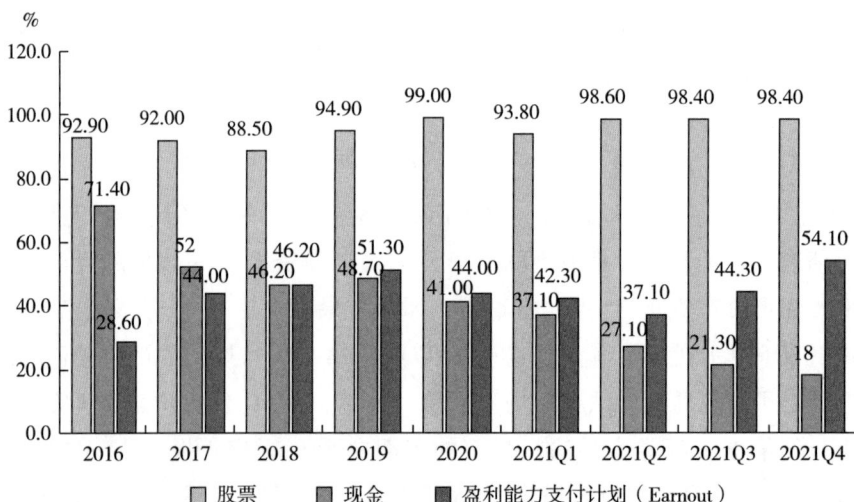

图 5‑1 De‑SPAC 初始并购交易中使用股票现金/
盈利能力支付计划的比例(截至 2021 年 12 月 31 日)

(资料来源:Deal Point Data)

De - SPAC 的交易结构要保证 SPAC 不会被认定为 1940 年《投资公司法案》（*Investment Company Act of* 1940）项下的投资公司（美国的投资公司以共同基金为主且以共同基金为代表，本书的第 10 章将详述）。因此，SPAC IPO 的招股说明书会有时包含一段类似的陈述，如"SPAC 只会完成一个初始并购，初始并购之后 SPAC 公司拥有或获得目标公司 50% 以上有表决权的股票，或者以其他方式获得目标公司的权益，并且足以让 SPAC 不需要根据 1940 年的《投资公司法》注册为一家投资公司"（见图 5 - 2）。

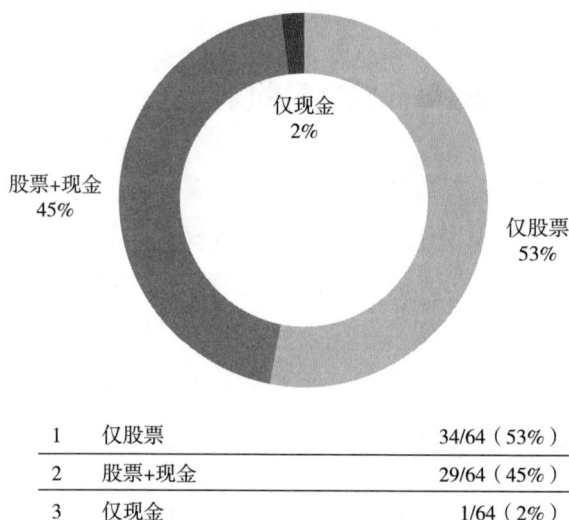

1	仅股票	34/64（53%）
2	股票+现金	29/64（45%）
3	仅现金	1/64（2%）

图 5 - 2　2020 年 De - SPAC 交易中私控公司股东得到的对价类型

（资料来源：Deal Point Data）

5.3　对目标公司财务报表的要求

De - SPAC 交易需要向美国 SEC 提交一份符合 1934 年《证券交易法》规定的股东投票权委托书陈述，或者是包含类似信息的要约收购文件。根据交易时间的不同，委托书陈述或要约收购文件必须包括目标企业 2 年或 3 年的经审计财务报表，以及未经审计的期中财务报表。委托书陈述或要约收购文件中目标企业的经审计的财务报表可以按照美国注册会计师协会

（AICPA）的规则进行审计，但超级 8 - K（Super 8 - K，详见第 5.4.4 节）
则要求对目标企业 3 年（或 2 年）符合上市公司会计监督委员会（PCAOB）
规则的经审计的财务报表。PCAOB 的规则要求审计师必须在 PCAOB 注册，
符合资格标准，并独立于被审计公司。PCAOB 的规则对重要性（Materiali-
ty）的要求比 AICPA 的规则低。大多数私控公司要么没有现成的按照 PCA-
OB 规则审计的财务报表，要么只有根据 AICPA 规则审计的财务报表。因
此，对目标公司的财务报表进行必要的 PCAOB 规则的审计或重新审计往往
是 De - SPAC 交易的一个门槛。

5.4 初始并购暨 De - SPAC 过程

完成 De - SPAC 过程后的上市公司必须满足美国证券交易所的上市条
件，包括最低市值、上市流通股市值、股东权益和轮股股东数量等。但其
第一步，涉及 SPAC 对 SEC 的申报、SEC 的评论和澄清程序，以及股东对初
始并购和赎回权的选择。初始并购暨 De - SPAC 过程结束后的 4 个工作日内
需要就并购向 SEC 申报。

5.4.1 股东批准或要约收购

De - SPAC 的流程与上市公司并购类似，不同之处是法律上的并购方
（SPAC）需要获得股东投票批准或按照要约收购程序进行。按照美国《证
券法》，股东投票批准必须按照美国 SEC 的股东投票权代理规则获得，而目
标企业（通常是一家私控公司）则不需要符合 SEC 的股东投票代理规则流
程。一般上市公司的股票互换并不一定需要股东投票，但 De - SPAC 交易的
结构则一定需要股东投票程序，或者采用要约收购模式替代。在 De - SPAC
时，如果 SPAC 发行了超过 20% 的有投票权的股票（被发行人包括被并购
方、PIPE 投资者或者二者的结合），主板交易所的交易规则则要求股东投
票。这几乎导致大多数 De - SPAC 交易涉及 SPAC 股东的公开投票，其过程
包括向美国 SEC 提交股东投票权委托陈述，由美国 SEC 审查和评论。在结
束 SEC 程序后，SPAC 将股东投票权委托书邮寄给 SPAC 股东，并召开股东

大会。从 De - SPAC 交易的最终协议签署之日起，股东投票委托及投票过程可能需要 3 ~ 5 个月或更长时间才能完成。

5.4.2　创始人股票的投票选择

发起人或创始人股票的其他持有人通常会在 IPO 时承诺在 De - SPAC 时投票支持初始并购，这包括 SPAC 的创始人股票以及发起人在 IPO 期间或 IPO 之后初始并购之前购买的任何公开股。因此，至少 20% 的 SPAC 已发行股票将对初始并购投赞成票，而至多只需 37.5% 的公开发行股的同意就能获得多数投票并批准交易。

5.4.3　SPAC 股东的赎回权

在 De - SPAC 交易过程中，SPAC 被要求向公众股份持有人提供赎回其公众股份的权利，然后以按比例从信托账户中将其持有的收益赎回，这通常导致赎回金额约为每公众股份 10 美元。根据美国三大主板证券交易所的交易规则，如果进行股东投票，只有投票反对 De - SPAC 交易的股东才有权赎回其公开股票，但 SPAC 的章程文件通常要求赎回股票的要约必须面向所有股东开放。赎回要约不适用于认股权证——在认股权证被行使、取消或根据其条款被处置之前，无论最初其关联的公共股份是否被赎回，认股权证无须被赎回。如果 De - SPAC 交易未能进行，公众股东将收回他们的资金，而公众认股权证、创始人股份和创始人认股权证将到期并且失去价值。

在有些情况下，根据其章程文件，De - SPAC 交易时 SPAC 不需要股东投票，SPAC 将被要求进行收购要约，以赎回反对 De - SPAC 交易的公众股份，并向 SEC 提交要约文件，其包含的内容与股东投票权委托陈述要求的基本信息是基本一致的。

5.4.4　超级 8 - K

在完成 SPAC 初始并购后的 4 个工作日内，合并后的上市公司必须向 SEC 提交一份被称为超级 8 - K（Super 8 - K）的 Form 8 - K。之所以称为超级 8 - K，因为这份文件需要提交给 SEC 的信息等同于提交给 SEC 的 Form

10 注册陈述所需要的所有信息（与 IPO 时提交给 SEC 的 Form S – 1 的内容要求也是相同的）超级 8 – K 中的大部分信息已经包含在 SPAC 的股东投票权代理陈述或 De – SPAC 交易的要约收购的材料中，但超级 8 – K 可能需要目标公司额外的财务报表信息。其中包括以下披露内容：

（1）第 2.01 项　完成资产的收购或处置；

（2）第 5.01 项　注册人控制的变更；

（3）第 5.06 项　壳公司法律地位的变化；

（4）第 9.01 项　财务报表和附件。

第 2.01 项和第 5.01 项的披露要求包括，对于之前的并购目标的信息，这其中的许多内容其实和股东投票权委托陈述中所披露的内容相同。当然合并后的上市公司可以以引用的方式来合并这些内容。然而由于美国 SEC 对信息时效的要求，合并后的公司可能需要更新财务报表和相关信息。

超级 8 – K 通常还会包括在第 4.01 项下注册会计师变更的披露。因为 SEC 的工作人员认为，反向并购的重组交易总是会触发这样的报告义务。除非同一家会计机构审计并报告了 SPAC 和目标公司的最新财务报表，并将继续审计并报告合并后的上市公司。

从具体内容来看，超级 8 – K 材料披露要求的内容如下：

（1）资产描述；

（2）业务描述；

（3）风险因素；

（4）财务信息，包括：

- 三年经审计的财务报表；

- 选定的财务数据；

- 管理层的披露和分析；

- 市场风险的定量及定性披露；

（5）董事和高管的个人信息；

（6）高管薪酬；

（7）5% 及以上的股东、董事和高管的证券所有权；

（8）与关联方的交易；

（9）未决重要法律案件；

（10）注册人证券的描述。

在初始并购前，SPAC 的资产仅由现金和现金等价物组成，属于 1933 年《证券法》及其项下规则所定义的"壳公司"。SEC 法规禁止或限制壳公司和前壳公司对一些豁免、安全港和表格的使用，而这些豁免、安全港和表格却可以适用于其他上市公司。例如，美国 SEC 在 2005 年采取了一些限制措施，以应对人们认为某些壳公司被用作进行欺诈和滥用 SEC 监管程序的工具。这些限制适用于 SPAC 和前身为 SPAC 公司的上市公司。在初始并购后 4 个工作日向 SEC 申报超级 8 - K 是 SEC 在 2005 年制定规则的一部分。还有一些限制，如 SPAC 公司在完成初始并购并向 SEC 提交超级 8 - K 文件至少 60 天后，才有资格根据员工福利计划用 Form S - 8 向 SEC 注册证券发行。根据员工福利计划向 SEC 申报的 Form S - 8 很有吸引力，因为它们向 SEC 递交申请时即生效，不需要招股说明书，也不需要经过 SEC 的评论和澄清程序。对于 SPAC 作为壳公司的其他法律后果，本章下文将详述。

5.5　反向并购与 SPAC

如前所述，SPAC 通常会寻求与估值为 SPAC 信托账户中资本的 2 ~ 4 倍的目标公司合并，以减少创始人股票和认股权证的稀释效应。在最近的 De - SPAC 交易中，De - SPAC 后上市公司的平均市值总额约为 SPAC 上市后融资总额的 2.9 倍。因此，De - SPAC 的交易结构实际上是一个反向并购，我们先分析一下反向并购的制度环境、金融逻辑和交易结构。

5.5.1　反向并购简介

在美国，作为法律术语的反向并购（Reverse Merger）指的是一种并购的交易结构。而在金融界，华尔街往往把这个短语用来特指一种上市的模式，即一个私控运营公司和上市壳公司进行的合并，合并后的上市公司由原来的私控运营公司的股东控股，实现该私控运营公司成为上市公司，从而进入资本市场的交易模式。美国证券市场上的反向并购由来已久，曾经被广泛应用。在 1992 年美国 SEC 颁布并实施了第 419 号规则以后，空白支票公司的 IPO 在绝大多数情形下变得不再可行，除了作为金融创新的 SPAC 模式外，更多的金融业界专业人士转向了反向并购。反向并购通常涉及两家公司：一家上市壳公司和一家寻求上市的私控公司。所谓上市"壳"公司，指没有资产或只有名义资产，而在 OTC 市场上市交易的公司。作为反向并购的结果，私控公司被上市公司收购并合并。而作为交换，私控公司的全部资产（或多数资产）合并进了并购后的公司，而私控公司的股东获得了合并后公司的多数股权，从而获得了控股权。因此，在反向并购之后，上市公司包含了原私控公司的经营资产和负债，并保留了原上市公司在证券交易所上市的地位。反向并购后，私控公司实际上成为美国 SEC 的一个申报实体，拥有已在 SEC 注册的证券和获得证券市场资金的渠道。所以，反向并购也称为"借壳上市"。

　　传统的反向并购的一个重要特征是该交易本身不会产生新的融资，这一点和 SPAC 不同，上市壳公司和该私控公司都不会因为反向并购本身而得到融资。但在实践中，撮合交易者（Deal Maker）常常会在反向并购的同时以 PIPE（Private Investments in Public Equity，即对上市公司股权的私募）的形式募集资金，这一点和 SPAC 类似。与 IPO 过程相比，通过反向并购上市具有成本较低的优点。例如，反向并购可以避免寻找一个承销商以及向 SEC 提交注册陈述及招股说明书，而只是在并购发生后的 4 个工作日内提交一个超级 8 - K。另一个优势是可以让中小企业进入资本市场。

5.5.2　反向并购的壳公司及其交易结构

　　2005 年 6 月，美国 SEC 将壳公司定义为"没有或只有名义上的运营业务，没有或只有名义上的资产或仅由现金和现金等价物组成的资产"的公司。定义的目的是描述一个本质上业务运营处于休眠状态并等待交易的上市公司实体。在 2005 年美国 SEC 对壳公司的定义修订之前，这些公司通常被称为"空白支票"或"盲池"公司。因此，2005 年 6 月，上市壳公司和空白支票公司在法律上就有了正式而明确的区分。而 SPAC 既是空白支票公司，也属于壳公司的一种，是通过 SPAC 的 IPO 筹集了大笔现金的上市壳公司。

上市壳公司的来源有几种。有的是从零开始创建，即创始人让一家壳公司上市，这家公司的商业计划是收购一家私控公司，有的是根据 SEC 的第 419 号规则进行 IPO 而设立的壳公司，但这种情况很少见。通过对第 419 号规则的豁免进行 IPO 的空白支票公司，就是 SPAC。也可以去新设立一家公司，通过提交 Form 10 达到 SEC 的强制性申报的管辖要求，从而成为上市壳公司。其他的上市壳公司，是在"真实"的上市公司终止业务运营后而形成的。

反向合并的交易结构　反向并购的基本交易结构是私控公司接管了上市的壳公司，而存续的公司立即成为上市公司。"反向"发生是因为运营公司在上市的壳公司中继续存续，但实际上新公司的控股权移交给了私控公司的原股东。但为了维持新公司的上市公司的地位，并避免通过所谓的"后门"注册过程而成为上市公司，以及由此而产生的"继承者"等复杂的法律问题，表面上继续存续的却是原来的上市壳公司。

根据美国 SEC 在 2005 年 6 月通过的规则，反向并购后存续的公司必须准备一份文件，并在反向并购交易结束后的 4 个工作日内提交给 SEC。该文件将归类于 Form 8 - K 的"当前报告的 SEC"归档，且必须包括与并购后公司符合 Form 10 中要求的所有信息。其中包括 3 年（有的是 2 年，如 EGC 公司等）的经审计的财务报表、高管薪酬、关联方交易、各财务期间的比较分析、完整的业务描述、持股 5% 以上股东名单、管理人员名单，以及董事等，这份文件即超级 8 - K。因为 SPAC 也是上市壳公司的一种，所以 SPAC 在初始并购后交易结束后的 4 个工作日需要向 SEC 提交超级 8 - K。从《证券法》的视角看，超级 8 - K 的内容要求，与一家公司进行传统的 IPO 向 SEC 所申报的内容是完全一样的。不过，二者之间非常重要的区别在于，IPO 的注册陈述在生效前要经过美国 SEC 的详细审查，而在反向并购后提交的超级 8 - K 不需要经过 SEC 的评论 - 澄清程序，并在提交给 SEC 后立即生效。当然，虽然不需要审查，但美国 SEC 可以选择性审查任何提交的文件。幸运的是，超级 8 - K 在提交后仍然立刻生效，SEC 的审查不会妨碍超级 8 - K 的有效性和反向收购的完成。

壳公司股东批准　美国上市公司在采取许多重大运作之前，通常都要寻求并获得股东的批准。如果该公司是 1934 年《证券交易法》规定的强制申报公司，它必须在任何需要股东批准的时候完成并提交给美国 SEC 一份完整的股东投票权委托书陈述（有时候会按照 SEC 的规则被简化）。这个文件可能很长、很详细，也很复杂。此外，该股东投票权委托书陈述通常需要美国 SEC 的审核，此类审核也可能需要几周到几个月的时间。

壳公司一般会设法避免股东批准的程序，但它们必须非常谨慎。因此，在反向并购的交易中，下列情况需要完整的股东投票权委托书陈述及其程序：

（1）上市壳公司为直接收购方：如果在反向并购的结构中，上市壳公司本身是直接收购方，那么根据美国大多数州的公司法，股东的批准是必要的。反向并购的股东投票权委托书陈述是极其详细和复杂的，而且有的还要经过 SEC 的一到两轮评论—澄清程序后才能通过。同时需要对被收购公司进行全面审计等。

（2）正向或反向股票分割（正向或反向拆股）：如果上市壳公司没有足够的已授权但未发行的股票，上市壳公司希望做一个股票的反向分割（缩股），那么按照美国大多数州的公司法，股东的批准是必要的，因此就需要经过股东投票权委托书陈述程序。在罕见的情况下，上市壳公司希望市场上有更多的上市壳公司发股票，可以采取无偿配股的模式（股票的正向分割，即扩股），那么根据美国大多数州的公司法，股东的批准也是必要的，也需要经过股东投票权委托书陈述程序。

（3）修改章程：修改章程以授权上市壳公司发行更多的股票。根据美国大多数州的公司法，股东的批准是必要的，因此也需要经过股东投票及委托书陈述程序（如果章程不做相反选择，按照特拉华州公司不需要股东批准）。

（4）名称变更：一般来说，上市壳公司需要在反向并购后更改名称，根据美国大多数州的公司法，股东的批准是必要的，需要经过股东投票委托书陈述程序（如果章程不做相反选择，按照特拉华州公司不需要股东批准）。

反向三角合并　许多反向并购采用了反向三角形合并的交易结构。而在很大程度上，这种选择是为了避免合并时须获得股东批准。如前所述，在反向并购中，上市壳公司的法律主体当然要"幸存"并延续到反向并购完成之后，而运营公司的法律主体则在反向并购完成后消失，其资产、负债和业务被延续的公司接管。在反向三角合并中，上市壳公司先创建一个新的全资子公司，上市壳公司拥有该子公司100%的股份。然后，该子公司与该私控公司（运营公司）合并，其最终结果是使这家私控运营公司成为实际上存续的公司，并且成为上市壳公司的全资子公司，但运营公司的法律主体则不再存在。私控运营公司的股份被置换成了母公司壳公司的股份。这就是反向并购的"反向"一词的来源：因为原私控公司的股东实际上接管了上市壳公司但私控公司的法律主体却不再存在，上市壳公司作为最终母公司的法律主体存续了下来但实际上被私控公司的股东所控股。反向三角合并的交易结构中，从法律主体形式上看合并的双方是私控公司和上市壳公司的子公司。因此该交易必须得到私控公司股东的批准，而上市壳公司的子公司的股东也必须批准该交易。上市壳公司的子公司的股东是上市壳公司本身，所以上市壳公司通过董事会的决议来批准或拒绝即可，没有必要寻求上市壳公司的公众股东的批准。因此，按照美国大多数州的公司法，反向三角合并无须得到上市壳公司股东的批准即可完成交易（见图5-3）。

　　股票的正向或反向拆股　通常在反向并购中，上市壳公司没有适当数量的流通股进行交易，或者有时需要较高的股价（比如为了转板或者说服投资人等），这时需要反向拆股。当然，也有需要正向拆股的时候。在股份正向或反向分拆时，每个股东仍然拥有相同比例的股票，只是流通在外的股票总数增加或减少了。在美国的大多数州（但不是全部），正向或反向股票拆分必须得到股东的批准。因此，如果一家上市壳公司要进行股份正向或反向分拆时，就必须准备完整的股东投票权委托书陈述及美国SEC的申报程序。在结束SEC程序后，股东投票权委托书及其陈述至少要在召开股东大会前10天邮寄给股东。通常情况下，股份正向或反向分拆的股东投票权委托书陈述很短（一般在10页以内），简单明了，而且美国SEC通常会省略评论程序（如果SEC在股东投票权委托书陈述提交后10天内没有发表评论，则认为委托书获得了批准）。但是如果同一份股东投票权委托书陈述里还包括反向合并等内容，美国 SEC 可能会给予一到两轮的评论。

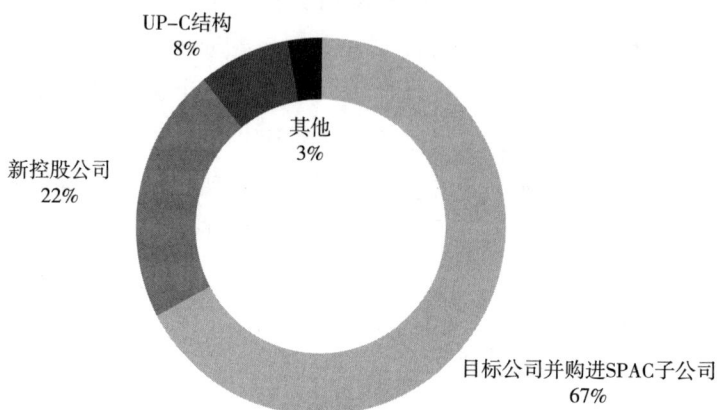

1	目标公司并购进SPAC子公司	43（67%）
2	新控股公司既收购SPAC也收购目标公司	14（22%）
3	UP-C结构	5（8%）
4	其他	2（3%）

图 5 - 3　初始并购交易结构的选择

（资料来源：Deal Point Data）

5.6　SPAC、壳公司和空白支票公司

　　如前所述，根据第 419 号规则，空白支票公司是指一家处于发展阶段的公司，而且（1）没有具体的商业经营计划、经营目的或者已表明其商业经营计划是与尚未确定的企业合并的；和（2）在发行"低价股"股票。美国 SEC 第 3 a51 - 1 号规则（Rule 3 a51 - 1）规定了两种和 SPAC 密切相关的空白支票公司的例外，一是其股票在美国全国性的交易所交易，二是按照第 3 a51 - 1 号规则（g）款，如果发行人已连续经营至少 3 年，有形资产净额（即总资产减去无形资产和负债）超过 2000000 美元；或者如果发行人已连续经营少于 3 年，有形资产净额超过 5000000 美元。对于第二个例外，从程序上要求发行人以证券公开发行之前 15 个月内的经审计的财务报表来证明，

发行人的券商有审核的责任。那么，按照字面理解，依据《低价股法案》和第 419 号规则，SPAC 的 IPO 目前流行的交易结构可能是有法律障碍的。

美国 SEC 于 1993 年发布了 33 - 7024 号和 34 - 33095 号两个公告（Release No. 33 - 7024 和 Release No. 34 - 33095）解决了这个问题。在这两个公告中，SEC 指出，如果发行人的券商以坚定承诺的模式来承销发行人的股票，如果其坚定承诺的承销额度的净值加上发行人现有的有形净资产超过 500 万美元，其 IPO 不受第 419 号规则的限制，但发行人需要在 IPO 后 4 个工作日内向 SEC 提交 Form 8 - K，在该 Form 8 - K 中经审计的财务报表要证明其有形资产净额超过 5000000 美元（同时证明了券商坚定承诺承销的成功）。

这样的制度安排引起了一定的困惑，有人据此认为如果 33 - 7024 号和 34 - 33095 号公告是把券商的坚定承诺承销的金额净额作为有形净资产来计算的话，按照 SEC 第 3a51 - 1（g）号规则的规定，SPAC 就符合低价股的例外，因此 SPAC 就不符合空白支票公司的定义。但美国 SEC 在其官方文件中，一直把 SPAC 定义为空白支票公司的一种，如在 2020 年 12 月 10 日 SEC 的投资人教育和辩护办公室（The SEC's Office of Investor Education and Advocacy, OIEA）发布的《SPAC——你应该知道些什么》等，反映了美国 SEC 的态度。尽管这样的安排引起了一定的混乱，但更多只是一些名义上的混乱，对 SPAC 的设立和并购并无实际影响。

SPAC 的定性：壳公司 v. s. 空白支票公司　SPAC 实际上既是壳公司，也是空白支票公司。《证券法》项下的第 405 号规则（Rule 405）和《证券交易所》项下第 12b - 2 号规则（Rule 12b - 2）都规定，壳公司是指没有或只有名义上的经营活动，但同时具有下列任何一项的公司：（1）没有资产或只有名义上资产；或（2）仅由现金和现金等价物组成的资产。壳公司和空白支票公司是两个不同的定义。一个公司可以是空壳公司而不是空头支票公司，反之亦然。但 SPAC 既符合壳公司的定义，也符合空白支票公司的定义。

如前所述，SPAC 也属于空白支票公司的一种，但是特殊的空白支票公司。

在考虑美国 SEC 对壳公司的定义时，有时候需要应对的挑战是"名义"

这个词的含义，在壳公司的定义里两次使用"名义"一词："没有或只有名义资产（除了现金）"和"没有运营或只有名义上的运营"。什么是"名义"的真正意思？SEC 其实也意识到了这一点，因为在第 405 号规则的提案中，SEC 对"名义"一词是也不太确定，以及是否应该对"壳"用更具体的数字来定义，要求美国证券及法律各界进行评论。然而，最终，美国 SEC 还是没有具体来界定。似乎采用了美国最高法院在试图定义"色情"（Pornography）时使用的方法："我无法定义它，但当我看到它时，我就知道它是什么。"

5.7 SPAC 与上市壳公司身份的法律后果

在 2004 年美国 SEC 发布了第 405 规则（Rule 405）提议稿并向社会征求意见。在该提议中 SEC 认为，当触发一个壳公司进行反向并购时，当时对上市壳公司的披露规则无法解决一些规则被滥用，如壳公司"与一个新的运营业务公司合并时的披露的全面性和准确性问题，因为不管是投资者还是证券市场都是第一次面临这样的信息"。基于这样的考量，在该规则提议中，SEC 禁止或限制壳公司和前壳公司对于正常上市公司可用的一些豁免、安全港和表格的使用。根据 2004 年美国 SEC 发布的第 405 规则提议稿及社会的意见反馈，美国 SEC 在 2005 年采取了一些规则即第 405 规则，以应对人们认为某些壳公司被用作进行欺诈和滥用 SEC 豁免或便利程序的工具。根据具体规则，这些限制适用于 SPAC 公司和前 SPAC 公司。

如前所述，SPAC 属于壳公司的范畴，因此有一些法律后果。第一，SPAC 公司在提交超级 8 – K 至少 60 天后，才有资格根据员工福利计划使用 Form S – 8 来登记证券发行；第二，除了那些有限的对拟发行证券的描述，SPAC 在 IPO 时不能使用自由写作招股说明书（Free Writing Prospectuses）；第三，SPAC 采取引用的方式合并信息到 Form S – 1 注册陈述的能力也受到限制；第四，SPAC IPO 时总是有资格成为"新兴成长型公司"（EGC），这让它们有资格在任何时候与机构投资者举行"试水"的会议，但是，根据美国 SEC 的规定，作为壳公司，SPAC 不能在路演中使用图形材料，也不能使用提前录制的路演，因为之前描述的自由书写招股说明书（Free Writing Prospectus）受到了限制；第五，对 SPAC 公司或前 SPAC 公司还有其他一些限制，如前 SPAC 在提交 Super 8 - K 后 12 个月后才有资格使用 Form S - 3。此外，SPAC 公司和前 SPAC 公司，在 De - SPAC 交易完成 3 年之前，都不具备知名资深发行人（Well - known Seasoned Issuers）资格，也无法享受知名资深发行人带来的利益和便利。

5.8　SPAC 与第 144 号规则（Rule 144）的适用

美国 1933 年《证券法》一般要求所有证券的销售都需要注册，除非该交易获得豁免或例外。《证券法》第 4（a）（1）节规定的一个例外：任何非证券发行人、承销商或交易商的证券销售均可免于注册。问题是，尽管《证券法》将"承销商"定义为那些从发行人处为了分销证券而购买证券的人，但确定什么是"为了分销"而购买证券却是一项基于事实的判断，很难界定。为了给证券市场参与者提供更大的确定性，《证券法》项下第 144 号规则提供了一个非排他性的避风港：如果证券销售者符合所有第 144 号规则的要求，那么该证券销售者就被视为非证券承销商，从而使该交易免于《证券法》规定的注册要求。第 144 条规则要求该证券被持有一段特定的时间，并规定了在出售该证券之前必须满足的一定的条件。

第 144 号规则比较复杂，其（b）部分列出了下列 8 个关键因素：

（1）持股人和购买方是否为公司的关联方；

（2）持股人持有股份的期限（持股期）；

（3）公司是否为 SEC 强制性报告公司；

（4）如果公司是 SEC 强制性报告公司，公司各项报告是否及时；

（5）该公司是否是一家壳公司或曾经是一家壳公司；

（6）特定股东可转售的股份数量（数量限制）；

（7）是否需要通过经纪人交易进行销售（销售方式）；

（8）股东是否需要向 SEC 申报 Form 144。

壳公司的地位如何影响第 144 号规则的可用性？根据第 144 号规则（i）

部分，第 144 号规则不适用于转售由壳公司最初发行的证券。此外，第 144 号规则的第（i）（1）（ii）项规定，第 144 号规则不适用于最初"在任何时候"曾是壳公司的发行人发行的证券。第 144 号规则第（i）（1）（ii）项的宽泛语言禁止股东利用第 144 号规则（i）出售其在任何时候都是壳公司的股份，并使第 144 号规则第（i）项部分中的"最初"一词实际上毫无意义。然而，根据第 144 号规则第（i）（2）项，如果发行人已不再是第 144 号规则第（i）（1）项中定义的壳公司，则发行人可以"改变"其"壳公司"状态，但需要下列条件：

（1）发行人已不再是第 144 号规则第（i）（1）项中定义的空壳公司

（2）已经是 SEC 强制性申报公司；

（3）在过去 12 个月内（或发行人被要求提交该等报告和材料的较短时间内，除了 Form 8－K 之外提交了所有 SEC 要求的报告和材料；

（4）已向美国 SEC 提交了反映当前的 Form 10 信息的表格和材料，并反映了发行人不再是壳公司的实体法律地位，且自该 Form10 和材料提交日起至少已经过了一年。

若要改变一家公司目前或以前的壳公司身份，则必须符合 Form 144（i）（2）的条件，不论该上市公司已不再是空壳公司的时间经过了多久，也不论该股份是何时发行的。

无论是根据《证券交易法》第 12 条，还是根据《证券交易法》第 15（d）条，公司都必须根据《证券交易法》第 13 条提交 Form10－K 表格的年度报告、Form10－Q 的季度报告和 Form8－K 的当前报告。

因为 SPAC 是一个壳公司，在完成初始并购并向 SEC 申报超级 8－K 后，才变为一个"正常"的上市公司，而不再是壳公司。但未来适用第 144 号规则，必须先改变其壳公司身份。为了第 144 号规则的适用，以下列举一些具体的案例进行分析：

（1）如果一家公司在其还是壳公司时发行股票，并且仍然是壳公司，则根据第 144 号规则第（i）（1）（i）项，一直不允许使用第 144 号规则销售该证券。

（2）如果一家公司是壳公司，但在它发行股票时已经不是壳公司，而现在又是壳公司，则根据第 144 号规则第（i）（1）（i）项，不允许使用第 144 号规则销售该证券。

（3）如果一家公司是壳公司，并在它是一个壳公司的时候发行股票，但现在已经不再是一家壳公司，但没有根据第 144 号规则第（i）（2）项进行改变其壳公司身份，根据第 144 号规则第（i）（1）项，第 144 号规则的适用也被禁止，因为壳公司的身份没有被改变。

（4）一家公司以前是壳公司，但在发行证券时是一家运营公司，现在仍然是一家运营公司，但该壳公司一直没有根据第 144 号规则第（i）（2）项进行改变，是否可以依据第 144 号规则来转售其股票？答案还是否定的。SEC 进一步声明，如果一家公司在某一时刻是空壳公司（无论多久以前），即使现在已经不是一家壳公司，但其有资格使用第 144 号规则的唯一方法是该公司按照第 144 号规则第（i）（2）项的规定去改变其壳公司的身份。

在 De–SPAC 的过程中进行 PIPE 融资时，壳公司的身份对 PIPE 的投资人有较大影响，因为至少要在超级 8–K 提交给 SEC12 个月后，第 144 号规则才能适用。按照第 144 号规则的规定，PIPE 投资人最快也需要 18 个月才能转售其股票（当然可以以向 SEC 注册等其他方式缩短这一期限）。

5.9　SPAC 与反向并购 10 年前的教训

有一些业界人士和媒体认为 SPAC 未来会面临反向合并在 2011 年的类似命运。当时反向并购的滥用最终导致美国 SEC 将 100 多家在美上市的公司退市或停牌（主要是中概股公司），并就相关风险向散户投资者发出警告。美国 SEC 发现了大量会计欺诈行为的证据，从夸大经营成果到新上市公司无法准确完整地提交申报文件。当时几乎所有以反向并购上市的公司股价都下跌了 45% 以上，交易量也大幅下降。

2011 年 7 月，为了应对当时的反向并购滥用行为（主要涉及与中概股反向并购相关的会计欺诈），纽交所、美洲证券交易所（AMEX）和 NAS-DAQ 对寻求通过与壳公司反向并购上市的公司提出了更严格的转板上市要求。美国三大交易所不约而同地修正了其规则，规定通过在 OTC 市场反向并购上市的公司，至少需要在 OTC 市场、另一个美国全国性交易所或外国受监管交易所挂牌交易 1 年后才可以转板到其交易所交易，而且在其转板前该上市公司至少已经在反向并购后申报了 1 年或以上的所有必需信息，包括经审计的财务报表。此外，该修改后的规则要求新的反向并购公司在至少 1 年内提交所有必需的报告，包括至少一份年度报告；该修改后的规则还要求反向并购公司"维持该交易所上市标准规定的股票价格（一般指必须高于标准的最低价格）持续一段时间内"，"但在提交首次转板申请前的最近 60 个交易日中，不少于 30 个交易日"。除了该修订后规则中包含的具体附加上市要求外，交易所可以根据自己的酌处权，在具体情况，适用更严格的要求。

一些学者或业界人士对美国近两年的 SPAC 热潮提出了类似的担忧。例如，伊万娜·纳乌莫夫斯卡（Ivana Naumovska）在《哈佛商业评论》（*Harvard Business Review*）上发表了一篇文章，以一种吸取经验教训的方法指出，反向并购泡沫破裂期间出现的动态正在重新出现，在目前 SPAC 业务中一种有争议的金融工具在疯狂增长，媒体和监管机构对被并购的企业的质量很担忧。此外，由于 De – SPAC 交易模式类似而且机械地通过反向并购发生，很难不将 SPAC 热潮和 10 年前的反向并购热潮联系起来。SPAC 市场也有很多"炒作"和"泡沫"，包括随之而来的大量股价波动。一些 SPAC 公司很可能无法实现合并，而且在合并后，许多 SPAC 交易无法获得足够的投资回报。

SPAC 和 10 年前的反向并购是不同的。反向并购时，私控公司通过收购一家休眠的上市壳公司的控股权来上市，而上市壳公司是一家基本没有交易的公司，不再经营业务，同时也不再持有资产（或只持有少量资产）。并购完成后，私控公司的运营，尤其是管理层，仍然保留公共资本结构。2010年，对在美上市的外国公司进行调查后，SEC 发现了大量滥用壳公司的证据。2012 年，通过反向收购而上市的中概股公司被大量做空而失败后，SEC 采取了立场，暂停了近 400 家休眠壳的交易，以防止欺诈性投资者"劫持"壳公司实体。2012 年，美国 SEC 会执法部主任佩尔·罗伯特·库扎米（Per Robert Khuzami）表示："对于股票操纵者和投机倒把的行动者，壳公司就像枪支之于银行抢劫犯，是他们从事非法交易的工具。"

相比之下，SPAC 初始并购交易完成后的私控公司拥有的是一个干净的外壳，此前既没有历史记录，也没有运营痕迹。不存在与过去的经营活动相关的潜在负债。与反向并购不同，SPAC 发起人还保留一定的所有权，而反向并购完成后存续的管理层和董事会完全是被收购的运营公司的股东或管理层。加上如果 SPAC 的投资者不批准合并，这些投资人有机会赎回他们的投资，使股票操纵者利用 SPAC 进行炒作和抛售计划更加困难。例如，如果 SPAC 的投资者不同意初始并购，他们可以赎回自己的投资，这往往会给初始并购完成前的股价设定一个下限，而反向并购不存在赎回权。另外，SPAC 股东对初始并购有表决权，如果表决未能通过，则有可能需要清算 SPAC 并返还资金。当然要约收购的 De – SPAC 模式下股东没有表决权，但他们可以选择接受要约，达到类似的效果。

随着更多的 SPAC 成功地完成了初始并购（De – SPAC 过程），目标公司的规模和种类都在增加。反向并购和早期 SPAC（第一代和部分第二代 SPAC）收购的公司被认为质量不佳，没有遵循传统 IPO 路演的严格要求和上市公司的报告要求。但在过去的几年里，人们看到了华尔街主流对 SPAC 的接受，有经验的金融家和商界高层也更多地参与了 SPAC 的发起。目前，已完成初始并购企业涉及各种各样的公司和行业，这其中包括风险投资（Venture Capital）和私募股权（Private Equity）投资管理公司，以及多家独角兽公司（估值超过 10 亿美元的私控公司）。随着 SPAC 被广泛接受，以及会为发起人带来的高回报，SPAC 吸引了广泛的参与者。在某些情况下著名的政治家、媒体和体育界明星被视为"利用他们的名气赚钱"。然而，SPAC 同时也正在吸引经验丰富的金融家和财富前 500 强的高管，他们在处理与上市公司相关的美国 SEC 的严格监管方面表现自如，其中包括高盛（Goldman Sachs）、潘兴广场（Pershing Square）和阿波罗全球管理公司（Apollo Global Management）等。

美国 SEC 前主席杰·克莱顿（Jay Clayton）指出，SPAC 的概念"实际上为我们向公开市场发行股票的方式带来了竞争"，"对 IPO 过程的竞争可能是件好事。"不过，他接着说，"良好的竞争和良好的决策，你需要良好的信息"。"美国 SEC 希望能确保他们得到与 IPO 相同严格的信息披露。"美国 SEC 新任主席盖里·詹斯勒（Gary Gensler）在美国联邦参议院作证时说，他在执法议程中将加强对 SPAC 的审查和监管。

SPAC 的繁荣仍在继续，在 IPO 市场占据了越来越大的份额。尽管这一现象中存在非理性繁荣，也有炒作和狂热的强烈迹象（这一点与 10 年前的反向并购热潮类似），但我们有同样充分的理由相信，SPAC 将成为未来 IPO 市场的一个永久性存在：最明显的是有经验的发起人的参与、并购交易和并购候选企业的质量提高，以及华尔街普遍认为 SPAC 比传统 IPO 更快、更便宜，且并购收益更确定。而且，更重要的是，SPAC 未来可以在杠杆并购和国际并购中发挥更大的作用。

第6章 SPAC 股东投票权委托陈述
与要约收购

De‒SPAC 的过程与上市公司的重大并购类似，通常也需要获得股东批准，而股东批准必须根据 SEC 的股东投票权委托程序。证券交易所的交易规则并不总是要求 SPAC 用股东投票来完成初始并购，用要约收购的程序也可以替代。但有些 De‒SPAC 交易结构可能会要求股东投票，例如，根据最终协议条款，在 De‒SPAC 交易中往往需要向目标公司的股东、PIPE 投资者或其组合发行股票，但如果 SPAC 发行了超过 20% 或以上的有投票权的股票，美国三大主板证券交易所的交易规则都要求进行股东投票。这导致大多数 De‒SPAC 交易需要 SPAC 股东投票的程序。这个过程包括向 SEC 提交股东投票权委托陈述、SEC 的评论—澄清程序、将委托书邮寄给 SPAC 的股东，以及召开股东大会举行投票并记录投票结果等。从 De‒SPAC 交易的最终协议签署之日起，代理过程可能需要 3~5 个月的时间才能完成。

6.1 SPAC 股东投票权委托陈述与要约收购程序简介

一旦 SPAC 和目标公司初始并购的合并协议（或收购协议）签署，SPAC 和目标公司将尽快向 SEC 提交必要的文件。按照规则，如果初始并购的交易中包括 SPAC 向目标公司的股东或其他人（如 PIPE 投资人）发行超过 20% 的股份，SPAC 应以 Form S‒4（如果 SPAC 注册在美国境外的则使用 Form F‒4）的形式向 SEC 提交一份登记陈述，以登记与 De‒SPAC 交易有关的 SPAC 公司的股票发行，并通过股东投票权委托陈述程序获得股东批准。在这种情况下，初始并购的股东投票权委托陈述通常会与 Form S‒4 表格合并，作为一份联合的 Form S‒4/F‒4 和股东投票权委托陈述的文件注册陈述/委托书提交给 SEC，这种模式在 2020 年占所有 De - SPAC 交易中三分之二左右（见图 6 - 1）。

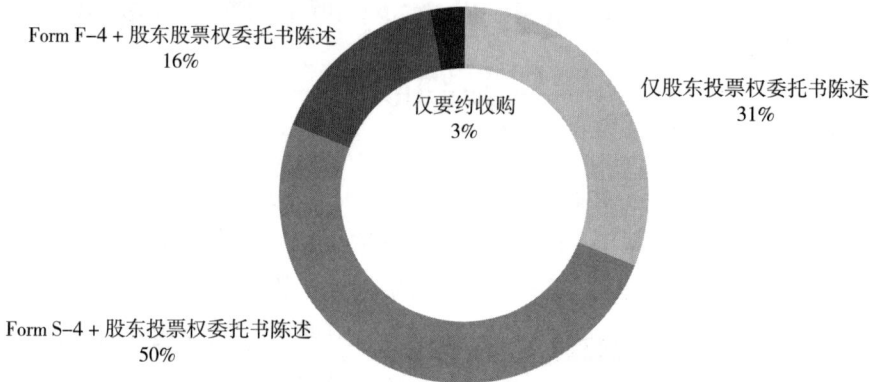

Form F-4 + 股东股票权委托书陈述 16%

仅要约收购 3%

仅股东投票权委托书陈述 31%

Form S-4 + 股东投票权委托书陈述 50%

1	仅股东投票权委托书陈述	20/64（31%）
2	Form S-4 + 股东投票权委托书陈述	32/64（50%）
3	Form F-4 + 股东股票权委托书陈述	10/64（16%）
4	仅要约收购	2/64（3%）

图 6 - 1 2020 年 De - SPAC 的美国 SEC 程序选择比例

（资料来源：Deal Point Data）

实际上，即使在初始并购的交易中 SPAC 没有发行超过 20% 的股份，SPAC 在多数情况下也会选择向 SEC 提交股东投票权委托陈述并在 SEC 程序结束后寄给股东，以便召开股东会批准 De - SPAC 交易。在 2020 年，采用这种模式的约占三分之一。包括联合 Form S - 4/F - 4 和股东投票权委托陈述的"注册陈述/委托书"模式在内，2020 年的 De - SPAC 交易中采用股东投票权委托陈述模式的占 81% 左右。

在有些情况下，SPAC 用要约收购的模式完成 De - SPAC 的法律程序，而不是寻求股东批准，而且美国的三大证券交易所都允许这种模式。其步骤是在 SPAC 和目标公司初始并购的合并协议（或收购协议）签署后，SPAC 准备一份 Schedule TO 的文件并提交给 SEC。Schedule TO 的内容和提交给 SEC 的股东投票权委托从法律要求上基本相同，等 SEC 程序结束后再开始向公众股东收购其股份。2020 年，完成 De - SPAC 的上市公司中，约

3% 的用要约收购的模式完成了其法律程序。

　　不管是股东投票权委托陈述还是要约收购模式，SPAC 的公众股东都有权赎回他们在 SPAC 中的公众股份。赎回金额为信托账户中持有的总收益，并按其股权比例计算的部分，而每股的赎回金额约为每股公众股票 10 美元左右。实际上，如果 De－SPAC 交易没有发生，公众股东就能自动赎回他们的投资，而公众认股权证、创始人股份和创始人认股权证将到期并变得毫无价值。如果赎回的水平会危及 SPAC 完成交易的能力，发起人可能筹集额外资本补充被赎回的资金。

　　发起人和创始股的其他持有人通常会在 IPO 时承诺投票支持初始并购，即 De－SPAC，而发起人一般还会承诺其在 IPO 至 De－SPAC 之间购买的所有股票的投票权也会投票支持 De－SPAC。2020 年 SPAC 在 De－SPAC 程序中的投票统计如图 6－2 所示。因此，SPAC 至少有 20% 的已发行股票将投赞成票，从而帮助实现多数投票支持 De－SPAC 交易。创始人、SPAC 的高管和董事将放弃与 De－SPAC 交易相关的创始人股（以及他们可能购买的任何公开股）的赎回权，或同意延长期限以完成 De－SPAC 交易，实际上就是同意在 De－SPAC 交易结束或 SPAC 清算之前继续投资于 SPAC。

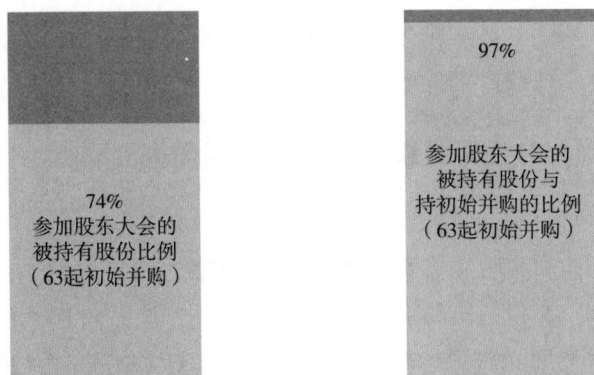

图 6－2　2020 年 SPAC 在 De－SPAC 程序中的投票统计

（注：一起交易未开展股东大会）

（资料来源：Refinitiv, an LSEG Business）

我们先分别介绍一下美国的上市公司股东投票委托程序和要约收购程序。

6.2 SPAC 股东投票权委托陈述简介

美国上市公司的股东投票权委托书是股东行使表决权的主要方式。大多数股东不参加股东大会。因此他们会在董事选举、重大交易和其他事宜上通过委托代理人投票，包括我们正在讨论的交易 De – SPAC。在美国上市公司的股东投票权委托程序中，股东投票权委托陈述（Proxy Statement）是提交给美国 SEC 的主要文件。越来越多的上市公司超越了 SEC 的要求，以日益创新的方式自愿提供一些信息，以响应投资者、监管机构和其他利益相关者的要求。下面简单介绍一个美国上市公司股东投票权委托程序一般规则，以及和 SPAC 密切相关的具体规则。

股东投票权委托书的复杂性主要取决于股东作出决定所需的相关信息，并取决于提交股东投票的事项以及与该上市公司有关的其他事实和情况。哪种类型的公司行为需要经过股东委托投票程序并不是 SEC 决定的，而是取决于美国各州的相关法律、上市公司的章程和证券交易所的要求等。除了委托书中所列的具体事项外，上市公司管理层还可能会要求一些自由裁量的权力以便于他们对未曾预料而出现的事项在股东会上进行表决。

6.2.1 美国上市公司股东投票委托规则简介

6.2.1.1 向 SEC 提交股东投票权委托陈述的申报者

在美国，任何按照《证券交易法》第 12 条注册证券的上市公司，在相关事项发生时，必须按照相关的法规和规则进行股东投票委托程序，都是需要向 SEC 提交股东投票委托的申报者。所有在美国全国性证券交易所挂牌交易的上市公司都归于这一类上市公司；另外，对非银行金融机构和非银行控股公司而言，有超过 1000 万美元的资产加上 2000 位或更多股东持有任何一类股票（或对于非合格投资人 500 位或更多）的公司，必须依照《证券交易法》第 12 条注册它们的证券。

6.2.1.2　申报人向 SEC 提交股东委托投票陈述

《证券交易法》和 SEC 规则通常允许美国上市公司年度股东大会的"普通"委托投票权征求材料（例如，董事选举、独立审计师的选择、批准或批准、股东提案）一提交即生效，而无须 SEC 工作人员事先审查。这些材料必须在公布、发送或交给股东的当天或提前提交给美国 SEC。然而，在某些情况下（如并购、增加授权股份等），初步股东投票权委托陈述和委托方式（委托投票卡）必须在邮寄给股东前提交给美国 SEC 审查。

以初步股东投票权委托陈述形式提交的委托陈述必须立即向公众公开，当然在某些特殊情况下可以获得保密处理，如与合并、收购或类似事项。如果并购的双方以口头或书面方式公开披露了超过第 135 号规则涵盖的信息范畴，SEC 将拒绝对初步投票委托材料进行保密处理。另外，要求保密处理的 Form 14A 第 14 项所列事项的初步代理材料和信息声明不能以电子方式提交。

A. 初步股东投票委托材料

按照证券法及其规则的要求，在上市公司向其股东邮寄或提供其最终的股东投票委托材料的 10 天前（或在 SEC 授权的日期之前更短的时间内），有些股东投票委托的材料必须提交给 SEC，如就重大并购或增加上市公司授权股份等的投票。但如果寻求股东投票委托事项的股东大会，仅仅需要处理如下事项时，不需要向 SEC 提前申报：

（1）董事的选举；

（2）选举、批准或批准独立审计师；

（3）一位股东的提议；

（4）批准或批准新的员工福利计划或计划修订；

（5）批准高管薪酬（就高管薪酬进行表决或任何其他股东咨询投票）；

（6）决定股东是否每 1 年、2 年或 3 年就高管薪酬进行一次投票（即频率投票）。

在许多情况下，SEC 工作人员不会审查上市公司递交的初步股东投票权委托陈述。因此，除非美国 SEC 工作人员在收到该初步股东投票权委托陈述后 10 天内通知申报人将发表评论，否则该初步股东投票委托转为最终股东投票委托材料，可以邮寄给股东。

B. 确定型（最终）股东投票委托材料

确定型（最终）代理陈述，包括所有所需的材料，必须在公布、发送或交给股东的当天通过 SEC 的 EDGAR 系统以电子方式提交给美国 SEC。

C. 股东年度报告

申报人必须准备并向其股东提交年度报告，其中至少包含申报人经审计的财务报表和《证券交易法》第 14a－3 条中规定的其他事项。股东年度报告的要求不同于 Form 10－K 年度报告的编制要求，如股东年度报告不要求包括某些子公司、股权投资公司或关联公司的财务报表附表、附件或单独的财务报表等。一些上市公司准备并交付给股东的年度报告仅满足《证券交易法》第 14a－3 条的报告要求。另一些上市公司则只是简单地提交根据同样符合《证券交易法》第 14a－3 条的年度报告（Form 10－K）。

6.2.1.3 上市公司年度股东报告披露给股东的信息

上市公司管理层在征集上市公司年度会议（或选举董事的特别会议）的委托投票权时，必须向全体股东提供年度报告。除了提供委托书中要求的信息外，公司还必须在投票委托书寄给股东之前，或与委托书同时向股东提交年度报告。但是，如果有管理层的反对方在征集股东的委托投票权，上市公司的管理层可以在年度报告发布之前征集股东的委托代理权。股东年度报告一般不被认为是提交给 SEC 的投票权征集材料的一部分，也不受第 14A 号规则（Rule 14A）或第 14C 号规则（Rule 14C）的约束。不过，如果在投票权委托书中引用了该报告，则该股东年度报告可以被认为是提交给 SEC 的投票权征集材料的一部分。不管是上述哪一种情况，向股东提交的年度报告受《证券交易法》第 10b－5 条反欺诈规定的约束。

《证券交易法》项下第 14a－3 条规定，公司必须在年度报告中包括以下内容：

（1）根据 Regulation S－X 编制的经审计的合并财务报表，包括截至最近 2 个会计年度末的资产负债表，以及最近 3 个会计年度的综合收益、股东权益和现金流报表；

（2）5 年的选定财务数据表（Regulation S－K 第 301 项）；

（3）补充财务信息（如适用）（Regulation S－K 第 302 项）；

（4）管理层对财务状况和经营结果的讨论和分析（Regulation S－K 第 303 项）；

（5）会计和财务披露方面的变更和与会计师的分歧（Regulation S－K 第 304 项）；

（6）市场风险的定量和定性披露（Regulation S－K 第 305 项）；

（7）对注册人及其子公司在最近一个财政年度所从事业务的一般性质和范围的简要描述；

（8）各部门的财务信息，包括产生业务收入的产品和服务，以及对业务收入、关键产品、服务、产品系列或在对业务理解至关重要的范围内对客户（包括政府客户）的任何依赖〔（Regulation S－K 第 101（c）（1）项）〕；

（9）董事和高管信息：姓名、主要职业、雇主名称及其主要业务；

（10）过去 2 年的普通股股票市场价格和红利，以及其他市场信息和相关股东事项〔Regulation S－K 第 201（a）（b）（c）项〕。

根据 2002 年《萨班斯—奥克斯利法案》第 302 条，股东投票权委托书和股东年度报告都不需要经过上市公司高管的认证，而上市公司年度报告（Form 10－K）和季度报告（Form 10－Q）就必须要经过上市公司相关高管的认证。不过，在 Form 10－K 的年度报告中要求的认证，也可以包括通过以引用方式合并的股东年度报告的任何部分，以及在随后提交投票权委托书时可能通过引用而合并到委托书的任何部分。此外，为实施《萨班斯—奥克斯利法案》第 302 条而采用的 SEC 规则，要求发行人（上市公司）设计、维护和评估信息披露的控制和程序，以确保在定期和当前报告以及股东投票权委托材料和陈述中全面、及时的信息披露。

Regulation S－K 第 307 项（披露控制和程序）和第 308 项（财务报告内部控制）要求的披露，在投票权委托书或相关的股东年度报告中均不作要求。但美国 SEC 的工作人员仍然鼓励发行人（上市公司）在提交给股东的年度报告中，能包括管理层和审计师关于财务报告内部控制的 Regulation S－K 第 404 项的报告。如果管理层的报告得出结论认为财务报告的内部控制是无效的，或者如果审计师对财务报告的内部控制表达了相反的意见，美国 SEC 的工作人员会认为，发行人应该考量一下，如果将管理层或审计师关于财务报告内部控制的反对意见排除在外，而直接把年度报告寄给股东的话，这是否构成重大遗漏，并是否会导致年度报告对股东产生误导。

6.2.1.4　高管薪酬投票

A. 薪酬话语权投票

《证券交易法》第 14a – 21（a）条要求非 EGC 的发行人至少每 3 年在投票权委托书中就高管薪酬进行一次非约束性股东投票。在年度股东大会上将就新董事当选进行投票，并且根据 Regulation S – K 第 402 项规定需要就该高管薪酬披露时，薪酬话语权投票将被举行。上市公司将就股东投票权委托陈述披露的如下部分对新当选高管薪酬进行咨询投票：

（1）薪酬讨论与分析；

（2）高管薪酬表；

（3）其他需要叙述的高管薪酬披露。

非 EGC 的新上市公司必须在 IPO 后的首次年度股东大会上举行薪酬话语权投票。

B. 薪酬话语权频率投票

《证券交易法》项下 Regulation 14A 第 Rule 14a – 21（b）条要求发行人至少每 6 年在委托书中提供一次非约束性股东投票，以决定是否应每 1 年、2 年或 3 年进行一次薪酬话语权投票。与薪酬话语权投票一致的是：

（1）需要在年度股东大会上进行频率投票，当在年度股东大会上选举董事，SEC 规则要求根据 Regulation S – K 第 402 项披露高管薪酬；

（2）除了新兴成长型（EGC）公司，在新上市公司的第一次年度会议上，频率投票是必需的。

6.2.1.5　股东提案

在 2022 年 1 月 1 日之前，根据《证券交易法》项下 Regulation 14a 第 14a – 8 条，有些股东可以提交一份提案列入投票权代理陈述，条件是该股东至少拥有 1% 或以上比例有表决权的股票，或 2000 美元市场价值的有表决权的股票，而且在他们提交该提案前至少一年就持有上述最低限额的股票，并将一直持有这些证券直到股东大会的日期。在每次股东会议上，该股东提交的提案不得超过一项。该提案可以包括一份支持声明，以便列入投票权委托材料；但是提案和支持声明加在一起不得超过英文的 500 个词。如果符合第 14a – 8 条的其他规定，图形和图像也可以包括在其中，但总字数（包括图形字数）不能超过英文 500 个词。

2020 年 9 月，美国 SEC 通过了第 14a – 8 条的修正案，要求股东在提交提案时，连续持有一年至少 2.5 万美元价值的公司有表决权股份，而不是至少 1% 或至少 2000 美元价值的公司股票。在持有至少 2 年之后，门槛降至 1.5 万美元，在持有至少 3 年之后降至 2000 美元。禁止股东们为满足这些标准而聚集他们的股份一起计算。该修正案于 2021 年 1 月 3 日生效，适用于向 2022 年 1 月 1 日或之后举行的股东大会提交的任何提案。然而，自生效之日起至少 1 年内持续持有公司证券至少 2000 美元的股东仍有资格为 2023 年 1 月 1 日之前举行的股东大会上提交提案。

一般来说，股东必须在投票权代理材料寄出日期前至少 120 天通知管理层他们打算在年度股东大会上提出议案。但管理层必须把关于股东提交议案的截止日期的限制在前一年度股东大会的投票权委托书中告知股东。

A. 委托书中股东提案的省略

委托书规定了管理层可以在委托书中省略股东提议的情况。这样做的原因包括：

（1）根据适用的州或联邦法律，它不属于股东提案的范畴。

（2）实施过程将导致注册人违反州、联邦或外国法律。

（3）违反了美国 SEC 关于投票委托权的规则和规定。

在下列情况下，管理层不宜声称因其违反了股东投票权委托规则而排除对股东提案的支持声明，更不能排除整个提案：

（1）管理层反对该事实性主张，因为它们没有明确证据；

（2）管理层反对该事实性主张，尽管它们没有重大虚假或者误导性陈述，但可以提出异议或者反驳；

（3）管理层反对事实性主张，因为这些主张可能会被不利地解释；

（4）管理层反对该陈述，因为它们代表了，但没有被识别为，支持该股东的意见或来源。

在上述情况下，管理层必须客观地证明上述提案或声明实质是错误的或具有误导性，才可使其具有可排除性。

B. 可排除的提案

管理层可从委托书中排除的股东提案包括：

（1）涉及其他股东不认同的个人主张或不满的提案；

（2）涉及最近会计年度年底不到 5% 的公司的总资产、不到销售总额的 5% 、不到净利润的 5% ，同时在其他方面也不重要的事项或业务（即"经济相关性异常"）；

（3）处理注册人无权执行的事项的提案；

（4）该提案会导致独立董事严重丧失独立性；

（5）与董事选举相关的提案，该提案将导致以下任何一个后果：

• 取消一个提名人参加选举的资格。

• 在董事任期届满前将其免职。

• 质疑一名或多名提名者或董事的能力、商业判断或人格。

• 寻求在公司董事会选举的委托材料中加入特定的个人。

• 试图影响即将到来的董事选举的结果。

（6）与管理层在同一股东会议上提交提案直接冲突的提案；

（7）与日常业务运作有关事项的建议（"日常业务除外"）。

上市公司试图从其投票权委托陈述中排除一项提案，可以向 SEC 工作人员提交不采取行动信的请求，而工作人员可以同意、不同意或拒绝就该公司声称的排除依据和陈述的观点。在过去 SEC 工作人员会在回应信中告知股东提案支持者或上市公司其立场，但现在他们会口头回应一些请求。SEC 工作人员表示，只有当他们认为这样做会"提供价值"（例如，提供广泛适用的指导）时，他们才打算发出书面回应信，但他们保留了他们收到的所有请求及其对这些请求的回应的公开记录。

C. 普通业务除外

无论提案是如何构建的，对提案是否符合普通业务排除的分析应该聚焦该提案的基础。与一般商业事务有关，但以足够重要的社会政策问题为重点的提案，不应当被排除。此外，即使重大的政策问题与公司的核心业务有关，该提案也可能超越公司的日常业务运作。

2018 年 10 月，SEC 工作人员表示，当董事会考量的具体实质性因素被包括在内时，对董事会分析的讨论最有帮助。SEC 工作人员强调的实质性因素包括：

（1）提案与公司核心业务活动的关联程度；

（2）定量数据，包括财务报表的影响；

（3）公司是否已经以某种方式解决了这个问题；

（4）股东参与问题的程度和股东利益水平；

（5）除提案方外，是否有其他股东要求提案所要求类别的行动；

（6）公司股东之前是否就此事进行过投票，以及董事会对该投票结果的看法。

D. 与公司提案的冲突

在以与公司提案冲突为由要求排除该股东提案时，管理层应明确指出与其公司提案有冲突的地方。

美国 SEC 工作人员发布的指导意见，极大地限制了一家上市公司排除与自己提案"直接冲突"的股东提案的能力。这种相互矛盾的提案的例子包括一家公司寻求股东批准合并的提案，但股东提出反对批准合并的提案、要求 CEO 担任董事长的公司提案，和要求董事长和 CEO 职务分离的股东提案。

如果股东能够在逻辑上同时投票支持公司和股东的提案，直接冲突就不存在。公司也可以排除被认为是无实际意义的股东提案，即公司已经实质性地实施了该建议。

此外，在下列情况下，公司可排除股东的提案：

（1）它实质上重复了另一位股东之前提交的提案，该提案将在股东会议上进行投票；

（2）处理在过去 5 年内，在一个或多个年度或特别股东会议上已投票表决的实质上主题相同的提案，而且在过去的 5 年里该提案在一个会议上表决获得不到 3% 的选票，或者在两次会议中的第 2 次会议上进行表决获得投票数少于 6%；如果在此期间内 3 次或 3 次以上会议上进行表决，最后一次得票数少于 10%。

（3）它与特定数量的现金或股票股息有关。

E. 关于通知的规程

如果管理层声称，从股东那里收到的提案可以适当地从投票权委托书中省略，它必须至少在提交最终委托书材料的 80 天前书面通知美国 SEC。该通知应包括 4 项材料（各 6 份）：

（1）提案；

（2）交付给管理层的任何支持性陈述；

（3）省略它的原因；

（4）如果该提案基于法律问题被省略，法律顾问支持省略的意见。

与此同时，管理层还必须通知提案者他们打算省略该提案，并提供其理由的副本，包括律师的任何支持省略的意见。

管理层可以在投票权委托书陈述中包括反对任何股东提案的声明。如果要做出这样的声明，管理层必须在提交最终股东投票权委托材料的 30 天前向最初提交提案的股东提供一份声明的副本。如果股东认为管理层的声明是错误的或具有误导性，他们可以通知美国 SEC。

F. 网站的使用

越来越多的股东提案和支持声明包括相关网站的地址，并提供更多关于提案的信息。如果网站上的信息只是对提案中所包含的信息的补充，而股东无须浏览该网站就能理解提案所要求的内容，那么网站可以被纳入提案（否则提案可能被认为是模糊和不确定的，可以被排除）。如某该参考网站在提交时尚未运作，则该提案者在向该公司提交其最终投票权委托材料之前，向该公司提供将在该网站上公布的材料，该参考网站可被纳入。

G. 未征求投票权委托

按照《证券交易法》和 Regulation 14C，如果在年度或其他股东会上管理层不征求投票权委托，发行人必须和征求投票权委托一样向 SEC 提交相关材料。这种情形下 Form 14C 以"资料陈述"的形式提供。如果该资料陈述涉及在股东年度会议上选举董事，则该资料陈述必须附同一份股东年度报告，或在之前发送给所有股东。

H. Form 8 – K

在举行股东会议并投票后的 4 个工作日内，上市公司需要以 Form 8 – K 第 5.07 项的形式向 SEC 提交股东投票结果。如果投票结果是初步的，上市公司必须在最终结果公布后的 4 个工作日内提交修正后的 Form 8 – K，以披露最终投票结果。

Form 8 – K 第 5.07 项应包括以下内容：

（1）会议日期，是年度会议还是特别会议；

（2）如果会议涉及董事选举，则披露：

- 在会议上选出的每个董事的名字；
- 对会议上投票决定的每个事项的简短描述；
- 支持、反对或弃权投票的人数；
- 弃权票和券商未投票的人数；
- 每个职位被提名人的单独列表。

（3）注册人与任何其他参与者终止任何征集的任何和解条款的描述，包括注册人的费用或预期费用。

注册人还被要求在不具约束力的薪酬话语权股东表决后 150 天内（但不迟于提交股东提案的截止日期 60 天内），以 Form 8 – K 第 5.07 项的形式披露注册人薪酬话语权投票的频率。公司也可以以 Form 10 – K 或 Form 10 – Q 的形式来披露其薪酬话语权投票的频率。如果主持人未能及时披露则应包括在最初宣布股东频率投票结果的 Form 8 – K 的修正案中。

如果注册人未能在截止日期前及时作出披露，在决定提交 Form S – 3 的资格时，将被认为未"及时"提交 SEC 报告。这些公司在提交新的 Form S – 3 以注册证券时，必须获得 SEC 工作人员的豁免。通常情况下如果公司董事会听从股东关于薪酬话语权投票频率的建议，SEC 工作人员就会批准豁免。

6.2.1.6　股东年度大会委托书中一般的信息

《证券交易法》Schedule 14A 规定了股东投票权委托书的具体披露要求。虽然 Schedule 14A 中的许多事项并不适用于典型的年度会议的委托书（因为某些项目仅在某些交易或事项发生时才需要），但以下是 Schedule 14A 中的所有项目列表（是上市公司准备其股东投票权委托陈述及股东投票权委托书的基础材料之一）：

第 1 项　日期、时间和地点信息

第 2 项　委托的可撤销性

第 3 条　异议人（股份）的法定被评估及被购买权

第 4 条　投票权征集人

第 5 项　某些特定人对所涉事项的利益

第 6 项　有表决权证券及其主要持有人

第 7 项　董事和高管人员

第 8 项　董事、高级管理人员的报酬

第 9 项　独立公共会计师

第 10 项　薪酬方案

第 11 项　增发非交易用途证券的授权

第 12 项　证券的变更或者交换

第 13 项　财务和其他资料

第 14 项　企业合并、收购等事项

第 15 项　财产的取得或处分

第 16 项　账户重述

第 17 项　关于股东会报告的行动

第 18 项　无须报送的事项

第 19 条　章程或者其他文件的修改

第 20 项　其他拟议行动

第 21 项　表决程序

第 22 项　投资公司委托书所需资料

第 23 条　将文件交付给共享地址的证券持有人

第 24 条　股东对高管薪酬的批准

A. 年度股东大会一般的信息要求

无论股东将要在股东大会上采取什么行动，投票权委托书都必须包括以下信息：

（1）股东大会将在何时何地举行，除非在委托书中或之前向股东提供的材料中已经另行披露该信息；

（2）已经递交了委托书的股东是否有权撤销该委托，如果有此权利，应遵守的限制或程序；

（3）谁在征集委托权、征集委托权是否在邮寄或通过互联网征集外还有其他方式，以及谁将支付征集委托权的费用（例如，如果征集人将获得酬劳，披露必须作出安排和估计成本）；

（4）已发行有表决权证券的数量和有权投票的股东的日期记录；

（5）每个董事和董事候选人受益持有上市公司的股份数量和比例（包括董事的资格股，及在高管联合账户中按其比例计算而持有的股份），高级管理人员，所有董事和高管作为一个团体，以及每个高管受益持有超过任何种类 5% 的投票权证券。

B. 股东会议选举董事

征集投票权以选举董事的委托书陈述必须提供有关高管、连任董事和董事提名人的信息。这些披露的目的是让股东能够判断董事和高级管理人员的专业能力、问责制和有效性，以及被提名人的资格。委托规则规定，高管、董事和被提名者的重叠必须披露，但是在委托书陈述中只需要披露一次即可。

为选举董事而征集的投票权委托书还必须说明任何适用的累积投票权，即股东可能有权享有把所持股份乘以待选举董事人数得出票数的投票权，以及股东选择在被提名人中分配投票权的权利。此外，委托书必须说明批准或当选所需的票数以及计票方式（包括弃权票的处理和效果）等。

C. 通过引用纳入 Form 10 - K

如果最终的投票权委托陈述或信息陈述提交日期不晚于该会计年度结束后 120 天，Form 10 - K（第 10~14 项）可以用引用的方式合并该投票权委托陈述或信息陈述。然而，如果 Form 10 - K 中的这些项目所要求的信息无法将投票权委托陈述或信息陈述纳入，则必须在不迟于该会计年度结束后 120 天内，在 Form 10 - K 中包含该信息，或提交修正后的 Form 10 - K/

A 以包含该信息。

Regulation S - K 规定了 Form 10 - K 第 III 部分需要披露的信息，包括：

第 201（d）项　根据股权薪酬计划授权发行的证券

第 401 项　董事、高管、发起人及控制人

第 402 项　高管薪酬

第 403 项　某些受益所有人和管理层的证券所有权

第 404 项　与相关人士、发起人和某些控制人的交易

第 405 项　符合《证券交易法》第 16（a）条的合规

第 406 项　伦理规范

第 407 项　公司治理

高管　Form 10 - K 的第 10 项（Regulation S - K 第 401 项）对高管所要求的信息，可列入 Form 10 - K 第 I 部分，标题为"注册人的高级管理人员"。如果这样做了，就不需要在投票权委托陈述或信息陈述中包含该信息。

董事会审计委员会的财务专家　Regulation S - K 的第 407（d）（5）项要求上市公司披露其董事会是否已确定该公司在其审计委员会中至少包含有一名财务专家。如果包含的话，该公司还必须披露其审计委员会财务专家的姓名，以及该专家是否是独立董事。如果审计委员会没有这样的专家，公司需要解释为什么没有。如果公司有一个以上的审计委员会财务专家，可以但不要求披露所有审计委员会财务专家的姓名。如果该公司选择披露这类专家的姓名，还必须说明他们是否为独立董事。

关于审计委员会财务专家的披露，必须作为 Form 10 - K 第 10 项的披露内容。但美国 SEC 对 Regulation S - K 第 407（d）（5）项的指南明确指出，该披露可以从投票权委托书陈述或信息陈述中省略。但是，公司可以选择在其投票权委托书中披露其审计委员会财务专家的信息，并将这些信息以引用的方式纳入 Form 10 - K，但该委托书陈述必须在公司会计年度结束后 120 天内提交。否则，有关审计委员会财务专家的披露必须包含在 Form 10 - K 中。

D. 伦理规范

Regulation S - K 第 406 项要求上市公司披露其是否采用了一套伦理规

范，该规范涵盖其 CEO、CFO、首席会计官或履行类似职能的人。如果上市公司已经采用了该套伦理规范，上市公司必须通过以下方式之一公开其伦理规范：

（1）将伦理规范作为其 Form 10 - K 的附件披露；

（2）如果 Form 10 - K 披露了相应的意图和该网站地址，则将该套伦理规范在其网站发布；

（3）在其 Form 10 - K 中说明，如果书面请求的话，可以免费获得，并在 Form 10 - K 中披露和解释其请求的方式。

上市公司可选择披露对其伦理规范及对特定高管的豁免的重大修订，方法是在其公司网站上公布该资料，并在其 Form 10 - K 中披露其意图及网站地址。否则，公司必须提交以 Form 8 - K 第 5.05 项的方式披露，以报告其道德准则的重大修订或对任何特定人员的豁免。

如果上市公司没有采纳伦理规范，则必须披露为什么没有这样做。

关于上市公司伦理规范的披露，必须作为 Form 10 - K 的披露内容，但投票权委托陈述或信息陈述不要求提供这些披露。然而，上市公司可以选择在其委托陈述中披露其伦理规范，并将这些披露以引用的方式合并到其 Form 10 - K 中，前提是该委托陈述在公司会计年度结束后不迟于 120 天提交。否则，有关该伦理规范的披露必须包括在 Form 10 - K 中。

另外，纽交所和纳斯达克的规则要求上市公司有伦理规范，并向公众公开。

E. 股东提名程序变更

Regulation S - K 第 407（c）（3）项要求上市公司在其投票权委托书陈述中披露发行人提名董事的程序。Regulation S - K 第 407（c）（3）项还要求上市公司在该委托书陈述中披露此类程序的任何重大变更，以便证券持有人推荐董事候选人。上市公司被要求在其定期的《证券交易法》项下的报告中披露发生该期间中的任何重大变化。

6.2.1.7　*雇员薪酬计划*

上市公司的股东经常被要求在年度股东大会上批准雇员薪酬或激励计划及其修改。《证券交易法》Schedule 14A 第 10 项规定，每当股东对涉及现金或非现金薪酬的计划采取行动时，必须在投票权委托书陈述中披露该信息。规定的信息旨在让股东评估注册人建立或修改这些计划的成本，包括它将对高管和董事的薪酬产生的影响。这些信息还使股东能够考虑到所有现有计划和安排的过去以及未来股权授予可能产生的稀释效应。任何拟议计划的书面文件必须在提交投票权委托书陈述时向 SEC 提交 3 份。电子提交人必须以电子格式向 SEC 提交书面计划文件的副本，作为投票权委托书陈述的附录。

作为上市标准的一部分，纽交所和 NASDAQ 要求应该有股东批准的股权薪酬计划，包括股票期权计划。对股权薪酬计划需要股东批准的要求，纽交所和 NASDAQ 采用的上市规则只规定了有限例外，它们还要求对于股权薪酬计划的重新定价和重大变更需要由股东批准。

A. 受股东投票影响的薪酬计划———一般披露要求

投票权委托书的规则要求对提交表决的所有类型的薪酬计划的采纳或修改情况进行全面披露。注册人必须简要描述正在采用的计划的重要特征，并确定将有资格参加计划的每一类人，包括每一类人的大约人数和这种参与的基础。此外，如果可以确定，将获得或分配给每个种类的利益或金额以表格形式列出（如表 6 - 1 所示，为保留范本，故未翻译）。

表 6 - 1　　　　　　　股东投票权委托书中高管薪酬披露表格范本

Name and position	New plan benefits plan name	
	Dollar value（$）	Number of units
CEO	xxx	yyy
CFO	xxx	yyy
Named executive A	xxx	yyy
Named executive B	xxx	yyy
Named executive C	xxx	yyy
Executive group（number）	xxx	yyy
Non - executive director group（number）	xxx	yyy
No - executive officer employee group（number）	xxx	yyy

如果这类福利或将收到的数额无法确定，登记人必须披露该计划生效的情况下，在最后一个完整的会计年度中，每个种类本应收到或分配的利益，当然前提是这些利益可以确定。如果管理层可以在未经股东批准的情况下修改该计划，无论是通过增加注册人的总成本，还是通过重新分配利益，这也必须披露，包括管理层可以单方面作出的修改的性质。

如果要采取的行动是对现有计划的重大修订或修改，则要求注册人提供拟议修改或修改的计划所需的《证券交易法》Schedule 14A 第 10 项信息，并必须指出与现有计划的任何重大差异。

除了对所有薪酬计划进行一般披露外，委托书规则还要求必须对养老金或退休计划以及提交给股东投票的期权、认股权证或其他权益计划进行的额外披露。下文将详述。

养老金或退休计划　必须估计为该计划提供资金所需的过去服务费用的总额，包括未来的年度付款和过去服务费用将被付款的期间。注册人还必须披露与当前服务成本相关的未来估计年度支付额。

期权、权证或权利　投票权委托书必须列出新计划或被已修订计划的期权、认股权证或股票权利的基本信息。具体地说，它应列出证券的名称和数量、价格、到期日、相关证券的当前市价，因授予或扩展期权、认股权证或权利而收到或将收到的对价，以及对登记人和接收人发行和行使期权所产生的联邦所得税的后果。此外，投票权委托陈述还必须披露每个新的高管已接收或将接收的期权数量，现任高级管理人员作为一个整体，现任董事（不包括高级管理人员）作为一个整体，董事候选人，任何董事、高级官员或被提名者的助理，任何已获得或将获得 5% 或以上该等期权、认股权证或权利的其他人，以及所有员工，包括所有现任官员（不包括高级管理人员）作为一个整体。

B. 不受股东投票影响的薪酬计划和其他安排的信息

对于采取行动的投票权委托书陈述和信息陈述而言，Regulation S–K 第 201（d）项要求注册人（上市公司）在提交薪酬计划供股东采取行动时提供某些额外披露。其实每一份 Form 10–K 都要求披露这些信息，而这些信息汇总了所有计划和安排在过去和未来授予该股权时可能产生的稀释效应。

所有股权薪酬计划和个人薪酬安排（无论是与雇员还是非雇员，如董事、顾问、供应商、客户和贷款人等），都需要注册人披露截至最近一个会计年度结束的表 6 - 2 信息（为保留范本，故未翻译）。

表 6 - 2　　　　　股东投票权委托书中股权薪酬计划披露表格范本

Plan category	Number of securities to be issued upon exercise of outstanding options, warrants and rights (a)	Weighted - average exercise price of outstanding options, warrants and rights (b)	Number of securities remaining available for future issuance under equity compensation plans (excluding securities reflected in column (a)) (c)
Equity compensation plans approved by security holders			
Equity compensation plans not approved by security holders			
Total			

信息披露需要分为两类：已获股东批准的计划和未获股东批准的计划。然而，注册人可选择汇总属于每个类别的所有计划和安排的数据。而且，对于由于合并或收购而继承的单个计划和安排，注册人可以合并这些数据到自己的计划或安排中，以相应的表格信息进行披露，但需要提供一个脚注来列举（a）项和（b）项下由于合并或收购而继承的且依然生效的计划。

如果在不同计划下可发行的股权证券超过一类，则应分别提供每一类证券的列表信息。无论拟发行的证券是经授权但未发行的证券还是回购的股票，均应提供披露。

6.2.1.8　合并、收购及类似事项

根据各州法律和公司章程，公司的合并和收购交易通常需要获得收购方股东、目标公司股东或二者股东分别来批准，并征集这些股东的投票权委托。

合并、收购或类似交易中，目标公司股东一般会获得收购方的股权证券，而这可能需要修改收购方的章程文件。如果对提案的修正是实质性的，收购方的投票权委托书陈述必须将这些修改章程的提案与合并或收购的提案分开提交，以完成交易。例如，改变与治理和控制有关的规定、要求董事会实行分级或分级管理、对董事免职的限制、超级多数投票规定、年度会议推迟一年以上，以及取消通过书面同意采取行动的能力或改变最低法定人数要求等通常被视为重大事项。相比之下，诸如实体名称变更、章程重述或技术变更（如反稀释条款导致的）等条款可能被认为是非实质性的。

如果目标公司也受到《证券交易法》项下 Schedule 14 管辖，且其股东必须对同一交易投票，任何实质性修改收购者的组织文件，作为投票权委托陈述的独立主题的，目标公司也应该这样处理。

A. 黄金降落伞披露和股东投票

在股东批准收购、合并或类似交易（包括拟出售或以其他方式处置发行人全部或绝大部分资产）的任何投票权委托书或征求同意材料中，征集发行人必须披露 Schedule 14A 第 5 项中的所有"黄金降落伞"安排，并就其中某些安排举行股东咨询投票。

Regulation S - K 第 402（t）项　Regulation S - K 第 402（t）项具体规定了所需的黄金降落伞披露的要求。所有涉及收购方或目标公司署名高管（总裁和 CEO、CFO 等）的金色降落伞安排（无论收购方或目标公司是否支付款项，也无论征求委托方的身份）都属于第 402（t）项的范围。因此，第 402（t）项包括披露：

（1）目标公司与其署名高管和收购方署名高管的黄金降落伞安排；

（2）收购方与其署名高管和目标公司署名高管的黄金降落伞安排。

第 402（t）项要求编制一份表格，定量披露每个署名高管的高管薪酬要素，以及将在经股东批准的交易中支付或应付的金额。

黄金降落伞表格　（见表 6 - 3，为保留范本，故未翻译）该表格要求对每个高管的以下薪酬类型进行定量披露：

表6－3   黄金降落伞表格范本

Name （a）	Cash（S） （b）	Equity（S） （c）	Pension/NQDC（S） （d）	Tax reimbursement（S） （e）	Other（S） （f）	Total（S） （h）
CEO						
CFO						
A						
B						
C						

（1）现金遣散费（如基本工资、奖金和按比例分配的非股权激励计划）；

（2）加速变现股票奖励的美元价值，因为并购而加速的价内期权，以及考虑取消股票和期权而应作出的支付；

（3）养老金和非递延薪酬福利的提高；

（4）额外收入和其他个人福利、健康等福利；

（5）税收补偿；

（6）"其他"指的是没有特别包含在表中其他的任何额外奖励；

（7）所有黄金降落伞补偿的总和。

此外，发行人须以文字叙述形式说明下列事项：

（1）适用于黄金降落伞付款的重要条件或义务（例如，竞业禁止协议或保密协议）；

（2）导致支付的情形；

（3）支付是一次性支付还是每年支付，以及支付期限；

（4）谁来支付。

第402（t）项不影响在Form 10－K和年度股东会议的投票权委托陈述中第402（j）项要求的披露，即在终止或控制变更时可能向发行人高管所支付的款项。

股东对黄金降落伞安排的表决 对于征集投票权委托的公司与其高管或交易对手的署名高管之间的金色降落伞安排，需要进行独立的无约束力的股东投票。对于Regulation S－K第402（t）项要求披露的所有黄金降落伞薪酬安排，均不需要进行咨询投票。收购公司与目标公司高管之间的黄金降落伞薪酬安排也不需要股东咨询投票，但这些安排需要根据第 402（t）项披露。

如果黄金降落伞安排之前已经就高管薪酬问题进行过股东咨询投票，那么就不需要进行额外投票。因此，一些发行人可以自愿提供第 402（t）项披露其与署名高管的安排，作为其在年度会议投票权委托陈述中署名高管薪酬披露的一部分，并将其纳入经常性股东咨询投票的高管薪酬范围。如果"金色降落伞"安排发生变化，已经对这些安排进行过投票的发行人，将只需要对这些变化进行投票。

B. 财务报表

《证券交易法》项下 Schedule 14A 第 14 项规定，如果股东对涉及以下情况的任何交易进行表决，则应将注册人和目标公司的财务报表包括在投票权委托陈述中：

（1）注册人与任何其他公司合并、整合或并入任何其他公司，或其他公司并入注册人公司；

（2）注册人对另一家公司股权的收购；

（3）注册人对任何其他企业或其他企业资产的收购；

（4）出售或其他转让注册人的全部或任何实质性部分资产；

（5）注册人的清算或解散。

Schedule 14 提供了下列披露减免：

（1）如果交易是现金合并或第三方现金收购要约，则不需要收购方的财务报表，除非该信息对知情投票决定具有重要意义。如果只有目标公司股东进行投票，则不需要目标公司的财务报表。

（2）如果交易包括向目标公司股东发行根据《证券法》豁免登记的证券，或包括豁免证券和现金的组合，且只有收购方的股东在投票，则不需要收购方的财务报表，除非它们对知情投票决定有重大影响。如果只有目标公司的股东在投票，则不需要目标公司的财务报表。

（3）如果投票仅涉及收购方及其一个或多个全资子公司的合并，则无须提供收购方或目标方的财务报表。

尽管有任何 Schedule 14A 第 14 项的减免，根据其对注册人的重要性，目标公司的经审计的财务报表可能需要在收购完成时以 Form 8 - K 的形式向 SEC 申报。

Regulation S - K 项下的一个部分，即 Regulation M - A，包含了要约收购、私有化交易和其他特殊交易的披露要求。如果将对 Schedule 14A 第 14 项中的任何事项需要提交 SEC，则初步委托陈述中可以进行保密处理，但需满足以下条件：

（1）初步委托陈述不涉及《证券交易法》第 13e - 3 条的事项或提议，也不涉及 Regulation S - K 第 901（c）项定义的卷动式交易（Roll - up Transaction）。

（2）除初步委托陈述内容仅限于《证券法》项下第 135 号规则规定的信息外，交易各方均未就交易进行任何公开发布或披露。

（3）材料以纸质形式提交，并注明"机密，仅供 SEC 使用"。在所有情况下，这些材料均可被 SEC 披露给美国政府的任何其他部门或机构以及国会，SEC 可对这些材料进行必要的调查，以进行充分的审查。

如果该信息被公开，该公开的信息超出了《证券法》项下第 135 号规则规定的信息，注册人必须立即以电子方式将初步代理陈述作为公共信息重新提交给 SEC。

6.2.1.9　Form S - 4 的注册声明

如果合并的形式是一个注册人发行证券与另一个公司的证券或资产的交换，注册人所发行的证券通常是根据《证券法》使用 Form S - 4 注册的。在这些情况下，投票权委托书陈述成为招股说明书的基础，并添加一些额外的信息。因此，该注册陈述"包含"了投票权委托书陈述。

Form S - 4 简化了企业合并和某些其他交易需要向投资者披露的信息。Form S - 4 通过引用《证券交易法》项下的各种报告的内容，适用范围与 Form S - 1 或 Form S - 3 相同。Form S - 4 通常减少了交换要约注册陈述的复杂性和长度。

Form S - 4 所载目标公司的财务报表要求，与根据 Regulation S - X 项下第 3 - 05 号规则（Rule 3 - 05）所规定的已完成及可能完成的公司并购的财务报表的要求是分开的。一般来说，必须提供目标公司财务报表，无论目标公司的重要程度如何。根据 Form S-4 和 Regulation 14A，在收购交易中，收购方和目标公司（无论收购方的股东是否投票表决）都需要 3 年的经审计的财务信息。如果目标公司是一个非申报公司，且该证券不会为转售而向 SEC 注册，则存在此规则的例外情况。

A. 非申报目标公司和收购方的股东表决

如果收购方的股东对该并购交易进行投票表决，则需要非申报目标公司的年度财务报表，就像目标公司根据《证券交易法》第 14a-3 条（b）（1）项和（b）（2）项向股东发布年度股东报告的要求一样。如果 FormS-4 将被用于注册证券，发行证券给由任何被视为《证券交易法》项下第 145 条（c）项规定的承销商的人，并由它转售给公众，则该非申报目标公司按照 Regulation S-X 项下第 3-05 号规则规定期间的财务报表必须被审计。否则，非申报目标公司最近的会计年度的财务报表必须被审计，但如果此前两年的财务报表没有被审计的话，因为可行性的原因可以不必被审计。然而，在这种情况下，注册人将继续有义务根据第 3-05 号规则所要求的期间，根据目标公司的重要性，在完成收购时以 Form 8-K 的形式提供目标公司经审计的财务报表。

B. 非申报的目标公司和收购方的股东将不表决

如果收购方的股东不对该并购交易进行投票表决，且未申报目标公司对收购方的重要性不超过 20%，则不需要提供目标公司的财务信息（包括中期或预估信息）。然而，对于任何后续的注册陈述，注册人将继续有义务根据 Regulation S-X 第 3-05 号规则加权评估每个非重要并购的重要性。

同时，如果收购方的股东没有对该并购交易进行投票，但未申报目标公司的对收购方的重要性超过 20%，则需要将该目标公司最近一个会计年度的财务报表包含在 Form S-4 中。此外，如果目标公司在最近的会计年度之前已经向股东提供了两个会计年度中的一个或两个会计年度的 GAAP 财务报表，那么也需要在 Form S-4 中提供那些年度的财务报表。如果 Form S-4 将被用于注册证券，发行证券给由任何被视为《证券交易法》第 145 条（c）项规定的承销商的人，并由它转售给公众，则该非申报目标公司按照 Regulation S－X 第 3－05 号规则规定期间的财务报表必须被审计。否则，非申报目标公司最近的会计年度的财务报表必须被审计，如果此前两年的财务报表没有被审计的话，因为可行性的原因可以不必被审计。然而，在这种情况下，注册人将继续有义务根据第 3－05 号规则所要求的期间，根据目标公司的重要性，在完成收购时以 Form 8－K 的形式提供目标公司经审计的财务报表。

6.2.1.10　向股东提供委托书

《证券交易法》第 14a－16 条"委托书材料的互联网适用性"要求委托书材料必须在公司网站上公布。上市公司有两种交付选择，可以根据股东的不同选择：

（1）"仅通知"选项允许上市公司在互联网上（一般为公司网站）发布所有委托书材料，而不是向股东寄送纸质副本。它要求上市公司至少在股东大会的 40 天前向股东发送一份网上材料发布的通知。

（2）"全套交付"选项要求公司交付代理材料的纸质副本，但这些材料可以在股东大会召开的 40 天内交付。它还要求发行人同时在互联网上发布委托书材料，并在全套交付给股东的材料中包括一份股东委托权陈述可以在互联网上获得的通知。

如果符合美国 SEC 的指引，上市公司可以通过电子邮件向股东发送委托书材料，但这通常需要获得个人股东的书面同意。在上市公司已经收到股东的书面同意的前提下，上市公司可以通过电子方式发送"仅通知"或"全套交付"两个选项的代理材料。

除上市公司以外的其他团体或个人在自行征求委托时，也可以依靠上述两种模式的其中一种，或两种模式的结合（例如，股东委托权的竞争者等）。

A. "仅通知"选项

使用"仅通知"模式的上市公司必须在股东大会至少 40 天前将"股东投票委托材料互联网可获取通知"发送给股东。该通知必须与其他类型的股东通知材料分开发送，以便该通知不会在其他类型的通知中丢失。当通知送达时，上市公司必须为股东提供投票的方式，包括通过互联网的电子投票、电话投票或这些选择的组合。

该通知必须以通俗易懂的英文提供以下内容：

（1）一个醒目的黑体字图例，说明"关于在［插入会议日期］召开的股东大会之股东投票委托材料获取的重要通知"；

（2）表明该通知不是投票的形式，仅是提供更完整的代理材料的概述，而完整的材料可通过互联网或邮件获得；

（3）关于可在互联网上获得股东投票委托材料的具体语言、网站地址，以及说明可要求免费提供纸质或电子邮件版的股东投票委托材料及如何获得该纸质或电子邮件版的材料；

（4）股东大会的日期、时间和地点；

（5）清晰、公正地描述将在股东大会上审议的每一事项，以及上市公司的建议（如有）；

（6）网站提供的材料清单；

（7）一个免费的电话号码、电子邮件地址和网站，以便股东可以在那里要求一份代理材料的副本；

（8）如何获取委托书的说明，包括股东需要的任何控制/识别号码；

（9）如何获得参加会议并亲自投票的指导。

投票委托卡不得随附通知发出。除非投票委托卡已经和股东投票权委托陈述一起或随后以相同的方式发送（如通过纸质邮件、电子邮件或指定网站等方式），上市公司应该在通知发出 10 天后再向股东发送投票委托卡。上市公司不应依赖"仅通知"模式来提供所有与投票权委托相关的材料，其可以在其网站上提供一些与代理相关的材料，以及发送其他实物材料（如果股东同意，也可以通过电子方式提供）。上市公司的股东必须被允许永久性选择发送的方式，以获得未来的纸质或电子邮件代理材料副本。

在"仅通知"模式下，投票权委托材料必须在股东收到通知时或之前在网站上发布。在股东大会召开期间，这些资料也必须在网站上免费提供。该网站必须是 SEC 的 EDGAR 以外的网站，上市公司不能简单地链接它们的 EDGAR 文件。通知上的网站地址必须足够的具体，以引导股东直接查看委托材料。

B. "全套交付"选项

使用"全套交付"选项的上市公司必须将投票委托材料的纸质副本分发给未同意电子交付委托材料的股东。此外，它们还必须：

（1）在其委托材料中（或在完整材料附带的另一份通知中）提供股东投票委托材料互联网可获取的通知中的信息；

（2）在互联网上发布其投票委托材料；

"全套交付"方式与"只通知"方式有以下不同：

（1）可以随通知附上代理卡；

（2）不要求上市公司说明可要求免费提供纸质或电子邮件版的股东投票委托材料及如何获得该纸质或电子邮件版的材料，因为股东已经在通知中提供了全套代理材料。

（3）注册人（上市公司）无须提供其他投票方式（如通过互联网进行电子投票、电话投票或二者的结合），因为代理卡包含在委托材料中；

（4）不要求上市公司遵守提前 40 天的通知截止日期。

C. 受益所有人

申报人必须询问为他人持有证券的经纪行、交易行、银行、清算机构（统称为记录持有人）等，他们在记录上持有的证券是否有受益所有人。对据信为其他受益所有人持有证券的记录持有人的查询必须在股东大会记录日期之前至少 20 个工作日进行。

公司可以通过以下两种方式之一履行其向受益所有人提供委托书规则所要求的信息的义务——通常是委托书陈述、其他委托征集材料或年度股东报告：

（1）通过向记录持有人提供将转发给受益所有人的信息；

（2）获取未反对披露其姓名、地址和证券头寸的受益所有人的姓名，并直接邮寄信息给他们。

选择"仅通知"方式向受益所有人提供委托投票材料的上市公司必须向记录持有人提供通知中所要求的所有信息，并留给记录持有人足够时间来准备，以便他们向受益持有人提供通知中所要求的所有信息，上市公司至少应该在股东大会日期前 40 天发送通知给记录所有人。

6.2.2 SPAC 的股东投票权委托书陈述

一旦 SPAC 确定了收购目标，就会准备一份投票权委托书，征求股东批准 SPAC 合并交易的各个方面。如前所述，《证券交易法》和 SEC 规则通常允许美国上市公司年度股东大会的"普通"委托投票权征求材料直接送达给股东，而无须 SEC 工作人员事先审查。但这些材料必须在公布、发送或交给股东的当天提交给美国 SEC。但在并购等情况下，初步股东投票权委托陈述和委托形式（委托投票卡）必须在邮寄给股东前提交美国 SEC 审查。而且，以初步股东投票权委托陈述形式提交的委托陈述必须立即向公众公开，当然在某些特殊情况下获得保密处理例外。

SPAC 的初步投票权委托陈述，主要包括以下几个方面：

（1）拟议的并购或收购；

（2）证券发行；

（3）合并后公司董事会的选举；

（4）建立合并后公司的激励性薪酬计划；

（5）其他与后 SPAC 时期存续公司结构和治理有关的事项。

SPAC 必须在把投票权委托书陈述送达股东前，先向美国 SEC 提交一份初步投票权委托书陈述，如果拟将新证券注册作为交易的一部分，则可以 FormS - 4 的形式提交一份联合注册及委托陈述（联合陈述）。委托陈述或联合陈述除上述股东批准提案和各种非财务披露外，还包括以下内容：

（1）SPAC、目标公司和其他实体的财务报表，如目标公司收购涉及 SPAC 增发股份作为对价，需要符合 Regulation S - X 项下第 3 - 05 号规则和第 3 - 09 号规则的规定；

（2）反映拟议收购和任何其他重大交易的未经审计的预估财务信息；

（3）管理层对 SPAC 和目标公司的讨论和分析（MD&A）。

通常 SPAC 在这些文件中包括对目标公司的预测，以方便股东审查和批准该交易。如果包括预测，则应基于合理的假设，并应代表一种平衡的观点。它们还应被确定为前瞻性陈述，并伴随有意义的警告性陈述，描述可能导致实际结果与预测有重大差异的因素。美国 SEC 最近表达了对这种看法的担忧，即通过 SPAC 合并上市的公司违反证券法的责任风险低于通过传统 IPO 上市的公司（将在第 10 章详述）。

6.2.2.1　初步投票权委托陈述的财务报表

参与 SPAC 初始并购的目标公司必须确定哪家是后 SPAC 时期上市公司的前身，其财务报表将成为后 SPAC 时期上市公司的历史财务报表。由于 SPAC 通常只有名义上的业务，并将在 SPAC 的初始并购中收购一家或多家企业，因此 SPAC 的目标公司中必须至少有一家被指定为合并后公司的前身。大多数 SPAC 初始并购只涉及一家目标公司，这使确定一家目标公司非常简单。在涉及多个目标公司的初始并购中，需要判断哪个实体是存续公司前身。存续公司前身是被收购的业务，该业务将构成合并后存续公司的业务或经营的主要部分。应考虑的因素包括各个实体的相对规模和公允价值，以及合并后存续公司的持续运营和管理结构。

A. 财务报表的年限和内容

投票权委托书或联合陈述需要提供 SPAC 和目标公司的财务报表。根据 Regulation S － X 第 3 － 05 号规则或 Regulation S － X 项下第 3 － 09 号规则的规定，也可能需要目标公司所收购的企业及目标公司的股权投资方的财务报表。对于 SPAC 和目标公司而言，应该至少提供最近两个会计年度（或自成立以来）的经审计的财务报表。如果 SPAC 已经提交了一份 Form 10 － K（年度报告），它将需要提交目标公司 3 年的财务报表，除非目标公司符合较小申报公司（SRC）的定义。

B. 跨境并购的注意事项

如果一家外国目标公司被确定为 SPAC 合并的前身，该交易将被视为目标公司通过一家美国国内上市壳公司进行反向资本重组的"后门"上市。在这些情况下，投票权委托书陈述或联合陈述必须使用美国 GAAP 编制的目标公司的财务报表。

6.2.2.2　VIE 结构与会计收购方的确定

虽然 SPAC 从法律主体上收购了私控目标公司，但该交易的会计处理取决于会计目的上哪个实体被视为收购方（会计收购方）：会计收购方是取得对另一实体（被收购方）控制权的实体。当 SPAC 仅仅以现金对价收购一家私控公司时，SPAC 通常是会计收购方，但如果对价是股权或现金和股权的混合，确定会计收购方需要进一步评估，可能会很复杂。与其他并购交易中涉及的实体一样，SPAC 并购中涉及的实体有时需要考虑 ASC 810 - 10 中的可变利益实体（VIE）结构，该模式要求 VIE 的主要受益人在所有情况下对 VIE 进行合并报表。也就是说，如果被收购人为 VIE，则主要受益人为会计收购方。在运用 VIE 模型确定会计收购方时，没有考虑 ASC 805 - 10 - 55 - 11 至 ASC 805 - 10 - 55 - 15 中的因素①。然而，确定目标公司是否为 VIE 可能也是一个挑战。

6.2.2.3　SPAC 发行的金融工具——股权 *v. s.* 债权

美国 SEC 工作人员于 2021 年 4 月 12 日发布了一份关于 SPAC 发行认股权证的会计和申报考量的工作人员陈述（"SEC 工作人员陈述"）。工作人员陈述认为，应分析与 SPAC 交易而发行的认股权证中可能普遍存在的某些条款，以确定这种认股权证是作为负债还是股权工具。如果是负债，则对会计处理的影响很大，因为需要对以前的财务报表进行重述。

SPAC 在其周期内发行多种金融工具，并在合并后成为被存续公司的金融工具。成立时，SPAC 通常向 SPAC 发起人发行 B 类股票，基本上是作为成立 SPAC 的回报。SPAC 发起人也可从 SPAC 购买认股权证（即私募认股权证）。在 IPO 时，SPAC 将向第三方投资者发行由 A 类股票和 A 类认股权证（即公开认股权证）组成的单元。在初始并购交易中，SPAC 通常会向目标公司的股东发行额外的 A 类股票，并通常会与目标公司股东、SPAC 发起人和/或目标公司员工达成协议（获利可得性安排），以便发行额外股票给目标公司股东和 PIPE 投资人。

SPAC 发行的 A 类、B 类股票以及公共和私募认股权证通常被认为是独立的金融工具，因为它们或者分开发行，或者即使它们在发行时相互结合，但它们在法律上是独立且可分割的。因此必须对每种金融工具进行评估，以确定其适当的会计和税务处理方法。我们将在本书的第 9 章详细

---

①　ASC：Accounting Standards Codification，《会计标准法典汇编》是由于 FASB 发布的 GAAP 规则。

分析。

6.2.2.4 投票权委托书陈述和联合陈述的其他内容

委托书或联合报告还将包括与风险因素相关的披露，定量和定性市场风险的披露、业务、董事和高管，以及与 Form 10-K 或股东年度大会的委托陈述中所提供的董事和高管薪酬披露等。SPAC 的投票权委托书或联合报告中一般需要作如下内容的披露：

管理层的讨论和分析 管理层的讨论和分析应符合 Regulation S-K 第 303 项所有期间对 SPAC 和目标公司的财务报表的要求。在 SPAC 的合并交易中，SEC 工作人员通常还会要求公司管理层进行信息披露，以确定过去的收入或亏损在初始合并后不会再继续。

6.2.2.5 美国 SEC 对委托书或联合报告文件的审查和评论过程

由于 SPAC 的合并通常会导致一家私控运营的公司成为一家公开交易的上市公司，SEC 工作人员通常会审查与此类交易相关的投票权委托书陈述和联合陈述。SEC 工作人员的目标是在 30 天内就此类文件发表评论，并在随后的几轮修订文件的评论中更快地发表评论（通常是 10 天）。在提交并分发最终委托书或宣布联合声明有效并分发之前，SPAC 预计将收到几轮 SEC 工作人员的评论和意见。与传统 IPO 注册陈述的审查期相似，大多数 SPAC 需要在几个月的时间内完成 SEC 对其委托书或联合声明的审查和评论过程。

在 2020 年 12 月 22 日美国 SEC 发布的《CF 披露指南：主题 11，SPAC》（*CF Disclosure Guidance: Topic No. 11, Special Purpose Acquisition Companies*）中，美国 SEC 的工作人员提供了其对 SPAC 的披露和其他证券法义务的看法，这些义务是 SPAC 在其 IPO 和随后与运营公司的业务合并中应考虑的。该指导意见强调披露 SPAC 的发起人、董事、管理人员和关联方的经济利益性质，以便公众投资者了解他们的财务动机和任何潜在的利益冲突。如果它们的披露不明确或不全面，SPAC 应预期收到关于它们的披露如何处理指南中所强调的考虑的评论信函。当然，除了特定于交易的评论外，SPAC 还经常收到与其他公司相同主题的评论。

6.3　De – SPAC 的要约收购模式

2009 年之前，De – SPAC 结构只涉及在初始并购完成之前寻求 SPAC 的股东批准，而没有要约收购的交易模式。在要约收购结构中，SPAC 完成收购前，就 SPAC 某些股东所持有的股份发出收购要约。第一家使用这种结构的 SPAC 是 57th Street General Acquisition Corp.，该公司于 2009 年 12 月 IPO 时提交了一份注册陈述。在 2020 年在 64 起成功完成 De – SPAC 的初始并购中，有 2 起是要约收购模式，约占 3%（见图 6 – 3）。

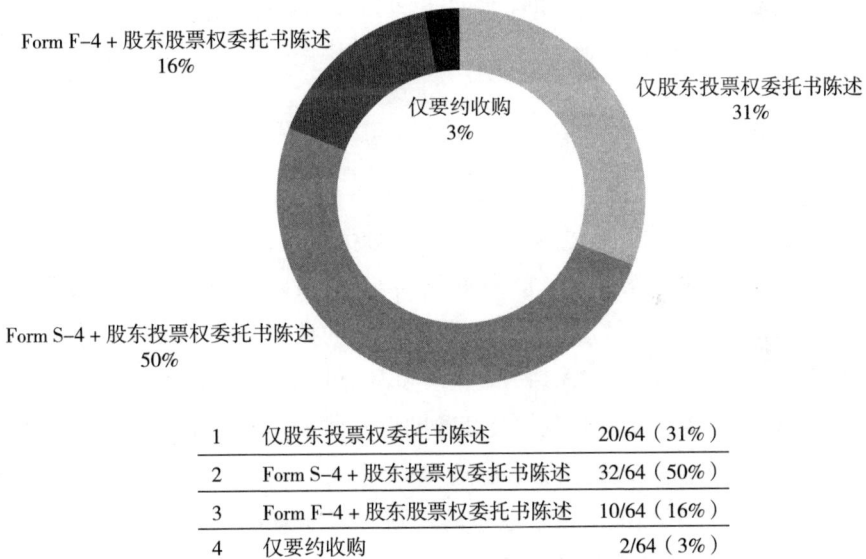

1	仅股东投票权委托书陈述	20/64（31%）
2	Form S–4 + 股东投票权委托书陈述	32/64（50%）
3	Form F–4 + 股东股票权委托书陈述	10/64（16%）
4	仅要约收购	2/64（3%）

图 6 – 3　2020 年 De – SPAC 的美国 SEC 程序选择比例

（资料来源：Deal Point Data）

6.3.1　要约收购简介

要约收购通常包括投标者，即要约者（上市公司自身或其他实体）在有限时间内广泛征求购买上市公司相当大比例的证券。美国根据《证券交易法》第 14（d）节和第 14（e）节以及 SEC 在该节下的规定对要约报价进行管理。虽然证券购买者可以在不触发要约收购规则的情况下通过各种方式取得证券，包括与现有证券持有人的谈判交易和通过正常的公开市场交易购买，但以对证券持有人施加压力以出售其证券的方式的交易结构很可能触发要约收购的条款。在韦尔曼诉迪金森（Wellman v. Dickinson）一案中，纽约南区联邦地区法院确定了 8 个因素，其中一个或多个因素的存在可能表明存在要约收购：

（1）积极和广泛地征集公众股东以购买公司股份；

（2）要求获得公司相当比例股份的努力；

（3）以高于现行市场价格的溢价发出的购买要约；

（4）报价的条款是确定的，而不是可协商的；

（5）要约通常取决于一定数量的股份的供给，以购买固定的最多数量为准；

（6）要约仅在有限的时间内有效；

（7）股东面临出售其股份的压力；和

（8）在购买计划公布之前或已快速获取大量目标公司的证券。

《证券交易法》第 14（d）条和第 14（e）条以及 SEC 根据该节采用的规则（Regulation 14D）规定了要约收购详细的披露义务、程序要求和实质性条款。《证券交易法》第 14（d）条和 Regulation 14D 适用于根据《证券交易法》的第 12 节注册的股权类证券的要约收购，管辖的范围是完成要约收购后，要约人直接或受益所有超过 5% 的目标公司的股权。《证券交易法》第 14（e）条和 SEC 根据该节通过的规则（Regulation 14E）包含某些反欺诈和反操纵规则，以及管理要约报价的程序规则。第 14（e）条和 Regulation 14E 条适用于直接或间接对任何证券的收购要约，无论是股票还是债券，无论是由美国公司发行的证券还是外国公司发行的证券。

要约收购可能因为要约者为获得目标公司一定数量或百分比的证券而作出的独立努力而触发，也可能是因为按照各州法律规定强制性要约规定而触发，也可能是合并、收购或其他公司或资产并购的第一步。

要约收购是要约者公开发出要约让股东出售他们的股票。一般来说，要约收购开始时，提出要约的公司或其他投标者在一个美国主要的全国性报纸上刊登概要广告，并将收购要约印刷邮寄给目标公司的股东。收购要约必须符合美国《证券交易法》的规定，包括特定的披露要求、最低期限、撤销权、发布方式和其他要求等。

要约人必须准备一份 Schedule TO：如果要约人的目的是收购目标公司 5% 或以上股份，要约人必须在要约开始后尽快向美国 SEC 提交一份 Schedule TO。要约人必须向目标公司、已提交未完成要约的任何其他要约人，以及目标公司挂牌的每个全国性证券交易所提交一份 Schedule TO 的副本。

Schedule TO 是要约人要约收购的官方陈述，是描述收购要约的正式法律文件，包括"收购要约"，即发送给股东的文件。除其他内容之外，Schedule TO 需要包括目标公司的名称；有关要约人的详细信息、日程安排、财务信息和事实背景的描述、寻求的股份数量和要约价格；要约所附条件、买方与目标公司之间任何讨论或其他接触的背景、要约人为此目的提供的资金的来源和数额、要约人提出要约的原因、如果要约成功要约人计划做什么，以及谁在为要约人募集股份等。

SEC 要求要约人在要约陈述（报价书）中必须说明的内容有以下 13 项：

（1）要约收购的条款清单；

（2）目标公司的信息；

（3）申报人的身份和背景；

（4）交易条款；

（5）过去的接触，交易，谈判和协议；

（6）交易及计划或建议的目的；

（7）资金或其他对价的来源和数额；

（8）目标公司的证券权益；

（9）聘请、雇佣、补偿或使用的人员/资产；

（10）财务报表；

（11）额外的信息；

（12）附件；

（13）Schedule 13E－3 所要求的信息（在私有化的前提下）。

除了上面的内容，要约收购的主要规则如下：

（1）目标公司必须提交 Schedule 14D - 9：在要约发出后 10 个工作日内，目标公司董事会必须向其证券持有人发布一份建议声明，披露目标公司在要约方面的立场。Schedule 14D - 9 必须在建议陈述首次发布、发送或交给证券持有人之日向 SEC 提交。Schedule 14D - 9 是目标公司回应收购要约向美国 SEC 提交的文件，它描述了目标公司董事会对收购要约的建议，或者说明了为什么董事会不能就收购要约给出建议。无论董事会建议股东接受还是拒绝，公司都必须提交这份 Schedule 14D - 9，它包括董事会成员的名单、他们谈论的是哪种证券，以及他们是否与要约者或他们自己的股东之间有任何安排。在善意收购的要约收购中，Schedule 14D - 9 和 Schedule TO 将包含大致相同的披露，并几乎同时提交。

（2）要约信息的传播：为使要约人能够向目标公司股东发送收购要约文件，目标公司可以向要约人提供股东名单，也可以直接将收购要约邮寄给其股东。不管采用哪种方法，目标公司应该在可行的情况下尽快完成。如果目标公司选择寄给其股东该收购要约，就应该寄给所有的股东。

（3）收购的条件：要约方接受并支付目标公司股份的义务通常受若干条件的约束，这些条件在其收购要约中说明，其中最重要的是所谓的"最低条件"。收购要约的最低条件是，为了使收购方有义务购买同意要约的股份，接受要约或交换要约的目标公司股份的最低数量（在以收购为目的的要约收购中一般为50%以上）。美国的要约收购可以明确以第三方债务融资的成功为条件，尽管这类条件将会削弱要约的力度。

（4）最低期限：要约报价必须在开始后至少 20 个工作日内保持有效。然而，如果在最初的期限内条件没有得到满足，投标报价往往不能在 20 个工作日内完成。同时，报价必须在某些实质性变化后至少 10 个工作日内保持有效。此外，证券持有人有撤回权，并可在股权收购要约保持开放的整个期间撤回已投标的股份。

（5）Form S - 4：在要约中把发行证券作为全部或部分对价的收购方也必须根据《证券法》通过向 SEC 提交一份 Form S - 4 的注册陈述来注册所发行的股票。Form S - 4 主要包括要约/招股说明书，该要约/招股说明书也作为 Schedule TO 的附件提交。

（6）美国 SEC 的审查和要约报价条款的变更：一旦收购者开始了收购要约，美国 SEC 可以审查和评论 Schedule TO。在大多数情况下，美国 SEC 的评论是通过提交一份对 Schedule TO 的修订来解决的，但如果这些评论和意见很重要，美国 SEC 可能要求要约方邮寄一份收购要约的补充给目标公司的股东以及（取决于要约到期时间）可能还会要求将要约期限延长至多 10 个工作日。在要约中把发行证券作为全部或部分对价的并已提交 Form S–4 的要约收购（以私募方式发行该证券的不在此限），在 SEC 宣布收购方的注册陈述 Form S–4 "生效" 之前，交换要约不能完成。虽然美国 SEC 已公开承诺及时提供评论和意见，以帮助要约收购能在 20 个工作日的要约期限内完成，但对要约方注册陈述的审查可能导致广泛的评论和意见，要约方可能需要几周时间乃至更长的时间来作出回应。

要约收购的规则还要求要约人提交有关要约收购启动前的公告通信。要约人必须在不迟于第一次使用该通信之日（要约收购尚未开始），以 Schedule TO 的方式向 SEC 提交该通信。在要约收购开始前的每一份书面公共通信必须包括一份醒目的图例，建议证券持有人在投标要约开始后阅读要约收购陈述，因为要约收购陈述包含重要信息。该图例亦须告知证券持有人，他们可以在 SEC 网站上获得要约收购及其他文件的副本，并说明哪些文件可向要约者免费索取。

通过对比可以看出，美国上市公司因为并购的股东批准而提交给 SEC 的投票权委托陈述，与要约收购提交给 SEC 的材料（Schedule TO）的内容是大同小异的（实质内容基本相同）。即使上市公司发行股票作为要约的一部分，Form S–4 也和要约收购材料（Schedule TO）或投票权委托书陈述联合提交，变成要约/招股说明书或投票权委托陈述/招股说明书的联合陈述。当然，不同的是程序和步骤。因此，对 SPAC 公司提交给 SEC 的 Schedule TO 的细节部分，本书不再赘述。

6.3.2　De–SPAC 的要约收购模式的交易结构

2010 年 12 月，NASDAQ 通过修改其上市规则，允许用要约收购结构

SPAC 在 NASDAQ IPO，从而实际上认可了新结构。随后，2011 年 1 月 21 日，美国证券交易所对规则进行了类似的修改。

在此之前，美国 SEC 已经在 2010 年对要约收购结构进行了测试和接受，该结构解决了部分与股东投票要求相关的限制。如前所述，第一家使用要约收购结构以完成 De-SPAC 的是 57th Street General Acquisition Corp.（以下简称 57th Street）。57th Street 放弃了对收购的强制股东投票，代之以要约收购。也就是说，SPAC 不会征求股东对收购的批准，而是会发出要约收购，因此要约收购模式比传统股东投票结构更容易满足赎回的标准。要约收购结构还包括一些其他的让步，以使 SPAC 更容易完成 De-SPAC，包括更短的清算时间、更少的权证覆盖、更高的权证执行价格和更小的管理负担等。

2011 年 1 月 9 日，57th Street 就一项拟议的收购和目标公司达成协议，并于 2011 年 2 月 22 日对其流通股和认股权证发起了收购要约。2011 年 3 月和 4 月，57th Street 延长了要约报价期，并宣布对拟议收购的某些条款进行更改，并最终完成了 De-SPAC。

采用要约收购结构的 SPAC 所采用的确切交易结构之间也存在着差异。一些公司选择设定要约收购完成后 SPAC 必须保留的最低有形资产净值，作为 SPAC 完成收购要约的条件，而不是为接受要约的股份数量设定上限，如 Hicks Acquisition Co. II, Inc. 和 JWC Acquisition Corp.。其中一些 SPAC 有明确规定，如果 SPAC 寻求股东批准收购，SPAC 可以使用托管账户中的资金从公众股东手中在一定限额内购买固定数量的证券，如 RLJ Acquisition, Inc. 和 SCG Financial Acquisition Corp.。这样的条款使 SPAC 更容易购买可能投票反对初始并购股东的股份。最后，还有一些 SPAC 的条款规定，如果 SPAC 因为没有在规定时间内完成初始并购而不得不被清算，它们将保留 SPAC 作为上市壳公司而存在的权利，如 Cazador Acquisition Corp. 和 Lone Oak Acquisition Corp.。

6.3.3 案例分析：Pershing Square Tontine Holdings, Ltd.

迄今为止，规模最大的 SPAC 是 Pershing Square Tontine Holdings, Ltd.

（以下简称 Pershing Square，即 PSTH），该公司除了在其 IPO 中筹集了 40 亿美元，Pershing Square 还根据一份远期购买协议，承诺再购买 10 亿～30 亿美元的股权单元，从而为 SPAC 的初始并购提供至少 50 亿美元的处置资金。2021 年 9 月 26 日，Pershing Square 的董事长威廉·A. 阿克曼写信给美国 SEC。在信中，阿克曼这样评价目前的 SPAC 现状：

SPAC 目前的结构存在很大问题。创始人的股份被稀释了 20%，5.5% 的承销费加上认股权证的稀释，使 SPAC 为支付了 IPO 价格或更高价格的普通股东创造价值。

对传统 SPAC 发起人的激励导致了大量的早期、高投机性，甚至是难以估值的尚未有销售收入的公司与 SPAC 合并。在宣布并购的时候，发起人往往是高度推广其目标公司，对其前景和潜力甚至未来很多年的收入和现金流进行推销。而这些对于未来的预测，发起人不会考虑到 IPO 交易给公司带来的诉讼风险，因为 SPAC 交易结构是与现有运营公司的合并，发起人采取的立场是，他们对于未来的预测是因为安全港被保护免于责任。这是法律中的一个漏洞，应该予以弥补。

发起设立 SPAC 所依赖的关于上市公司并购的安全港，是根据 1995 年《私人证券诉讼改革法案》（PSLRA）的规定使上市公司的官员能够更加放心地提供前瞻性的指导声明。由于在合并时 SPAC 已经是上市公司，他们依赖 PSLRA 提供的保护。

随后，威廉·A. 阿克曼又"评价"了他作为董事长的 SPAC，即 Pershing Square Tontine Holdings, Ltd.：

为了解决上述问题，我们创建了 Pershing Square（PSTH）。PSTH 没有创始人股票，也没有推广或咨询费用，也没有对发起人进行支付任何其他形式的补偿。潘兴广场基金也承诺至少投资 10 亿美元。此外，该公司还投资了 6500 万美元购买认股权证，占 IPO 时现金购买认股权证的 20%，对应初始并购后上市公司的 5.95% 的股份。

在初始合并后的 3 年内，PSTH 发起人不得出售或转让 PSTH 的认股权证，这使发起人与 PSTH 的长期利益一致。PSTH 的总承销费用只相当于其至少 50 亿美元融资的 1.8%，而几乎其他所有 SPAC IPO 的比例都是 5.5%。

由于这些结构特点、较低的成本和其他好处，与其他 SPAC 相比，PSTH 具有非常优越的利益校准机制，其与股东之间的合作也大大减少了完成交易的摩擦成本，让一笔好交易更容易达成。

阿克曼写上面这封信的目的是敦促美国 SEC 同意他设计的一种新的交易结构。PSTH 作为史上最大的 SPAC 上市，其结构我们上面已经描述过了。最重要的是，Pershing Square Capital Management，L. P.（潘兴广场资本管理公司，PSCM）作为发起人，没有创始人股份。该公司向 PSTH 投资 6500 万美元，以换取 20% 的认股权证，在初始并购后 3 年内不能出售该权证，也不能行权。此外，PSCM 的关联公司签订了一份远期购买协议承诺在初始并购时投资 10 亿美元的 PIPE 份额，并有权再增加投资 10 亿美元的投资。

PSTH 的另一个独特之处是它的赎回模式。PSTH 将奖励不赎回的股东，将使其不赎回股份的股东可获得每股不低于三分之一的认股权证。此外，PSTH 的章程规定，赎回股票的股东留下的认股权证将重新分配给不赎回股票的股东。所以，股份被赎回的股票越多，不赎回股东得到的认股权证越多。这将鼓励股东不要赎回。

下面我们讨论 PSTH 关于 De－SPAC 的交易结构。PSTH 在其招股说明中关于这个问题这样披露：

在我们进行初始并购时，我们将提供给我们 A 类公共股股东有机会全部或部分赎回其 A 类股票，其程序通过（i）股东会议批准初始并购或（ii）收购要约的方式。关于我们是否将寻求股东批准拟议的初始并购或进行要约收购，将由我们自行决定，并将基于多种因素，如交易的时间和交易条款等是否需要我们根据适用法律或证券交易所规则要求寻求股东批准。一般来说资产收购和股票收购不会需要股东批准，而与我们公司直接合并并导致我们公司的主体不再延续，或任何交易导致增发超过 20% 的股票，或寻求修改、修订或重述我们公司的注册章程，会需要寻求股东的批准。除非法律或证券交易所的规则需要股东批准或者存在我们寻求股东批准的业务或其他法律原因，我们计划根据美国 SEC 的要约收购规则在没有股东投票的情况下进行赎回。

如果不需要股东投票，且本公司不因业务或其他法律原因举行股东投票，则本公司将以经修订和重述的公司注册章程为依据：

（1）根据《证券交易法》项下第 13e - 4 号规则和 Regulation 14E 的规定进行赎回，该规定对发行人的要约收购进行监管；和

（2）在完成我们的初始业务合并之前，向美国 SEC 提交要约收购文件，该文件包含与我们的初始业务并购相关的股东投票权委托书陈述（如果举行股东投票的话）基本相同的财务和其他信息，以及《证券交易法》Regulation14A 条要求的赎回权，该条例监管投票权委托的征集。

在我们对初始并购发布公告时，如果我们选择按照要约收购模式赎回公众股股票，我们或我们的发起人将终止任何依照第 10 b5 号规则第 1 项已建立的在公开市场上购买我们 A 类公众股的计划，以遵守《证券交易法》项下第 14e 规则第 5 项。

如果我们按照要约收购规则进行赎回，根据《证券交易法》项下的第 14e 号规则第 1（a）项，我们的赎回报价将保持开放至少 20 个工作日，而且直到此期限结束，我们将不会完成我们的初始并购。此外，此次收购要约的前提是，公众股东接受要约的 A 类普通股数量不得超过一定数量，该数量的计算方式是，根据要求我们赎回这些股票的数量会导致在初始并购时我们的净有形资产不足 5000001 美元（这样我们就不受美国 SEC 的"低价股"规则管辖），或任何一个包含在与我们初始并购有关的协议中更大的净有形资产或现金的要求。如果公众股东接受要约的股份超过我们的收购要约的条件，我们将撤回收购要约，不完成我们的初始并购。

然而，如果法律或证券交易所上市规则要求股东批准该交易，或本公司因业务或其他法律原因决定获得股东批准，本公司将：

（1）根据《证券交易法》Regulation 14A 条（该条规范了投票权委托书征集），在进行委托书征集的同时进行赎回，而不依据要约收购规则；

（2）向 SEC 提交投票权委托陈述材料。

2021 年 6 月 25 日，Pershing Square 发布了一份 FAQ（常见问题）的公告，宣布其将约 40 亿美元的价格收购 Universal Music Group B. V. 10% 的股份，并于 3 天后向美国 SEC 提交了 Form 8 - K 和 Schedule TO - C，开始了要约收购的宣传（6 月 21 日已经向 SEC 提交 Form 8 - K，披露 6 月 20 日宣布

此项并购的媒体会）。2021 年 7 月 8 日，Pershing Square 向 SEC 提交了
Schedule TO - I，正式开始了要约收购。根据 Schedule TO - I，Pershing
Square 提交了以每股 20.0113 美元的价格购买和赎回的细节。在要约收购开
始之前，该股最后交易价格为 22.07 美元。尽管该 SPAC 强调了赎回的一些
潜在优势，但根据收购要约进行赎回的股东获得的资金可能会少于在纽交
所出售其股票所得。实际上，美国 SEC 随后叫停了这个交易：这个交易确
定有些模糊了投资公司和 SPAC 的界限。

2021 年 8 月 17 日，Pershing Square 在纽约南区联邦地区法院被起诉。
原告的律师，SEC 前委员罗伯特·杰克逊（Robert Jackson）和耶鲁大学法
学教授约翰·莫利（John Morley）等，在起诉书中，除了其他的诉求，声称
Pershing Square 根本不是一家运营公司。相反，他们说，Pershing Square 是
一家投资公司，就像比尔·阿克曼的对冲基金一样。他们诉称该 SPAC 应该
遵守 1940 年的《投资公司法案》以及 1940 年的《投资顾问法案》。

关于此案，我们将在本书第 10 章详细分析。

第7章 SPAC 与 PIPE

SPAC 的发起人往往需要募集更多的资金来完成对目标公司的收购，2020 年以来超过三分之二的 De–SPAC 的交易结构涉及发行 PIPE（Private Investments in Public Equity）（见图 7–1）。PIPE 是指将上市公司的股票通过私募方式出售给一组经过筛选的合格投资者（按照法律可以在特定情形下出售给非合规投资者，但在实践中非常罕见），这些投资者以一定的折扣购买该上市公司的股票或结构性股权产品。因为涉及风险和专业度，所以 PIPE 投资者以大型机构投资者为主，如对冲基金、共同基金和其他大型机构投资者（如大型上市公司的投资部门）等。PIPE 交易之所以受欢迎，因为它们比直接在市场上购买股票具有更大的价格优势，同时速度更快，具备效率优势。而且它们受到监管机构的审查也较少，合规成本较低。

在 De–SPAC 时，所有的公共股股东都有赎回其投资的机会和权利，而这些公共股东所赎回的资金很多情况下由 PIPE 资金来弥补。2019—2020 年，在 De–SPAC 过程中，初始并购的资金及并购后剩余资金中约 64%（中位数）来源于公共股东，约 25%（中位数）来源于 PIPE 投资人，其余约 11% 来源于发起人。机构投资者的 PIPE 投资为 SPAC IPO 和初始并购后存续的上市运营公司之间提供了重要的桥梁。PIPE 的具体条件可以在双方之间进行谈判，条款可以根据具体情况而有所不同（见图 7–1）。

为引入 PIPE 的资本，SPAC 发起人有时会放弃部分利益。例如，为吸引投资者参与 PIPE 投资（并劝阻公众股东行使赎回权），为拟议的 De–SPAC 初始并购提供资金，SPAC 的发起人往往会放弃一部分发起人固有利益，如创始人股份和认股权证等（见图 7–2）。

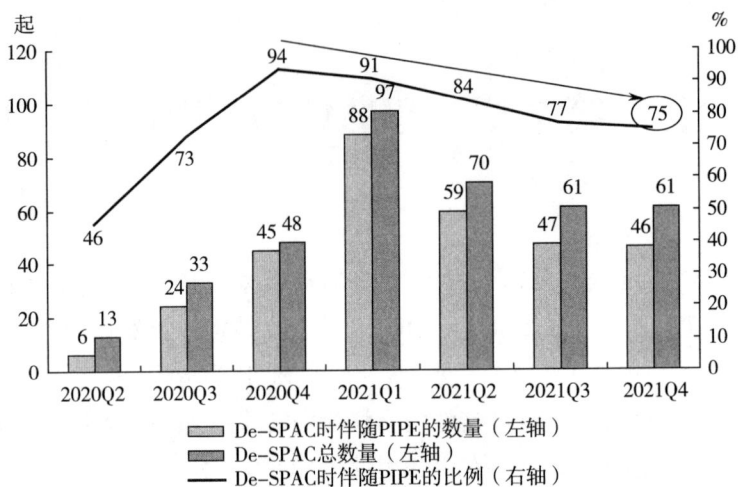

图 7-1　De-SPAC 时伴随 PIPE 的比例（截至 2021 年 12 月 31 日）

（资料来源：Deal Point Data）

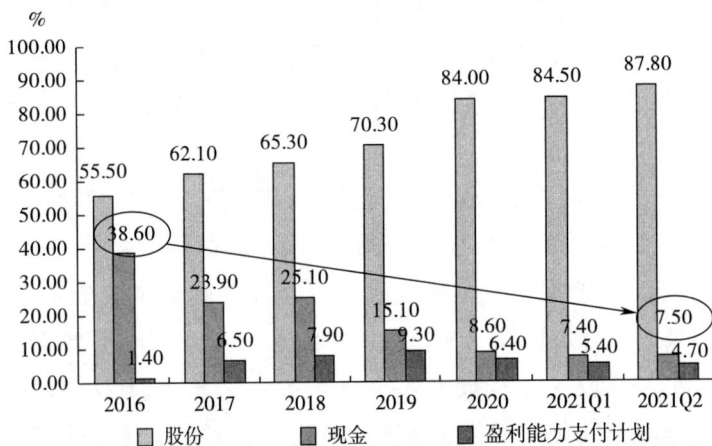

图 7-2　De-SPAC 并购时股份/现金/盈利能力支付计划占对价的比例

（资料来源：Deal Point Data）

7.1　PIPE 简介

PIPE 在美国曾经被广泛应用，现在在美国以外的很多国家也很流行。

历史上，对冲基金一直是美国 PIPE 的主要投资者，但在 2020/2021 年的
SPAC 热潮中，私募股权投资者也变得更加活跃。为应对新冠肺炎疫情，
2020/2021 年 PIPE 有所增加，但仍低于 2008 年国际金融危机期间的投资
额。2020 年前 5 个月（至 5 月中旬 SPAC 热潮尚未展开时），美国上市公司
通过 76 笔可转换证券和普通股交易，筹集了 88 亿美元的 PIPE 投资。数据
显示，2008 年同期，共有 249 笔交易融资 222 亿美元，其中 103 笔可转换证
券融资 166 亿美元。

2008—2020 年，以交易价值计，PIPE 活动在 2014 年跌至谷底，截至
2014 年 5 月中旬仅筹集了 4.36 亿美元（见图 7-3）。自那以后，PIPE 交易
数量和募集的金额一直在稳步增长。数据显示，2019 年企业通过 83 笔可转
换和普通股交易筹集了 47 亿美元。

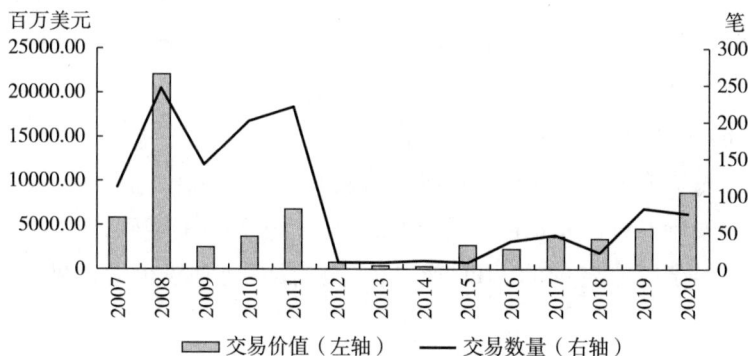

图 7 - 3　可转换和普通股 PIPE 交易活跃度

（资料来源：Deal Point Data）

PIPE 交易一般涉及上市公司普通股、可转换优先股、可转换债券、认
股权证或其他股权或类似股权的上市公司的证券私募发行。有许多常见的
PIPE 类型，如下所示：

（1）以固定价格出售普通股；

（2）共同以固定价格出售普通股 + 固定价格的认股权证；

（3）共同以固定价格出售普通股 + 具有可再结算或可变定价的认股
权证；

（4）以可变价格出售普通股；

（5）可转换优先股或可转换债券；

（6）附加控制权变更的私募；和

（7）为一家已经上市的公司进行风险投资式的私募。

如前所述，也许 PIPE 最重要的优点是募集资金可以非常迅速地完成，而且不会经过美国 SEC 的评论—澄清的审查程序—经过美国 SEC 的评论—澄清的审查程序上市公司的公募融资，从最初的计划到结束通常需要 4 ~ 9 个月的时间，而上市公司可以在 3 ~ 4 天内完成 PIPE。当然 PIPE 发行的时间由券商寻找投资人、进行路演、谈判最终条款等所需时间决定。上市公司的公募融资在很大程度上取决于美国 SEC 审核注册陈述所需的时间。如果不是众所周知的经验丰富的发行人（WKSI），那么该上市公司就没有资格使用自动有效的注册声明。此外，对于小盘股和微型股上市公司来说，公募融资通常不是一个可行的选择。所以，SPAC 在初始并购时使用 PIPE 的模式进行融资，是一个很自然的选择。

此外，PIPE 融资模式还有如下的优势：

（1）融资成本低于公募发行股票的成本；

（2）发行人将扩大其合格投资人的和机构投资者的基础；

（3）对于固定定价的 PIPE 产品，投资者将拥有较少通过做空对冲的动机；

（4）交易将只在交易完成后才向公众披露投资者信息；

（5）投资者只收到非常标准化的披露信息，包括提交给美国 SEC 的周期性报告。

当然，PIPE 融资模式也有其劣势，包括：

（1）作为对交易限制的补偿，投资者将会在相关证券市场价的基础上以折扣价购买；

（2）作为一般性法律限制，该发行在大多数情况下只向合格投资者进行营销；

（3）在未获得股东批准前，发行人不能出售超过 20% 的任意一类有投票权的股票。

7.2 传统 PIPE 和非传统 PIPE

传统 PIPE 交易是通过销售代理（券商）将新发行的普通股或已被上市公司股东持有的普通股进行非公开发行，并向合格投资者进行转售。在传统 PIPE 交易中，投资者承诺以固定价格购买特定数量的股票，而发行者承诺向 SEC 提交一份转售注册陈述，涵盖不时需要转售所购 PIPE 发行的股票。PIPE 融资交割的主要条件之一是 SEC 准备宣布转售注册陈述生效（见表 7 - 1、图 7 - 4）。

表7 - 1 PIPE市场趋势

年度	PIPE数量（笔）	募集资金额度（10亿美元）
2019	1063	39.6
2018	1052	42.4
2017	1346	43.3
2016	1106	48.1
2015	983	40.2
2014	1095	33.7
2013	1018	22.4
2012	1026	34.9
2011	1142	28.1
2010	1399	37.1
2009	1198	39.8
2008	1278	120.1

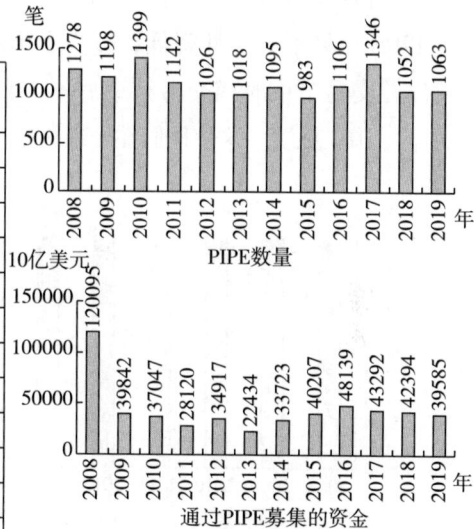

图7 - 4 PIPE市场趋势

传统 PIPE 交易通常具有以下特点：

（1）投资者承诺不可撤销地以固定价格购买固定数量的证券，不受市场价格调整或波动比率的影响；

（2）购买协议通常包含对中断期（Blackout Periods）的限制，中断期指发行人提交给 SEC 的转售注册陈述因为修改或补充材料而导致的暂停；

（3）在与投资者签署购买协议后，发行人立即向 SEC 提交一份转售注册陈述，涵盖在交易中出售的受限制证券，并将买方命名为"出售股东"；

（4）在接到 SEC 愿意宣布转售注册陈述生效的通知后，PIPE 交易立即交割；

（5）在第 144 号规则的限制期内，转售注册陈述一直生效（中断期除外）。

在传统 PIPE 交易中，交易过程由转售代理（券商）控制，而不是由投资者控制。当股票购买协议签订时，投资款不会交割到位，而买方只有在被告知 SEC 已经愿意宣布转售注册陈述生效时，才会支付购买价格。在交割方面，传统 PIPE 交易在 DTC（Depository Trust Company）系统之外结算，投资者收到代表证券的实体股票证书。

与非传统 PIPE 相比，传统 PIPE 有什么好处？与非传统 PIPE 交易相比，传统 PIPE 交易不确定性降低，减少了市场风险和流动性风险。传统 PIPE 买家可以在交易结束时或交易结束后不久获得清洁股票（Unlegended Shares），从而存入 DTC 系统，这使他们在处理股票投资事宜时具有灵活性（见图 7 - 5）。

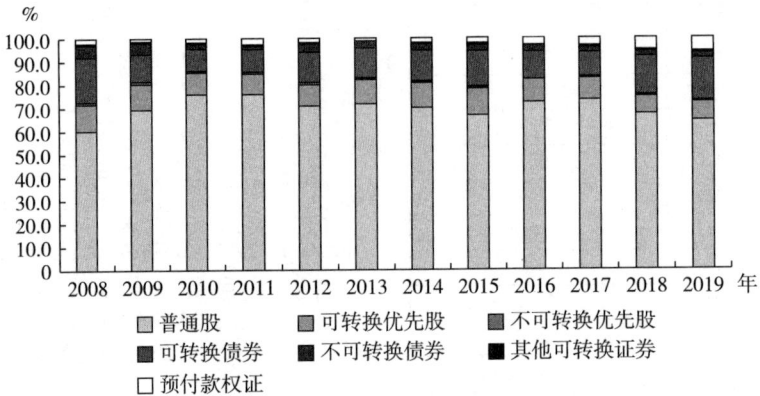

图 7 - 5　PIPE：结构解析

非传统 PIPE 的交易结构通常是先以私募的方式发行股票，而这些私募投资人拥有后续（或跟踪）注册权。当投资者达成明确购买协议时，交易就可以推进，而投资者的资金会在约定的时期交割。但在交易结束后，发行人有义务向 SEC 提交一份转售注册陈述，并尽最大努力使其生效。通常，私募协议或单独的注册权协议概述了发行人提交转售注册陈述并寻求其生效的具体截止日期。一些 PIPE 交易要求发行方为未能在这些期限内完成注册陈述支付罚款。如果 PIPE 的结构是带有后续注册权的 PIPE，投资者在一段时间内（通常在交易结束后 45～90 天）将无法获得 SEC 宣布生效的转售注册陈述。在此期间，投资者持有的是受限证券。

非传统（或结构化）PIPE 交易通常包括以下特征：

（1）投资者承诺以固定价格或可变/重置价格购买 PIPE 证券；

（2）对于涉及可变/重置定价的交易，购买协议中通常包含特定的定价参数，其中可能包括向 PIPE 投资人发行的最大证券数量的上限；

（3）购买协议通常包含对中断期的限制；

（4）在投资者签署购买协议后，交易很快就能完成并交割；

（5）发行人随后向 SEC 提交一份转售注册陈述，涵盖在交易中出售的受限制证券，将买方命名为"出售股东"；

（6）如果发行人未能在规定的期限内提交注册陈述，或未能尽最大努力使注册陈述在规定的期限内生效，则发行人可能有义务支付罚款。

7.3　PIPE 的监管与合规

美国 1933 年《证券法》第 5 节规定了证券注册以及证券发行招股说明书的交付要求。涉及美国任何州际证券发行或销售，或者通过使用邮件的证券发行或销售，在发行或销售之前必须注册该证券，同时必须在出售该证券前把一份符合《证券法》第 10 节要求的招股说明书交付给投资人。这个规定有一些豁免，其中 PIPE 运用比较多的是《证券法》第 4（a）（2）节的豁免，以及《证券法》第 4（2）节项下的 Regulation D 和 Regulation S 等。

7.3.1　《证券法》第 4（a）（2）节的豁免

《证券法》第 4（a）（2）节规定，《证券法》第 5 节对发行人证券注册的要求不适用于"不涉及公开发行的任何交易"。这种豁免的理由是昂贵的公开发行的成本没有必要施加于私募证券，这些私募证券只向少数能够保护自己的受要约人提供而且不涉及公开发行。由于《证券法》中没有对"公开发行"进行定义，而且由于国会对该术语的含义也没有提供很多指导，因此必须依据美国各级法院的判例法和 SEC 发布的规则才能确定"公开发行"一词的含义。

证券发行不需要向公众发行才能被视为"公开发行"。在这一问题的主要案例——拉斯顿·普里纳公司案［*SEC v. Ralston Purina Co.*，346 U. S. 119（1953）］中，美国联邦最高法院裁定，拉斯顿·普里纳向"关键员工"发行的证券属于公开发行。在裁决该发行是否属于《证券法》规定的"公开发行"时，最高法院表示，基于《证券法》规定之证券注册的总体目的和政策，豁免注册的原因在于其没有注册的实际需要，决定是否应该公开发行应取决于被发行人是否需要《证券法》的保护。因为拉斯顿·普里纳公司向非管理层员工发行证券，包括"艺术工作人员、面包房领班、装卸领班、文书助理、文案、电工、库存员、工厂办公室职员、订单信贷见习生、生产见习生、速记员和兽医工作的员工"。最高法院认为，这些雇员需要得到《证券法》的保护。同时，如果拉斯顿·普里纳只向能接触相应信息（《证券法》对公开发行要求的信息）的高管发行证券，因为他们有自我保护的能力，则可以不认定为"公开发行"。

7.3.2　Regulation D

基于美国 SEC 规则制定的权力，SEC 于 1982 年颁布了 Regulation D 为发行人提供了一个免受《证券法》注册要求的避风港，后来经多次修订。Regulation D 旨在为发行人提供比依赖《证券法》第 4（a）（2）条豁免更大的确定性。然而，Regulation D 是非排他性的：未能满足 Regulation D 标准的发行人仍然可以依赖《证券法》第 4（a）（2）条或其他豁免安全港的规定。Regulation D 仅适用于发行人，并仅适用于某一特定交易，按照 Regulation D 发行证券的转售必须根据另一项豁免或进行登记或进行。

另外，Regulation D 并不免除发行人的反欺诈规定、经纪人（券商）注册要求、1940 年《投资公司法》、1940 年《投资顾问法》和 1934 年《证券交易法》的注册要求，也不能免除与证券发行和销售有关的任何适用的州法律。无论发行人是依赖《证券法》第 4（a）（2）条还是 Regulation D，发行人必须能够以下列方式证明其遵守有关豁免：

（1）关于投资者的记录；

（2）控制发行备忘录的分发；

（3）接收并保存适当的文件证明投资者的性质和资格。

Regulation D 包括 8 条规则——第 501 号规则至第 508 号规则（自 2017年 1 月 20 日起，在针对第 504 号规则的修正案中，SEC 废除了 Regulation D 中的第 505 号规则）。第 501 号规则规定了整个 Regulation D 中使用的术语的定义。第 502 号规则规定了与整合、信息要求、发行方式限制和转售限制有关的一般条件。第 503 号规则规定了销售的通知条款。第 504 号规则根据《证券法》第 3（b）条规定，对 1000 万美元以下的发行提供豁免。Regulation D 私募发行最常用的规则是第 506 号规则（b）项和（c）项——没有金额限额的有限发行和销售豁免。大多数涉及 PIPE 的交易结构在符合 Regulation D 安全港资格时，通常依赖其第 506 号规则（b）项或（c）项，当然同时也符合《证券法》第 4（a）（2）条的私募发行标准。如上所述，第 504号规则的法律基础是《证券法》第 3（b）条，第 506 号规则（b）项的法律基础是《证券法》第 4（2）条，第 506 号规则（c）项的法律基础是JOBS 法案。

第 504 号规则　1982 年 SEC 颁布 Regulation D 并使其生效时，其项下的第 504 号规则规定，在 1933 年《证券法》项下，对于发行人（或售卖人）在任意 12 个月内发行和出售不超过 100 万美元的证券，可以豁免其注册的义务。2017 年 1 月 20 日美国 SEC 修订了第 504 号规则，将在任何12 个月内可发行和出售的证券总额从 100 万美元增加到 500 万美元（2021 年 3 月 15 日起修订为 1000 万美元），并取消某些"不良参与者"参与第 504 号规则发行的资格（本章下文将详述）。第 504 号规则不适用于下列发行人：

（1）根据《证券交易法》第 13 条或第 15（d）条的有申报要求的发行人（即强制申报公司，被要求向 SEC 提交 Form 10 – K、Form 10 – Q 和 Form 8 – K）；

（2）投资公司；或

（3）处于发展阶段的公司，而且该公司没有具体的商业计划或目的，或已表明其业务是与一个或多个身份不明的公司进行合并或收购（即空白支票公司）。

对于第 504 号规则所规定的私募证券的发行，并无具体的披露规定或认购者的数量及资格的限制。然而，联邦证券法的一般反欺诈条款和第 502 号规则（a）项，即整合条款（下文将讨论）将适用于根据第 504 号规则的注册豁免而发行的私募证券。但根据规则，SPAC 无法依赖第 504 号规则的安全港来发行 PIPE。

在 1999 年被修订之前，第 504 号提供的豁免允许私控公司向不受限制的人士出售证券，而无须考虑投资者的成熟度或经验，也无须承担《证券法》规定的披露义务；对投资人的一般征集和广告是被允许的，而且按照第 504 号规则发行的证券可以通过与发行人的无关联的公司自由转售（在其他情况下只有券商才具有这样的权利）。第 504 号规则在 1999 年被修订，以限制其在有问题的小盘股的公开发行中被滥用。除了满足其他条件外，该修正案对第 504 号规则豁免下证券发行或售卖的一般征集和广告作出如下限制：

（1）按照某州的蓝天法案（各州的证券法）注册了该证券，而该州的蓝天法案要求发行人提交披露文件，同时要求在发行和售卖该证券前交付该披露文件给投资者；或者

（2）豁免蓝天法案的规定并允许以一般征集以及广告来发行或售卖该证券，但被发行人或买受人仅限于"合格投资者"。

除上面两条之外，对于第 504 号规则项下的私募证券发行，一般的征集和广告是被禁止的，而其所获得的证券也将是受限证券，这意味着它们不能在发行后被自由转售。

第 505 号规则　1982 年 SEC 颁布 Regulation D 并使其生效时，其项下的第 505 号规则规定的豁免，允许发行人在任意 12 个月内发行每年最高 500 万美元的私募证券，但要求只卖给合格投资者和不超过 35 个非合格投资者。2017 年 1 月 20 日美国 SEC 对第 504 号规则进行了修订，同时废除了 Regulation D 第 505 号规则。

第 506 号规则　第 506 号规则往往是许多发行人（包括风险资本、私募股权和对冲基金等投资工具）有限发行和私募发行豁免的主要手段，也是SPAC 在 PIPE 募集时的主要豁免的安全港。如上所述，第 506 号规则对发行没有总额的限制，允许发行数额较大的证券。

由于 JOBS 法案对第 506 号规则所做的修改以及 SEC 的相关立法，第 506 号规则现在由《证券交易法》第 4（a）（2）条项下的安全港［第 506 号规则（b）项］和独立豁免［第 506 号规则（c）项］组成。具体来说，第 506 号规则（b）项是原第 506 号规则项下的规则，规定了发行人可以依赖的条件，以满足《证券法》第 4（a）（2）条豁免的要求。这些条件要求发行人不得使用一般征集和广告来营销证券，并对不符合"合格投资者"资格的证券购买者施加额外的要求。而依据第 506 号规则（c）项的私募证券发行，发行人可以通过一般征集和广告的方式营销其证券，条件如下：

（1）发行中所有购买者都是"合格投资者"，

（2）发行人采取合理步骤核实其"合格投资者"身份；以及

（3）符合 Regulation D 中的某些其他条件。

第 506 号规则（b）项和第 506 号规则（c）项都限制了私募证券的被发行方在二级市场自由交易其证券的能力，因此根据第 506 号规则（b）项和第 506 号规则（c）项发行的证券都被视为受限证券。

Regulation D 项下对一般征集和广告的限制　Regulation D 项下第 506 号（b）项禁止发行人在发行证券以"一般征集和广告"的方式营销其证券。该限制适用于发行人和任何代表发行人的人或机构，如普通合伙人、经理或经纪自营商（券商）。被限制的方式如：

（1）在报纸、杂志或类似媒体上刊登或通过电视、广播播放的任何广告、文章、通知或其他传播；

（2）任何研讨会或会议，如果与会者是由任何一般性广告或征集者所邀请的。

这就排除了大多数非私密关系的营销活动，包括报纸、杂志、广播或电视广告、新闻采访，或向特定团体的邮件发送大规模营销和冷邮件。美国 SEC 已经通过一系列不采取行动信函和其他新闻稿的方式，解决了这一领域的大部分不确定性。传统上，SEC 的观点是，所有潜在投资者都应该是发行人、其董事、管理人员或全职员工之间已事先存在商业关系或联系的人。然而，这一领域最近的趋势是解释的扩大化和自由化。在几封不采取行动信函中，SEC 工作人员得出结论，通过获取足够的买方适格性问卷信息，以评估潜在投资者的成熟度和财务状况，可以是建立实质性关系的合法方式。美国 SEC 还允许经纪自营商（券商）和网站管理商对一般性私募（也就是说，不是特定私募）的成熟投资者进行"预先审查"，这些网站包含了通过 Regulation D 项下的第 506 号规则（b）项募资的对冲基金和私募投资合伙的网站。尽管美国 SEC 已经指出，这一预先审查对未注册证券经纪自营商或与未注册证券经纪自营商有关联的第三方而言，其合法性存疑。

第 506 号规则（c）项允许一般征集和广告，但发行的证券只出售给"合格投资者"，并且发行人需要采取合理步骤核实投资者的"合格投资者"身份。为核实"合格投资者"而采取的步骤需要合理，而其是否符合合理性要求却需要发行人的客观评估。发行人必须考虑具体的事实和每个购买者的具体情形。

第 506 号规则（c）规定了发行人可用于满足其合格投资者核查方法要求的非排他性清单，包括：

（1）基于收入的验证：通过检查报告收入的任何美国国家税务局（IRS）表格的副本，如 Form W－2、Form1099、Form1065 的 Schedule K－1 和已归档的 Form 1040。

（2）资产净值核实：通过审核 3 个月前的特定类型文件，如银行对账单、经纪商对账单、存款证明、税务评估和至少一份全国性消费者报告机构的信用报告；并取得投资者的书面陈述。

（3）第三方核实：一份来自注册证券经纪人（券商）、美国 SEC 注册投资顾问、注册律师，或一名注册会计师的核实文件，证明该个人或实体在过去 3 个月内已被采取合理步骤核实并已确定该买方为合格投资者。

（4）历史延续：2013 年 9 月 23 日之前如果该投资者已经作为合格投资者购买了发行人依据第 506 号规则（b）项发行的私募证券，"现在"仍然是发行人的投资者，在认购时提供一份书面认证，证明他或她有资格作为一位合格投资者（"现在"指 2017 年该修订生效时）。

（5）最新进展：美国 SEC 对第 506 号规则（c）项作了修订并于 2021 年 3 月 15 日生效。根据修订后的第 506 号规则（c）（2）（ii）（E）项，如果发行人此前已经采取合理的步骤来验证并根据第 506 号规则（c）（2）（ii）项认定一个投资人为合格投资者，在后续的第 506 号规则（c）项私募证券发行和销售时，如果该投资者提供一个书面陈述，表明他、她或它继续具备合格投资者的资格而且发行人没有相反的信息，自原决定之日起 5 年内，发行人可信赖该书面陈述。

第 506 号规则（c）项带来的一个重大变革，在于其对《投资公司法》第 3（c）（1）节和第 3（c）（7）节规定基金的一般性征集和广告禁令的取消，并允许它们使用广泛的广告来募资。尽管这些基金仍然受到《投资公司法》的限制，不能进行"公开发行"，但 JOBS 法案明确规定，第 506 号规则（c）项下的一般征集和广告将不会构成联邦证券法规定的公开发行，包括《投资公司法》项下的基金募集。

JOBS 法案还对与第 506 号规则（b）项或（c）项下证券发行有关的某些机构和人设立了经纪商—交易商（券商）注册豁免。在参与第 506 号规则（b）或（c）项下证券发行时，下列机构或人豁免经纪商—交易商（券商）的注册：

（1）维持一个平台或机制，该平台或机制以线上、线下或其他任何方式，允许证券的销售、营销、谈判，或对证券销售的一般征集或广告，或类似或相关的活动；

（2）共同投资于该等证券；或

（3）就该等证券提供辅助服务。

上述的机构或个人将不会被要求登记为经纪商—交易商（券商）。但是，在购买或出售该等证券时，该机构或个人不得收取报酬，也不得持有客户的资金或证券。

投资者数量的限额及计数 第 506 号规则（b）项的规定"购买者"有一定的数量限制。其对合格投资者的数量没有限制，但对非合格投资者，有不超过 35 名的数量限制，而且即使是非合格投资者也必须具备金融和商业方面的知识和经验，这样他们才能够评估一个发行人的私募证券投资的优点和风险。在发行人销售该证券前或与此同时，发行人必须立即合理地相信该非合格投资者具备这样的能力。

非合格投资者必须具备一定的金融和商业方面的知识和经验要求，可以由买方自身来满足，也可以由买方的代表来满足。根据第 501 号规则（h）项的定义，买方代表是在金融和商业事务方面具有知识和经验的人，他或她有能力评估预期投资的优点和风险，买方代表有义务为买方的利益而行事。买方代表通常是律师或会计师。但是，除非满足一定的条件，买方代表不得是发行人的关联公司、董事、高级职员或其他雇员，或发行人10% 股权的受益所有人。

根据第 501 规则（e）项的规定，在计算非合格投资者的人数时，买方的亲属、配偶或与买方拥有相同主要居所的买家配偶的亲属不会计算在内，非合格投资者及其任何亲属共同拥有超过 50% 受益权益的信托也不会计算在内。

合格投资者　"合格投资者"是指投资私募证券发行的符合条件的机构和公司，以及高收入或资产净值高的个人。这些投资者被认为具有商业和金融事务方面的知识和经验，以评估证券投资的优点和风险，并有能力承担证券投资的财务风险。虽然高收入或高净值的投资者可能没有商业事务的知识或经验，可能无法评估投资机会，但他们被认为是成熟的财富所有者，不需要满足任何独立的金融成熟标准。第 501 号规则（a）项中定义的合格投资者是指在私募证券出售时至少符合下列标准之一的投资者：

（1）任何全国性或州银行或任何储蓄贷款协会或其他类似机构，无论以其自身或受托人身份去投资；

（2）任何证券注册经纪商或交易商；

（3）任何保险公司；

（4）根据《投资公司法》注册或受监管的任何投资公司，如共同基金或商业发展公司；

（5）经美国小企业管理局许可的任何小企业投资公司；

（6）由州、其政治分支机构或其任何其他机构或部门为其雇员的利益而建立和维持的任何计划，条件是该计划的总资产超过 500 万美元；

（7）任何《雇员退休收入保障法》（*Employee Retirement Income Security Act*，ERISA）项下的雇员福利计划，如果其投资决策是由该计划受托人作出，而其计划受托人是银行、储蓄和贷款协会、保险公司，或注册投资顾问，或其计划总资产超过 500 万美元，或如果是一个自主计划，其投资决定仅由合格投资者作出；

（8）任何私募商业发展公司（《投资公司法》项下）；

（9）经修订的 1986 年《国内收入法》第 501（c）（3）节所述的任何组织（非营利组织），公司、马萨诸塞信托或类似的商业信托或合伙，但不是为收购该特定发行证券的目的而成立的，并且其总资产超过 500 万美元；

（10）发行人或发行人普通合伙人的任何董事、执行人员或普通合伙人；

（11）个人净资产或与其配偶的共同净资产在购买时超过 100 万美元的任何自然人（"净资产测试"）；

（12）自然人在最近 2 年每年均超过 200000 美元的个人收入，或与其配偶最近 2 年共同收入每年均超过 300000 美元，而且每个人均合理预期在私募当年达到同样的收入水平（"收入测试"）；

（13）非为购买该发行之私募证券之特定目的而设立的总资产超过 500 万美元的任何信托，由具备金融和商业事务之知识和经验的人管理，而且管理人能够评估该私募证券潜在的优点和风险；或

（14）所有股东均为合格投资者的任何实体。

2010 年 7 月 21 日生效的《多德—弗兰克法案》影响了任何实体根据 Regulation D 项下第 506 号规则进行的私募证券发行。《多德—弗兰克法案》第 413 节修订了自然人的"合格投资者"定义，明确将个人主要居所作为资产的价值排除在净资产测试之外。《多德—弗兰克法案》还要求美国 SEC 每 4 年审查并修订"合格投资者"的定义。

2021 年 8 月 26 日，美国 SEC 对 Regulation D 项下第 501 号规则的合格投资人定义进行了修订，把印第安人部落、联邦或地方政府组织、基金会

和外国政府组织等，在符合一定其他条件的情况下，添加在合格投资人的定义中。其中，该法规专门对家族办公室（Family Office）作了规定；新的自然人合格投资者类别包括持有美国 SEC 指定的专业证书、指定证书或文凭（包括某些教育机构颁发的某些证书）的个人等。与此同时，美国 SEC 依据其此次修订行使其自由裁量权，指定美国 FINRA（金融业监管局）颁发的第 7、第 65 或第 82 系列许可证持有者且证书信誉良好的人士为"合格投资者"。

Regulation D 的信息披露　尽管根据 Regulation D 发行的私募证券不受《证券法》注册要求的限制，但此类发行并不能免除其受联邦证券法反欺诈规定的管辖。根据《证券交易法》第 10（b）节及其项下的第 10b-5 条，适用于任何证券的购买和销售，无论是否豁免注册。第 10b-5 条禁止信息披露的虚假陈述或遗漏与证券买卖有关的实质性信息。1933 年《证券法》和 1934 年《证券交易法》均未就"实质性的"或"实质性"（Material 或 Materiality）一词作出详细规定。根据美国联邦最高法院的判例，如果一个理性的投资者在作出购买或出售证券的决定时，很有可能认为该信息是重要的，那么该信息就是实质性的。美国最高法院将这一测试解释为，被遗漏的事实会被一个理性的投资者视为极大地改变了可获得信息的"总体组合"，换句话说，在决定是否购买发行人的证券时，发行人应披露有关公司和所提供证券的所有重要事实，而这些事实对潜在投资者来说是实质性的。在私募过程中，这种披露通常是通过发行备忘录（Private Placement Memorandum，PPM）的方式完成的。

除了一般第 10b-5 条的要求外，根据第 506 号规则（b）项向非合格投资者提供的私募证券也适用具体的披露要求。第 502 号规则（b）（2）项要求此类投资者从发行人获得某些非财务信息和财务信息。Regulation D 要求发行人为此类投资人提供经审计的财务报表，在涉及非合格投资者的私募发行时，发行人还必须谨慎遵守第 502 号规则（b）（2）项中对涉及发行的财务报表的具体日期的规定。

第 502 号规则（b）（2）项还要求发行人向这类非合格投资者提供机会，就发行的条款和条件提出问题并得到答复，并获得必要的补充信息，以核实发行备忘录中所提供的信息的准确性，当然其前提是在发行人拥有此类信息或无须付出不合理的努力或费用即可获得此类信息。发行人还必须告知此类证券购买者有关转售的限制。如果在发行备忘录中包括适当的披露，可同时满足上述两项要求。

第 504 号规则的私募发行，以及根据第 506 号规则（b）项或（c）项的仅向合格投资者的私募发行，不受任何具体披露要求或经审计的财务报表的要求的约束。但是，如上文所述，《证券交易法》第 10b－5 条的要求适用于这类发行。仅向合格投资者发行的备忘录通常包含重大信息披露，以满足发行人的一般披露义务，并充分描述发行内容，使潜在投资者有兴趣投资。正如之前所讨论的，此类发行备忘录通常包括有关转售限制的信息，以及提供其他重要信息。

2021 年 3 月 15 日，经修订的 Regulation D 项下的第 502 号规则（b）项生效，使 Regulation A 发行中发行人必须向投资者提供的财务信息与向参与 Regulation D 私募发行的非合格的成熟投资者提供的财务信息相当。美国 SEC 认为，通过将第 502 号规则（b）项中的信息披露要求与 Regulation A 中的信息披露要求保持一致，更多的发行人可能会考虑在其第 506 号规则（b）项发行中包括非合格的、成熟的投资者，这将为非合格投资者扩大投资机会。

"劣迹者"取消资格条款　根据《多德—弗兰克法案》第 926 节的要求，美国 SEC 制定了 Regulation D 的规则 "劣迹者" 条款，即若根据《多德—弗兰克法案》第 506 节进行的证券发行或销售涉及某些 "重罪犯" 和 "劣迹者"，将取消其私募证券发行或销售的资格。具体来说，如果发行人或该规则涵盖的任何人发生了 "取消资格事件"，发行人不能依赖第 504 号规则、第 506 号规则（b）项或（c）项的豁免进行私募证券发行。取消资格规则适用于发行人，包括其前身和关联发行人，以及：

（1）发行人的董事和某些高级管理人员、普通合伙人和管理成员；

（2）20% 的发行人的股权受益所有人；

（3）发起人或主要推动者；

（4）集合投资基金的投资管理人和负责人；和

（5）因招揽投资者而获得补偿的人或机构（一般指券商），以及任何因招揽投资者而获得补偿的人或机构的普通合伙人、董事、官员和管理成员。

根据该规则，导致"取消资格事件"包括：

（1）因购买或出售证券、向 SEC 提交虚假文件，或因某些类型的金融中介行为而导致的刑事定罪，该刑事定罪必须发生在拟出售证券的 10 年内（如果是发行人及其前身和附属发行人的定罪时间为 5 年内）。

（2）因购买或出售证券、向 SEC 提交虚假文件，或因某些类型的金融中介行为而导致的法院禁令和限制令，该禁令或限制令必须在拟出售证券之日起 5 年内作出。

（3）联邦商品期货交易委员会的最终命令，或者联邦银行监管机构、国家信用联盟管理局、或证券、保险、银行、储蓄协会或信用合作社的州监管机构作出的裁决：

• 禁止发行人与受监管实体的关联资格（如成员等）；禁止发行人从事证券、保险、银行业务；禁止发行人从事储蓄协会活动或禁止发行人从事信用合作社活动；和

• 上面的命令或裁决是基于欺诈、操纵或欺诈行为，并在拟发行证券的 10 年内作出的。

（4）与经纪人、交易商、市政证券交易商、投资公司、投资顾问及其相关人员有关的某些 SEC 纪律命令。

（5）与违反联邦证券法某些反欺诈条款和注册要求相关的 SEC 禁止令。

（6）美国 SEC 拟议的证券出售后 5 年内发布的暂停 Regulation A 豁免的命令。

（7）暂停或开除证券自律组织（SRO）成员资格或与自律组织成员的关联关系地位。

（8）美国邮政（U. S. Postal Service）在拟议出售证券的 5 年内发布的虚假陈述裁定。

该规则提供了取消资格的例外情况，即发行人可以证明其不知情，并且在合理小心的情况下，也不可能知道有取消资格事件的相关人参与了发行。取消资格事件只适用于发生在 2013 年 9 月 23 日之后的事件，但在该日

期之前存在的事件，发行人需要就被取消资格的事件向投资者披露。

实质性合规　Regulation D 项下第 508 号规则，即"无罪和非实质性"辩护，规定轻微的不遵守 Regulation D 的某些技术性要求不会导致豁免的丧失。如果发行人出于善意并合理地试图遵守 Regulation D 的所有适用要求，则发行人未能遵守某些技术性要求将不会导致该投资人的发行或出售豁免的丧失，前提时该未能遵守与直接旨在保护该特定投资者的要求无关，且与整个发行相比微不足道。某些要求被认为是对整个发行具有实质意义的。根据第 508 号规则，禁止一般广告或招揽以及限制购买者的数量对 Regulation D 而言被认为是实质性的。

未能遵守 Regulation D，可能被 SEC 起诉。此外，如果发行人违反了旨在保护该特定投资者的要求（如未能向非合格投资者提供发行备忘录），该投资者可以起诉发行人以赎回其投资。不过除非该未能遵守对整个发行具有重大影响，参与此次发行的其他投资者将无法提起诉讼要求赎回投资。如在上面的例子中，未能向一名非合格投资者提供发行备忘录，对整个发行一般情况下并不重要。

限制转售　根据 Regulation D 项下第 506 号规则发行而取得的证券为"限制"证券。换句话说，此类证券未经注册或注册豁免不得转售。发行人应该合理地确认其发行的证券被认购后不得在未经登记或豁免的情况下被转售，否则会对发行人的 Regulation D 的注册豁免产生不利影响。因此发行人必须采取合理谨慎的措施，确保该等投资者不是《证券法》第 2（a）（11）节规定的"承销商"。发行人必须采取合理的谨慎措施，确保这些投资者不是为了分销或转售而购买证券。

第 502 号规则（d）项规定了一个非排他性的安全港，发行人可据此从法律上成立"合理的注意"，即发行人必须合理地询问，确定投资者是否为自己而购买该证券，而这可以通过获得来自投资者的陈述来实现。投资人陈述的内容是该证券是为他或她（它）自己投资而购买的，而不是为了分销或转售。发行人还应该在发行说明书中披露，该证券尚未注册，未经注册或者注册豁免不得转售。此外，发行人还可以在该证券的股票证书或其他凭证上加注限制性说明，说明该证券未注册并载明对转售的限制（一般以限制性图例通知潜在的未来买家有关证券的限制状态)。

7.3.3　Section 4（a）（1½）和 Section 4（a）（7）

2015 年 12 月 4 日，美国时任总统奥巴马签署了《修复美国地面运输法案》（*Fixing America's Surface Transportation Act*，FAST 法案）。正如其标题所示，FAST 法案的主要目的是为地面运输提供长期的资金支持。然而，FAST 法案也对联邦证券法做了几项修改，包括对限制证券的转售规定了新的注册豁免。根据所谓的第 4（a）（1½）节［Section 4（a）（1½）］豁免，修订后《证券法》第 4（a）（7）节本质是私人转售的非排他性避风港，就像 Regulation D 项下第 506 号规则是根据《证券法》第 4（a）（2）节规定的私募发行的避风港。

私人转售及《证券法》第 4（a）（1½）节　根据《证券法》第 5 节，除非获得豁免，所有证券的买卖必须注册。对证券转售有几项豁免。例如，《证券法》第 4（a）（1）节规定了发行人、承销商或交易商以外的任何人的转售豁免。值得注意的是，这一规定作为美国公开市场证券交易的依据，豁免了非发行人关联公司或个人（控制、被控制或共同控制）持有的非限制性证券（例如最初在注册公开发行中出售的证券）的转售。第 144A 号规则对转售给合格机构买家（Qualified Institutional Buyer，QIB）提供了豁免。QIB 是规模最大、最成熟的机构投资者，其至少持有和投资 1 亿美元的与发行人非关联的证券。第 144 号规则为发行人的关联公司或个人的证券销售（无论是受限制的还是不受限制的）提供了一个安全港，也为任何其他机构或个人的受限证券的转售提供了一个安全港，但该销售受严格的数量限制，信息、销售方式和报告要求的限制。非关联机构一旦达到指定的持有期限，就可以免除这些限制。

从历史上看，SEC 和证券从业人员都同意，证券的私下转售可以免于注册，尽管这种豁免的具体标准，甚至其法律基础，都存在争议。在适当的情况下，私人转售豁免可以豁免受限制证券的转售（即禁止转售的证券，除非该转售本身已注册或有单独的豁免）；而这项私人转售豁免既适用于由关联公司或其他机构进行的转售，也适用于发行人的附属机构的转售。私下转售豁免被称为"第 4（a）（1½）节"，因为它实际上是第 4（a）（1）节在转售领域的具体应用，但同时又具有类似于第 4（a）（2）节规定的私人发行"私下"的特征。在 FAST 法案之前，还没有关于第 4（a）（1½）节的法律或法规，而且其法律来源也明显不一致和不完整，这可能是因为根据豁免的具体适用，在法律术语和概念的内涵上也有所不同。

FAST 法案试图通过在《证券法》中增加新的第 4（a）（7）节来解决上面这些问题。第 4（a）（7）节创建一个对证券私下转售新的非独家的安全港，有效地把许多以前第 4（a）（1½）节涵盖的豁免方式系统地作出了统一的规定。

根据 FAST 法案，如符合下列条件，证券转售可获第 4（a）（7）节的豁免：

（1）买方是 Regulation D 所规定的"合格投资人"；

（2）卖方或任何代表其转售的人均未使用任何形式的一般征集或广告；

（3）卖方不是发行人或其子公司；

（4）根据 Regulation D，卖方或任何已经或将因参与该交易而获得报酬的人都不是"劣迹者"；

（5）发行人从事业务运营，不是在新设立的组织阶段或破产阶段，也不是一个空白支票公司、盲池，或壳公司；

（6）该交易与作为证券承销商的经纪商或交易商未售出的配售、认购的证券无关；

（7）该证券已获授权发行且已流通至少 90 天；和

（8）对于不受《证券交易法》规定的定期申报约束的发行人的证券，各种特定的信息已交付给潜在买家，包括发行人最近的资产负债表和损益表，以及发行人经营的前 2 个会计年度的类似财务报表。该财务报表是根据通用会计准则（GAAP）编制的，或者对于外国私控发行人，根据国际财务报告准则（IFRS）编制。

根据第 4（a）（7）节收购的证券为"限制性证券"，所以除非经注册或其他注册豁免，否则不得进一步转让。根据第 4（a）（7）节出售的证券是《证券法》第 18 节下的"覆盖证券"，这意味着任何州的蓝天法案将没有管辖权。

7.3.4　Regulation S

1990 年美国 SEC 通过的 Regulation S 规定，在美国以外发行和销售的证券不受 1933 年《证券法》第 5 节的注册要求的约束。Regulation S 通常旨在促进两种融资：（1）一家只向外国人发行证券的美国公司；或（2）进入外国市场购买外国证券的美国投资者。

对于证券发行者和其他分销商来说，无须注册就能募集资金，这意味着与需要注册的情况相比，获得资金的速度更快、更隐蔽、成本更低。然而，任何允许此类融资的机制都有可能被滥用，Regulation S 也不例外。滥用 Regulation S 意味着证券在没有向公众充分披露的情况下被发行或出售，而这正是《证券法》第 5 节旨在阻止的行为。1998 年，美国 SEC 发现了几起滥用行为，并修订了 Regulation S，试图在提供国际市场准入和防止无正当理由逃避《证券法》第 5 节注册要求之间取得更好的平衡。

《证券法》第 4708 号公告（Release 4708）　1964 年，在一个负责扩大美国证券海外市场的总统特别工作组的建议下，美国 SEC 采纳了《证券法》项下第 4708 号公告，限制了《证券法》第 5 节注册的适用范围。SEC 声明，即使使用了州际贸易的手段，但如果证券发行的方式将导致该证券在国外发行，而且该证券发行和分销的结果使该证券留在国外，那么即使该证券没有在 SEC 注册，它也将不采取执法行动。美国 SEC 认为，《证券法》第 5 节的目的是通过阻止没有充分披露的证券发行来保护美国投资者。美国 SEC 裁定，在美国以外发行的证券应当被适当地豁免注册，前提是此类未注册证券不得在没有豁免的情况下在美国境内分销或再销售。但是，第 4708 号公告并没有提供关于什么类型的证券属于第 4708 号公告范围的详细指导。

颁布 Regulation S　1990 年，为了应对日益全球化的金融市场，美国 SEC 通过了 Regulation S，以澄清和编纂其对《证券法》第 5 节的领土范围的看法，并提供具体的指导方针，使合规更加明确。Regulation S 在满足某些特定条件的情况下免除了《证券法》第 5 节的注册要求。Regulation S 和第 4708 号公告之间的另一个显著差异是方法论的差异，第 4708 号公告旨在保护美国投资者，Regulation S 的目的是保护"美国资本市场"以及那些在美国资本市场投资的人，无论其是美国人还是外国人。"

Regulation S 的适用　Regulation S 由 5 条规则组成：总则（第 901 号规则），规则定义（第 902 号规则），发行人安全港（第 903 号规则），转售安全港（第 904 号规则），和转售限制（第 905 号规则）。总则大致重申了SEC 对《证券法》第 5 节的领土策略；发行人和转售安全港为交易提供了具体的指导方针；如果遵守了这些指导方针，这些交易将被视为在总则中所指的"美国以外"发生。第 905 号规则将私募证券转售安全港的第 144 号规则的"限制期"与 Regulation S 证券的"分销合规期"联系起来。

总则：总则规定《证券法》第 5 节的目的，"发行""发行出售""出售""发行购买"的条款应被认为不包括发生在美国以外的要约和销售。符合第 903 号规则或第 904 号规则所规定条件的交易将被视为在一般声明意义上的美国境外，因此被豁免注册要求。

安全港：第 903 号规则和第 904 号规则允许在特定条件下发行和转售未经注册的证券。在发行人安全港和转售安全港下，必须满足 2 个一般条件：（1）发行或转售必须在"离岸交易"中进行；以及（2）不得在美国进行"直接销售的努力"。"离岸交易"指该证券对不在美国境内的人发行或转售该证券，同时买方也不在美国境内（或发行人合理地认为买方不在美国境内），或交易发生在外国证券交易所。"直接销售努力"是指在美国市场为此类证券提供实质性影响销售的任何活动（如在美国进行路演，或在美国报纸上刊登广告等）。

除了一般条件外，根据发行人的性质和所提供证券的类型，Regulation S 还规定了附加条件，这些附加条件和限制是为了防止未注册证券回流到美国的保障措施。发行人安全港（即如果满足该安全港条件，就会确保该发行遵守 Regulation S 的规定）分为三类。第一类别证券的条件和限制最少，因为这些证券返售美国境内的可能性很小。相比之下，第三类别有最多的条件和限制，因为这些证券返售美国境内的可能性最高。同样，在转售安全港中，根据证券发行或出售的人的类型，实施了不同的保障措施。

对发行人安全港第二类和第三类的额外要求是实施"发行限制"。"发

行限制"的意思是

（1）每个分销商书面同意：

● 在"分销合规期"结束前的所有发行或销售将按照第 903 号规则或第 904 号规则进行；以及

● 如果涉及美国国内发行人的股权证券，在适用的"分销合规期"结束之前，不得从事任何对冲交易。

（2）在适用的"分销合规期"结束前，与发行或销售有关的所有发行材料均应包括一份声明，说明该证券未在美国 SEC 注册，而且除非符合《证券法》的规定，否则不得进行涉及这些证券的对冲交易。

7.3.5　竞合

一般来说，当发行人在同一期间进行 2 起或 2 起以上的证券发行时，Regulation D 和《证券法》的竞合条款生效。如果 2 起或 2 起以上的发行被"竞合"即被视为单一发行，发行人可能不再享有有效的注册豁免。因此，发行方必须小心地避免竞合。竞合通常出现在以下两种情况之一：

（1）发行人在大约同时进行两次或两次以上的豁免发行；或者

（2）发行人在进行豁免发行之后进行公开发行。

一般来说，对于 Regulation D 的发行或包含 Regulation D 安全港的私募证券发行而言，如果至少在完成上一次发行后 6 个月再发行，可以避免 Regulation D 发行之间的竞合。

豁免发行与 Regulation D 安全港的竞合　当一个或多个发行人的发行豁免涉及总发行价格限制或涉及对购买者数量的限制时，就 Regulation D 豁免而言，竞合是一个特别重要的概念。第 502 号规则（a）项做了一般性规定，即所有属于 Regulation D 部分的私募证券，都必须符合 Regulation D 监管的要求。因此，如果两个 Regulation D 的发行被竞合成一个发行，则该发行作为一个整体必须满足特定监管豁免的要求，而这意味着在开始发行前未考虑的发行价格或买方数量限制可能被适用。

第 502 号规则（a）项也规定了一个安全港，在 6 个月前结束的 Regulation D 发行和销售，或本次发行和销售结束后 6 个月后开始的 Regulation D，不会和目前的 Regulation D 的发行和销售竞合。前提是在这 6 个月期间，发行人没有发行或销售与该 Regulation D 的发行或销售的证券相同或相似的证券。当然这并不意味着在 6 个月内的两次 Regulation D 的发行就一定会竞合。第 502 号规则（a）项的说明指出，如果一个 Regulation D 的发行不能依据上面的安全港避免竞合，则该发行能否避免竞合取决于该发行具体的特定事实或情况。在决定是否应竞合两个发行时，应考虑以下因素（见1993 年《证券法》第 33 – 4552 号公告）：

（1）销售是否属于单一融资计划的一部分；

（2）销售是否涉及同一种类证券的发行；

（3）销售是否同时或者大约同时进行；

（4）是否收到相同类型的对价；

（5）销售是否为同一一般目的。

豁免发行与后续公开发行的竞合——"跳枪"　当发行人在公开发行的同时或大约在同一时间进行豁免发行时，这两次证券发行有可能被竞合，即被视为竞合目的的单一发行。因此，私募发行将与公开发行合并，而豁免发行将因此缺乏有效的豁免。《证券法》第 152 号规则为此类发行提供了避风港。根据该规则，只要发行人在提交注册陈述前完成其豁免发行，该豁免发行将不与公开发行竞合。根据该规则的定义，如果投资者已经签署了具有约束力的认购协议，即视为已完成豁免发行。与上面描述的第 502 号规则（a）项的安全港一样，该安全港不是排他的：如果发行人无法获得第152 号规则的安全港的庇护，则该发行将根据第 33 – 4552 号公告中描述的具体事实和情况进行具体分析。

《证券法》项下第 155 号规则规定了另外两个避免竞合的安全港，一个是放弃豁免发行后进行注册公开发行，另一个是放弃注册公开发行后进行豁免发行。

Regulation S 与 Regulation D 的竞合　当发行人同时进行美国国外 Regulation S 私募证券发行和美国国内 Regulation D 私募证券发行时，Regulation S 和 Regulation D 可能会交集。虽然发行人安排将两个发行在同一时期进行，第 502 号规则（a）项的注解说明了 Regulation D 规定的豁免发行将不会与

Regulation S 竞合。

新的竞合框架和安全港 2021 年 3 月 15 日生效的 Regulation D、Regulation A 和 Regulation Crowdfunding 的修正案中，美国 SEC 修订了《证券法》项下规则中关于竞合的规定。总的来说，新的竞合框架建立了在不同情况下发行和销售竞合的一般原则和安全港。SEC 已经得出结论，发行人在每个豁免发行中的行为不会从根本上与适用于其他豁免发行的要求不同。SEC 这次修订遵循的原则是在几十年的竞合实践和监管实践的经验中逐渐形成的，但新规则更加清晰。经修订的第 152 号规则规定了（a）项中关于竞合一般原则的陈述，和（b）项中的四个特定安全港竞合的联系。

竞合的一般原则 第 152 号规则（a）项中的一般原则规定，在决定 2 起或 2 起以上发行是否应竞合时，如果第 152 号规则（b）项中的安全港不适用，则应根据具体事实和情况来分析。如果发行人可以确定每一项发行要么符合《证券法》的注册要求，要么享有注册豁免，那么将不会产生竞合。

在禁止一般广告和征集的豁免发行与允许一般广告和征集的豁免发行或注册发行竞合的情况下，第 152 号规则（a）（1）项要求发行人对禁止一般广告和征集的豁免发行中的每个买方有合理的确信，确信发行人：

（1）没有通过一般广告和征集（例如，发行方或其代理在公开发行活动之外与该等买方的直接联系不构成该等征集）；或者

（2）在禁止一般广告和征集的豁免发行开始之前已经与该等买方建立实质性关系。SEC 还明确表示，修订后的第 152 号规则将同样适用于一个或多个企业合并和/或融资交易的私募融资竞合。

第 152 号规则（a）（2）项也适用于同时进行的私募融资，前提是所有发行材料都符合每一种不同私募发行的适用要求。

竞合的安全港 第 152 号规则（b）项规定了 4 种私募发行竞合的非排他性安全港。

第 152 号规则的（b）（1）项提供了一个安全港，即超过 30 天之前结束，或结束之后 30 天开始的私募豁免发行，只要发行方有理由认为，发行人：

（1）没有通过一般广告和征集来寻找买方；或者

（2）在一般广告和征集之前已经与买方建立了实质性关系。

第 152 号规则（b）（2）项则保留了原有规则，即根据《证券法》项下第 701 号规则员工福利计划作出的发行，或按照 Regulation S 作出的发行，将不会与任何其他发行竞合。

第 152 号规则（b）（3）项规定了另一个安全港，与原第 155 号规则［被第 152 号规则（b）（3）项取代］相一致的是，如果根据《证券法》提交注册陈述的发行（公募发行）与较早前的私募发行进行竞合分析，而且：

（1）该私募发行不允许一般性广告和征集，且该公募发行在该私募发行终止或完成后进行；

（2）该私募发行仅向合格的机构买家或合格机构投资者进行一般性广告和征集，且该公募发行在该私募发行终止或完成后进行；或

（3）该注册发行在之前的私募发行终止或完成后至少 30 天后开始。

美国 SEC 还通过第 152 号规则（b）（4）项中的安全港确认了行业内被认可的观点，即被允许的可以一般广告和征集的豁免发行和销售，将不会与任何已终止或完成的先前的私募豁免发行相竞合。

7.4　De – SPAC 过程中 PIPE 的最新进展

在过去的两年里，针对 De – SPAC 和 PIPE 业务组合是一个比较流行的交易结构。在 SPAC 与目标公司签署初始并购协议的同时，SPAC 一般会获得 PIPE 投资人（一般是 QIB 或 QII 等机构投资人）的认购承诺。有业界人士声称 SPAC 繁荣的秘密武器是无处不在的普通股 PIPE，它有助于验证并支撑初始并购目标公司的估值并确保 SPAC 发起人有足够的资本去完成初始并购。

随着 PIPE 市场的资金需求方的竞争变得越来越激烈，目前仍有数百家 SPAC 在寻找初始并购的目标公司，因此 SPAC 之间关于目标公司和 PIPE 的竞争变得越来越激烈。一些 De – SPAC 交易宣布了创新型的融资结构，如一些 SPAC 通过发行可转换债券或可转换优先股筹集资金，通过转换功能为投资者

提供额外的固定收益。其他公司则沿用了普通股的交易模式，但也包括了认股权证，并对发起人自己的股票和认股权证进行锁定——同样是为了增加PIPE 投资人的潜在回报。一些交易结构还包括发起人的其他担保，以弥补可能出现的股东赎回，从而减少了执行方面的不确定性（见图7−6）。

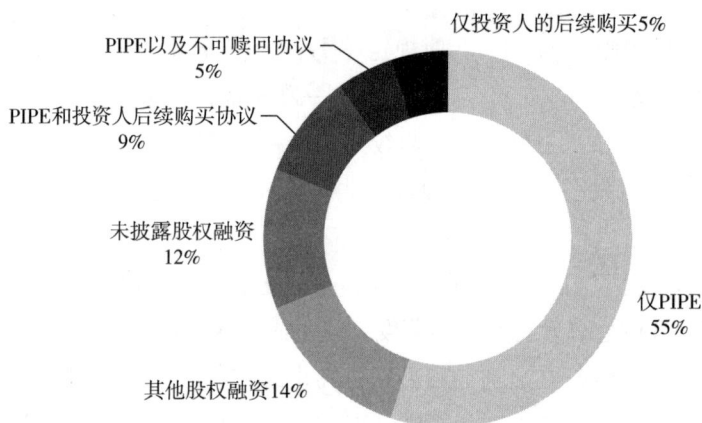

1	仅PIPE	35/64（55%）
2	PIPE和投资人后续购买协议	6/64（9%）
3	PIPE以及不可赎回协议	3/64（5%）
4	仅投资人的后续购买	3/64（5%）
5	其他股权融资	9/64（14%）
6	未披露股权融资	8/64（12%）

图 7 − 6　2020 年 PIPE 在 De − SPAC 中的运用和组合

（资料来源：Deal Point Data）

　　一些 SPAC 的初始并购仍然沿用传统 PIPE 的交易模式，但 De − SPAC 的 PIPE 市场在变化。在一个对投资的竞争越来越激烈而且非常拥挤的市场上，替代性融资结构的出现是符合逻辑的（见图 7−7）。

　　可转换债券　De − SPAC 的 PIPE 交易结构中的其中一项进展是一些SPAC 获得了可转换债券的投资承诺。最近的一些 De − SPAC 交易中包括 5年期可转换债券，年利率为 6% ~7%，转换价格为 11.50 ~12.00 美元。一些可转换债券结构包括以现金支付利息，这取决于债券转换的时间。如在

890 5th Avenue Partners，Inc./Buzzfeed，Inc. 业务合并中，SPAC 获得了包括红杉资本管理公司（Redwood Capital Management）在内的一些独立机构投资者牵头的 1.5 亿美元可转换债券的承诺。这些债券将于 2026 年到期，年利率为 7.0%，但如果在初始并购交割时 SPAC 的信托账户中的资金低于 1.44 亿美元，则该年利率上浮到 8.5%；可转换债券的初始转换价格是下面两个公式计算结果中较小的一个：（1）12.50 美元；（2）在初始并购交割之前所有发行价格（包括公募和私募）的每股最低价格加上 25% 的溢价。在 2021 年 6 月 13 日宣布的 Seven Oaks Acquisition Corp./Giddy，Inc. 的初始并购中，以及在 GigCapital4，Inc./Big bear Ai Holding，LLC 2021 年 6 月 4 日宣布的初始并购中有类似的交易结构。

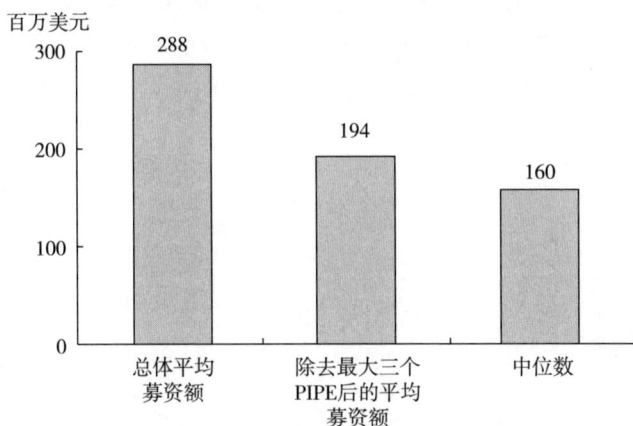

图 7-7　PIPE *v.s.* SPAC 信托

（在 44 个附带 PIPE 的 SPAC 并购中，平均的 PIPE 募资额为 2.88 亿美元，
而 SPAC IPO 后的信托账户中资金额度为 2.96 亿美元）

认股权证/锁定期　在一些初始并购的 PIPE 交易中，投资者以同意锁定期为代价，换取免费的认股权证。例如，在 CF Acquisition Corp. V/Nettar Group Inc. 于 2021 年 7 月 5 日宣布的初始并购中，SPAC 获得了某些投资者的承诺，投资大约 6970 万美元，交易结构是以每股 10 美元的价格购买 SPAC 的普通股（SPAC 的发起人购买了其中的 2320 万美元），而 PIPE 认购

人可选择将任何所购买的普通股锁定两年，以免费获得不可赎回的认股权证，而该认股权证可以每股 20 美元的价格行权（锁定的每一股普通股对应一份认股权证）。此外，如果股票的成交量加权平均价低于每股 10 美元（在注册转售 PIPE 股票的注册陈述生效日期之前的 30 日），每个 PIPE 投资者将免费获得根据认购协议中包含的公式所增加的普通股。另外，在 2021 年 7 月 8 日宣布的 Far Peak Acquisition Corp. / Bullish Global business combination 的初始并购中，有类似的交易结构。

普通股 + 优先股组合　有的初始并购的 PIPE 交易中包括普通股 PIPE 和优先股 PIPE 同时发行的组合。在 2021 年 7 月 1 日宣布的 Isos Acquisition Corporation/Bowlero business combination 的初始并购中，一组投资者承诺参与 1.5 亿美元的常规的 PIPE 普通股投资，而其他投资者认购了 9500 万美元的 SPAC 永久可转换优先股。永久可转换优先股的股息为 5.5%，转换价格为 13.00 美元，如果两年后普通股价格至少为 16.90 美元，则强制转换为普通股（见图 7 - 8）。

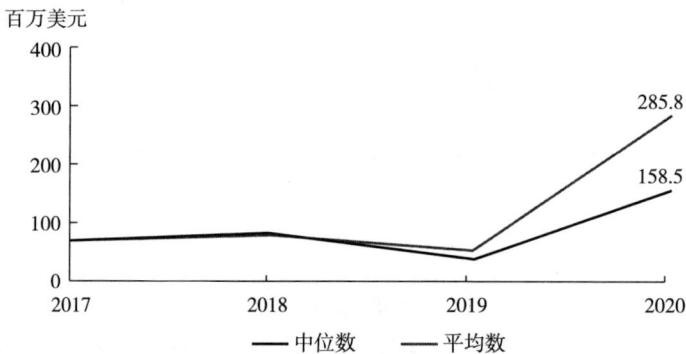

图 7 - 8　附带 PIPE 的 SPAC 交易的 PIPE 募资额的中位数和平均数

针对股东赎回的担保　对于 SPAC 的初始并购而言，PIPE 的主要目的之一是对股东赎回权的对冲，并提高初始并购成功的确定性，能够确保在大量 SPAC 股东赎回的前提下完成初始并购，同时能保证在初始并购后 SPAC 账户上存有一定数量的现金。PIPE 的这个关键特点，使它对 SPAC 的吸引力增强。有些 PIPE 的交易结构设计为让 SPAC 的发起人或其他股东明确承诺，在部分或全部股东赎回的情况下，为 SPAC 提供融资支持，从而使 SPAC 发起人和 PIPE 投资人的利益关系更加密切。2021 年 6 月 29 日宣布的 Trebia Acquisition Corp./S1 Holdco，LLC 的初始并购中，SPAC 发起人的一个关联机构为潜在赎回权提供了 2 亿美元的融资担保，SPAC 另外从美国银行获得了 4 亿美元的定期贷款承诺，其中 2.18 亿美元可用于应对未来可能出现的股东赎回。此外，如果股东赎回的价值超过 4.175 亿美元，并购目标公司的股东可同意就该差额减少他们的并购现金对价，并按比例增加他们的股权对价。如果股东赎回的价值超过 4.625 亿美元，目标公司的股东可选择进一步减少现金对价，并按比例增加股权对价（目标公司的股东有选择权）。

在 2021 年 5 月 11 日宣布的 Aurora Acquisition Corp./Better Holdco，Inc. 的初始并购中，以及于 2021 年 6 月 10 日宣布的 Venus Acquisition Corporation/Viyi Algorithm Inc. 的初始并购中均有类似的交易结构。

发起人实质性参与 PIPE　在一些 SPAC 初始并购的交易结构中，SPAC 的发起人对 PIPE 作出了有实质意义的投资。在许多情况下，这一投资会被包括在交易声明中，作为一种渐进博弈的证据，反映了发起人对 SPAC 未来的信念。如在 2021 年 6 月 28 日宣布的 DFP Acquisitions Healthcare Corp./The Oncology Institute 的初始并购中，SPAC 获得了 1.75 亿美元的常规 PIPE 承诺，而 SPAC 发起人（Deerfield Partners）的关联公司承诺额外购买 1 亿美元的 SPAC PIPE。在 2021 年 6 月 11 日宣布的 Yucaipa Acquisition Corporation/SIGMA Sports United GmbH 初始并购中，SPAC 获得了 2.52 亿美元的常规普通股 PIPE 承诺，而 SPAC 赞助商（Ron Burkle）的关联公司承诺额外购买 5000 万美元的 PIPE。在 2021 年 6 月 9 日宣布的 Kensington Capital Acquisition Corp. II/Wallbox B. V. 的初始并购中，也有类似的交易结构。

7.5　初始并购的统计数据和发起人的让步

在 De-SPAC 过程中，为了并购协议和/或 PIPE 认购协议的签署和交割，SPAC 的发起人有时会面临着一些权利放弃的要求。在特定情况下，发起人不得不放弃某些权益。下面是 2020 年完成初始并购的 SPAC 的一些统计数据：

（1）对于要求发起人放弃全部或部分权益的初始并购交易，47% 要求他们既放弃股票也放弃认股权证，而 40% 要求只放弃股票，13% 要求只放弃认股权证；

（2）只有 28% 的初始并购交易在交割后有并购价格调整过程；

（3）有对价托管条款的初始并购中有 28% 的交易有股东禁售条款；

（4）对股东禁售条款而言，最典型的对目标公司股东的禁售期是 6 个月，最典型的对 SPAC 发起人的禁售期是 12 个月；

（5）64 笔已完成初始并购交易的 PIPE 的平均融资规模为 2.88 亿美元（中位数为 1.6 亿美元）。

第8章　SPAC 税收结构及其税务筹划

这两年的全球资本市场上，SPAC 可能是最热门的话题。与此相对应的是美国立法和监管机关对 SPAC 的关注。关于 SPAC 的规则变更前面已经论述（在本书的后面章节还会继续论述），美国 SEC 和美国国家税务局（IRS）近期对 SPAC 也动作频频。

美国国税局有关人士于 2021 年 3 月表示："对于以 SPAC 企业为会计收购对象的并购交易，是否可以作为免税的并购交易计税，正在进行讨论。"正在审议的问题包括在 SPAC 架构下的企业的持续性（Continuity of Business Enterprise，COBE）。COBE 是《税务法典》（Tax Code）第 368 节规定的免税企业重组的条件之一。

美国 SEC 在 2021 年 9 月前后也告知 SPAC 的高级审计人员，要求他们更严格地对这些公司的公开股票进行审计。同时，美国 SEC 也私下告知 SPAC 的高级审计人员，这些 SPAC 公司发行的"可赎回"股票必须被视为临时股票，即所谓的"夹层"股票（"Mezzanine"Equity），打破了长期以来将其视为永久股票的行业惯例。这一变化将导致那些寻求在 NASDAQ 资本市场（Capital Market）上市的 SPAC 推至 NASDAQ 全球市场（Global Market）。这已经是 SEC 在 2021 年第二次收紧 SPAC 的审计要求，是该机构对 SPAC 交易市场进行降温的最新举措。NASDAQ 发言人证实，会计准则的变更已迫使 SPAC 将上市计划从 NASDAQ 的资本市场转移到全球市场。尽管 SEC 的新立场不太可能像其 5 个月前的指导意见那样对 SPAC 行业造成颠覆性影响，但它却令 NASDAQ 有些进退两难。SPAC 传统上在 NASDAQ 资本市场上市，现在却不得不作出改变。

2021 年 4 月 12 日，美国 SEC 发布了一份关于 SPAC 发行的认股权证的会计和申报考量的声明（指导意见）。该指导意见建议，SPAC 认股权证的两个特征可能导致其作为债务的会计处理。根据关于认股权证第一种关于认股权证的条款，如果认股权证因为其持有人是发行方而非第三方持有导致不同的结算比例或其他实质性差别待遇，此类条框不符合 ASC 815 的指标性意见，因为 SEC 指导意见中认为在这种情况下该认股权证应该作为债务来做会计处理。根据关于认股权证第二种条款，在对初始并购时的 SPAC 公司发出收购要约或交换要约后，认股权证的持有人有权获得现金支付，但认股权证所对应的普通股却不能获得现金支付，而这种情况已经超出了 SPAC 公司控制的范围。由于这不在公司的控制范围之内，美国 SEC 认定这种情况下的认股权证也要作为债务进行会计处理。美国 SEC 的这份公告对 SPAC 热潮的降温效果非常显著，直接让 2021 年 3 月达到历史峰值的 109 起 SPAC 的 IPO 降为 4 月的 10 起左右。

因此，对 SPAC 进行税务筹划，已经变得越来越重要。

8.1 SPAC 税收管辖权的选择

发起成立 SPAC 一开始所面对的主要是税收问题，在于它是在美国注册还是在海外（通常在开曼群岛或英属维尔京群岛）注册。这一决定在很大程度上取决于 SPAC 的潜在收购目标公司的税收管辖权。如果目标公司是一家美国公司，由外国注册的 SPAC 收购并持有该公司可能加重税负，因为美国目标公司向其外国母公司支付的预扣税税率最高可达 30%。如果潜在目标公司是一家外国公司，让一家美国 SPAC 拥有一家外国子公司并对其收益征收额外的美国税可能也会加重税负。如果目标公司是美国企业，在美国境内成立 SPAC 可能是最好的选择。同样，如果 SPAC 决定在美国国外寻找目标公司，在外国（选择开曼群岛的最多）设立 SPAC 可能是最优的选择。如果事与愿违，目标公司不在原先考虑的税收管辖区内，则需要考虑改变 SPAC 税收管辖区的后果。例如，如果 SPAC 最初是在美国成立，并寻求收购外国的目标公司，它可能很难重组在海外并改变其税收管辖区，因为《税务法典》第 7874 节的反转换规则可以继续将 SPAC 视为美国国内公司。类似地，如果外国设立的 SPAC 寻求收购美国国内的目标公司，它可以在企业合并之前先在国内进行重组，这种重组通常是一种免税的重组。然而，该重组可能会引发一些被动外国投资公司的法律问题，尤其在认股权证方面（下文将详述）。

如果存在跨国并购，而无论是收购对象的目标公司还是 SPAC 都不是美国公司，那么税收问题就会变得更加复杂。例如，当设立在美国境外的 SPAC 收购美国境内的目标公司时，美国向该外国 SPAC 支付的款项可能要缴纳美国预扣税。另外，当美国 SPAC 拥有一家外国目标公司时，该运营实体的收益除了在外国司法管辖区缴纳的税款外，还可能需要缴纳美国国内税收。因此，典型的做法是改变 SPAC 的管辖权，即重置居所或重组，以避免负面的税收后果。然而，这种方法有其自身的税收复杂性。

如果美国 SPAC 确定了一家外国的目标公司，并希望重组到一个非美国的国家，此举可能受到反倒置规则的约束。这些规则旨在防止美国公司重组公司结构以逃避美国税收。简而言之，只要 60% 以上的美国股东在合并前和合并后存在重叠，就会产生负面的税收后果，包括继续作为一家美国公司纳税，或者有限地使用亏损和其他税收属性来抵扣应纳税收益。

另外，如果设立在美国境外的 SPAC 确定了一个美国境内的目标公司，并希望把 SPAC 信托账户内的资本投资于美国国内，可能引发一些被动外国投资公司（Passive Foreign Investment Company，PFIC）问题，目的是阻止美国纳税人利用海外投资工具来避税。被动收入通常包括现金、股息、利息、租金和特许权使用费，以及处置被动资产所得。如果一个实体在某一年的总收入中至少有 75% 是被动收入，或者至少有 50% 的资产用于产生被动收入，则该实体将被视为 PFIC。因为 SPAC 没有主动的业务运营，它很可能符合 PFIC 的定义。因此，其美国股东必须确认某些分配（如并购对价）和出售 SPAC 股份的收益，以确保这些收入可以按普通收入征税。也有一些缓解措施，如进行特别选择，以每年的资本利得率对资本红利征税，或者让 PFIC有资格获得启动例外——但时机对于利用这些措施至关重要。

8.1.1　PFIC 规则

PFIC（Passive Foreign Investment Company）规则对注册在美国境外的

SPAC 提出了一个门槛问题。如前所述,对于一个给定的纳税年度,如果一个实体至少 75% 的总收入在该纳税年度是被动收入(收入测试),或者至少 50% 的资产在该纳税年度是产生被动收入的资产(资产测试),该 SPAC 将被视为 PFIC。被动收入通常包括现金、股息、利息、部分租金和特许权使用费,以及处置被动资产的收益。因为 SPAC 是一家空白支票公司,除了现金收入,没有其他业务或资产,所以很有可能被归类为 PFIC。

SPAC 在 IPO 中募集资金,其除了可能在信托账户中赚取的利息(被动收入)之外没有任何收入,所以它很可能在一开始就被视为 PFIC,当然除非它能满足启动例外,下文将详述。

PFIC 认定对 SPAC 股东的影响 PFIC 的美国股东必须在超额分销(Excess Distribution)和出售或进行其他处置(应纳税的)PFIC 股份时确认其收益。在每个特定的年份,这些收益将按照适用于普通收入的最高税率纳税,并且在每个特定的年份对纳税义务征收利息。PFIC 的规定对创始人股份尤其苛刻,因为发起人的基础投入非常有限。此外,《税务法典》第 1298(a)(4)条规定,在美国财政部法规规定的范围内,任何拥有购买 PFIC 股票期权的人将被视为拥有该股票。期权法规也规定 PFIC 股票的期权本身被视为 PFIC 股票。因此,SPAC 认股权证持有人也要遵守 PFIC 规则。

虽然某些选择可能能够减轻处置 PFIC 股份时产生的不利税收后果,但此类选举并不适用于认股权证。因此,任何认股权证持有人都可能被要求将所得确认为普通收入,并根据上述规则收取利息费用。

合格选择基金(Qualified Electing Fund , QEF)的选择 美国的 SPAC 股东可以进行 QEF 选择,以减轻其股票处置时因为 PFIC 税收而产生的不利影响。然而,美国的 SPAC 的股东必须将 SPAC 每年的净资本利得和其他盈利按比例分配的份额计入收入,无论这些金额是否实际被分配。在初始并购之前,其实 SPAC 不太可能有任何真正的资本收益或其他盈利。如果 SPAC 信托账户中有任何利息收入,该收入可能被所扣除的费用抵销。因此,由于 QEF 的选择,SPAC 股东在初始合并前必须计入的可分配金额,即使不是零,也可能是忽略不计的。在初始并购后,SPAC 很可能已经不再是 PFIC,股东也将不再被要求进行 QEF 选择。QEF 选择防止 SPAC 股东在处置其股票时必须确认普通收入和利息费用。

根据期权法规和处置法规，当注册在美国境外的 SPAC 因收购美国境内的目标公司而归入美国纳税人时，SPAC 认股权证的美国持有者可能面临的 PFIC 后果尤其严重。由于 PFIC 认股权证可能无法进行 QEF 选择，PFIC 认股权证的美国持有人可能被要求确认其在 SPAC 转化为美国纳税人时，区分其认股权证的利息费用和普通收入，从而导致该认股权证的被"处置"。后果可能会特别严重，因为在某些情况下，如免税重组，认股权证持有人将没有现金去支付税款。

即使没有美国境外设立的 SPAC 转化为美国纳税人的情形，认股权证仍可能导致不利的 PFIC 后果。当外国 SPAC 收购外国目标公司时，认股权证行使后获得的股票持有期将包括认股权证本身的持有期。根据《税务法典》第 1298（b）（1）条规定的"一次是 PFIC，永远是 PFIC"的规则，尽管在业务合并后 SPAC 可能不再是 PFIC，但行使认股权证时收到的股票仍将保留 PFIC 的法律后果。

8.1.2　初创企业例外（启动例外）

在初创企业例外的情况下，外国公司在其税收收入的第一个纳税年度（其启动年）将不被视为 PFIC，前提如下：

（1）该公司的前身不是 PFIC；

（2）该公司能向美国财政部证明在其启动年之后的头两个纳税年度都不会是 PFIC；

（3）该公司在其启动年之后的头两个纳税年度实际上也不会是 PFIC。

从理论上说，SPAC 应该有获得初创企业例外的资格，因为其全部的商业目的是并购另一家运营企业，因此能在相对较短的时间内开展积极的业务。而且由于 SPAC 在信托账户内的现金或美国国债所赚取的任何被动收入都是微不足道的，因此对于延期纳税并不存在什么实质性的担忧。然而，考虑到初创企业例外的狭义措辞，SPAC 又可能很难符合条件。

无论该公司存在多久，启动年是公司获得收入的第一年。如果该公司是在拥有总收入的第一年之前成立的，那么在资产测试中，它仍然可以被视为 PFIC，因为 PFIC 的界定是基于被动收入或被动资产。在这种情况下，"一次是 PFIC，永远是 PFIC"的规则可能损害任何在创业年之前持有 SPAC 股票的美国股东的股票。事实上，美国国税局已经发出过相关议案，根据公司在前一年的资产情况，将公司作为 PFIC 对待，而不管该公司后来是否符合创业企业例外的条件。

SPAC 成立后，发起人以现金购买创始人股份，而 SPAC 很快就把这些现金用于运营支出。用于 PFIC 测试时，现金属于被动资产，而且是 SPAC 当时的唯一资产。无论后来 IPO 募集的资金是否赚取了利息收入，募集来的资金都属于额外的被动资产。仅拥有被动资产将导致 SPAC 在资产测试中被视为 PFIC。根据 PFIC 规则的字面适用和上述美国国税局的议案，SPAC 在其成立的第一年将被迫接受 PFIC 的标签，无论它是否有资格在后来的一年获得创业企业例外。

尽管关于创业企业例外的范畴还不很明确，SPAC 仍可能采取一些措施来增加满足该例外的机会。例如，SPAC 可以将其现金存入一个无息的账户（因为 IPO 之前 SPAC 的资金量很少，所有损失的利息可以忽略不计），至少在其设立的第一年可以这样。这样，现金账户就不会产生利息收入，SPAC 也就没有总收入。当 IPO 后资金转移到储蓄账户时，SPAC 将获得总收入，但该纳税年度将构成 SPAC 的启动年——创业企业例外开始计时。发起人也可以在章程中规定，在 SPAC 设立的第一年年底前给 SPAC 一个选择权，可以让 SPAC 转化为一个美国国内公司，因此作为一个外国公司的 SPAC 存在不会超过预期的启动年。

8.2 SPAC 创始人股份的税收筹划

在 SPAC 成立时或成立后不久，创始人股票一般以可以忽略不计的价格向其发起人发行。通常发起人只向 SPAC 出资 2.5 万美元，以换取固定数量的创始人股份。发起人一般不会与 SPAC 签订雇佣或管理合同，也不会就其提供的服务获得任何形式的补偿或报酬。

因为发起人获得其创始人股份时只花了很少的钱，而在随后的初始并购之后，创始人股份的价值可能达到数千万（有时甚至数亿）美元。问题是发起人以低价购买创始人的股份，是否应该将其视为被伪装的报酬——这有时被称为"廉价股票"问题。税务从业人员通常建议在 SPAC 成立后，在切实可行的情况下尽快向发起人发行创始人股份，而且无论如何都要在第一次给美国 SEC 提交注册陈述之前完成。这样的话，不仅初始并购完全是不确定的，而且连 IPO 本身也有无法成功完成的可能性。由于这些重大的不确定性（以及其他原因），有强烈的理由认为，创始人股票在由 SPAC 发行和发起人购买时没有真正可确定的价值，因此在发行时没有廉价购买或变相补偿的问题。

创始人股票的所得税待遇仍然存在一些不确定性。在 SPAC 成立后，发起人既不能确定完成 SPAC 的 IPO，也不能确定找到合适的目标公司。他们的优势是在 SPAC IPO 之前获得的创始人股票。因此，一些人认为，这些股票本质是对他们工作的补偿，应该相应地征税。其他人不同意这种说法，认为这是承担早期风险的回报。业界普遍同意的是，这是一个取决于具体事实和情节的判断，而这些创始人股票的税收属性往往介于两个极端之间。发起人就像一个企业家，建立了一个实体（SPAC），并拥有该实体的股权。创业实体的回报是投机性的，因为 IPO 可能不会成功，而且初始并购是否会发生更不确定。因此，如果在 SPAC 成立后不久就向发起人发行股票，有一种强烈的观点认为，创始人的股票在当时没有可确定的价值；如果 SPAC 直到 IPO 前才正式发行创始人股票，公平的市场价值大概是确定的，大约每单元 10 美元。在这种情况下，发起人很可能就其成本基础与作为普通收入的公平市场价值之间的差额纳税。

美国联邦所得税法有一些基本原则，如权益实现要求、人力资本税收和自我归因所得税收等，而这些原则为分析 SPAC 创始人股份的税收筹划所产生的问题提供了一个有用的框架。

SPAC 发起人股份与权益实现要求　权益实现要求之所以是美国税收制度的基本原则，其原因有很多，包括流动性和估值等方面。没有变现的权益，纳税人可能就没有纳税所需的流动资产。实现要求一般指一个流动性事件的出现，并假定该事件将给予纳税人纳税所必需的流动性。变现要求还通过暂不征税来避免估价问题的难度。

当 SPAC 创始股份被发行时，很难断定是否存在任何权益实现事件，发起人不会因此拥有任何流动性来支付任何税收收入。当创始人股份被发行，乃至在之后的 SPAC 完成 IPO 上市的过程中，甚至在完成后续的初始并购的过程中，都很难界定有任何关于发起人股份的权益实现的事件。此外，由于与创始人股份相关的价值部分，也很难对其进行估值。因此，在权益实现的要求下，在发起人在市场交易中出售其创始人股份之前，一般不存在可纳税事项。

SPAC 发起人股份与人力资本　美国联邦所得税法另一个长期存在的原则是，对待人力资本与其他形式的资本是不同的。例如，对于用于贸易或商业的有形资本投资，人们通常可以进行纳税额扣除或资本化，然而人们通常不能扣除或资本化对人力资本的投资（如高等教育学位和其他形式的教育培训）。

由人力资本产生的价值增长通常在一个明确的实现事件出现之前是不征税的。例如，在挣到工资或人们努力的最终财务成果（如股票、专利或其他形式的知识产权）出售给第三方之前是无法课税的。

另外，对人力资本的估值也是困难的。评估人力资本的恰当时机是什么？如何确定人力资本的计税依据？由于纳税人无法控制外部突发事件，如果人力资本的估值基于未来提供的服务，那么对人力资本进行估值几乎是不可能的。同时流动性也是一个考虑因素。一个国家通常无法以人力资本为基础进行抵押借款，而迫使纳税人出售其他资产或赚取工资来纳税是对市场的扭曲。美国联邦所得税制度不因人力资本的市场收益而对人力资本课税，从而避免了这些担忧。

对于 SPAC 来说，发起人的贡献基本是以人力资本的形式存在的。发起人将他或她的声誉、关系网络、管理和交易能力等带到 SPAC，希望能成功进行 IPO，并完成初始并购，而发起人所持发起人股份的任何增值都基本是这些努力的结果。在发生实际的流动性事件之前，试图对创始人股票进行估值是极其困难的，而向发起人征税则会出现流动性问题，因为发起人尚未产生相关收入来支付税款。因此，在联邦所得税制度下，关于对人力资本（或缺乏人力资本）征税的特殊处理的原则进一步支持了不对发起人在获得创始人股份时征税的观点。

SPAC 发起人股份与自我归因的收入　不对自我归因的收入征税是美国联邦所得税制度的一个长期原则。自我归因的收入可以被认为是一个人自身人力资本的成果。

在没有权益实现事件的情况下不对人力资本征税的原理，同样支持不对自我归因收入征税。例如，一个建筑商可以买很多东西，建一所房子，在房子里住很多年。但除非他或她卖掉房子，否则永远不会有税收后果。用于建造房屋的劳动力的估算收入被递延，并在随后的房屋销售中转换为资本收益。同样的估算收入原则也适用于正在构思新商业理念的企业家。企业家可能辛苦多年建立自己的企业，但在建立企业的过程中，不会对任何自我归因的收入征税。

就 SPAC 而言，当 SPAC 为发起人全资所有时，发起人在 IPO 前向 SPAC 提供了诸多服务。对发起人从这些服务中获得的任何收入征税，将不符合不对人力资本征税和不对自我归因收入征税的原则。

8.2.1　直接相关的判例法与案例分析

虽然关于 SPAC 发起人购买创始人股份的案例很少，但有一些判例法从税务结构上塑造了 SPAC 模式。相关的判例有 *Trust Co. of Georgia v. Rose*，25 F. 2d 997（N. D. Ga. 1928），*aff'd*，28 F. 2d 767（5th Cir. 1928）和 *Eaton v. White*，70 F. 2d 449（1st Cir. 1934）等。下面讨论的判例法很好地说明了植根于美国税收体系的估算收入和人力资本的基本原则，对 SPAC 发起人的税收地位有非常有意义的参考作用。

8.2.1.1　*Berckmans v. Commissioner*（T. C. Memo. 1961 – 100. Berckmans）

在 *Berckmans v. Commissioner*（Berckmans）一案中，纳税人布鲁斯·伯克曼斯（Bruce Berckmans）以每股 1 美元（票面价值）的价格认购一家公司（NewCo）的普通股。在收购时，NewCo（当时没有资产）计划收购另外两家积极从事酿酒厂业务的公司 Frankenmuth Brewing Co.（Frankenmuth）和 Iroquois Beverage Corp.（Iroquois）的资产。在成为 Frankenmuth 公司的总

裁、总经理和董事之前，Berckmans 已经是酿酒行业的知名高管，拥有丰富的经验。在 Berckmans 的建议下，Frankenmuth 从 1952 年开始寻找并购扩张机会，并聘请了一名外部顾问来寻找潜在的目标企业。1953 年，在 Frankenmuth 的指导下，NewCo 作为一个空壳公司成立。Berckmans 认为 NewCo 将成为 Frankenmuth 业务扩张的收购工具。

尽管这位外部顾问没有给 Frankenmuth 带来收购目标，但 Berckmans 在1954 年就开始与 Iroquois 讨论潜在的资产收购。Berckmans 聘请了投资银行 Shields & Co. 为收购 Iroquois 提供融资建议。Berckmans 随后制订了一项计划。根据该计划，NewCo 将以 IPO 的方式发行股票，并使用募集来的资金收购 Frankenmuth 和 Iroquois。Berckmans 和 Shields 将组成一个承销团队来完成 IPO，公众股东将支付每股 9.50 美元的 IPO 价格，Shields 将以每股 1 美元的价格获得 NewCo 的股票。Shields 的承销计划表明在完成 IPO 的同时，New-Co 将完成对 Frankenmuth 和 Iroquois 资产的收购。如果 Berckmans 在 IPO 结束时没有与 NewCo 签订长期雇佣合同，Shields 没有义务购买任何 NewCo 股票。

在 IPO 和业务收购的时间表上，关键步骤迅速地连续发生如下：

1954 年 9 月：Berckmans 讨论了对 Iroquois 的潜在收购。

1954 年 11 月：Berckmans 制订了一项计划，让 NewCo 收购 Frankenmuth 和 Iroquois 的资产，并开始计划 IPO。Shields 负责融资和 IPO 承销。

1955 年 3 月：决定以每股 9.50 美元的价格向公众出售 NewCo 股票。Berckmans 和 Shields 同意以每股 1 美元的价格购买 NewCo 的股票。

1955 年 4 月 13 日和 15 日：Iroquois 和 Frankenmuth 向 NewCo 发送收购意向书，涉及将其所有资产出售给 NewCo。

1955 年 4 月 15 日：Berckmans 和 Shields 以每股 1 美元的价格购买了 NewCo 的股票。

1955 年 4 月至 5 月：签署了 NewCo 收购 Iroquois 和 Frankenmuth 资产的购买协议。

1955 年 5 月 4 日：Shields 组成了 IPO 的承销团队。

1955 年 5 月 7 日：Berckmans 与 NewCo 签订了一份长期雇佣合同。

1955 年 5 月 12 日：NewCo 向美国 SEC 提交了注册声明。

1955 年 5 月 31 日：美国 SEC 宣布 NewCo 注册声明生效。IPO 的承销协议已经签署。

1955 年 6 月 3 日：以每股 9.50 美元完成 IPO，资产收购结束。

作为 IPO 的结果，50 万股 NewCo 股票以每股 9.50 美元的价格向公众出售。NewCo 成功地成为一家上市公司，经营 Frankenmuth 和 Iroquois 的酿酒厂业务。在完成 IPO 和资产收购的大约 45 天前，Berckmans 和 Shields 以 6 万美元（每股 1 美元）的价格收购了 6 万股 NewCo 股票。这一系列快速交易的最终结果是，Berckmans 和 Shields 持有一家上市公司的股票，他们以每股 1 美元的价格购买了这家公司的股票，不久之后，公众股东以每股 9.50 美元的价格购买了这家公司的股票。

美国国税局称，Berckmans 和 Shields 在以每股 1 美元的价格购买了该股票，但该股票的公平市场价格为每股 9.50 美元（IPO 价格）。通过廉价收购，Berckmans 获得了作为服务报酬的普通收入。然而，税务法院认为，由于这些事件的不可确定性，直到 IPO 之前这些股票的合理价值应该在每股 1 美元，因此 Berckmans 没有从该收购中获得任何补偿性收入。

税务法院指出：（1）估值是一个事实问题；（2）在 Berckmans 收购 NewCo 股份之日，NewCo 是一个被动的空壳公司；（3）尽管有购买 Frankenmuth 和 Iroquois 资产的意向书（并且每个目标都有一个完善的商业收购计划），但商业收购受到有实质意义的不确定性事件的影响。税务法庭考虑了专家证人对 NewCo 股票估值的证词。Berckmans 的专家证人证明了成功上市和并购的不确定性，而且如果并购和 IPO 未能成功，新股票的价值将接近零。美国国税局的专家证人认为上市和并购不成功的概率非常低。税务法院发现，美国国税局专家的证词似乎有事后聪明的嫌疑，"受到成功完成一系列复杂交易的后见之明的影响"。税务法院拒绝采取事后判断，认为 Berckmans 购买 NewCo 股票时，其股票价值不超过每股 1 美元。

与 SPAC 创始人股份相关的几个因素是税务法院意见的关键：

空壳公司　NewCo 是一个空壳公司，除了 Berckmans 和 Shields 为其股份支付的 6 万美元以外，没有任何业务、收入或资产。尽管所有迹象都表明

NewCo 将进行 IPO 并收购两家公司，但对税务法庭来说，重要的是 NewCo 在 Berckmans 和 Shields 收购其股份时的状况。

商业计划的存在 Berckmans 从一开始就有一个计划，NewCo 将通过 IPO 发行股票，并作为一个公司并购的工具。他将利用自己的声誉、知识和过去的行业经验来扩大 Frankenmuth 现有的业务。尽管 NewCo 的股票有明确的发展成有价值啤酒厂业务的计划，但税务法院得出的结论是，Berckmans 购买他的股票时，存在重大的不确定性。税务法院重要强调，Berckmans 购买该股票时，NewCo 没有与券商签订股票承销协议，股票也没有在美国 SEC 注册。有很多不确定性可能导致 IPO 不会成功。

典型的 SPAC 结构与 Berckmans 一案的事实非常相似。当发起人购买创始人股份时，SPAC 并没有和券商签订承销协议。SPAC 也还没有向美国 SEC 提交注册陈述，因此它的股票不能合法地向公众出售。虽然 SPAC 成立的目的仅仅是完成 IPO 和随后的初始并购，但在发起人的控制之外存在重大的不确定性。

与典型的发起人相比，Berckmans 的税务问题更容易受到补偿问题的影响，因为他是 NewCo 的实际雇员，签订了长期雇佣合同，而且在这一系列交易之前，他已经与 Frankenmuth 签订了多年的长期雇佣合同。Berckmans 的雇佣非常重要，如果在 IPO 结束时 Berckmans 没有和 NewCo 签订长期雇佣合同并已受雇于 NewCo，Shields 就没有义务购买 NewCo 的股票。因为 Berckmans 已经是 Frankenmuth 和 NewCo 公司的受薪雇员，税务法庭本可以认为 Berckmans 购买 NewCo 股票是一笔廉价交易，从而使 Berckmans 作为 NewCo 和 Frankenmuth 的雇员获得额外的补偿收入。此外，在 Berckmans 积极为 Frankenmuth 寻找收购选择的同时，Frankenmuth 向外部顾问支付了费用，以寻找潜在的收购标的。据推测，外部顾问确认其收取了费用以提供服务。税务法院可能会辩称，以低价收购 NewCo 股票来自 Frankenmuth 或 NewCo 的补偿收入，因为这些股票提供给 Shields 和 Berckmans 的服务与外部顾问提供的服务类似。

对于 SPAC 来说，与 Berckmans 一案不同的是，发起人不是 SPAC 的雇员。发起人与 SPAC 之间并没有专门要求发起人向 SPAC 提供雇员类服务的合同，发起人可随时放弃 SPAC。因此，在 SPAC 和发起人之间，不存在 Berckmans 一案中所存在的明确的雇主—雇员关系——这更有力地证明了，当发起人购买创始人股票时，不存在基于雇佣的补偿事件。

此外，Berckmans 的收购计划比典型的 SPAC 结构更加具体，因为目标公司的身份早已确定，并且已经同其管理层进行了实质性谈判。此外，Berckmans 不仅作为发起人，而且也是其中一个目标公司管理层的一部分。就 SPAC 而言，虽然一开始可以确定一个潜在并购的目标公司的行业，但没有确定具体的目标公司，也没有与任何潜在目标公司进行谈判或讨论。对于 SPAC 而言，任何并购都是完全不确定的——不仅仅在创始人股票发行时，甚至在 IPO 完成后，都可能发生重大意外而导致并购流产。Berckmans 一案对发起人的税收地位提供了相当有力的支持。

8.2.1.2　*Husted v. Commissioner*［47 T. C. 664（1967）］——Berckmans 一案的比较法研究

在 *Husted v. Commissioner*（*Husted*）一案中，税务法院裁定，当确定纳税人购买的股票价值超过了其为该股票支付的价格时，纳税人因廉价购买而获得补偿收入，所以应该缴纳税收。纳税人威廉·赫斯特德（William Husted）是企业融资和收购领域的专家。他在纳税申报单上称自己的职业是"业务推广"，并要求扣除与收购业务和财务交易相关的成本。

Husted 分别以每股 1 美元和 3 美元的价格购买了两家公司 NewCo 和 Old PubCo 的股票，作为重新打包和出售另一家公司 Dorsey - A 资产计划的一部分。该计划包括公开发行股票，并与 Old PubCo 进行并购，最终通过 NewCo 持有 Dorsey - A 资产。在进行这些收购时，人们相信 Old PubCo 的股票将以比 Husted 支付的价格高得多的价格向公众出售。当 Husted 以每股 1 美元的价格购买他的 NewCo 股票时，他与 Old PubCo 达成了一项协议，在 NewCo 收购 Dorsey - A 的所有资产后，他将用他的 NewCo 股票换取 Old PubCo 股票。然而，如果交易没有发生，Old PubCo 的股票将被回购。

Old PubCo 是一家现有的控股公司，而且在很多方面与 SPAC 类似。Old PubCo 是公开交易的。Old PubCo 在收购时仅持有 30 万美元现金和政府证券。和 SPAC 类似，Old PubCo 正在积极寻求一个有利可图的运营业务以收购，他们花费大量的努力，以确保那样的交易将发生。

相关讨论和交易时间表的主要日期如下：

1958 年 2 月至 1958 年春夏：Husted 被告知 Dorsey – A 可能出售。Husted 对 Dorsey – A 进行了调查，与管理层讨论了可能的收购，并与收购。

1958 年 8 月 21 日：Husted 和 Dorsey – A 的管理层同意了收购的暂定价格。

1958 年 11 月至 12 月：Husted 初步安排融资，并指示律师组建 NewCo 收购 Dorsey – A。Husted 与一家承销商接洽，安排 NewCo 的公开发行；随后，Old PubCo 被视为收购工具。

1958 年 12 月：Husted 和 OldPubCo 管理层讨论 Old PubCo 通过 NewCo 收购 Dorsey – A。一份意向书被发送到 Old PubCo；根据该意向书，（1）NewCo 将收购 Dorsey – A 的资产；（2）NewCo 将以每股 1 美元的价格向 Husted 发行股票，Husted 将以每股 3 美元的价格购买 Old PubCo 的股票；（3）Old PubCo 将处理除 30 万美元现金和政府证券以外的所有资产；（4）Old PubCo 将收购 NewCo 的所有股票，并将其股票公开发行（至少每股 10 美元）。

1959 年 2 月 27 日：Husted 与 Dorsey – A 签署了资产购买协议。

1959 年 3 月 12 日：NewCo 成立，完成对 Dorsey – A 的收购。

1959 年 3 月 20 日：OldPubCo 向美国 SEC 提交了一份注册陈述，以实现其证券的公开发行。

1959 年 4 月 8 日：Husted 以每股 3 美元的价格收购了 OldPubCo 的股票。当时，Old PubCo 的股票在美洲证券交易所的交易价格为 10.50 美元。

1959 年 4 月 15 日：Husted 以每股 1 美元的价格购买了 NewCo 的股票。Husted 将资产购买协议转让给 NewCo。Husted 与 Old PubCo 达成协议，在 NewCo 对 Dorsey – A 的收购完成后，用他的 NewCo 股票交换 Old PubCo 股票。

1959 年 4 月 21 日：OldPubCo 股票发行的承销协议被签订，前提是 NewCo 收购 Dorsey – A 和 Old PubCo 收购 NewCo。

1959 年 4 月 23 日：Old PubCo 的美国 SEC 注册声明生效，股票开始以每股 11 美元的价格交易。

1959 年 4 月 30 日：NewCo 收购 Dorsey - A，所有 NewCo 的股票被交换为 Old PubCo 的股票。

税务法院以美国最高法院关于廉价购买的税务后果的判例开始了讨论。它引用了 *Palmer v. Commissioner*［302 U. S. 63（1937）］的原则，即一个人通常不会因廉价购买本身而实现应纳税收入，仅仅是他获得了一笔好交易这一事实并不会导致应税事件。但税务法院提供一个该原则的例外——另一个最高法院的案例 *Commissioner v. Smith*（324 U. S. 177（1945）），在该案中美国最高法院明确表示，纳税人从廉价收购中可以导致应税收入，前提是该廉价出售股票本身就是对该纳税人的一件补偿性事件。如果与税务法院援引的最高法院判例精神相一致，有两个事实的认定是必要的：一是 Husted 是否进行了廉价收购，二是如果其进行了廉价收购，该廉价收购是否意在补偿 Husted。

为了确定 Husted 是否进行了廉价收购，税务法院审查了相关股票的价值。它承认在整个一系列的交易中有不确定性，但它不认为这些不确定性特别重要。与 Berckmans 一案不同，Husted 一案中的 Dorsey - A 是一个拥有有形资产的经营实体，而且 Old PubCo 是一个现有的上市公司而且其股票交易价格达每股 10.50 美元。当 Husted 以每股 3 美元购买 Old PubCo 股票时，其股票交易价格仍然是每股 10.50 左右（Husted 以每股 1 美元购买 NewCo 的股票，当他用 NewCo 的股票交换 Old PubCo 的股票时，是以 1∶1 的基础上进行交易）。此外，当 Husted 收购 Old PubCo 和 NewCo 的股票时，有一项已签署的收购协议，Husted 将收购 Dorsey - A 的资产。在 Husted 购买 NewCo 的股票的当天，一个关于 Husted 的 Old PubCo 和 NewCo 换股的协议被签署，根据该协议，Husted 的 NewCo 股票将以 1∶1 的比例被交换为 Old PubCo 股票，前提是 Old PubCo 收购 Dorsey - A（通过收购 NewCo 的全部股票）。此外，与 Berckmans 不同的是，Old PubCo 在 Husted 购买 Old PubCo 股票的近三周之前（在 Husted 购买 NewCo 股票的近一个月之前），就其公开发行向 SEC 提交了注册陈述。税务法院发现，整个交易系列是"计划的演变和完善……这只是一项计划的最后一步，该计划旨在以每股 1 美元的价格将（Old PubCo）相关股票的所有权授予（Husted）"，"导致了一次廉价收购"。

在作出存在一个廉价收购的结论后，税务法院开始认定廉价收购背后的意图，以确定 Husted 是否仅仅是一个聪明的或幸运的投资者（导致像 *Palmer* 一案一样没有应税事件），或者这一交易本身是为了补偿他（导致像 *Smith* 一案一样有应税事件）。税务法院最终裁定，这些廉价股票的购买带有补偿的意图。它研究了 Husted 在收购 Old PubCo 股票之前的所作所为：Husted "花了大量时间和精力" 安排 Old PubCo 最终收购 Dorsey－A，包括谈判交易协议、安排融资和承销，并让助手准备与收购有关的安排，Old PubCo 正在寻找一个盈利的运营业务的收购机会，Husted 提供了这个机会。Husted 的事实与 Berckmans 的事实有几个区别。首先，在 Berckmans 一案中，NewCo 是一家没有经营历史的空壳公司。相比之下，Husted 购买的股票是 NewCo 的股票，NewCo 有权收购现有的运营业务（Dorsey－A），该业务将在 NewCo 收购 Dorsey－A 后，以一家上市公司 Old PubCo 的股票（当时公开交易）交换，而当时 Old PubCo 的股价为每股 10.50 美元。其次，在 Berckmans 购买 NewCo 股票时，它还没有向 SEC 提交注册陈述。相比之下，Old PubCo 在该交易之前就已经在证券交易所上市交易了。此外，与 Dorsey－A 收购有关的 Old PubCo 而进行的股票公开发行的注册陈述在 Husted 购买 Old PubCo 股票的近三周前和购买 NewCo 股票的近一个月前已经提交给 SEC。最后，Husted 认为自己是企业收购业务的专业人士，这一点可以从其纳税申报单上看出来。

Husted 无意在收购和转售其股票后继续留在这家公司。他找到了一些经营困难的公司，然后对它们进行重新包装，很快将它们卖给了投资者。然而，Berckmans 计划以一种他认为可以在酿酒业成功的方式，来扩大酿酒厂的业务。Berckmans 涉足酿酒业已经有很长一段时间，并计划继续从事这一行业。

Husted 一案与 Berckmans 一案有着根本的不同。在前者中，一家现有的运营公司聘请像投资银行家的人（Husted）来安排将一家公司出售。所提供的服务性质类似于收费，通过低价购买公开交易的股票为这些服务提供补偿显然是补偿。此外，Husted 一案和 SPAC 的商业模式也是根本不同的，SPAC 作为一个新公司成立，经过 IPO，最终收购目标公司。对于 SPAC 来说，发起人代表自己新成立的 SPAC 公司提供服务，而不是试图出售一个自己的现成的实体。

8.2.1.3　比较法研究：*Trust Co. of Georgia v. Rose* 以及 *Eaton v. White*

Trust Co. of Georgia v. Rose 是另一个支持 SPAC 的创始人股份，而不是廉价交易或对创始人服务薪酬的判例，而另外一些判例说明股东为自己公司提供服务以增加其股票价值的交易，其交易并不一定导致对股东自身的可课税性收入，如 *Eaton v. White*。

8.2.2　间接相关领域的判例法与案例分析

对因服务而获得企业利润的利益之课税　创始人股份在许多方面与合伙企业未来利润（纯利润利益）获得权的利益相似。在这两种情况下，如果企业在纳税人获得利润的利益转让后立即清算，持有者无权获得任何收益或资产。在分析任何与创始人股票相关的潜在的廉价股票之发行时，美国国税局目前的立场和对纯利润权益收取的历史处理方式提供了有益的原则。

在 Revenue Procedure 93 - 27，1993 - 2 C. B. 343 和 Revenue Procedure 2001 - 43，2001 - 2 C. B. 191 中，美国国税局为合伙企业以服务换取合伙企业利润之利益提供了一个避风港。利润之利益的定义是，尽管该纳税人可以以服务获得合伙企业的利润，但当合伙企业出售其全部资产并进行清算时，纳税人无权分享合伙企业资产的一种权益，该权益在受让人获得利润利益时确定。不过有一些例外如下：

（1）在纳税人获得利润的利益涉及相当确定和可预测的来自合伙资产的收入现金流（如来自高质量债券或高质量净租赁的收入）；

（2）在纳税人（合伙人）在得到获得利润的利益后 2 年内将其处置变现；或

（3）获得利润的利益是在公开交易的合伙企业中持有有限合伙权益。

从上述的税收程序中可以总结到一些重要的原则。首先，如果获得利润的利益肯定会带来稳定的收入流，那么它的价值就不是投机性的，也不应该给予免税待遇。其次，如果纳税人能够在短期内（2 年内）将其获得利润的利益货币化，那么在转让时是否真的无法对利润的利益进行估值就值得怀疑了。处理纯粹的利润利益的基础是未来利润具有很强的投机性和偶然性，因此只有使用清算来作为估价方法才可行。

SPAC 创始人股份与合伙企业的利润之利益十分相似。与合伙企业的利润之利益一样，在初始并购之前，创始人股份无权获得 SPAC 的任何资产。如果 SPAC 在初始并购前清算，创始人股份将变得一文不值。即使是在初始并购之后，创始人股份的价值也是投机性的，因为它们将以合并后的 SPAC 业务成功为基础。因此，在清算估值下，创始人股份在向发起人发行时没有价值。虽然上述收入程序和判例法用来处理合伙企业的利润之利益，但清算估价法也适用于股份公司发行的权益（如股份）。

个人商誉非公司资产　在典型的 SPAC 交易结构中，发起人利用自己的商誉、经验和关系来吸引公众投资者、寻找并购目标公司谈判并完成后续的初始并购。可以说，创始人将这些个人无形资产贡献给了 SPAC。根据这一理论，创始人的股票可能有很大的价值，而这反过来又可能导致发起人获得创始人股票时的低价收购。然而，判例法表明，个人商誉并不构成公司资产，尤其是在相关公司存在之前产生并独立于该公司存在的个人商誉。

Martin Ice Cream Co. v. Commissioner，110 T. C. 189（1998）说明了这个原则。一对父子是冰淇淋分销商马丁冰淇淋公司（Martin Ice Cream Co.，MIC）的股东。MIC 的成功在很大程度上归功于该父亲几十年来与客户建立并保持的密切的个人关系。A 公司为获得向 MIC 消费者销售 MIC 产品的权利，与 MIC 进行了协商。于是 MIC 成立了子公司，并将这些权利转让给子公司，以换取子公司的全部股份。MIC 立即将子公司的股份转给了该父亲，以换取他持有的 MIC 股份。该父亲随后将该子公司的股票卖给了希望获得子公司所拥有权利的公司。因此，该案件的一个问题是，该父亲建立的私人商务关系带来的利益是 MIC 的资产，还是属于他个人所有。税务法院指出，该父亲从未与 MIC 签订任何协议，使其商务关系和商誉成为 MIC 的财产（如雇佣协议），因此，父亲和其客户关系及商誉归他个人所有。

根据 MIC 的分析，发起人——而不是 SPAC——将被视为发起人的商誉、经验和关系的权利所有者，SPAC 的内在价值将不包括发起人的商誉、经验或关系。然而，根据 Martin Ice Cream Co. 的逻辑，如果发起人和 SPAC 之间已经就可能在 SPAC 中创造宝贵价值的无形资产（如就业协议等）达成协议，就有可能是另一种结论。

　　商业机会不是可课税财产　从 SPAC 拥有宝贵商业机会的理论来看，创始人股份具有很大的价值。然而，出于税收目的，这些机会通常不被视为可课税财产。例如，在 *Crowley v. Commissioner*，34 T. C. 333（1960）一案中，税务法院裁定，由于纳税人将商业机会给予合伙企业或为该合伙企业创造业务而换取合伙人权益时，该纳税人无须对合伙企业获得的收入纳税。即使所有直接或产生的业务可能都是由纳税人而不是合伙企业来完成，结果也是如此。在 *Hogle v. Commissioner*，7 T. C. 986（1946），*aff'd*，165 F. 2d 352（10th Cir. 1947）一案中，税务法院的结论是，由信托委托人进行证券交易的收益和利润而实现的信托收入不构成应税赠与。该信托主体由委托人指示的交易账户组成。虽然信托受益于委托人的交易指令，但该交易不是构成委托人对信托的赠与型的财产转让。

　　创始人股份的税收属性：股票 *v. s.* 期权　有争论认为 SPAC 的创始人股份在税法上可视为收购后 SPAC 公司公开股票的期权，而该期权只能在初始并购完成后行使。这种观点的论据在于创始人股份无权获得任何分红，也无权获得任何清算收益，而只有在初始并购完成后，创始人股份才会自动转换为公众股份。但如果创始人的股票被视为期权，它们会增加发起人的应税普通收入。

　　但判例法支持将创始人股份视为股票。在 *Carlberg v. United States*，281 F. 2d 507（8th Cir. 1960）一案中，目标公司的股东获得了收购方的普通股和附加收购方无表决权的股票"有条件权益证书"。这些股票是经过收购方授权并被特别预留出来，以便收购方为收购目标之一的可能存在的负债预留的利益。证书持有人有权在 6 年后获得其可分配的相关股票份额，而无须支付任何额外费用。美国国税局认为该证书不是股票，但法院不同意。法院认为，该证书未来只能成为股票，而不能成为其他形式的财产。此外，该证书自动授予持有者基于确定时间的股票权利，而没有任何其他的额外对价。因此，唯一合乎逻辑的结论是，这些证书要么是股票，要么"什么

都不是"，因此法院判定这些证书是股票。在 *Hamrick v. Commissioner*，43
T. C. 21（1964），acq.，1966 − 2 C. B. 3. 一案中，法院给出了类似的结论。

尽管创始人股份在初始并购前不参与分红或得到清算收益，但与 *Carlberg* 和 *Hamrick* 所发行的权利证书一样，创始人股份只能转换成股票。一旦初始并购完成，创始人股份将立即自动转换为公开股份，无须额外对价。此外，创始人股份还有其他重要的股权标记，包括投票权和治理权，如包括选举董事会董事的权利等。

8.2.3　创始人股份转让

发起人可能会以发起人股份作为对价，使 SPAC 完成初始并购。发起人可以转让或放弃创始人股份，以换取公众投资者投票赞成初始并购而不行使赎回权。在随后的初始并购中，发起人也可以将创始人股份转让给目标企业的股东，以弥补并购的价值差距。这些交易都可能导致应税处置。

发起人因创始人股份对 SPAC 的出资　美国最高法院的判例法支持股票的被迫放弃是对资本的一种免税出资。在 *Commissioner v. Fink*，483 U. S. 89（1987）一案中，纳税人（股权集中的股份有限公司的控股股东）自愿将部分股份转让给股份有限公司，使他们的总持股比例从 72.5% 减少到 68.5%，其原因是为了增加该公司对外部投资者的吸引力。纳税人自愿交出的股票没有得到任何补偿。争论的焦点是，纳税人是否有权就被交出的股票导致的损失获得应税税收收入扣减。美国国税局否认了这一损失，并得出结论，该纳税人放弃的股份是对公司股本的贡献。税务法庭维持了国税局的观点，但被美国联邦第六巡回上诉法院推翻。美国最高法院又推翻了第六巡回上诉法院的这一判决，认为股东自愿向公司转让股份与投资或出资非常相似，因此不允许纳税人股东获得应税税收收入扣减。

Fink 一案的比较法研究与 SPAC 的创始人股份的转让　与最高法院在 *Fink* 一案中的结论不同，此前的一项美国国税局的税收裁决得出的结论是，股东放弃股份以诱导其他股东批准合并是一项应税交易，如 Revenue Ruling 73 − 233，1973 − 1 C. B. 179。

在 SPAC 的初始并购中，发起人同意转让或放弃创始人股份，以促进后续的初始并购完成的情况并不少见。虽然直接转让很可能是一种应纳税的处置，但没收或放弃股份的处理方式则不那么明确。虽然 Fink 一案可能支持免税捐赠，但 Revenue Ruling 73 - 233 的裁决提出了至少一个关于发起人的应税交换待遇，以及被放弃股票接受者的潜在收入实现的问题，很难调和 Fink 一案与 Revenue Ruling 73 - 233 的持股比例裁决。Fink 一案是在税收裁决发布近 15 年后由最高法院做出裁决的，这可能表明，Revenue Ruling 73 - 233 修正案仅限于其具体事实。

Fink 一案和 Revenue Ruling 73 - 233 如何适用于 SPAC 的创始人股份？如果发起人直接转让创始人股份作为股东投票支持初始并购对价的一部分，那应该属于可课税交易。即使没有实际的转让，而是自愿放弃股份，但 SPAC 有针对性地重新发行给了第三方，该交易也可能被视为直接转让给第三方而成为可课税交易。相比之下，如果发起人为了增强 SPAC 的资产吸引力而将创始人股份拱手让给 SPAC 的本身，即放弃全部或部分发起人股份，却没有特定的第三方投资者将获得创始人股份，那么这种股份的放弃就接近于 Fink 一案的事实。即使发起人放弃部分股份的目的，以说服公众股东集体不行使赎回权，发起人也可以说是在保护自己对 SPAC 的投资，不是向任何特定投资者提供对价。

更困难的情形是，当发起人先同意在初始并购之前或与其他并购相关的时间点，将创始人股份转让给 SPAC，然后作为随后与投资者单独谈判的协议的一部分，向投资者发行部分或全部已放弃的股份，以换取对初始并购投赞成票或获得该投资款。这个事实模式与 Revenue Ruling 73 - 233 和 Fink 一案都有相似之处。类似于 Revenue Ruling 73 - 233 中的场景，发起人希望企业合并发生，并且知道企业需要第三方投票或资金来完成期待中的并购。然而，与 Fink 一案类似的是，发起人知道，如果没有投资者的投票或资本，可能就不会有初始并购，而如果 SPAC 无法完成初始并购并进行清算，发起人在 SPAC 的权益将变得毫无价值，因此放弃了自己的股份来保护自己的投资。而在这种情况下，放弃股份和增发股票对 SPAC 的生存至关重要。因此，对创始人股份转让的税收分析取决于具体的事实和情况。

8.3 SPAC 初始并购中的企业持续经营问题及其税收待遇

为了联邦所得税的目的，传统的 De‒SPAC 交易往往被设计为"反向三角合并"。SPAC 创建一个子公司并与目标公司合并，目标公司作为 SPAC 的子公司继续存在。目标公司股东以其目标公司股份换取 SPAC 股份（有时也包括现金等）。这个 De‒SPAC 交易结构的目的是使目标公司股东能免税，前提是该初始并购符合法定要求，同时符合联邦所得税免税重组的资格。这些要求包括：

（1）目标公司的股东将构成对目标公司控制权的股票交换为 SPAC 有表决权的股票；

（2）支付给目标公司股东的总对价中，至少 80% 是 SPAC 有投票权的股票；和

（3）合并后，后 SPAC 存续公司持有其"几乎全部"资产。

此外，该初始并购必须满足一定的股东利益连续性、企业连续性和经营目的的要求。

2021 年 3 月，美国国税局有关人士透露以 SPAC 为会计收购对象的并购交易，未必肯定可以作为免税的并购交易计税。正在讨论的问题包括在 SPAC 架构下的企业的持续经营（Continuity of Business Enterprise，COBE）问题。COBE 是《税务法典》第 368 节规定的免税企业重组的要求。美国国税局（IRS）副首席法律顾问办公室助理总监凯利·马迪根（Kelly Madigan）表示，IRS 正在研究是否可以通过在持续经营的业务中使用企业历史资产来满足这一要求，并考虑 SPAC 的历史业务以及继续经营等问题。

公司并购的 COBE 要求收购公司要么继续目标公司的重要历史业务（业务连续性），要么将目标公司的大部分历史资产用于某项业务（资产连续性）。SPAC 的初始并购能否满足 COBE 的问题，主要基于刚成立的 SPAC 公司在寻找目标公司时，它可能没有一个历史性的业务去继续，或者如果这是一个商业业务，它在初始并购后就已经停止。SPAC 是否拥有历史上的

商业资产也是个问题，因为这些资产似乎仅限于为收购提供资金而持有的临时投资，在必要的情况下还可能被股东所赎回。有些税务规划师认为，初始并购后的公司可以保留至少三分之一的 SPAC 现金，因此认为 SPAC 的历史资产的很大一部分被用于持续的商业业务。但仅从法规的文本作出解释，很难让初始并购后 SPAC 的存续公司满足业务连续性测试，也难以满足资产连续性测试。

下面我们讨论 COBE 规则的产生、发展和相关判例法。

8.3.1　COBE 规则的产生和发展

1979 年之前，这个问题很少被考虑，也没有被清晰地定义。该领域的规则主要来源于清算—重组领域的判例法。现行法规的核心内容是 20 世纪 80 年代颁布的，以应对在 20 世纪 70 年代变得普遍、最终引起美国国税局关注的并购交易。典型案例如 Revenue Ruling 79 - 434 所描述的，一家股权很集中的公司出售其制造业业务，并预期被共同基金收购，在与共同基金的重组完成之前暂时性地只持有现金和短期国债。美国国税局得出结论，该重组未能满足普通法 COBE 原则的要求，认为其实质"代表了一个被收购的目标公司在其被清算之前购买了收购公司的股票"。

类似裁决的公布基本切断共同基金融资交易的渠道，与此同时，国税局公布的有关规定阐明并编纂了政府的意图。当时这些规定与现行版本基本相同，只是在 1998 年覆盖的范围有所扩大。除了将不同的判例法结果交织在一起，该法规还引入了目标公司"历史"业务的概念，并要求收购公司继续经营目标公司重要的历史业务，或者收购方继续在业务中使用目标公司的很大一部分历史资产。

8.3.2　COBE 规则的适用

COBE 规定是否可以适用于 SPAC？答案应该是肯定的，但具体的案例当然要分析其具体的情况。COBE 规则的指导原则是在该法规中早已存在的陈述，并在许多案例中被重申："《税收法典》重组条款的目的，是为了规范在一般规则之外，在以《税收法典》所指明的一种特定方式进行的公司结构调整中，发生了某些具体描述的（股权利益）交换，根据业务紧急情况的需要，并仅对修改后的公司形式下的持续财产权益进行调整。"从COBE 规则的法制史的角度，在具体的司法案件或行政实践中，历史上没有任何解释或案例认为 COBE 规定只局限于某些种类的公司重组。

从历史上人们所理解的企业重组之免税交易的背景来看，COBE 规则不会把重组条款的适用范围限制在表现出一定商业活动的公司。COBE 法规并不要求并购标的从事活跃的具体行业或业务。从 COBE 法规的规定可以得出结论，持有投资资产的目标公司可以满足 COBE 所要求的免税重组的要求，前提是被持有这些投资资产构成了目标公司的历史活动和/或是其历史业务资产。COBE 法规中没有规定，显然后来的行政或司法也没有裁定，持有被动投资资产的公司不能进行免税重组。

因此，IRS 正在研究是否可以通过在持续经营的业务中使用企业历史资产来满足这一要求，并考虑 SPAC 的历史业务。绝大多数 De－SPAC 将涉及SPAC 作为"发行公司"（COBE 规则定义的术语）的交易，但无疑也会有一些 De－SPAC 交易符合 COBE 的规则，能够作为一个免税的重组。

8.4　SPAC 初始并购的税务结构

在 SPAC 交易中，收购的结构可能会对税收产生重大影响。如果 SPAC收购的目标公司是美国联邦所得税目的定向下的合伙企业，SPAC 伞状合伙型 C 公司（Umbrella Partnership C Corporation，UP－C）结构将提供一系列优势。然而，SPAC UP－C 有一些明显的复杂性，可能导致独特的税收和会计后果。

在 SPAC UP－C 结构中，运营公司是一家由 SPAC 和目标公司通过初始并购原所有者（"卖方"，在 SPAC 中获得 B 类有投票权的股权）而共同拥有的可作合伙型税务处理的公司（Target LLC，目标企业有限责任公司，见图 8－1）。此外，该结构可能还包含股权交换权，即卖方有权赎回其 TargetLLC 的合伙人股权单元（在美国有限责任公司可以选择合伙企业的税收身份），以换取 SPAC 的股票或现金。这些结构通常还包括应税协议（TRA）

的使用，该协议要求 SPAC 支付卖方在并购交易中因为交付现金，所导致的税收节省的一定比例（例如，从增加的税基、净经营亏损等方面的额外税收减免，即"预期 TRA 支付"）。

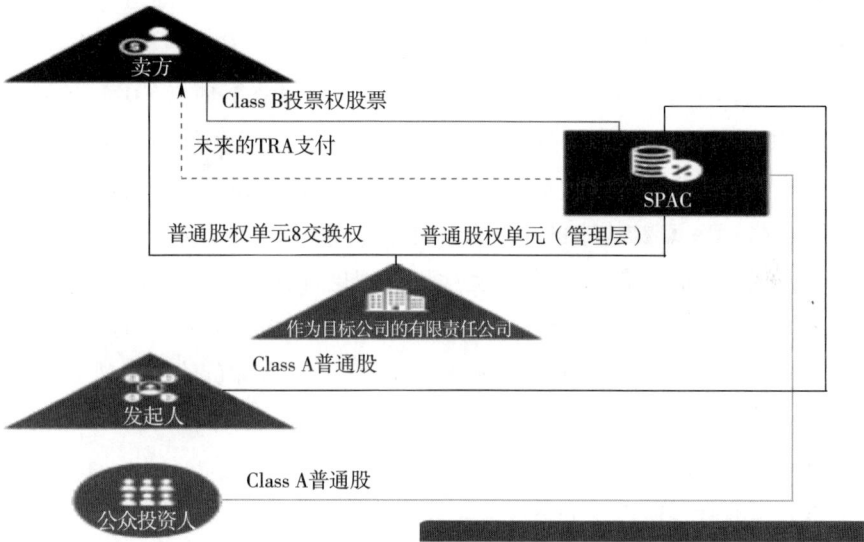

图 8 - 1　De - SPAC 的 UP - C 结构

SPAC UP - C 的优点如下：

（1）卖方可保留持有合伙权益的税收利益：从美国联邦所得税目的的视角分析，因为卖方作为历史所有者可能保留在目标公司所有权的经济利益，他们可能受益于一个基于合伙级别的单层所得税待遇（商业股份有限公司一般是双层所得税结构，即公司层面和股东层面）、一个灵活的所有权结构、递延税收资金分配，以及基于收入分配而增加的外部税收基础。

（2）股权交换权/赎回机制的使用：通过股权交换权，UP - C 结构为卖方提供了一个在其选择的时间将其所有权利益货币化的途径。

（3）应税协议（Tax Receivable Agreement，TRA）的使用：当 SPAC 根据 TRA 条款实现因税收归因所产生现金的税收节省时，卖方可以以 TRA 付款的形式从 SPAC 获得主动收益的增量收益。

（4）保留的现金税收节省：在 UP - C 结构形成期间或通过后续事件

（例如，从目标企业过去的股东手中购买合伙股权单元，行使其交换/赎回权后税基就会提高）会形成现金税收节省，而 SPAC 通常会保留一部分现金税收节省。

SPAC UP－C 结构的会计后果　SPAC 以 UP－C 形式进行初始并购的会计和财务报告将取决于哪一个实体是会计收购方：SPAC 或目标公司。

如果在 UP－C 结构中的目标公司符合可变利益实体（VIE）的定义，SPAC 为主要受益人，则 SPAC 将成为会计收购方。这将导致"企业合并"的会计核算，将目标公司的资产、负债和非控股权益调整为公允价值。

如果在 UP－C 结构中的目标公司不符合 VIE 的定义，基于 SPAC 通常是一个壳公司，而合并后实体的运营和管理层往往来自目标公司，因此目标公司往往成为 SPAC 的会计收购方。导致"反向资本重组"的会计核算，因而不会因为公允价值的调整而增加目标公司的资产和负债的基础。

从私募股权退出的角度分析 SPAC 的税务结构　私募股权以 IPO 方式退出的税收结构可能因具体事实和情况而有所不同。主要的税收结构取决于拟上市公司的联邦所得税分类：

投资组合公司为商业类股份公司（C Corporation）：拟退出的投资项目是通过商业类股份公司运营的，那么一个新的股份有限公司作为上市主体通常会成立，持有现有的业务并向公众发行股票。

投资组合公司为合伙制企业：如果拟上市的投资项目是通过合伙企业（或被视为合伙企业的有限责任公司）运营的，该合伙企业通常会重组为一个新的股份有限公司作为上市主体。许多私募股权基金经常利用 UP－C 结构，以"传递"合伙权益结构保持所有权，直到准备出售投资，并通过应税协议（TRA）将某些税收归因变现。

出于美国联邦所得税目的，通过公司或合伙方式运营的投资组合公司，可以实施涉及 SPAC 的 IPO 结构。涉及 SPAC 的 IPO 交易可能还需要考虑其他复杂的税务问题，当退出投资组合公司的私募股权基金收购了 SPAC 的权益尤其如此。例如，具有被动收入的外国企业的美国股东应考虑 PFIC 规则问题，以确定是否有不利的美国税收后果。

美国私控公司应评估私人控股公司（Private Holding Company，PHC）

（即非公开公司）税收规则是否适用，这可能导致 SPAC 承担额外的税收责任。如果超过 50%（按价值计算）的股票由 5 个或 5 个以下的个人股东持有（直接或间接持有），并考虑到复杂的股票所有权和归因规则的适用，这些规则可能汇总某些投资基金的所有权，并在此目的上将此类实体视为个人。

8.5　SPAC 发行的股票和认股权证的会计及税务处理

如前所述，在 IPO 中，SPAC 通常以每股 10 美元的价格向第三方投资者发行股权单元。每个单元一般包括以下两种：

（1）一股 A 类普通股（A 类股）。

（2）认购权证或其的一部分，一般以 11.50 美元的行使价格购买 A 类普通股股票（公开认购权证）。

作为组建 SPAC 的回报，发起人及其附属公司通常会获得 B 类普通股（B 类股票）。他们也可以购买认股权证（私募认股权证），以每股 11.50 美元的行权价格购买 A 类股票。或者，所谓的"锚定投资者"可以购买私募认股权证，而不是由发起人购买。私募认股权证通常以每股 1.00 美元或 1.50 美元的价格购买，SPAC 因此收到的款项一般用于支付 SPAC IPO 产生的承销费用。

此外，各交易方可能在 SPAC 成立时或在 SPAC 完成初始并购之前作出其他安排。其中可能包括以下内容：

（1）要求 SPAC 以固定价格向交易对手发行额外 A 类股票的远期合约，以及在 SPAC 完成与目标公司初始并购前立即交割的远期合约；

（2）作为向 SPAC 提供融资的回报，向发起人、其关联方或第三方发行的 A 类股或 B 类股认股权证；

（3）向第三方投资者、发起人或发起人的关联公司发行的优先股类别股票；

（4）向 SPAC 员工或第三方服务提供商发行的 A 类股票或 B 类股票（或此类股票的认股权证），作为对所提供服务的补偿。

8.5.1　账户单位

尽管最初是作为一个单元发行的，但 A 类普通股及其公众认股权证在 IPO 后不久就可分别交易。此外，在行使公开认股权证时，不会改变先前发行的 A 类普通股的条款。因此，公众认股权证：

（1）在法律上是可分离的，作为发行单元的一部分发行但可独立于 A 类普通股股票而单独行使；

（2）符合 ASC 480 - 10 - 20 中独立金融工具的定义。

由于 A 类普通股和公共认股权证构成独立的会计单位，发行这些单位的收益（扣除支付给投资者的任何直接和增量发行成本）必须在这两个组成部分之间进行分配。适当的分配方法取决于公共认股权证的分类：

（1）归类为负债的公开认股权证：SPAC 必须使用包括或不包括的方法在 A 类股票和公开认股权证之间分配净收益。根据这种方法，发行这些单位的净收入中，有一部分必须首先分配给公共认股权证发行日期之公允价值。然后，将剩余净收入分配给 A 类普通股。包括或不包括的分配方法避免了识别公开认股权证在"第一天"与公允价值的变化无关收入的收益或损失。

（2）归类为股权工具的公开认股权证：SPAC 必须使用相对公允价值方法在 A 类普通股股票和公开认股权证之间分配净收益。根据这种方法，SPAC 对 A 类普通股和公开认股权证的公允价值进行单独评估，然后将净收益按公允价值的比例进行分配。由于相对公允价值方法要求 SPAC 独立评估每一种工具，因此在该方法下，SPAC 必须比在包括或不包括方法下作出更多的公允价值评估。

由 SPAC 发行的 B 类股票和任何私募认股权证通常也由独立的会计单位来呈现。

8.5.2　A 类普通股的会计和税务分类

由于 SPAC 是美国 SEC 的注册人，它必须适用 ASC 480 - 10 - S99 - 3A 关于可赎回股权证券的指引。A 类普通股一般包含以下赎回条款：

（1）如果 SPAC 未能在 IPO 后的指定日期（如 IPO 后 2 年）完成初始并购，SPAC 将进行清算，A 类普通股股票将自动以每股约 10.00 美元的价格赎回。

（2）如果 SPAC 完成了初始并购，A 类普通股的持有者有权在初始并购完成之前以约每股 10.00 美元赎回其股票（通常要求 SPAC 保持最少的净有形资产，如 500 万美元）。

因为 A 类普通股是确定将被赎回或成为可赎回的股票，ASC 480 – 10 – S99 3 – 适用于 SPAC 的 A 类普通股，因此该股票：

（1）在 SPAC 的财务报表上必须作为临时股票的分类；和

（2）按照 ASC 480 – 10 – S99 3 – A 进行后续的再核算。

由于将部分募集来的净收益分配给公共认股权证项下，A 类普通股的初始账面价值将低于每股 10 美元，因此 SPAC 必须随后根据其赎回金额衡量该股票的价值。根据 ASC 480 – 10 – S99 – 3A，SPAC 在随后估值 A 类普通股时可以采用两种替代方法：

（1）按照立即可赎回金额（每股 10 美元）再核算该 A 类股票，如推定 IPO 后的第一个 SEC 申报时，第一个申报期结束时是赎回日期。

（2）从 IPO 日到赎回日，累计初始账面价值与赎回金额之间的差额。为了应用这种方法，SPAC 必须考虑它预期的初始并购发生的日期，而不是仅附加一个自动赎回日期。

在 SPAC 完成初始并购后，A 类普通股一般不再具有可赎回特征。因此，在没有其他赎回规定的情况下，不再需要将此类股票划分到临时股权的分类。

8.5.3　B 类普通股的会计和税务分类

B 类股一般不能由持股人赎回，如果 SPAC 因未能完成初始并购而清算，持股人无权获得任何收益。也就是说，在 SPAC 与目标公司没有合并的情况下，B 类股将毫无价值，由于没有赎回条款，不需要根据 ASC 480 – 10 – S99 – 3A 将 B 类普通股划归临时股权的分类。

8.5.4　认股权证的会计和税务分类

认股权证是 SPAC 交易中很常见，SPAC 通常向其发起人或关联方出售认股权证，以帮助筹集初始成本以偿付券商的佣金等，并在 IPO 时出售由股票和认股权证组成的股权单元。这些认股权证是发行给 SPAC 最初的投资者的，他们可能需要等待 18～24 个月，SPAC 才能与一家运营公司进行初始并购。从历史上看，会计师事务所一般把许多 SPAC 的认股权证列为股权的一部分。然而，2021 年 3/4 月，援引美国通用会计原则（GAAP），SEC 公司融资部代理总监约翰·科特（John Coates）和代理总会计师保罗·芒特（Paul Mounter）指出，有些 SPAC 的认股权证可能更应该被归类为负债。

SEC 的工作人员认为，基于认股权证持有人的结算条款的指数化和可变性，与股票挂钩的金融工具（或嵌入特征）必须被认为与实体自身的股票挂钩，以符合股票分类。虽然许多工具包括一个固定的执行价格或固定的股票数量，用于计算结算金额，但其他工具可能包括影响结算金额的变量，但这些变量并不排除一个结论：如果这些变量是对股票的固定对固定期权的公允价值的代入（指数化），则该工具与实体自身的股票挂钩。在 SEC 的声明中，有两种模式的 SPAC 认股权证应该认定为负债。

在第一种模式中，认股权证的条款规定，认股权证的结算金额可能"根据认股权证持有人的不同"而变化。声明中观察到，在 GAAP 的基础上，基于认股权证持有人的结算条款的指数化和可变性，持有者持有的并不是一个有固定兑换比例的期权定价的认股权证，并因为持有人特征的不同而享受不同的待遇，认股权证这一事实模式中已经不能与实体的股票挂钩。因此，SEC 工作人员得出结论，"这类认股权证应被归类为一种以公允价值衡量的负债，公允价值的变化应在每个季度的收益中申报"。

在该 SEC 的声明中，GAAP 还包括一个一般原则，即如果不在证券发行实体控制范围内的事件发生将导致一个衍生品金融工具需要净现金结算，那么该金融工具的合同应被分类为资产或负债，而不是股权。然而，GAAP 为这一一般原则提供了一个例外，即如果净现金结算只能在作为衍生品金融工具基础资产的股票持有人也将收到结算现金的情况下触发，则不排除该金融工具股权分类。适用此例外的情况包括从根本上改变该实体所有权或资本化的事件，如实体控制权的变更，或实体的国有化等。

在第二种模式中，SPAC 的认股权证包括的条款规定，在要约收购或股权交换时如果 SPAC 的原股东处置了超过 50% 的流通股，则该流通股的认股权证持有人有权获得现金结算。换句话说，在符合条件的现金要约收购（可能不在实体控制范围内）的情况下，认股权证持有人将有权获得现金，但只有某些该类普通股的相关股份持有人有权获得现金，而不是全部。SEC 的工作人员总结称，在这种模式下，要约收购条款将被要求把认股权证归类为一种以公允价值衡量的负债，即该认股权证是债权工具而不是股权工具。

8.5.4.1　公开认股权证

A. ASC 480 – 10 – 25 – 8 项下的负债

为了确定公共认股权证的适当分类，SPAC 必须首先考虑 ASC 480 中的债权分类的指引。ASC 480 – 10 – 25 – 8 规定如下：

除了已发行在外的股票，如果在开始时具有以下两个特征，一个实体应将任何金融工具归类为负债（或在某些情况下归为资产）：

（1）它包含了回购发行者股份的义务，或与这种义务以指数的形式挂钩；

（2）它要求或可能要求发行人通过转让资产来结算其义务。

评估公共认股权证是否属于 ASC 480 – 10 – 25 – 8 规定的负债，一般将视认股权证何时可行权来判断。如果公共认股权证可以在初始并购前行权，按照 ASC 480 – 10 – 25 – 8 的规定该公共认股权证可以属于负债，因为在行使认股权证时收到的 A 类股可在 SPAC 合并时由持有人选择赎回，而 SPAC 有义务尽最大努力完成初始并购。如果公共认股权证可以在初始并购完成后行权，则该公共认股权证并非 ASC 480 – 10 – 25 – 8 规定的负债，因为一旦认股权证可行权，持有者将收到不可赎回的 A 类股票。如上文所述，一旦完成与目标公司的合并，A 股股东将不再有任何赎回其股份的能力。

B. ASC 480 – 10 – 25 – 14 项下的负债

如公共认股权证并非 ASC 480 – 10 – 25 – 8 条规定的负债，应考虑其是否属于 ASC 480 – 10 – 25 – 14 条规定的负债。在实践中，该等认股权证代表发行可变数量股权的义务是不常见的，该等股权的货币价值完全或主要基于（1）固定金额，（2）A 类股公允价值以外的变动，或（3）与 A 类股公允价值成负相关的变动。

C. ASC 815 – 40 项下的负债

不属于 ASC 480 规定的负债的公共认股权证，应按照 ASC 815 – 40 分类为负债或股权。要被分类为 ASC 815 – 40 下的股权工具，公共权证必须满足如下两个条件：

（1）它们与 SPAC 的股票指数化相关；

（2）它们符合股权分类的标准。

D. 指数化

ASC 815 – 40 – 15 包含一个两步骤的模型，一个实体必须采用以确定公共认股权证是否属于 SPAC 的股票的指数化：

步骤 1：合同的执行或结算（"或有行权条款"）；

步骤 2：结算金额的货币价值（即影响结算金额的因素，或"结算条款"）。

对于每个核算单元，该实体应评估 ASC 815 – 40 – 15 中的指数化要求。如果该实体确定该合同没有被认为属于公司股票指数化范畴，则该合同必须被归类为负债（即不可能归入股权分类）。

ASC 815 – 40 – 15 – 7A 规定了指数化项下两个步骤评估。

步骤 1 的部分内容，包括行使权的偶然性不应排除某金融工具（或嵌入特征）被视为与实体自身股票的指数化工具，前提是该工具不应基于以下任何一种情况：

（1）可观察的市场，发行者自身股票市场除外（如适用）。

（2）一个可观察的指数，除了仅基于发行人自己的业务（例如，发行人的销售收入，发行人息税折旧摊销前的利润，发行人的净收入，或发行人股本总额）计算和衡量的指数。

下列特征是 SPAC 公共认股权证中普遍存在的行权事项，并不排除认股权证根据 ASC 815 – 40 – 15 的步骤 1 与 SPAC 的股票指数化关系：

（1）公开认股权证只有在 SPAC 完成初始并购后才可行使；

（2）如果 SPAC 清算，公共认股权证将不再可行权；

（3）SPAC 可以通过某些赎回功能强制提前公共认股权证行权。

虽然上述特征代表了公共认股权证中典型的行权条款，但可能还有其他特征必须根据 ASC 815 - 40 - 15 的步骤 1 进行评估。

ASC 815 - 40 - 15 - 7C 至 15 - 7 I 讨论结算条款的评估。任何条款在（1）公共认股权证行权时，可能潜在改变可发行的 A 股的行权价格或数量，而且（2）并不被视为期权之行权低价保护，则该条款必须被评估，以确定它是否属于对股票的固定价格的期货或期权定价的输入。需要评价的一般条款包括：

（1）反稀释类型的调整条款；

（2）在重组或资本结构调整中以其他对价置换 A 类股；

（3）如果 SPAC 以比认股权证行权价格更低的价格发行额外的 A 类股份或其他权益工具，则调整认股权证的行使价格或 A 类股票数量；

（4）调整可发行的 A 类股票数量，以补偿持有人在公开认股权证的早期结算时损失的时间价值；

（5）基于 SPAC 的自由裁量权，对 A 类股的行权价格或数量进行调整，以使公开认股权证持有人受益。

SPAC 的公共认股权证通常包含多项条款，通过调整结算金额，以补偿持有人在提前行使或结算时损失的时间价值。这些条款不妨碍这些公共权证在 ASC 815 - 40 - 15 项下步骤 2 的货币价值条款的适用性。例如，在被要求提前行权的情况下，对持有人增加额外的可发行类股的数量代表了对认股权证持有人失去时间价值的一种合理的补偿。如果支付给持有人的额外价值不超过损失的时间价值，该等调整不排除公众认股权证根据 ASC 815 - 40 - 15 的步骤 2 与 SPAC 的股票的指数化关系。

许多 SPAC 的公共认股权证包含一个条款，如果股票的公允价值等于或超过 10 美元，允许 SPAC 召回其公共认股权证，基于以下条件：（1）0.1 美元保证；或（2）无须支付对价折算成 A 类股。如果 SPAC 行使这个权利，持有人有权交回认股权证而获得现金。虽然这种交易可以指定每认股权证支付 0.1 美元，但即使没有指定 0.1 美元的支付，该交易的经济实质是相同的。因为认股权证的召回导致的 A 类股票可发行数量的确定是基于一个以股价和到期日为轴的表格。该表格的目的是规定当 A 类股票价格低于18 美元时，持股人因时间价值损失而应获得的赔偿金额。对于该表中的结算金额，为了不负面影响公众认股权证根据 ASC 815－40－15 的步骤 2 与SPAC 的股票指数化内涵，该实体必须在公共认股权证发行日期的合理假设基础上得出结论，表格中的每个结算数字代表对损失的时间价值的合理补偿金额。影响公共认股权证公允价值估值的假设应影响结算表中每个单元所包含的股份数量，并应以商业上合理的方式确定。这些假设包括股票波动率、利率和股息。

一些公开认股权证包含的条款表明，如果认股权证由 SPAC 的官员或董事持有，结算金额可能会有所不同。如果 SPAC 行使其召回换股的功能，就会出现这种结算差异。在这种情况下，非 SPAC 高级职员或董事的公众认股权证持有人将根据前述的表格，按照每个认股权证的若干 A 类股份的预定金额获得 A 类股，但如公众认股权证持有人是 SPAC 的高级管理人员或董事，将根据其认股权证的公允价值获得若干 A 类股份。2021 年 4 月 12 日，SEC 工作人员发布了一份关于 SPAC 发行认股权证的会计和申报考量的工作人员陈述（"SEC 工作人员陈述"），解决了与 SPAC 发行认股权证相关的资产负债表分类问题。美国 SEC 工作人员陈述讨论了与 SPAC 发行的认股权证条款相关的事实模式，并指出：

认股权证包含了因为认股权证持有人的特征不同而规定的结算金额可能发生变化的条款。因为认股权证的持有者并不是一个固定金额交易期权定价的股票的内涵导入因素，SEC 工作人员得出结论，在这个事实模式中，这样的条款会排除认股权证与发行实体的股票的指数化内涵，因此该认股权证应以公允价值衡量列为负债。

ASC 815－40－15－7E 讨论了对固定数额股票期权定价的内涵性导入因素。正如美国 SEC 员工声明中所指出的，持有者不是股票期权定价的导入因素。因此，如果认股权证的结算条件（即行权价格或股票数量）可能根据其持有人的不同而变化，则不认定该认股权证与 SPAC 的股票指数化联系。上述关于 SPAC 高管或董事的公共认股权证的条款具有取决于持有人的结算条款。因此，这种公开认股权证不会被认为与 SPAC 的股票指数化联系，应被归类为负债。

E. 归于股权分类的条件

如果一个实体被认为其公众认股权证与 SPAC 在 ASC 815 - 40 项下的股票指数化连接，它必须评估 ASC 815 - 40 - 25 中的条件，以确定它是否控制以其股票结算认股权证合同的能力。只有实体能够控制其以股份结算的合同（符合 ASC 815 - 40 - 25 的条件）才能归类为股权。例如，如果（1）在 SPAC 控制范围以外的事件发生时，公共认股权证持有人能够以净现金结算其认股权证，且（2）该认股权证指数化连接的普通股持有人却无权享有相同的现金结算权利，该公共认股权证将不符合 ASC 815 - 40 - 25 中的股权分类要求。但公开认股权证通常包含一项条款，允许其持有人在涉及此类认股权证的指数化连接的普通股之要约收购或要约交换发生时获得现金结算。

美国 SEC 的工作人员声明阐述了此类条款对 SPAC 发行的公开认股权证和私募认股权证分类的影响。它指出：

GAAP 包括一个一般原则，即如果不在实体控制范围内的事件可能导致一个合同需要净现金结算，那么该合同应被分类为资产或负债，而不是股权。然而，GAAP 为这一一般原则提供了一个例外，即如果净现金结算只能在作为合同基础的股票之持有人也将收到现金结算的情况下触发，则不排除股权分类。适用此例外的场景包括从根本上改变实体的所有权或资本化的事件，如实体控制的变更，或实体的国有化等。我们最近评估了一个涉及 SPAC 发行的认股权证的事实模式。这些认股权证包括的条款规定，在要约收购时接受或交换超过（SPAC）50% 的流通股持有者的单个类别普通股，所有认股权证持有人有权获得净现金的结算。换句话说，在符合条件的现金收购要约（可能不在实体控制范围内）的情况下，所有认股权证持有人将有权获得现金，而只有某些普通股的相关股份持有人有权获得现金。（SEC）工作人员总结称，在这种事实模式下，要约收购条款将要求认股权证被归类为一种以公允价值衡量的负债，并在每个盈利期间报告其公允价值的变化。

　　SEC 工作人员强调一个事实模式，即 SPAC 和目标公司合并交易后，合并后的公司有两类普通股——A 类和 B 类股票的要约条款，属于公众认股权证和私募认股权证，其基础证券都是 A 股。无论要约收购或交换要约涉及的 A 类股数量如何，B 类股实际控制了 SPAC，并将继续拥有该等控制，即实体的控制不会发生变化。SEC 工作人员得出结论，由于要约收购条款，公众认股权证和私募认股权证不会满足 ASC 815 – 40 – 25 条件下股权之分类，因为（1）所有这些认股权证可以现金结算，而且在 SPAC 控制事件之外，但是可能不到全部或实质全部 A 类股票将有资格获得现金结算（例如，如果 50.1% 的 A 类股票参与了投标或交换要约，则该要约条款适用）；和（2）导致此类现金结算的条款不会导致实体控制权的改变。

　　在得出这一结论时，SEC 工作人员承认，ASC 815 – 40 – 55 – 2 至 ASC 815 – 40 – 55 – 4 可被解释为对一般原则提供了一个有限的例外，即作为认股权证基础的股权关联持有人无权收取现金，除非作为所有认股权证合同基础的相关股票的持有人也有权收取现金，才可能归入股权的分类。在描述这种有限例外情况时，ASC 规定如下：

　　ASC 815 – 40 – 55 – 2　导致一个实体控制权变更的事件不在该实体的控制范围内，因此，如果一份合同在控制权变更时要求以净现金结算，则该合同通常必须分类为资产或负债。

　　ASC 815 – 40 – 55 – 3　然而如果控制变更条款要求交易对方接受或允许交易对方在结算时交付与合同基础股份持有人相同形式的对价（如现金、债务或其他资产），永久股本分类不会因为控制变更条款而被排除。在这种情况下，如果合同基础股票的持有者在导致控制权改变的交易中获得现金，合同的对方也可以根据其在合同下的头寸价值获得现金。

　　ASC 815 – 40 – 55 – 4　如果合同基础股票的持有者收到的不是现金，而是其他形式的对价（如债务），交易对手也必须收到债务。

　　然而，SEC 工作人员得出的结论是，只有在导致与股权相关的金融工具现金结算的事件也同时导致实体控制权变更的情况下，才适用这一例外。由于在 SPAC 的事实模式中不可能发生控制权的变更，SEC 工作人员得出结论认为该有限例外不会适用，因此，该 SPAC 的公开认股权证和私募认股权证不符合 ASC 815 - 40 - 25 中的股权分类条件，即要约收购条款提供的现金结算违反了 ASC 815 - 40 - 25 股权分类的一般原则。因此，登记人将被要求将这些认股权证归类为负债。

如前所述，SPAC 一般具有双重普通股结构。因此，如果（1）公开认股权证或私募认股权证包含类似于上述要约条款的规定；和（2）在常见的 SPAC 股权结构中，将表决事项提交给 SPAC 两个类别都有表决权股票的股东，发生上述的认股权证的现金结算时认股权证将不符合 ASC 815 - 40 - 25 的股权分类条件，必须被列为负债。即使存在在单一的普通股结构，但其他类别的证券有权对提交给实体股东投票的事项进行投票，同样的结论也适用。但是，如果（1）只有一个类别有投票权的普通股；和（2）只有这个类别的股票有权投票表决提交给实体股东的事项（实体没有其他类投票证券），在这些情况下，对 ASC 815 - 40 - 55 - 2 至 ASC 815 - 40 - 55 - 4. 13 的控制变更适用有限例外可能被接受。

8.5.4.2　私募认股权证

尽管私募认股权证的条款通常与公开认股权证的条款相似，但可能存在关键差异，如：

（1）公开认股权证通常具有赎回换股功能，或在持有人不行使认股权证的情况下，SPAC 可以 0. 01 美元赎回此类认股权证；私募认股权证不包含允许 SPAC 要求认股权证提前行使的赎回功能。

（2）私募认股权证和公开认股权证的某些行权价格调整计算方法不同；私募认股权证的无现金（净股）结算公式与公开认股权证也有所不同。

（3）如果定向增发认股权证被转让给不被允许的受让人（例如发起人或其关联公司以外的一方），则该等认股权证的条款通常会发生变化。在这种情况下，私募认股权证成为公开认股权证。

正如在公开认股权证指数化的讨论中所指出的，ASC 815 - 40 - 15 包含一个两步骤的模型，实体必须适用该模型以确定私募认股权证是否与 SPAC 的股票有指数化内涵的连接。在该模型下，除了评估或有行权条件外，实体还必须确定行权价格或结算金额的任何潜在调整是否构成对固定数额股权期权定价的内涵输入。正如美国 SEC 员工声明中所指出的，持有者本身的特征不是股票期权定价的内涵性输入。这些规则对私募认股权证有类似的影响。

8.5.5 对初始并购中盈利能力支付计划的会计和税务分类

作为初始并购谈判的一部分，SPAC 和收购目标可能会达成通常所说的"盈利能力支付计划"协议，可与目标公司股东、SPAC 的发起人或二者都签订该协议。一般来说，SPAC 的盈利能力支付计划安排有以下特点：

（1）合并后的公司在规定的期限内，其股价达到或者超过规定的数额，应当增发普通股。

（2）之前未发行的部分或全部股份将在特定事件（如合并后公司控制权的变更）发生时可发行。

（3）结算必须以股份形式进行（即合并后的公司或股东不能选择现金结算）。

对于上述例子中的盈利能力支付计划安排，奖励股份的会计和税务分类取决于该安排的条款。如果与 SPAC 的发起人签订了这类盈利能力支付计划安排，股份一般在初始并购交易前发行。但在 SPAC 初始并购时，根据一个或多个股票价格水准或特定事件（例如控制权变更）的发生，它们将受到转让限制或被没收。这些股份可以进行托管（当然也可以不托管），在任一情形下，如果股票的持有者可能失去这些股票（例如，如果一个或多个条件没有在规定的日期内被满足，它们将被没收），出于会计和税务目的，会以盈利能力支付计划同样的方式处理这些安排，而这涉及股票的发行条件（例如，它们被视为与股票相关的工具，而非流通股）。但是，如果该所有人已经合法拥有这些股票，但在下列条件满足前受到转让限制：

（1）一个或多个特定条件；或

（2）规定的日期。

这样的股票被认为是有转让限制的流通股，而不是与股票相关的工具。换句话说，包含授权类型条件的盈利能力支付计划安排被视为与股票相关的工具（无论相关股票是否已发行），而只受转让限制的盈利能力支付计划安排被视为已发行股票。

盈利能力支付计划安排中与股权相关的工具在 ASC 815 – 40 的基础上被分类为负债或股权工具，除非此类安排在 ASC 718 的项下，在 ASC 815 – 40 项下被分类为股权的合同不重新估值。然而，归类为负债的合同必须随后以公允价值重新计量估值，公允价值的变动在收益中确认。

要被分类为 ASC 815 – 40 下的股权工具，盈利能力支付计划安排必须满足两个条件：

（1）该工具与发行者的股票指数化连接；

（2）该工具符合股权分类的几个条件（发行人控制以股份结算该工具的能力；即使合同要求以股份结算，这些条件也是相关的）。

在将 ASC 815 – 40 应用于与股票连接的工具（如盈利能力支付计划安排）时，有几个因素需要考量。这些考量包括确定下列事项：

（1）账户单位；

（2）合同是否与合并后公司的股票指数化连接；

（3）合同是否满足股权分类的其他附加条件。

账户单位　评估一个盈利能力支付计划安排是否可以归类为股权，首先要确定账户单位。该安排可以是一个账户单位，也可以包含多个账户单位，具体取决于（1）该安排作为一个整体是代表一个独立的金融合同；或者（2）在整个安排中有多个独立的金融合同。

指数化　对于每个核算单位，使用两个步骤来评估该实体是否符合 ASC 815 – 40 – 15 中的指标化要求，以确定是否考虑将合同归入合并公司的股票指标化。如果该实体确定该合同没有被认为与合并后公司的股票指数化连接，则该合同必须被归类为负债（即永远不允许进行股权分类）。为了确定一个合同被认为与合并公司的股票指数化连接，实体必须评估影响以下任何一个步骤的条件：

步骤 1　合同的行使或结算（"或有行使条款"）；

步骤 2　结算金额的货币价值（即影响结算金额的因素，或"结算条框"）。

所有的盈利能力支付计划安排都包含有或有行权条款，而且其中大多数还包含结算条款。某些情况下，一个条款可以同时反映或有行权规定和结算规定。关于盈利能力支付计划安排的条款是或有行权条款还是结算条款的确定，会对合同是否与合并公司的股票指数化连接产生重大影响，因为或有行权条款的指引与结算条件的指引有很大不同。

为了不阻止盈利能力支付计划合同与合并后公司的股票指数性连接，必须满足 ASC 815 – 40 – 15 – 7A 的指引，其中部分规定如下：

行使权的偶然性不应排除某金融工具（或嵌入特征）被视为与实体自己股票的指数化工具，前提是该工具不应基于以下任何一种情况：

（1）可观察的市场，发行者自身股票市场除外（如适用）；

（2）一个可观察的指数，除了仅基于发行人自己的业务（如发行人的销售收入、发行人息税折旧摊销前的利润、发行人的净收入，或发行人股本总额）计算和衡量的指数。

反映或有行权条款（如合并后公司的股价或控制权的变更）的盈利能力支付计划安排条款一般不妨碍合同满足 ASC 815 – 40 – 15 步骤 1，即被认为与合并后公司的股票指数化连接。然而，根据 ASC 815 – 40 – 15 步骤 2，影响合同结算价值的条款（即结算条款）可能阻止其与合并公司的股票指数化连接。对于满足步骤 2 条件的工具，任何可能影响结算额的输入必须满足 ASC 815 – 40 – 15 – 7D 中讨论的条件，其中部分规定：如果能够影响结算金额的唯一变量是对固定的股票远期或期权公允价值的投入，则工具（或嵌入特征）仍应被视为与实体自己的股票挂钩。

这些安排中包括的影响结算金额的条款通常不妨碍合同满足 ASC 815 – 40 – 15 步骤 2 要求的常见条款包括：

（1）合并后公司的股票价格（即报价或合理的平均报价）；

（2）标准反稀释化的调整；

（3）调整合并后公司股票的股息；

（4）在提前结算时对损失时间价值进行调整（前提是这些调整仅反映对损失时间价值的合理补偿）；

这些安排中包括的影响结算金额，但通常会阻止合同满足 ASC 815 – 40 – 15 步骤 2 要求的常见条款包括：

（1）合并后的公司一旦控制权发生变化，所有盈利能力支付安排中剩余股份都可以发行（否则没收条款将失效）。

（2）在合并后的公司破产或资不抵债时，所有盈利能力支付安排中的剩余股份将可发行（或没收条款将失效）。

股票分类的条件　一旦根据 ASC 815 – 40 的规定确定盈利能力支付安排被认为与合并后公司的股票指数性连接，该实体必须评估其是否控制了以其股票结算合同的能力，而 ASC 815 – 40 – 25 规定了必须满足的条件。只有实体控制了盈利能力支付安排中以其股份结算的合同（即符合 ASC 815 – 40 – 25 的条件）才能归类为股权。

8.6　以股份作为偿付工具与初始并购的税务考量

各参与方应评估 SPAC 初始并购将对 ASC 718 范围内的员工和非员工（统称为"受让人"）现有的基于股份的支付安排将产生的影响。

如果目标公司被确定为会计收购方，而 SPAC 不符合一个企业（a Business）的定义，则实体应考虑先前存在的目标公司的股权奖励计划是否作为 SPAC 初始并购的一部分进行了谈判与修订。在进行评估时，实体应仔细注意目标公司原先存在的股权计划的原始条款以及 SPAC 初始并购所导致的任何变化。这可能包括评估与受让人之间的任何盈利能力支付安排，包括受让人按照盈利能力支付安排的要求，在初始并购后仍须继续满足对合并后公司的服务要求。此外，实体应考虑 SPAC 合并对目标公司原股权激励计划原条款中包含的任何反稀释条款的影响。

第9章 SPAC 的法律风险

2020 年 12 月，美国 SEC 的公司融资部发布了关于 SPAC 披露的指导意见，随后不久纽约州的联邦地区法院引发了 SPAC 股东诉讼的第一波浪潮。这些诉讼在一定程度上遵循了 SEC 的披露指引，通常指控 SPAC 董事及高管违反了他们对股东的信托责任，对拟议的 De－SPAC 的初始并购提供了据称不充分的披露。其中一些诉讼还对该 SPAC 本身以及目标公司及其董事会提出索赔，指控其协助和教唆该 SPAC 董事及高管的违规行为。从 2020 年 9 月到 2021 年 4 月，SPAC 的股东们在纽约州联邦地区法院提起了至少 38 起针对 SPAC 的诉讼，在美国其他州的联邦法院，也有不少针对 SPAC 的诉讼，这些诉讼中包括 20 多起集体诉讼。

同时，考虑到最近两年 SPAC 的数量和规模，无疑它们为私控公司提供了一个比传统 IPO 更有意义的上市途径。对私控公司而言，或许与 SPAC 合并相对于传统 IPO 更具吸引力的特点之一是，在基于披露的法律责任敞口方面存在差异：这差异的关键在于 1995 年《私法证券诉讼改革法案》（the *Private Securities Litigation Reform Act of* 1995，PSLRA）一个安全港条款的适用性。当 SPAC 向投资者描述他们的增长预测时，这些预测可能会享受 PSL-RA 所规定的安全港的保护，而由传统 IPO 上市时所描述的预测将被排除在该安全港之外。尽管对于 PSLRA 的安全港在私控公司选择上市的路径选择上是否扮演了决定性的角色存在争议，但 PSLRA 的安全港的适用性差异通常被描述为"监管套利"的贬义性机会。因此，2021 年 3 月底起，美国 SEC 的多名高阶官员和一些国会议员呼吁进行法律改革，将与 De－SPAC 交易有关的信息披露排除在 PSLRA 安全港之外，据称这将使 De－SPAC 与传统 IPO 处于"公平竞争的环境"（至少在涉及前瞻性陈述时是如此）。

最近两年关于 SPAC 诉讼领域最吸引眼球的事件之一，是 2021 年 8 月

17 日美国 SEC 前委员（美国 SEC 包括主席在内一共 5 位委员）、现在纽约大学法学教授罗伯特·J. 杰克逊（Robert J. Jackson）和耶鲁大学法学教授约翰·莫理（John Morley）代表 SPAC，对该 SPAC 提起的代位诉讼。原告是马萨诸塞州 75 岁的股票经纪人乔治·阿萨德（George Assad），被告是 Pershing Square Tontine Holdings，Ltd.（PSTH）及其发起人、董事和其他高管。PSTH 一般被认为是对冲基金巨头比尔·阿克曼的 SPAC。虽然 SPAC 已经面临多个诉讼，但是这次诉讼中的诉求是非常新颖的。诉状的主要内容是，根据 1940 年《投资公司法》（*Investment Company Act of* 1940，ICA），SPAC 是一家投资公司，所以它应该注册为一家投资公司，其董事所获得的赔偿根据 ICA 和 1940 年《投资顾问法》（*Investment Advisor Act of* 1940，IAA）是非法的。

因为世界著名的对冲基金巨头、华尔街风云人物比尔·阿克曼（Bill Ackman）的超高知名度，加上他的 SPAC（PSTH）募集了迄今为止最多的资金（40 亿美元），以及这一案件的原告律师之一是 SEC 前委员，再加上这个 SPAC 被起诉的前一个月刚宣布初始并购协议就因 SEC 的质疑而被叫停，这一事件立刻成了 SPAC 业界关注的焦点。但更引人注目的是该诉讼的诉求：原告在起诉书中声称，在这件案件中被告严重违反了另一套主要证券法律 ICA 和 IAA，此案的影响迅速突破 SPAC 业界，登上了几乎所有主要商业新闻板块的头版。围绕着这件案件有一个令人震惊的假设：目前的 SPAC 结构是否违反了 ICA 和 IAA 的规定，迄今为止过千家已上市乃至已完成初始并购的 SPAC 都采用了这种结构。

而美国的学术界认为这起诉讼是实验性的。即便有些荒谬，但最终应该是无害的。但华尔街对这一案件有不同的反应，市场上的多数业内人士认为，可能是导致该 SPAC 与环球音乐集团（Universal Music Group，UMC）初始并购失败的不寻常条款引发了这一挑战。该初始并购遭到了美国 SEC 的质疑，最终不得不被放弃。比尔·阿克曼在 2021 年 8 月 19 日致其 SPAC 股东的信中阐述了他对这起诉讼的反应。在该信中阿克曼认为该诉讼没有法律依据，指出"作为把本案起诉到法院的原告律师和法学院教授，他们应该很明白，持有现金和政府证券，寻求企业合并不会让 PSTH 成为非法的投资公司，同时它也不会让数百家做同样事情的 SPAC 成为非法的投资公司"。但是本案原告的律师杰克逊和莫理并没有把他们的诉讼停留在 PSTH 一家。他们很快就代理原告乔治·阿萨德（和 PSTH 的原告相同）对 GO Acquisition Corp. 和 E Merge Technology Acquisition Corp. 两个 SPAC 提出了类似的诉讼。

法律实务界也迅速作出了反应。2021 年 8 月 24 日，怀特凯斯律师事务所（White & Case）的 SPAC 团队发布了一份简洁而明确的备忘录，标题恰当地指出"SPAC 不是投资公司"。2021 年 9 月初，超过 60 家美国知名律师事务所发起反击，他们认为"断言 SPAC 是投资公司是没有事实和法律依据的"。他们认为根据《投资公司法》（ICA），SPAC 不是一家投资公司，前提是（1）遵循其既定的商业计划，寻求一个或多个运营公司在规定的时间内完成初始并购，（2）在其信托账户中持有短期国债和合格的货币市场基金，直至完成其初始并购（其实 SPAC 普遍这样操作）。他们认为，前述 3 起诉讼所依据的 ICA 的法律条款规定，投资公司是指一家公司（或声称自己是这样的一家公司），主要从事证券投资、再投资或证券交易业务。然而，SPAC 主要从事在特定时间内寻找与一家或多家运营公司进行并购。对于初始并购，SPAC 投资者可以选择继续投资于合并后的公司或赎回他们的资金。如果初始并购没有在规定的时间内完成，投资者也可以收回他们的投资。在规定的时间内完成初始并购的 SPAC，或未能在指定的时间框架内完成初始并购之前的 SPAC，几乎所有的资金都被持有在一个信托账户中，其投资仅限于短期国债和合格的货币市场基金的金融产品，而这些运作符合 ICA 纯法定文本及其长期而一贯的否定性解释：任何公司暂时持有短期国债和合格的货币市场基金，而从事的主要业务是寻求与一家或多家运营公司并购都不是一家投资公司。因此，在过去 20 年里，美国 SEC 的工作人员对 1000 多起 SPAC 的 IPO 进行了审查，但这些 IPO 均未被视为受 ICA 的约束。

9.1 对 PSTH 等 3 家 SPAC 的起诉及应对

针对 SPAC – Pershing Square Tontine Holdings, Ltd（PSTH）．，GO ac-

quisition Corp.（GO）和 E Merge Technology acquisition Corp（E Merge）的 3
起 SPAC 诉讼的理论基本上都是一样的。原告声称，被告 SPAC 是 ICA 定义
的投资公司，因为到目前为止，他们只投资于证券——特别是短期美国政
府证券或货币市场基金。起诉书称，每一家 SPAC 的 IPO 都是非法的，因为
这些 SPAC 没有以投资公司的身份在 SEC 注册。PSTH 和 E Merge 的起诉书
还声称，根据《投资顾问法》（IAA），这些 SPAC 的发起人所选择的经理都
是该法案定义的投资顾问，该起诉书声称他们也违反了 IAA，因为他们没有
注册为投资顾问。PSTH 和 GO 的起诉书进一步指控，这些 SPAC 发起人选
择的董事，同样违反 ICA 的规定，因为 ICA 要求投资公司的董事是由这些
公司的有投票权证券的持有人选举。

　　起诉书声称，对 SPAC 发起人和董事的报酬安排——即使这些 SPAC 基
本按照行业的典型做法操作——也违反了 ICA。例如，PSTH 的起诉书称，
发行给 SPAC 发起人和董事的认股权证违反了 ICA 第 18（d）节，因为认股
权证的行权期限超过发行后的 120 天，而且不是专门发行给 SPAC 的某一类
证券持有人。该起诉书还声称，发起人的报酬违反了 IAA 第 205（a）（1）
节，因为它包括了购买 SPAC 股票的认股权证，将为发起人提供部分资本收
益或 SPAC 的资本增值。它还声称，为发起人提供报酬的合同违反了 IAA，
因为这些合同没有得到股东投票的批准。

　　该起诉书进一步声称，该 SPAC 的发起人和董事在他们从 SPAC 收到的
报酬安排和付款安排方面，违反了他们的信托责任。例如，PSTH 的诉状
称，这些报酬和付款"与其提供的服务没有合理的关系，不可能是公平谈
判的结果"。它宣称发起人仅仅投资了 6500 万美元和提供两到两年半的服
务，但收到的回报价值超过 8 亿美元，另外董事仅仅投资约 280 万美元和提
供两年到两年半的任期，收到报酬约 3680 万美元。

　　每一份起诉书均要求撤销基于 SPAC 各项文件和协议的交易安排，并要
求 SPAC 发起人和董事就据称其违反对 SPAC 的信托责任而获得的报酬作出
赔偿。

　　3 起案件的被告均向法院要求停止受理该案件（Motion to Dismiss）。E
Merger 和 Go 均从程序法上抗辩，认为原告的诉讼超出了诉讼时效，不符合

代位诉讼的条件，E Merger 还抗辩原告不具备私法上的诉权。

同时，从实体法的角度，3 家 SPAC 及其发起人和董事均提出抗辩及要求法院停止受理（Motion to Dismiss），SPAC 从定义上不属于 ICA 定义的投资公司，而美国的联邦法院和美国 SEC 也没有作出肯定答案的判例或规则。

被告均认为，如果发行人"主要从事"证券投资，那么它就是 ICA 定义的"投资公司"。美国的法院和 SEC 在决定发行人是否为投资公司时，需要看公司的历史发展、政策陈述、高级管理人员和董事的活动、资产的性质和收入来源等，一些法院认为后两个因素是最重要的。到目前为止，每一家作为被告的 SPAC 都据称只投资于政府债券和仅投资于政府债券的货币市场基金。

迄今为止，从 3 起案件法官对相关程序的安排上来看，法院可能对原告的指控持怀疑态度。其实 SPAC 从业人员和 SEC 长期以来的观点是一致的，即暂时投资于国债和合格的货币市场基金并不会将一个实体变成 ICA 下的投资公司。为了避免被视为投资公司，SPAC 必须避免主要从事投资证券、再投资证券或证券交易的业务。实际上，每一家 SPAC 均会在向 SEC 提交 IPO 的主要文件（Form S－1 或 Form F－1）中披露："我们的业务将是确定并购目标公司并完成初始并购，然后长期经营交易后的业务或资产。"换句话说，虽然它们目前可能投资于政府证券或货币市场基金，但它们的最终目标是确定并购目标公司并完成合适的初始并购，然后经营该企业，而不是投资于这类证券。在这方面，PSTH 的 SPAC 有些异常，因为它最初提议的投资并不是收购另一家公司，而是收购环球音乐集团（UMG）10% 的普通股——这是原告在对 PSTH 的起诉书中强调的事实。但 PSTH 已经放弃了这个计划，实际上并没有进行投资。大多数 SPAC（包括这次作为被告的 3 家 SPAC）都在 Form S－1 或（Form F－1）中披露，SPAC"不打算成为在政府债券或投资政府债券的货币基金的投资中获取回报的投资人"；对政府证券和货币市场基金的投资，旨在仅作为初始并购完成前 SPAC 资金的"持有场所"；如果在 24 个月内没有完成初始并购，这笔资金将退还给投资者。

作为一个程序法上的问题，指控 SPAC 是投资公司的诉讼都被认为是代位诉讼，也就是说原告被认为是代表 SPAC 本身对发起人和董事提起诉讼的。但在所有诉讼中，原告都没有向 SPAC 董事会要求 SPAC 自身主张自己的权利，这是在提起代位诉讼之前通常需要的程序，即用尽救济原则。在这种情况下，原告必须证明其在正常途径的救济已经穷尽，而且"要求无效"。虽然原告的断言在这 3 起诉讼中的每一个要求都是无效的，而且已经用尽救济，但这通常是一个很难达到的标准，通常取决于每个案件的特定事实和诉讼请求。

3 起案件的原告都是一个人，马萨诸塞州 75 岁的股票经纪人乔治·阿萨德。过去 10 年中，阿萨德已经对 34 家公司提出了联邦证券诉讼，其中许多诉讼在几个月内就法院停止了诉讼程序。这 3 起诉讼的走向仍有待观察。PSTH 的幕后操盘者、华尔街明星级的对冲基金经理比尔·阿克曼在致 PSTH 股东的信中说，类似的指控可能会针对所有 SPAC。如果诉讼成功，"意味着每家 SPAC 都可能是一家非法的投资公司"，并将对整个 SPAC 市场产生寒蝉效应。

9.2　SPAC 和投资公司——对 PSTH 等 3 家 SPAC 的实体法分析

如前所述，SPAC 通过 IPO 筹集资金，其目的是确定并收购运营公司或资产，即初始并购。在寻找目标企业并购的过程中，IPO 收益将被保存在一个信托账户中，该账户可以以现金形式持有，也可以投资于短期美国政府证券（或投资与专门投资美国国债的共同基金）。在初始并购过程中，SPAC 将出售美国国债和共同基金，SPAC 的 A 类股股东（SPAC IPO 所发行股票的持有者）也可以从信托账户中按比例提取现金赎回其股票。SPAC 自 IPO 之日起一定期限内（一般是 24 个月）未完成初始并购，即有义务将信托账户内的资金按比例退还所有公开股票持有人。

在对 3 家 SPAC（Pershing Square Tontine Holdings, Ltd.，GO Acquisition Corp. 和 E Merge Technology Acquisition Corp.）有关投资公司身份的诉讼中，主要的指控如下：

（1）SPAC 将其几乎所有资产都投资于美国政府债券或共同基金。

（2）投资证券基本上是 SPAC 做过的唯一的一件事。例如，PSTH 它几乎将其所有时间都花在了谈判并促成一笔交易。在该笔交易中，它也只是投资了更多的证券。

（3）以其将在未来某个时间点确定并收购一个运营企业的抽象意图，不足以让一个本应该成为投资公司的实体规避该法案的监管。

根据 ICA，投资公司的定义有两个主要类别：

（1）是，或对外自称是，"主要从事或计划主要从事证券投资、再投资或证券交易业务的发行人"。这种类型的公司通常被称为"正统的投资公司"，即作为一家从事投资公司业务的公司。

（2）从事或计划从事证券投资、再投资，或拥有、持有或交易证券业务的发行人，并且拥有或打算收购价值超过该发行人总资产价值40%的证券（不包括美国政府有价证券及现金）。这种类型的公司通常被称为"无意识投资公司"。

按照上面投资公司的定义，3 家 SPAC 均不是所谓的无意识投资公司，因为100%的 SPAC 的有形资产投资于现金或短期美国政府债券（或只投资于美国政府债券共同基金），这意味着永远不会超过40%的阈值。但对该定义的第一个类别，即正统的投资公司，则是本案的争议焦点，也是原告声称导致这 3 家 SPAC 成为投资公司的原因。3 起案件的事实指控是，这 3 家 SPAC 成立以来将其全部或绝大多数资产均投资于证券（美国政府债券，或投资于美国政府债券的共同基金）。至于 PSTH，它还计划继续投资于 UMG 的证券。

在正统的投资公司模式下，关键问题是 SPAC 的主要业务是什么（或者它计划做什么）。1947 年美国 SEC 采取了一种五因素测试，以确定发行人是否主要从事投资公司业务。这 5 个因素如下：

（1）公司的历史；

（2）公司向投资界展示自己的方式；

（3）公司官员和董事的活动；

（4）公司资产的性质；

（5）公司的收入来源。

从历史上看，法院和 SEC 一直强调最后 2 个因素（发行人资产的性质和收入来源）。然而，在 2007 年的一个案件 *SEC v. National Presto Industries, Inc.*（"*Presto*"）中，美国联邦第七巡回上诉法院认为，"最重要的原则是公司可能诱导投资者的信念"。其投资组合和投资活动会导致投资者将其公司视为投资公司还是经营的企业。Presto 涉及一家历史上作为消费品和军火制造商的运营性公司，但随后将其资产的很大一部分投资于证券。在认定国家 *National Presto Industries, Inc.* 不是一家投资公司时，法院得出结论："理性的投资者将把 Presto 视为一家运营公司，而不是封闭式共同基金的竞争对手。"这与美国 SEC 一个案例的结论是一致的，即 *In the Matter of Tonopah Mining Co. of Nevada*，Investment Company Act Release No. 1084，26 SEC 426 at 427，July 22，1947（Tonopah）。Tonopah 认为"更重要的是……公司资产和收入的性质，……使投资者相信公司的主要活动是证券交易和投资"。在 Tonopah 一案中，美国 SEC 得出的结论的依据是，该公司从事的是证券投资业务，不仅仅"该公司的唯一净收入来源包括利息、股息和出售证券的利润"，SEC 同时发现"没有任何迹象表明这种情况在可预见的未来将发生实质性改变"。

关于第一个确定 Tonopah 是投资公司的因素（公司的历史），SPAC 与 Presto 及类似的公司不同，这些公司最初是运营公司，随后将很大一部分资产投资于证券。但 SPAC 没有运营公司的历史，因此无法向投资者证明其目的是继续开展运营公司业务，但它们同样也可以证明其主要历史业务不是投资证券。美国 SEC 已经确认，许多没有运营公司历史的公司，主要不是在从事投资公司的业务，例如，从事研究和开发的公司以及 1933 年《证券法》第 419 号规则中定义的"空白支票公司"。

关于 SPAC 向投资界表述自己的方式（第二个 Tonopah 因素）和 SPAC 的高管和董事的运营业务的活动（第三个 Tonopah 因素），法院在 Presto 案中的裁决支持了 SPAC 不是从事投资公司业务的结论。在 Presto 案中，法院指出，"Presto 向公众（和投资者）展示的自身是一家运营公司。它的网站、年报和宣传都是这么描述它的。类似地，SPAC 表明自己正在寻找确定一家或几家运营公司进行并购，而不是为了投资收益或证券升值的目的而投资证券。此外，不像某些'无意识投资公司'，其董事和资深经理把大部分时间花在管理投资组合上，Presto 公司"95% 的经理的时间都花在经营（Presto 的）消费产品和军火业务上"。类似地，SPAC 的官员和董事们都专注于促进 SPAC 与运营公司的合并，而不是关注短期美国政府债券提供的微薄的投资回报。理性的投资者投资 SPAC 并不是因为 SPAC 投资于美国政府债券，而是为了参与初始并购或将其股票兑换为现金的选择权。与 Presto 中讨论的公司类似，SPAC 的股价会随着预期的变化而波动，即 SPAC 的股价会因为确定并完善有吸引力的初始并购而变化，而不是随着"投资收入年度的轻微变化"而波动。对于 SPAC 资产的性质（第四个 Tonopah 因素）和SPAC 收入的来源（第五个 Tonopah 因素），尽管可能在一段时间内 SPAC 唯一的资产、现金及唯一的收入来源，是来源于信托账户中的美国国债及相关的共同基金，但是种种迹象表明这种情况"将在不久的未来发生重大改变"。在完成初始并购后，其净利润将取决于合并后公司的经营情况，或者没有完成初始并购而清算解散。同样，这与研发公司和第 419 号规则规定的空白支票公司没有什么不同。

原告的此类诉求可能面临的另一个障碍是美国 SEC 类似于安全港的临时投资公司规则。根据该规则，发行人在不超过 1 年的时间内，将被视为不从事投资、再投资、拥有、持有或交易证券的业务，前提是发行人"有善意的意图主要不是从事投资、再投资、持有或交易证券"的业务。而且在合理可能的情况下（在任何情况下，以该等一年期限的终止为限），发行人确实没有从事投资、再投资、拥有、持有或交易证券的业务。从 SEC 的规定中，发行人（包括 SPAC）可以用下列的事项来证明其意图：

（1）发行人的业务活动；以及

（2）发行人董事会的适当决议。

其实迄今为止，作为 3 起诉讼中被告的 SPAC 都投资于政府证券和货币市场基金超过 1 年。但如果在未来类似的诉讼中，作为被告的 SPAC 在 1 年内完成了初始并购，可以用 SEC 的这个规则来避免责任。

PSTH 案件引出了投资公司认定的问题。有分析认为，这些诉讼背后的律师最初针对的是 PSTH，因为 PSTH 在 2021 年 6/7 月提出了一项非常规的初始并购交易，但后来不得不放弃。即一些华尔街的舆论认为，并非典型的 SPAC 是投资公司，而是一家非典型的 SPAC（PSTH）提出了一项非常规的交易，才引起了这 3 起有些不合常规的 SPAC 诉讼。下面将介绍这种分析。

PSTH 提议将其大部分资产投资于环球音乐集团（Universal Music Group B. V.，UMG）10% 的普通股。在这非常规的交易结构中，PSTH 将以股票形式收购 UMG 10% 的股份，而其他 SPAC 的初始并购的交易结构通常是寻求一个运营公司进行合并，初始并购完成后，SPAC 或 SPAC 的子公司完全或控股该运营公司。对典型的 SPAC 初始并购交易结构的最大偏离是，PSTH 的初始并购并不是一个并购，而且作为一个股票的购买。该交易最初的结构是，SPAC 将收购并持有 UMG 的股票，并在该年晚些时候在 UMG 于阿姆斯特丹泛欧交易所（Euronext Amsterdam）上市后，才将这些股票按比例分发给投资者。此外，交易完成后，SPAC 将继续存在，拥有 16 亿美元继续用于投资，而且将不再受制用于 SPAC 的任何常规限制和义务。此外，投资者将获得一种名为特殊目的收购权公司（SPARC）的新公司的股权。如果 PSTH 真的完成了这样的交易，在它对 UMG 的投资结束后，PSTH 将真的变成一家投资公司，因为它在购买 UMG 股票后的大部分资产将包括 UMG 的少数股权。因此，美国 SEC 的工作人员提出了这个问题。为了解决这个问题，PSTH 修改了其交易结构，要求 PSTH 在收购 UMG 的股票后，在 UMG 上市之前，为了 PSTH 的股东利益将 UMG 的股份转移到一个信托中。然而，按照新的交易结构，在收购 UMG 股票后，PSTH 仍提议继续以 16 亿美元现金进行新的收购，且不受任何限制。SEC 认为这不符合纽交所的上市规则。因此，PSTH 最终发布了一份新闻稿，声明其决定放弃与 UMG 的交易，转而专注于将其初始并购，转为传统的 SPAC。华尔街的舆论认为，并非典型的 SPAC 是投资公司，而是一家非典型的 SPAC（PSTH）提出了一项非常规的交易，其中包括偏离 SPAC 正常的交易结构的特征而使其 SPAC 在初始并购后成为一家投资公司，而且美国 SEC 毫不犹豫地提出了这个问题，并阻止 SPAC 初始并购的继续进行。但原告和他的律师把它作为一个跳板，在纽约南区联邦地区法院一连提出了 3 起针对 SPAC 的诉讼。

9.3　SPAC 和投资公司——美国监管环境下的投资公司

关于 SPAC 的董事及经理是否符合 1940 年《投资顾问法》（*Investment Advisor Act of* 1940）及美国监管环境下投资顾问定义等问题，将在本章后面讨论。

美国监管环境下的投资公司是世界上最大的单一监管环境下的投资主体类型，截至 2020 年底，其管理的资产总额达 30 万亿美元左右。

美国监管环境下投资公司的概念可以追溯到 18 世纪晚期的欧洲，而 19 世纪英国出现的"投资池"使这个概念更接近美国本土后来出现的投资公司。1868 年，外国和殖民地政府信托基金在伦敦成立，这种信托基金在基本结构上类似于美国后来的基金模式，"通过将投资分散在许多不同的股票上，为中等规模的投资者提供了与大资本家相同的优势"。而英国的基金模式因此与美国证券市场建立了直接联系，为内战后美国经济的发展提供了资金。1873 年 2 月 1 日，由基金业先驱罗伯特·弗莱明（Robert Fleming）成立的苏格兰裔美国人投资信托基金投资于美国的经济潜力的基础设施，主要是通过美国铁路债券来投资。随后，许多其他信托基金不仅仅是针对美国投资项目的投资，也导致了 19 世纪末 20 世纪初基金投资概念在美国生根发芽。

1924 年 3 月，第一只开放式基金在波士顿问世。马萨诸塞投资者信托公司（Massachusetts Investors Trust）对投资公司概念进行了重要的创新，建立了简化的资本结构，该信托持续发行股份、持续赎回股份而不是持有股份直至基金解散，同时制定了一套明确的投资约束和投资政策。1929 年的股市崩盘和随后的大萧条阻碍了集合投资的发展，直到一系列具有里程碑意义的证券法立法的出现，从 1933 年的《证券法》、1934 年的《证券交易法》到 1940 年的《投资公司法》和《投资顾问法》，重新激发了投资者的信心。投资者信心的恢复和许多创新导致了投资公司行业资产和账户数量相对稳定的增长。

9.3.1　美国投资公司的监管环境简介

1934 年《投资公司法》（*Investment Company Act of* 1934，ICA）是美国监管证券类资金池或类似投资工具的主要来源，ICA 的采用是为了遏制 20 世纪 30 年代及更早时候存在于美国零售投资市场集合投资基金中的证券欺诈行为。ICA 旨在通过结合注册要求、披露要求以及运营中的实质性监管活动，为该行业的弊病提供详细的监管方案。

ICA 根据其目的或资产构成来认定监管对象。因此，有时候一些公司包括实体运营公司，即使不属于基金的范畴，也可能属于 ICA 定义的投资公司（所谓的"无意识投资公司"）。即使其资产构成中只有少部分属于股票和其他证券，只要其占总资产价值比例超过 40%，就可能被要求注册为投资公司，并受到 SEC 的实质性监管。根据 ICA 被要求注册为投资公司的监管要求极其严格，而这些是一般的外国公司难以想象的。

20 世纪 90 年代初，ICA 受到了 SEC 工作人员和市场参与者的特别关注、评判乃至审查。这种审查主要是针对用于确定一个公司是否需要根据该法案进行注册的标准以及可获得的注册豁免的范围。在 SEC 采取行动之前，美国国会通过了《国家证券市场改善法案》（*National Securities Markets Improvements Act of* 1996，NSMIA），对 ICA 进行了重大的修订。NSMIA 作出的改变包括：增加了 ICA 一项新的注册豁免，适用于只向机构和高净值个人证券投资人私下发行其自身证券的投资公司，增加了主要针对衍生工具交易商的注册豁免，大幅减少了各州对在 SEC 注册的公众投资公司的监管，放宽了对一家投资公司投资于另一家投资公司证券的限制。

然而，即使在 NSMIA 颁布生效之后，ICA 的效力仍在受到国会和其他市场参与者的审查和批评，他们特别关注的是开放式投资公司，也就是众所周知的共同基金。美国 SEC 除了进行大量执法及提起诉讼外，还进行了一系列规则制定，从共同基金治理改革、强制或禁止某些定价和支付安排，到加强对基金收费结构、交易政策和利益冲突的披露。

2008 年国际金融危机以后，SEC 采取了监管改革措施，旨在解决货币市场共同基金金融危机期间遭遇的问题。货币市场共同基金历史上第一次

"跌破了面值"（允许其每股资产净值低于 1 美元），导致市场一度对此类基金丧失了信心，并迫使美国联邦救助。2014 年 7 月，美国 SEC 采用适用于货币市场基金的新规则，要求主要不投资于美国国债的机构货币市场基金以浮动资产净值交易，使货币市场基金能够增加偿债能力，以及在某些情况下暂停赎回，管理该类基金的估值，并规定新的披露、压力测试、报告和多样化要求。2016 年 10 月，SEC 通过新的规则，对开放式基金和 ETF 的风险管理和流动性施加了要求，以及对共同基金和 ETF 作出了"波动定价"的规定，并要求这些基金加强信息披露。

9.3.2　美国监管环境下投资公司的定义

ICA 对"投资公司"的定义包括以下任何实体：

（1）对外自称主要从事证券投资、证券再投资或证券交易业务；或者

（2）从事或提议从事证券投资业务，投资、拥有、持有或交易证券，拥有或提出收购投资证券价值超过 40% 发行人非合并财务报表的总资产（不包括政府证券和现金）。

ICA 这个定义并不要求管理一个投资组合才能成为投资公司，并且在"证券业务"中的要求被解释得非常宽泛。例如，即使是完全被动的信托公司（只被动持有证券）或控股公司也可以满足定义的要求。美国国会认为，ICA 中"投资公司"的定义所涵盖范围之广泛本身是合理的，其目的在于寻求消除滥用行为。因此，对投资公司的定义不仅包括其目的，还包括客观的基于资产的测试，这在一定程度上是为了最大限度地减少一个实体可能不恰当地逃避该法案的监管的可能性。

在解释 ICA 中"证券"的定义时，美国 SEC 及其员工为了达到国会立法的目的，作了非常宽泛的扩大化解释。尽管和其他证券法案中关于证券的文本定义几乎相同的，但 SEC 对其他法案中证券的定义从未做如此宽泛的解释。例如，SEC 认定诸如商业银行贷款、附属公司贷款、保险公司发行的某些金融工具、商业和其他常规信贷安排等，均构成了 ICA 定义下的证券，虽然这些在其他证券法案项下都不属于证券的范畴。

在 ICA 项下，"投资的证券"（Investment Securities）不包括

（1）"政府证券"。

（2）员工全资控股的投资公司发行的证券，以及

（3）发行证券的公司：

- 是投资人的控股子公司；和

- 其本身并不是投资公司或属于 ICA 项下 第 3（c）（1）节或第 3（c）（7）节规定的例外。

根据这一定义，由姐妹公司或母公司发行的证券（如公司间融资的票据）根据 ICA 的定义，考量贷款人的法律地位时被视为"投资的证券"，即使借款人和贷款人处于共同控制之下。

毫无疑问，传统的共同基金成为 ICA 监管的主要对象。但是，基于资产的投资公司的定义和对证券定义的宽泛解释相结合，可能使其他实体（即"无意识投资公司"）也受到 ICA 的监管。ICA 对这些实体的监管的正当性并不很明显，但该法案现在却完全适用于它们。这些公司包括拥有控制权但未达到多数股权的控股公司、外国银行和保险公司及其控股公司、资产为母公司和关联公司贷款的金融子公司等。ICA 及其相关规则包含若干条款，按照该法案的定义或基于该法案的适用及运作的规则，这些条款将特定类型的实体排除在或豁免于投资公司的全部和部分监管规则之外。此外，该法案授权 SEC 基于"必要和适当的公共利益和保护投资者的目的"，免除实体特定条款的义务。

9.3.3　美国监管环境下投资公司的注册及注册例外与豁免

在美国，注册在案的投资公司是美国资产管理行业的一个重要组成部分，在美国经济和金融市场中发挥着重要作用，并在全球金融市场中也发挥着越来越大的作用。截至 2020 年底，这些作为法定的投资公司的基金管理的净资产总额接近 30 万亿美元，主要客户是超过 1.05 亿美国散户投资者。过去 25 年，由于资产增值、家庭财富增加、美国人口老龄化以及基于雇主的退休基金制度的演变，该行业经历了强劲的增长。美国投资公司为全球证券市场提供投资资本，是美国国债和市政债券市场的重要投资者。

从法定的角度，在美国 SEC 注册的投资公司必须是 ICA 中列举的三种

类型之一，即单位投资信托、管理公司或票面权证公司。管理公司又分为开放式公司和封闭式公司。单位投资信托被定义为在信托契约或类似投资工具下组织的实体，没有董事会或类似机构，只发行信托证券，可随时按照持有人的选择被赎回，每一个信托份额都代表一个特定证券池的不可分割的利益。单位投资信托因此通常是固定的和非主动管理的投资组合的资产池。票面权证公司在历史上曾经是投资公司一个重要类别，但现在已经基本被市场淘汰。管理公司包括所有其他投资公司。开放式管理公司，是美国证券市场上通常被称为"共同基金"的实体，被定义为持有者可在任何时间赎回其证券的公司。封闭式管理公司包括所有其他管理公司，它们发行的证券不可以被持有人随意赎回，但在二级市场进行交易。投资公司的类型不同，其注册的法定要求也不同。

　　注册的投资公司必须遵守非常重要的持续披露和监管要求。尽管向投资者和潜在投资者披露信息是 ICA 的重要组成部分，但其主要重点是实质性监管，包括：

　　（1）董事会的组成；

　　（2）投资公司与其发起人、承销商、顾问和其他关联人之间的交易；

　　（3）发行债券或其他"优先"证券和其他借款以创造杠杆；

　　（4）投资其他投资公司；

　　（5）证券托管安排；和

　　（6）发行或赎回可赎回证券的价格。

　　这些详细的实质性规定源于美国国会遏制特定类型滥用职权的意图。例如，由于 20 世纪 30 年代的基金经理"拒绝承认他们对股东的信托义务"，并从事损害投资者利益而使自己受益的交易，ICA 对关联方交易规定了非常严格的条款。同样，限制一家投资公司持有另一家投资公司证券的规定，直接源于"基金的基金"中对投资职责的滥用，涉及佣金和自营交易，这对投资顾问和推介人有利，但对投资者不利。

　　美国监管环境下"投资公司"的定义给很多企业带来了特殊的问题，因为这些实体可能符合 ICA 及其 SEC 规则规定的投资公司的定义，但按照一些术语的一般意义，它们通常不会被视为投资公司。因此，符合投资公司定义的公司可以根据 ICA 第 6（c）节的规定，申请 SEC 对所有或某些条款监管规则的特别豁免救济。但是该豁免程序是不确定的，而且通常是持久和昂贵的。

如果一家投资公司不能按照 ICA 被豁免注册，它通常必须根据 ICA 向 SEC 注册，并且必须根据 1933 年《证券法》向公众发行其证券。SEC 的工作人员审查其注册陈述（可能在 Form N－1A、Form N－2 或其他投资公司表格上），以确保其符合表格要求和相关法规。在 SEC 工作人员宣布投资公司的注册陈述"有效"之前，他们会对该文件进行评论—澄清程序。开放式基金（一般指共同基金），必须在根据《证券法》提交的注册陈述生效后继续向 SEC 提交修正文件，以保持其当前的招股说明书的信息披露及时有效。封闭式基金向公众发行其证券时向 SEC 提交注册陈述，或维持一个货架注册陈述，允许该基金不时向 SEC 提交招股说明书的补充以发行其证券。共同基金和封闭式基金必须分别向股东提供年度和半年度报告并同时提交给 SEC，其中包括最新的财务信息和基金的证券投资组合清单。

9.3.4　美国监管环境下投资公司的种类

根据 ICA，在美国 SEC 注册的投资公司必须是 ICA 中列举的三种类型的投资公司之一：单元投资信托、管理公司或票面权证公司。经过 80 多年来市场的发展及演变，有了不少约定俗成的投资公司的种类，并通过 SEC 规则等有相应的监管。2020 年底，美国注册在案的投资公司管理着约 30 万亿美元的资产，管理着约美国 23% 的家庭金融总资产。目前，从金融术语的角度，有六种类型的注册投资公司：开放式投资公司（通常称为共同基金）、封闭式投资公司、交易所交易基金（ETF）和单元投资信托（UITs），业务发展公司和期间基金。

无论从基金的数量还是管理的资产数量来看，绝大多数投资公司都是共同基金。共同基金在法律上属于 ICA 规定的管理公司，又称"开放式基金"。共同基金可以是主动管理的投资组合，也就是由专业的投资顾问创造独特的投资组合以满足特定的投资目标；也可以是被动管理的投资组合，即该投资顾问寻求跟踪选定的基准或指数作为其投资组合。共同基金的一个特点是它们发行可赎回的证券，这意味着该基金随时准备以当前净资产值（NAV）回购其股票。资产净值的计算方法如下：基金资产的总市值减去负债，再除以共同基金流通股的数量。共同基金必须将至少85%的净资产投资于流动性证券，并且必须允许投资者按照共同基金当前的净资产价值每天至少赎回一次自己的权益。货币市场基金是共同基金的一种，其显著特征之一是力求保持其稳定的资产净值。货币市场基金为投资者提供了一种特色型投资产品，包括流动性、以市场为基础的回报率，以及可以合理的成本返还其本金的目标。这些基金都属于注册的投资公司，受美国 SEC 根据美国联邦证券法的监管，包括 ICA 项下第 2a－7 号规则。这一规则在2010年得到了大幅加强，包含了许多限制风险的条款。货币市场基金的股票通常向所有类型的投资者公开发售。

封闭式基金在法律上也属于 ICA 规定的管理公司。与共同基金不同，封闭式基金不发行可赎回股票。相反他们发行固定数量的股票，再以市场决定的价格进行交易。封闭式基金的投资者通过经纪商买卖其股票，就像它们交易任何上市公司的股票一样。ETF 的结构和法律分类要么是共同基金，要么是单元投资信托，但同时在股票交易所像封闭式基金那样进行交易。单元投资信托也是一种混合型基金，同时具备共同基金和封闭式基金的一些特征。与封闭式基金一样，单元投资信托通常只发行特定的、固定数量的股票，称为"单元"。与共同基金一样，这些单元是可赎回的，但与共同基金不同的是，单元投资信托的发起人通常会在单元的交易结构中保留一个二级市场交易平台，以便投资人的赎回不会耗尽单元投资信托的资产。单元投资信托不积极交易其投资组合，而是购买并持有一组特定的投资，直到确定的终止日期，届时信托将解散，收益及本金将支付给股东。封闭式基金包括业务发展公司（Business Development Company，BDC）和期间基金（Interval Fund）。业务发展公司是封闭式基金的一种，必须将相当一部分资产投资于美国中小企业，作为交换 ICA 允许其拥有比传统封闭式基金更高的杠杆率。大多数业务发展公司以使用贷款工具为投资手段，为投资者提供独特的浮动利率贷款市场敞口，在美国通常被称为"影子银行"行业的一部分。另外还有期间基金，是一种向投资者提供周期性流动性的

封闭式基金。期间基金根据基金的基本投资政策，按照预先确定的时间表
（通常每 2 个月、6 个月或 12 个月）向投资者提供赎回的机会。

9.4　SPAC 和投资顾问

在 PSTH 一案的起诉书中，原告声称 PSTH 是对冲基金巨头阿克曼的基
金管理公司，即 Pershing Square Capital Management, L. P.（PSCM）的投资
工具之一，而 PSCM 是美国华尔街最著名的投资基金和投资顾问之一。

IAA 规定，"投资顾问"是指为获取报酬而直接或通过出版物或著述就
证券价值或投资、购买或销售证券等的明智性（Advisability）向他人提供咨
询业务的任何人。原告认为，PSCM 满足这一定义，因为它从事就"价值"
"投资"和"购买"证券的明智性向公司提出建议的业务，并且收取丰厚的
超额报酬。根据 PSTH 一案原告的起诉书，PSTH 的招股说明书和其他文件
描述了一种安排，在这种安排中，PSTH 没有自己的全职员工，而是完全依
赖 PSCM 提供必要的投资建议。PSTH 的 CEO 和 CFO 均受雇于 PSCM。招股
说明书还指出，所有支持 CEO 和 CFO 的专业人士都是由 PSCM 聘用的。招
股说明书还指出，PSCM 是 PSTH 的 7 名投资专业人士的来源，是他们组成
了招股说明书所称的"PSTH 投资团队"，并描述他们为 CEO 和 CFO 寻找收
购目标提供支持。招股说明书重点提到这些专业人士的金融专业知识，并
明确表示这些专业人士将提供投资建议。

原告认为，PSCM 提供的建议重点关注"投资、购买或出售证券的明智
性"，原因有三个：其一，PSCM 就 UMG 购买证券的可行性提供了建议。其
二，在完成任何未来的初始业务合并时，PSTH 将依靠 PSCM 的投资专业人
士提供建议，在 PSTH 的注册证书中列出的不同方法之中进行选择，其中就
包括购买证券。其三，PSCM 利用其对 PSTH 的支配地位，让 PSTH 与其受
托人之间谈判和签署投资管理信托协议，该协议要求 PSTH 投资于政府证券
和货币市场基金股份。提供这种建议是 PSCM 的"业务"，而 PSTH 的发起
人被三个基金全资拥有，这三个基金的投资顾问都是 PSTM，同时 PSCM 已
经作为投资顾问在美国 SEC 注册。PSCM 因其投资建议得到了 PSTH 充分的

报酬，该报酬采取了将 PSTH 的证券授予 PSCM 的关联公司和发起成立 PSTH 的形式，这间接使 PSCM 受益。

在起诉书中，原告认为 PSCM 除了是 IAA 项下的投资顾问，PSCM 也是 ICA 项下的投资顾问。ICA 关于投资顾问的定义规定：一家投资公司的"投资顾问"指的是

（1）任何人（除了善意的官员，董事，受托人，咨询委员会的成员，或雇员的公司）依照合同等，向投资公司定期提供建议，建议的内容包括公司对投资的意愿，购买或出售证券或其他财产等，或有权决定该投资公司应购买或出售何种证券或其他财产；和

（2）任何其他的实体与个人按照合同条款履行（1）中描述实质上所有的职责。

根据原告的起诉书，与满足 IAA 的原因一样，按照 ICA，PSCM 也满足"投资顾问"这个定义；基于相同的原因，它满足 IAA 的定义。根据起诉书，就目前而言，该定义中唯一的额外要求是根据"合同"。这里所需要的合同，是指 PSCM 同意为 PSTH 提供投资专业知识和行政管理，以换取 PSCM 发起 PSTH 和潘兴基金等（PSCM 的关联公司）免费或以人为的低价购买或接收 PSTH 证券的权利。最终，发起人、PSCM 和 PSTH 之间的关系反映了投资顾问和投资公司之间关系的标准模式。在这种模式中，专门提供投资建议的企业（投资顾问）单独合并或组织另一家企业（投资公司），目的是投资证券。然后，投资顾问招募其他投资者对公司进行投资，并通过收取费用或收取服务费用的方式从公司获利。在投资顾问建立投资公司时，投资顾问建立了公司治理的安排，允许其支配公司并控制其事务。然后，投资顾问提供所有的专业人员、办公空间和公司运营所需的其他运营资源，而投资公司通常没有自己的员工。投资顾问可能会与其他投资公司重复这种关系，所有这些公司都将分享投资顾问的专业知识和品牌名称。

原告认为，这种模式出现在整个投资基金顾问行业，以及 ICA 旨在监管的几乎每一种业务中，包括共同基金、封闭式基金和 ETF 等注册投资公司，以及私募机构，如私募股权基金、对冲基金和风险投资基金等，如果向公众出售证券，它们将被要求注册为投资公司。原告认为，这种模式是

投资基金顾问行业的一大特色，并且出现在了 PSTH 的投资顾问业务中。PSCM 建立了 3 家潘兴基金，而现在它仍然控制着这 3 家基金，并提供它们所有的行政和投资需求，就像它现在对 PSTH 所做的一样。

原告认为 PSTH 因此实际上是 PSCM 最新的投资基金，而 PSCM 是它的投资顾问。

9. 4. 1　投资顾问简介

投资顾问（Investment Advisor）作为一个行业可以追溯到 20 世纪 20 年代。在此之前，投资建议一般只通过信托的安排一并提供，或者律师、会计师和经纪人在正常的商业活动过程中提供给其客户。投资顾问是证券经纪人的近亲，虽然二者都提供证券的投资建议，但经纪人的主要业务是执行证券交易。投资顾问的形式和规模多种多样，可以是个人或公司。在这个范围的一端，一个人可以成为顾问；在这个范围的另一端，投资顾问可能是雇用了数千人的大公司，包括资金经理、营销专家、金融分析师、律师和会计师等。投资顾问活动的范围也各不相同。一些投资顾问把自己的活动限制在制定财务计划上，而另一些投资顾问则负责管理客户的资金。虽然许多投资顾问隶属于经纪公司、银行或保险公司，但也有许多投资顾问是独立的实体。一些投资顾问只服务个人，而另一些只服务投资机构，包括共同基金、养老金计划、对冲基金和私募股权基金。当然，许多投资顾问同时服务个人和机构。

投资顾问的定义是任何从事证券投资建议和投资咨询业务并因此收取报酬的机构或个人。根据不同的因素，投资顾问可以在美国联邦或州一级进行注册和管理。1940 年，美国国会通过了《投资顾问法》。颁布以来，《投资顾问法》经历了几次相当重大的变化。最近对《投资顾问法》和相关规则和条例作出的重大修订是《多德—弗兰克法案》（Dodd – Frank Act）的各项规定。还有其他几部大的法律，也和投资顾问相关。

通常，投资顾问和客户之间是一种契约关系。信托工具有时也会在它们之间建立关系。因此，家族办公室的律师和合规官（Compliance Office）可以处理合同、代理和信托的普通法原则。然而，由于各种各样的法规管理着广泛的投资顾问和咨询行为，家族办公室的律师和合规官也要处理成文法。在 1997 年之前，投资顾问受到 1940 年《投资顾问法》和各州证券法的直接监管。1997 年 7 月 8 日生效的立法重新分配了联邦和州对顾问的监管的管辖权。一般来说，规模较大的投资顾问受《投资顾问法》的约束，规模较小的顾问则由州政府负责。2011 年生效的《多德—弗兰克法案》又重新分配了联邦和州对投资顾问的监管的管辖权如果投资顾问管理投资公司资产或私人养老金计划资产，则 1940 年《投资公司法》（*Investment Company Act of* 1940）和 1974 年《雇员退休收入保障法》（*Employee Retirement Income Security Act of* 1974，ERISA）将分别监管投资顾问行为的重要方面。

目前，投资顾问不受任何自我监管机构（Self – Regulatory Organization，SRO）约束。尽管美国证券交易委员会（Securities and Exchange Commission，SEC）在 1989 年向国会提交了一份立法提案，要求对投资顾问进行自我监管，但该提案并未获得通过。《多德—弗兰克法案》又要求 SEC 研究投资顾问行业 SRO 的问题。

除了熟悉法定方案外，家族办公室的合规官还应该熟悉管理法规的各种机构的运作。投资顾问的合规部门可能经常与 SEC 和劳工部接触，前者负责管理 1940 年的《投资顾问法》和《投资公司法》，后者负责管理与顾问有关的《雇员退休保险条例》的规定。SEC 的投资管理司是主要负责执行《投资顾问法》的运营部门。SEC 的首席法律顾问办公室负责解释根据《投资顾问法》产生的法律和政策问题。该司的信息披露和顾问监管办公室负责根据《投资顾问法》制定规则。投资管理司以外的其他办事处也在执行《投资顾问法》方面发挥作用。这些机构包括合规检查和检验办公室（Office of Compliance Inspection and Examination），它与 SEC 的地区办公室一起对顾问进行检查。此外，申请报告事务厅负责处理顾问登记表格。除了执行《投资顾问法》，投资管理司还负责执行 1940 年的《投资公司法》。

投资顾问的合规官的另一项任务是了解 SEC 与投资顾问相关的声明。一般来说，其中最重要的是通过制定规则、执行行动和请求不采取行动函（No Action Letter）。不采取行动函包括所有写给 SEC 官员的信，信中要求

SEC 官员提供建议、解释、意见或保证，并声明在特定情况下 SEC 工作人员不会向投资顾问特定的行为采取任何执行和处罚行动。不采取行动信函是指 SEC 官员对此类请求的书面回复，这些回复通常是公开的。另一种实体法是由 SEC 通过豁免令产生的。这些豁免令涉及国会在《投资公司法》和《投资顾问法》中授予 SEC 的豁免这些法案规定的权力。豁免令经常被投资机构依据《投资公司法》提出申请，但依据《投资顾问法》提出申请的比较少。

与投资顾问相关的 ERISA 条款由劳工部养老金和福利管理局（Department of Labor's Pension and Welfare Benefits Administration，PWBA）监管。与投资顾问关系最密切的是 PWBA 的监管与解释处和执行处。

9.4.2　1940 年《投资顾问法》关于投资顾问的身份认定

当 1940 年《投资顾问法》通过时，全美国只有 51 家投资顾问公司。截至 2015 年，在美国 SEC 注册的咨询公司有 11600 家，这个数字还不包括那些只在各州注册的投资顾问公司。在美国 SEC 注册的顾问公司为 1500 多万个客户管理着超过 67 万亿美元的资产。2010 年，美国 SEC 的投资顾问报告称，SEC 注册的投资顾问管理的资产中约有 91.2% 属于自由支配账户，8.8% 属于非自由支配账户。大多数投资顾问根据所管理资产的比例（超过 95%）向客户收取投资咨询服务费。其他的可能按小时或固定收费。投资顾问的薪酬以佣金为基础的占注册投资顾问的 8.9%。大多数 SEC 注册的投资顾问公司（51.2%）表示，他们有 6 名或更少的非文职雇员，91% 表示他们有 50 名或更少的雇员。几乎所有的联合家族办公室和部分单一家族办公室都不得不注册为投资顾问。

1940 年，《投资顾问法》最初颁布时，并没有提供多少实质性的规定，在很大程度上只是为了对投资顾问行业进行普查。美国证券交易委员会投资信托研究的首席法律顾问戴维·申克（David Schenker）在国会听证会上这样描述该法案的目的："（该法案）没有试图说明谁可以成为投资顾问……甚至连一点也不认为自己有资格继承。我们说的是，为了了解谁是这个行业的人，他的背景是什么，你不能使用邮件来执行你的投资顾问业务，除非你在我们这里注册。"

该法案还规定了反欺诈条款，并限制了某些做法，如绩效费的评估。随后，《投资顾问法》曾多次修订。1960 年的修正案规定，除其他事项外，顾问必须维持各种相关文档、账簿和记录。这些修正案还赋予了 SEC 定期检查这些文档、账簿和记录的权利。1960 年的修正案还将反欺诈条款扩大到所有投资顾问，无论他们是否注册，并赋予 SEC 根据反欺诈条款制定规则的权力。1970 年的修正案增加了 SEC 对投资顾问的纪律武器。1997 年生效的立法重新分配了联邦和州对顾问的监管。最近一次大的修订是 2011 年 7 月生效的《多德—弗兰克法案》。

如今的《投资顾问法》是一个强大的实体性的法律，是美国证券和投资的咨询顾问领域最重要的法案。根据《投资顾问法》的规定，除非获得豁免，否则投资顾问必须注册。如上所述，2011 年 7 月生效的立法一般要求较大的顾问在美国证券交易委员会登记，较小的顾问在各州登记。登记是通过填写表格 ADV 来完成的。另外，要求顾问向客户披露重要信息。例如，他们必须描述他们的服务和费用，并披露潜在的利益冲突。顾问的某些行为受到明确限制，包括收取某些类型的绩效费、签订没有非转让条款的合同，以及某些类型的交易（例如，委托人和代理的交叉交易）。

《投资顾问法》还有专门的反欺诈条款（第 206 节）。值得注意的是，在 *Securities and Exchange Commission v. Capital Gains Research Bureau*, Inc. 一案中，美国最高法院指出，在适用反欺诈条款时，顾问必须符合信托标准。这一信托标准将指导顾问的整个行为过程。此外，SEC 还根据第 206 条制定了一系列规则，其中规定了适用于某些类型咨询活动的具体框架，包括广告和维护客户资产托管等事项。最后，还规定了 SEC 的监管和执行机制。然而，该法案中并没有明确规定对投资顾问不当行为采取民事诉讼的权利。在 *TransAmerica Mortgage Advisors Inc. v. Lewis* 一案中，美国最高法院裁定，《投资顾问法》仅为投资顾问合同的无效提供了有限的民事诉权，其他的如信托责任等，只是行政法的责任，不会适用到民事领域，而民事领域仍然是传统的普通法体系来管辖。

《多德—弗兰克法案》在不同程度上改变了上述领域。其中最重要的变化可能是与投资顾问注册及披露有关：废除了历史悠久、使用最频繁的被称为"私人顾问豁免"的条款。取消这一豁免将导致大量以往被豁免登记的投资顾问现在不得不向 SEC 登记。当然《多德—弗兰克法案》也重新设立了几个新的豁免：管理资产不足 1.5 亿美元的私人投资顾问、仅为风险投资（Venture Capital）提供顾问服务的投资顾问、某些外国私人投资顾问和家族报告室豁免。另一个比较大的修改是投资顾问注册要求：是否有资格在州或美国 SEC 注册。《多德—弗兰克法案》有效地调整了联邦与州之间的责任平衡。SEC 提高了联邦政府注册的最低资产要求登记。以前管理着 3000 万美元资产的投资顾问需要在 SEC 登记，根据《多德—弗兰克法案》，这一最低限额将大幅提高至 1 亿美元。

9.4.3　投资顾问的定义

《投资顾问法》在其第 202（a）（11）条定义了投资顾问。这个定义相当宽泛，但以负面清单的方式排除了很多机构和专业人员。另外比较重要的条款是第 203（b）条规定的注册豁免。根据《投资顾问法》获得注册豁免的机构仍受其反欺诈和其他实质性条款的约束，而那些被排除在投资顾问定义之外的机构则不受《投资顾问法》的管辖。除了根据《投资顾问法》处理投资顾问的身份决定之外，家族办公室的合规官还经常被要求处理州法律（特别是关于州注册投资顾问的法律）、《投资公司法》和 ERISA 下的投资顾问的身份认定。

投资顾问在《投资顾问法》第 202（a）（11）条中被定义为"任何人，以取得报酬为目的，直接或通过出版物或写作文章，对证券的价值给出建议，对投资、购买或出售证券给出建议；或任何人，作为其常规商业的一部分，发布关于证券的分析或报告"。

这一定义由三个要素组成，每一个要素都必须得到满足，才能使一个实体归于投资顾问的定义内涵之内。其一，该实体必须从事提供证券的咨询意见或发布有关证券的分析或报告的"商业业务"。其二，建议、分析或报告必须是关于"证券的价值"或"投资、购买或出售证券的明智性"。其三，必须提供建议、分析或报告以换取"报酬"。可以看出，这三个要素是相互关联的：构成一个要素的原则往往与其他要素有关。这方面的实践性主要是基于 SEC 工作人员释法：美国 SEC 的第 1092 号公告（Release 1092），列出了应用三个定义要素和一些除外条款的基本规则。第1092 号公告解决的具体问题是，《投资顾问法》是否适用于理财规划师和非传统金融服务提供商。但是，普遍的观点认为，第 1092 号公告所依据的原则具有更广泛的适用范围，特别是在三个定义要素方面。许多 SEC 的不采取行动函阐明了这些原则的适用。下面我们将研究这三个要素。

9.4.3.1　从事"商业业务"

本标准是否得到满足，主要取决于一个人提供有关证券的咨询、分析或报告的频率和常规性，以及提供此类咨询服务的背景及状况是否表明，这些服务的提供构成了一项商业业务范围。美国 SEC 第 1092 号公告摘要如下：

任何机构或个人根据第 202（a）（11）条成为投资顾问，所提供的咨询意见不一定构成主要的业务范围或业务范围的任何特定部分。提供咨询意见只要是构成一种有一定规律性的商务活动。商务活动的频率是一个因素，但不是决定性的。

第 1092 号公告列出了三个决定某个机构或个人是否从事提供顾问业务的因素：

如下列机构或个人（1）的员工自称是投资顾问或提供投资顾问建议的人士；（2）接收任何特别或额外报酬，该报酬是基于一个可确定的因为提供关于证券的咨询顾问而支付的，无论报酬是分开的还是包括在任何整体费用体系内，或如果客户采纳了投资建议，基于交易项目的报酬；或（3）任何不是少见的、孤立和非周期的条件下，提供了具体的投资建议。这三个因素没有一个是完全决定性的，其结果取决于"所有的事实和情况"的综合考量。

自称　自称本质是一个自愿行动的概念，即一个人自愿向公众提供咨询服务。在几封 SEC 的不采取行动函中，SEC 工作人员对机构或个人何时被视为自称投资顾问作出了宽泛的定义。可以证明机构或个人已经这样做的因素包括以公共广告的方式寻求顾问客户（例如，在黄页、专业列表、报纸上等）；在信笺或名片上的注明自己为投资顾问；鼓励现有客户的口碑推荐自己为投资顾问；等等。

特别或额外报酬　特别或额外报酬显然是由专门针对投资顾问的服务而收取的独立费用确定的。此外，如果事实表明，对投资建议收取的是一项"可明确界定的"费用，这就满足了报酬因素。特别报酬或额外报酬的概念在 SEC 的不采取行动函中已经详细阐述，主要是在券商提供投资顾问服务的背景下。简而言之，关键在于事实是否表明，尽管为建立非咨询服务而收取的一系列服务的费用，会因是否提供投资顾问而有所不同。所获赔偿无须由客户直接支付，也可以由第三方支付。

具体的投资建议　具体投资建议的客体，美国第 SEC1092 号公告指出，它包括对特定的证券或特定类别的证券，资产分配在特定的百分比之间的各种投资工具，包括人寿保险、特殊类型的共同基金、高收益债券等，但不包括"投资顾问服务建议仅限于一般建议分配资产证券，人寿保险和有形资产的比例"。至于提供意见的规律性，SEC 的不采取行动函中表示，如果只是偶尔为客户提供的恩惠性的"建议"，一般不会被视为提供"规律性"的顾问服务。

9.4.3.2　提供证券的顾问服务

在决定一个机构或个人是否提供有关证券的建议、分析或报告时，必须考虑两个因素。首先，所提供的咨询顾问服务必须是关于一种或多种符合《投资顾问法》对"证券"的定义的文书。其次，必须有与服务相关的"判断性"因素。

"证券"并不是所有类型的咨询顾问服务都要由《投资顾问法》来管辖。管辖的范围仅限于就"证券"提供咨询顾问服务的机构或个人，该术语在《投资顾问法》第 202（a）（18）条中有具体定义。因此，如果仅限于是否直接投资商品期货、房地产、艺术品、非证券商业机会或其他一些非证券媒介的建议，其提供者不作为投资顾问受《投资顾问法》的管辖。

"判断性"仅仅提供资料或保管档案等管理后勤类职责不构成咨询顾问

活动；服务中需要有判断性的因素。SEC 的工作人员在这方面提供了一些指导。例如，一份出版物只包含一个评价投资选择办法或公式，而且从公共渠道随时可得到这些办法或公式，没有选择性的成分，而且没有以提供选择办法或公式的方式来销售证券，不受《投资顾问法》的管辖。提供符合类似标准的数据库的计算机软件（买方可以搜索该数据库以回答其查询其答案），或包含公式或其他计算方法的软件（买方必须对当前或未来的经济或市场状况作出自己的独立判断），都不是投资顾问服务。

此外，在网站上建立挂牌服务，向潜在的买家和卖家提供有关某些公司股票的信息，不需要根据《投资顾问法》进行注册为投资顾问，因为没有提供任何证券选择的建议。在考虑这一因素时，重要的是要认识到，有关证券的咨询顾问服务不仅包括那些提供咨询意见的情况，这些咨询意见还必须侧重于具体的即将作出的投资决定和现有的具体投资选择。例如，购买、出售或持有特定证券或证券类别的建议，关于在投资选择之间转换的市场时机的建议，以及关于投资于证券相对于非证券选择的优点的建议，都被认为是关于证券的咨询顾问服务。

在选择具体投资顾问方面向他人提供建议的人是在提供咨询顾问服务。与此相反，如果一个人只是通过提供预先筛选的投资顾问广泛样本来帮助个人选择顾问，而且这个人对某个顾问是否被选中不会获得真正的利益，那么他就不是提供咨询顾问服务。

9.4.3.3 为"报酬"提供咨询服务

根据 SEC 第 1092 号公告，"报酬部分是指收到任何经济利益，不论是咨询费或与所提供的全部服务有关的其他费用、佣金或上述各项的某种组合"。如第 9.4.3.1 节"从事商业业务"的讨论中所提到的，专门针对投资咨询收取的单独费用明确确立了"报酬"的存在。就投资顾问建议和其他服务收取的单一费用而言，如果对投资顾问建议的费用中"明确界定的部分"进行评估，则符合补偿要求。这里的关键因素是，虽然收取的是一系列服务费用或表面上并不是咨询顾问服务费用，但这些费用是否会根据提供的投资建议而有所不同。

9.4.4　投资顾问定义的例外

5 个特别确定的金融机构以及 "SEC 根据规则和条例或命令指定的不属于［定义］意图的其他机构或人员" 被排除在《投资顾问法》的管辖范围之外。这些排除的结果是将这些金融机构或个人从《投资顾问法》的登记要求中删除，更重要的是，也从《投资顾问法》规定的所有实质性义务条款中删除，特别是第 206 节的反欺诈条款。

从监管哲学的角度，一般来说排除条款是基于存在一些替代的监管方案（如银行监管），或基于这样一个事实，即被排除的机构或个人所从事的职业不会对投资者构成《投资顾问法》所寻求保护的风险（如投资教学之类）。

9.4.4.1　银行及银行控股公司

这项例外仅限于银行或银行控股公司本身，其子公司无权依赖这项例外。因此，提供投资咨询顾问服务的银行及银行控股公司的子公司通常根据《投资顾问法》进行注册。但对于只向银行及银行控股公司的关联公司提供投资咨询顾问服务，而不向公众提供此项服务的子公司，给予豁免。

而且，外资银行也没有资格依赖此项例外。储蓄和贷款协会（Savings and Loan Associations）也不能依赖此项例外。

在 1999 年的《格雷姆—里奇—比利雷法案》（*Gramm - Leach - Bliley Act*）出台之前，银行和银行控股公司在《投资顾问法》中享有一个全面的例外。自 2001 年 5 月 12 日起，该例外不适用于担任注册投资公司（Registered Investment company，绝大多数是共同基金）投资顾问的银行或银行控股公司。但银行或银行控股公司本身可以不注册为投资顾问，在其公司内部注册一个 "单独可识别的部门或部门" 即可。

9.4.4.2　律师、会计师、工程师和教师

在制定《投资顾问法》时，美国国会认识到提供投资咨询和建议是与某些专业人士，特别是律师和会计师的服务是结合在一起的。因此，《投资顾问法》第 202（a）（11）（B）条将 "任何律师、会计师、工程师或教师在其职业实践中纯粹与其职业相连并偶然地提供此类服务" 从投资顾问的

定义中排除。

这一例外虽然包括那些偶尔结合其主要职业服务提供"投资建议"的专业人士，但不包括作为独立机构提供此类建议的专业人士。在这种情况下，从业人员被迫偶尔将为客户提供投资顾问服务的会计人员与实际上充当投资顾问的会计人员被区分开来。作出这种区别的关键在于排除"纯粹与其职业相连并偶然"的语言。

SEC 的工作人员提出了 3 个因素进行测试，以确定投资咨询是否只是正常职业活动的"附带因素"，因此不构成单独的业务活动。这些测试与构成投资顾问定义的三个标准非常相似。其一，专业人士不能自称是在向公众提供投资建议。其二，投资咨询顾问服务还必须与提供其职业的专业服务相联系，并与之合理结合。其三，咨询服务收取的任何费用必须基于与职业的专业服务收费相同的因素。

教授投资咨询方法课程的教师，必须在经过认证的学校授课，作为课程的一部分，或者其内容证明该课程的目的是"教育"，而不仅仅是提供投资建议。

9.4.4.3　券商

就其商务业务的性质而言，几乎所有券商及其注册代表都属于《投资顾问法》第 202（a）（11）条的投资顾问的基本定义范围：他们的基本业务是就证券投资的合理性向他人提供建议，并收取报酬。不过，鉴于经纪自营商受到的全面监管，第 202（a）（11）（C）条规定，"任何经纪或自营的券商，如果其提供这种投资顾问服务纯粹是其作为经纪或自营券商从事其业务的附带行为，且并未因此获得任何特别补偿"，应予以排除。另外，在某些情况下，券商的注册代表也可以依赖于《投资顾问法》的券商排除条款。

要依靠券商排除来免除投资顾问的监管，必须满足两个条件：（1）该建议必须是券商基本业务"纯粹附带"的；（2）该券商不会因该投资建议获得"特别报酬"。

9.4.4.4　出版商和作者

《投资顾问法》第 202（a）（11）（D）条关于投资顾问的定义不包括

"任何真正的报纸、新闻杂志或一般和定期发行的商业或金融出版物的出版商"。虽然这种排除显然适用于一般的报纸和杂志（如《华尔街日报》），但就《投资通信》等其他类型的出版物而言，它的范围就不那么确定了。在 1985 年，美国最高法院对 Lowe v. SEC（Lowe）一案的裁决使这种排除的范围更加确定。

在 Lowe 案中，联邦地区法院阻止了美国 SEC 要求 Lowe 停止发行《投资通信》（以下简称《通信》）的努力，因为 Lowe 没有根据《投资顾问法》注册为投资顾问。该案的被告是一家注册为投资顾问的公司的总裁和主要股东。美国 SEC 发现被告从事欺诈行为后，撤销了该公司的投资顾问的注册，并责令被告不得与任何投资顾问有任何联系。但联邦上诉法院认为，《通信》不是一份"符合自我真诚原则的真实的报纸"，因此不能依据出版商例外在《投资顾问法》中被排除在投资顾问的定义之外。

美国最高法院强调了关于《投资顾问法》立法历史的三个因素，认为有理由对出版商的排除作出广泛的解释。首先，法院注意到在通过《投资顾问法》国会听证会接近尾声时，法案进行了重新起草，将"商业和金融出版物"添加到之前的报纸和新闻杂志例外中。其次，立法听证会时美国 SEC 向国会提交的报告，将其审查的投资顾问实体中的出版商列为例外，同时，国会还收到一份报告，指出在监管关于投资的出版物方面需要避免美国宪法第一修正案的关注（指第一修正案中言论自由和出版自由的宪法保护）。最后，国会的立法听证会认为私人和信托关系的存在是投资顾问的本质关系应受到专注的监管。美国最高法院更进一步，认为国会通过《顾问法》的目的是保护投资者和负责任的顾问专业人士免受"小道消息"和"自我吹捧"的损害。

因此，美国最高法院的结论是：美国国会不打算把由投资顾问作为服务客户业务的正常组成部分而分发的出版物作为投资顾问定义的例外。立法历史清楚地表明，国会的主要兴趣在于规范提供投资咨询顾问的商业业务，包括正常的新闻出版等发布及广告活动。另外，国会显然对第一修正案的言论及出版自由关切很敏感，它想要明确表示，它并不寻求通过对非个性化出版活动的许可来监管新闻界。"对该例外的规定"使用非常广泛，包括任何报纸、商业出版物、金融出版物，只要满足两个条件：出版物必须是"真诚的"，而且必须是"定期和一般流通的"。这两种条件都没有定义，但这两种条件明确区分了"小道消息的发布者""自我吹捧者"与真正的出版商。一份"真诚的"出版物应该是真实的，因为它应该包含公正的评论和分析，而不是由兜售者传播的宣传材料。此外，"定期和一般流通的"的出版物将不包括"那些不时就买卖具体股票的明智性发布公告的人"或"一次性的小道消息发布者"。"由于上诉人对其通信的内容是完全没有私人利益的，而且由于这些通信是定期提供给一般公众的，所以它们是用明显的符合出版物例外的。

美国最高法院指出，没有证据显示 Lowe 的通信包含任何虚假或误导性陈述，或者是为了"兜售"任何证券。美国最高法院进一步指出，使国会通过《投资顾问法》以制止的"欺诈、欺骗、或过度夸大的描述"的危险，并不存在于"在公开市场上出售的出版物中"。因此，最高法院的结论是，《通信》属于出版商的例外范围。根据 Lowe 案的观点，许多时事通信和其他出版物可以依据出版商例外来免除作为投资顾问的种种义务。然而，那些兜售证券为目的的出版物，以及那些从事其他欺诈的出版物，或者提供个性化投资建议的出版物，都不能依照出版商例外来免除《投资顾问法》的监管。Lowe 案以来，由于美国最高法院列举了非常具体的事实标准，SEC 的工作人员一般不会对有关出版商例外的不采取行动函要求作出回应。

9.4.4.5 美国政府的义务

《投资顾问法》第 202（a）（11）（E）条规定下列情况例外：任何人的建议、分析或报告仅仅关于由美国联邦政府直接承担义务的证券，或其本金或利息义务由美国联邦政府担保的证券，或者由美国联邦政府财政部长依照 1934 年《证券交易法》第 3 节（a）12 条（section 3（a）（12）of the Securities Exchange Act of 1934）指定的，且美国联邦政府有直接或间接利益的公司发行的证券。

这个例外与联邦证券法中对联邦政府、州或市政府发行或担保的证券所规定的例外一致。这种例外并没有相关 SEC 工作人员的解释或判例法。

大宗商品交易顾问等实体经常依照该例外，将客户账户上的现金头寸投资于政府证券。

9.4.4.6　家族办公室

按照《多德—弗兰克法案》第 409 条，家族办公室不属于投资顾问定义的范畴，所以也不受《投资顾问法》的监管。《多德—弗兰克法案》要求美国 SEC 对"家族办公室"一词进行定义，美国 SEC 随后对其作了定义，即家族办公室（1）除了"家族客户"之外没有其他客户；（2）完全由家族成员拥有和控制；并且（3）不对公众自称为投资顾问。"家庭客户"包括家庭成员以及某些与家庭成员有关的实体。《投资顾问法》第 202（a）（11）（G）条和第 202（a）（11）（G）－1 条（"家族办公室规则"）有类似的规定。

9.5　家族办公室的例外与 SPAC 的发起

"家族办公室"一词直到 2010 年《多德—弗兰克法案》通过后才出现在《投资顾问法》中。《多德—弗兰克法案》要求美国 SEC 对"家族办公室"一词进行定义，而随后 SEC 首次规定了家族办公室排除在《投资顾问法》的投资顾问的定义之外必须满足的一系列要求。

在 2010 年《多德—弗兰克法案》通过之前，家族办公室也是通过《投资顾问法》第 203 条第（b）（3）款的"私人顾问"豁免的。一般来说，只要家族办公室在前一年的客户数量少于 15 家，且不公开向公众声明是投资顾问，家族办公室就可以免于注册。满足"客户数量少于 15 家"的要求取决于家族办公室的实际情况和环境。如果该家族办公室服务的家庭成员或实体少于 15 个，它就有资格获得豁免。2010 年之前，《投资顾问法》第 203（b）（3）－1 条在计算客户人数适用灵活的标准。在旧的规则下，自然人、此人的未成年子女和住在其主要居所的亲属只计算为一个客户，这些人的任何利益的账户和信托也可以包括在内。该规则还规定，任何商业实体都可以算作一个客户，而不论其受益所有人的数量，拥有相同所有人的实体可以算作一个客户。最后，家族办公室提供投资建议而未获得任何补偿的客户根本不能算作客户。最后一项规定对家族办公室特别有帮助，因为许多办公室不向家族客户收取咨询服务费用。

9.5.1　《多德—弗兰克法案》第 409 条立法简介

由于《多德—弗兰克法案》取消了"私人顾问"豁免，如果没有进一步的新的立法，家族办公室将无法从《投资顾问法》中获得豁免。《多德—弗兰克法案》第 409 条明确将"家族办公室"排除在"投资顾问"的定义之外，还要求美国 SEC 制定"家族办公室"的定义。

在 2010 年 4 月 30 日发布的报告中，美国联邦参议院的银行、住房和城市事务委员会解释了将家族办公室排除在《投资顾问法》的投资顾问在外的理由。作为关于《多德—弗兰克法案》第 409 条唯一记载的立法历史，该报告提供了对国会意图的思考：

家族办公室在管理一个家族的一代或多代人的投资和财务事务的过程中提供投资建议。1940 年《投资顾问法》颁布以来，美国 SEC 已经应请求向家族办公室发布指令，宣布这些家族办公室不属于该法案意图范围内的投资顾问（因此不受该法案注册和其他要求的约束）。委员会认为，家族办公室并不是国会意图根据《投资顾问法》进行登记的投资顾问。《投资顾问法》的目的不是规范家庭成员之间的互动，注册会不必要地侵犯有关家庭成员的隐私。因此，《多德—弗兰克法案》第 409 条要求美国 SEC 为"家族理财室"制定定义，并将家族办公室排除在《投资顾问法》第 202（a）（11）条对投资顾问的定义之外。

正如参议院该委员会的报告指出的那样，国会认为，主要从事单一家族财富管理的投资顾问不应受到《投资顾问法》的监管。委员会阐述了其尊重家庭隐私的基本原则，但它可能也与这样一种信念有关，即超高净值家族的成员通常在金融事务上比较精明，不需要该法提供的保护和保障。委员会的报告还承认，家族办公室经常允许非家族内部人士参与投资。

《多德—弗兰克法案》第 409 条指示美国 SEC 制定规则，为豁免的目的提供"家族办公室"一般适用性的定义。该规则应规定与美国 SEC 之前的豁免政策相一致的豁免，并考虑到家族办公室采用的组织机构和治理结构的范围。委员会认识到，许多家族办公室在性质上已变得专业化，可能有非家族成员的官员、董事和雇员，他们可能由家族本身或其附属机构雇用。这些人（以及其他可能为家族办公室提供服务的人）可以与家族成员共同投资，使他们能够分享自己所监管投资的利润，并更好地将这些人的利益与家族理财室服务的家族成员的利益结合起来。委员会预期，这种安排不会自动使该家族办公室失去 SEC 所定义的家族办公室例外的优惠。

尽管参议院的该委员会对 SEC 规则制定的"期望"对 SEC 没有约束力，但这些期望对 SEC 制定规则具有参考意义，在司法实践中会成为法院解释相关法律条款的参考。

9.5.2　家族办公室与 SPAC 的发起

《多德—弗兰克法案》设立的家族办公室例外可能助推了 SPAC 在 2020/2021 年的繁荣。有专业机构评估，这些 SPAC 背后约三分之一有家族办公室的影子。

其实家族办公室本身并不是推动 SPAC 繁荣的动力，家族办公室的老板才是。反过来，家族办公室的 CEO 和 CFO 也在建议他们的老板进行投资，以解决这些亿万富翁所普遍面临的过剩流动性。SPAC 无疑是个不错的选择：投资者喜欢它们，大量资金涌入，同时有源源不断的公司希望与 SPAC 合并。

例如，在 2021 年 2 月下旬的 6 天里，有 12 家 SPAC 在家族办公室的支持下在美国 SEC 注册。其中著名的包括由戴尔计算机的创始人迈克尔·戴尔（Michael Dell）的单一家族办公室 MSD Capital 支持的 MSD Acquisition Corp，以及他的联合家族办公室 MSD Partners。喜达屋资本的创始人巴利·斯特恩利希特（Barry Sternlicht）的家族办公室 Jaws Estate Capital 也发起了 Jaws Juggernaut Acquisition Corp. 的注册。

表 9－1 是那 6 天发起的 12 家 SPAC 及其家族办公室名单。

表 9-1   SPAV 与家族办公室

SPAC	关联的家族办公室	家族办公室所有者	家族办公室所在地
Advanced Merger Partners	Wndrco	Ann Daly/Jeffrey Katzenberg/ Sujay Jaswa	美国洛杉矶
—	Dalio Family Office	Ray Dalio	美国纽约市
—	Saddle Point Group	Roy Katzovicz	美国纽约市
Alpha Partners Technology Merger Corp	MDR Capital	Mike Ryan	美国纽约市
B Capital Technology Opportunities Corp	EE Capital	Eduardo Savaerin	新加坡
BOA Acquisition Corp	Seligman Group/Family Office	Scott Seligman	美国旧金山
Frontier Acquisition Corp	Apeoron	Christian Angermayer	马耳他
Jaws Juggernaut Acquisition Corp	Jaws Estates Capital	Barry S. Sternlicht	美国康涅狄格州 格林威治
James Acquisition Corp	Clarke Capital Partners	James Clarke	美国犹他州普洛佛
Levere Holdings Corp	Jazzya Investments	Martin Varsavsky	西班牙和马德里
MSD Acquisiton Corp	MSD Capital	Michael Dell	美国纽约州
—	MSD Partners	Michael Dell	美国纽约州
Ocelot Acquisition Corp 1	Ocelot Capital Management	Andrew Townsend	美国得克萨斯州 奥斯汀
Shelter Acquisition Corp 1	Willett Advisors	Michael Bloomberg	美国纽约州
Soar Technology Aquistion Corp	JPK Capital	Joe Poulin	美国纽约州

9.6 SPAC 的 SEC 行政程序和其他诉讼风险

如前所述，2020 年 12 月，美国 SEC 的公司融资部发布了关于 SPAC 披露的指导意见，随后不久引发了股东诉讼的一波浪潮。而 SEC 也加大了其执行执法。

9.6.1　SPAC 的 SEC 行政程序

2020 年以来，由于 SPAC IPO 和初始并购的爆发式增长，公众的兴趣和大量的 SPAC 交易，以及初始并购后 SPAC 股价大幅下跌的实例，导致美国 SEC 行政执法也大量增加。2020 年，时任 SEC 主席杰伊·克莱顿（Jay Clayton）承认，SEC 正在调查"对 SPAC 发起人的激励和补偿"。2021 年早些时候，SEC 委员海斯特·皮尔斯（Hester Peirce）表示："我们应该确保 SPAC 提供足够的信息披露，以便投资人在每个阶段做出知情的投资决策。"

SEC 的监管努力还包括在 2020 年 12 月发布关于利益冲突相关披露考虑的指导意见，并发布投资者警告和公告，以教育公众投资 SPAC 的相关风险，特别是考虑到名人和运动员作为 SPAC 赞助商或固定投资者的参与。在 2020 年 3 月和 4 月，关于 SPAC 认股权证的性质（股权 *v. s.* 债权 ）的员工陈述，2021 年 SPAC IPO 数量第二季度环比下降 4 倍多。2021 年 9 月，SEC 私下和 SPAC 资深审计人员沟通，就 SPAC 普通股的性质提出一些意见。

另外据报道，2021 年 3 月，SEC 执法部门对几家华尔街投资银行的 SPAC 交易展开了非正式调查。SEC 在自愿的基础上要求投资银行提供有关 SPAC 交易的费用和交易量，以及与此类交易相关的合规、申报和内部控制功能等信息。SEC 新任主席加里·詹斯勒（Gary Gensler）在国会作证时指出，加强对 SPAC 的审查将是其执行议程的一部分。

如前所述，2021 年 4 月，SEC 公司金融部代理主任约翰·科茨（John Coates）发表了一份公开声明，这也是对 SPAC 市场加强执法活动（和民事诉讼）的另一个迹象。在联邦证券法下关于 SPAC IPO 和责任风险的声明中，科茨警告称，SEC 工作人员正在"继续仔细研究 SPAC 及其目标公司的申报和披露"，并警告称："任何关于 SPAC 参与者减少责任风险的简单声明都是夸大的，而在最糟糕的情况下，可能产生严重的误导。"他挑战了普遍的观点，即与传统的 IPO 相比，SPAC 交易减少了目标公司和 SPAC 本身的证券法责任敞口。他认为，De – SPAC 交易可以被视为"真正的 IPO"，并受到"联邦证券法的全面保护"。科茨还强调，任何与 SPAC IPO 或 De – SPAC 交易有关的注册陈述或股东委托权披露的重大虚假陈述或遗漏都可能导致证券法的违反。

美国 SEC 过去曾采取过对 SPAC 的执法行动。最引人注目的是在 2019 年，当时它就一名 SPAC 的 CEO 因疏忽未能对目标公司进行适当尽职调查的证券欺诈指控达成和解，该疏忽导致了股东投票权委托陈述中包含对目标公司业务前景的虚假或误导性的财务预测。在 2020 年的一起相关案件中，SEC 对目标公司的管理人员提起民事诉讼，指控他们在初始并购事宜上误导了 SPAC 的股东。这起民事诉讼表明，当目标公司的管理层在股东委托权材料或其他披露（如他们对 SPAC 股东负有责任）中提到自己的"声誉问题"时，SEC 甚至可能寻求让目标公司的管理层对证券欺诈和委托书缺陷直接承担责任。

此外，与 SPAC 交易相关的内幕交易调查也已经展开。与 SPAC 相关的内幕交易风险源于 De – SPAC 交易发生之前，能够接触到 SPAC 可能合并的目标公司等重大非公开信息的人的相关交易。由于 SPAC 是在 De – SPAC 交易之前的上市公司，任何基于拟议目标公司的内幕信息进行的 SPAC 股票交易都可能违反内幕交易的证券法。

9.6.2 De – SPAC 与 PSLRA 的安全港

1995 年《私法证券诉讼改革法案》（the *Private Securities Litigation Reform Act of* 1995，PSLRA）规定的安全港条款对于 SPAC 的适用性，是 SPAC 法律风险不得不考虑的领域。当 SPAC 向投资者描述它们目标公司的增长预测时，这些预测可能享受 PSLRA 所规定的安全港的保护，而由传统 IPO 上市时所描述的预测将被排除在该安全港之外。PSLRA 的安全港的适用性差异通常被描述为 SPAC "监管套利"的贬义性机会。因此，2021 年 3 月底起美国 SEC 的多名高阶官员和一些国会议员呼吁进行法律改革，将与 De – SPAC 交易有关的信息披露排除在 PSLRA 安全港之外。

在美国华尔街，经常有舆论认为传统的 IPO 不允许公开披露管理层对上市公司业绩的预测，但在 De – SPAC 的初始并购交易中却是允许的。从法律上讲上面这个观点是错误的，但在实际操作中却基本是这个情形。在提交注册陈述后，拟 IPO 的公司按照法律其实可以发布管理层预测，但这些公司在律师是建议下一致选择不发布。其原因是与 IPO 相关的通信（包括在提交给 SEC 的 Form S－1 中的信息）被排除在 1995 年《私人证券诉讼改革法案》即 PSLRA 规定的前瞻性陈述的安全港之外。这一安全港其实很重要，它使投资者更难赢得根据联邦证券法提起的指控前瞻性陈述具有误导性的诉讼。相比之下，当 SPAC 与投资者分享其对目标公司的增长业绩预测时，这些预测却可能享受着该安全港的保护。

如前所述，尽管目前还不清楚 PSLRA 的安全港在私控公司选择上市路径中扮演的角色，但 PSLRA 安全港对 IPO 和 De－SPAC 适用的不同，经常被描述为是 SPAC "监管套利" 的机会。因此 SEC 官员和一些国会议员呼吁法律改革，排除 De－SPAC 过程中这个安全港的适用。

2021 年 3/4 月，美国 SEC 时任公司融资部代理主任约翰．科茨在 SEC 官网上发表声明，概述了 IPO 时不享有 PSLRA 规定之安全港的基本原理。他解释说，当一家私控公司首次被呈现给公开市场的公众投资者时，信息不对称现象会加剧，因此有必要加强对财务和业绩预测的司法审查。他没有明确说明的前提是，如果没有这样的司法审查，上市公司高管就会利用这种信息不对称提供过于乐观的预测，从而破坏公开证券市场资源配置的功能，同时损害投资者利益。因此利用和加强司法审查将有助于阻止这种情况发生。在学术界，其他学者也有类似的假设。但 SEC 必须执行美国联邦法院的裁决。因此，至少目前在司法实践中，De－SPAC 对目标公司的增长预测可能会享受 PSLRA 所规定的安全港的保护，而在传统 IPO 上市时所描述的预测将被该立法明确排除在该安全港之外。

但上面讨论的 PSLRA 所规定的安全港和 IPO 关系的前提可能过于简单化了。有必要退一步来考量在法制史上该安全港本身的目的。虽然 PSLRA 的大部分目标是遏制一些琐碎的诉讼，但确定安全港有不同的动机。它的目的本来就是鼓励那些本来不情愿与投资者分享预测的公司分享他们的预测。为了鼓励自愿披露，有必要使这些披露免于承担法律责任，尤其是一些琐碎的诉讼。但在金融史上，20 世纪 70 年代以前 SEC 的立场是担心缺乏经验的投资者会过度依赖一些非欺诈性的前瞻性信息，从而导致他们作出糟糕的投资决定。但理性的投资者反对 SEC 这种家长式立场，强调前瞻性信息对他们的投资决策的重要性，以及他们有能力评估管理层的预测。SEC 在 20 世纪 70 年代以后开始慢慢改变了立场：它不再优先考虑可能对管理层预测过度反应过度的非理性投资者，而是开始采取措施，鼓励公司为了理性投资者的利益分享他们的预测。为此，SEC 运用自身的行政立法权，采用了两个对上市公司前瞻性声明的安全港。但这两个安全港被事实证明效果不明显，美国国会因此介入，以联邦立法的形式，提供了更强大安全港，即 PSLRA 对上市公司前瞻性陈述规定的安全港。

PSLRA 规定的安全港并不适用所有的前瞻性陈述，它有很多排除条款。其中一种排除条款包括各种各样的"劣迹者"，适用于在过去 3 年中某些严重违反证券法某些规定的公司，而这种类似"劣迹者"条款在证券法的很多地方都有出现，旨在阻止和惩罚潜在的违法行为。另一类排除条款包括要约收购、卷动式收购（Roll – up Merger）和进行私有化。在这些情况下，上市公司根据法律必须与投资者分享其预测，因此不需要对披露预测进行鼓励，而对安全港的排除规定可被理解为提高此类披露准确性的努力。其余的排除条款均适用于公司未被强迫与投资者分享预测的情况，而 IPO 就属于这一类排除的类别。除此之外，投资公司和空白支票公司等也属于这一排除类别。

信息不对称的加剧，确实可能增加欺诈的风险。但是，制度本身也需要在利弊之间进行平衡。上面这些安全港排除的前提，都涉及潜在被告的证券不太可能在有效的证券市场交易的背景。有效市场为不理性投资者提供了关键的"间接投资者保护"。不理性投资者在面对经验丰富的上市和 IPO 时，都有可能高估管理层的预期。但在有效市场的情况下，理性投资者之间的竞争将决定投资者支付的价格，从而保护投资者免于自身愚蠢行为的影响。相比之下，在无效市场的情况下，不理性投资者可能过分依赖管理层的预测，因此受到真正的伤害，而这些才是 PSLRA 安全港排除条款的潜在前提。因此，PSLRA 的安全港的立法目的，是在不理性投资者不太可能受到损害的情况下，鼓励上市公司为理性投资者的利益发布前瞻性声明。但在市场低效而不理性投资者可能受到损害的情况下，PSLRA"安全港"应该优先考虑为不理性投资者提供保护，而排除该安全港的适用。

在这样的原则下，PSLRA 排除了安全港对 IPO 适用。拟 IPO 公司的管理层往往对公开证券市场没有经验，而且从路演到交割的时间往往在 1 个月之内（一般从 1 周到 1 个月之间），这个市场可能是低效的，信息不对称的情况可能很严重，因此 PSLRA 排除安全港对 IPO 适用是可以理解的。问题是，De – SPAC 的初始并购是否有这样的问题？政策制定者应该评估 De – SPAC 前后 SPAC 股票市场的效率。如果这个市场是低效的，不理性 SPAC 投资者可能受到前瞻性陈述的伤害，就像 IPO 后证券市场的投资者一样。但与 IPO 不同，根据联邦证券法和州公司法的结合，SPAC 必须与股东分享其对目标公司的预测。另外一个问题是，和普通的要约收购、卷动式收购和私有化不同，成立 SPAC 的主要目的就是初始并购。因此，将 De – SPAC 的初始并购排除在 PSLRA 的安全港之外，不会像将 IPO 排除在安全港之外那样让预测消失。尽管它可能提高预测的准确性（或在边缘地带阻止 De – SPAC 的交易）。为了真正将 De – SPAC 交易置于与 IPO 公平竞争的环境中，美国国会和 SEC 需要更多的讨论和研究，作出更完善的立法。

9. 6. 3　SPAC 的诉讼风险

如前所述，2020/2021 年 SPAC 的爆发式增长及 SEC 一些指引和公告，也在美国联邦和州法院引发了一波与 SPAC 相关的诉讼。与任何 IPO 一样，SPAC IPO 需要向 SEC 提交注册陈述，但由于 SPAC 是没有实际业务运营的空壳公司，它们的注册声明通常比通过传统 IPO 上市的公司披露的信息要少。因此，尽管根据《证券法》SPAC 的高管仍可能对任何重大的虚假陈述或遗漏负责，但与 SPAC IPO 相关的披露不太可能成为诉讼风险的来源。

大多数与 SPAC 相关的诉讼风险与 De – SPAC 交易有关，该交易通常需要获得 SPAC 多数股东的批准。如果 SPAC 股东认为委托书中披露的信息不充分，使他们无法就 De – SPAC 交易做出知情的投资决定，他们可以根据经修订的 1934 年《证券交易法》第 14 节和 SEC 第 14a – 9 号规则提出关于披露的诉求。当 SPAC 的股东在 De – SPAC 交易完成前对拟议的初始并购提出质疑时，SPAC 通常可以通过修改股东投票权委托书并向原告律师支付"争论费"来避开此类滋扰类索赔。然而，当 SPAC 的股东在初始并购交易完成后对 De - SPAC 交易提出质疑时，这种行为往往会导致旷日持久的诉讼。在过去约 2 年多时间里，SPAC 的股东们已经提起了几十起诉讼，指控在与 De - SPAC 交易有关的股东投票权委托书和其他披露中有重大陈述瑕疵或遗漏。例如，股东们声称，SPAC 及其管理人员违反《证券交易法》第 10 (b) 节和第 14 (a) 节以及美国 SEC 第 10b - 5 号规则和第 14a - 9 号规则，对目标公司的尽职调查作出虚假陈述，并就合并后公司的业务运营和前景的性质误导投资者。

2021 年在纽约和加利福尼亚州联邦法院提起的 2 起悬而未决的集体诉讼就是例证。在纽约东区联邦地区法院提起的一项代位的集体诉讼中，原告代表自己和类似情况下的 SPAC 投资者声称，SPAC 及其管理人员发布的股东投票权委托书中含有对目标公司（一家制药公司）进行尽职调查的重大虚假和误导性陈述。原告声称，SPAC 忽视或没有披露在该公司一个重要药品进行临床试验期间发现的安全问题 ［见 Complaint, *Pitman v. Immunovant, Inc.* , No. 1：21 - cv - 00918, 2021 WL 668546 (E. D. N. Y. Feb. 19, 2021)］。同样，在加利福尼亚州中区联邦地区法院提起的一项集体诉讼中，作为 SPAC 股东的原告，指控 SPAC 及其管理人员违反了《证券交易法》第 10 (b) 节和第 20 (a) 节，因为他们没有披露作为目标公司的一家电动汽车开发商，改变了其商业模式，并没有与注册陈述中吹嘘的一家知名汽车制造商保持关键的合作关系 ［见 Complaint, *Kojak v. Canoo, Inc. et al.* , No. 2：21 - cv - 02879 (C. D. Cal. 2021)］。

除了被指控违反联邦证券法的案件外，De - SPAC 交易也可能成为根据州法律指控违反信托责任的诉讼对象。由于 SPAC 的发起人通常持有 SPAC 的创始人股份或其他股权，原告经常辩称，这种激励措施，加上完成交易的时间限制，构成了利益冲突。例如，在最近提交给特拉华州衡平法院 (Delaware Court of Chancery) 的一份集体诉讼诉状中，原告 SPAC 投资者声称，SPAC 及其发起人和董事通过"存在严重缺陷和不公平的程序，包括严重的披露缺陷，导致了一笔定价严重错误的交易"。［见 Complaint, *Kwame Amo v. MultiPlan Corp. et al.* , Case No. 2021 - 0258 (Del. Ch. Mar. 25,

2021）。］同一家 SPAC 的另一位投资者在纽约南区提起联邦诉讼，指控其违反了《证券交易法》第 10（b）节、第 14（a）节和第 20（a）节［见 Complaint, *Srock v. MultiPlan Corp. et al.*, No. 1：21 - cv - 1640（S. D. N. Y. Mar. 15, 2021）］。这表明同一 De - SPAC 交易可能会引发基于信托人和证券法两种不同主张的索赔。

如前所述，2020 年以来，SPAC 诉讼激增，如 SPAC 集体诉讼的数量从 2020 年全年的 7 起，到 2021 年 1 月至 2021 年 5 月的 14 起翻了一番还多，而且这一趋势还在继续。

在 SPAC 生命周期的各个阶段，风险各不相同。常见的诉讼集中在违反信托责任、委托陈述中重大虚假陈述或遗漏的索赔，以及披露缺陷，尤其是在 De - SPAC 交易中。SEC 的监管审查也有所增加，2016 年初至 2021 年底，SEC 平均每年大约有 480 起执法行动。

总而言之，为了防范 SPAC 的法律风险，SPAC 需要注意和加强以下几个事项的管理：

（1）SPAC 在合规程序和风险防患等领域要加强管理。SPAC 应寻求在 SPAC 管理文件（如章程及其细则）中包含适当的免责和赔偿条款，以限制潜在的民事诉讼风险，同时 SPAC 和初始并购的目标公司应考虑购买与合并公司的运营相对应的董事和高级管理人员（D&O）责任保险。

（2）避免匆忙的尽职调查。减轻这些潜在诉讼风险的关键在于确保适当的尽职调查。参与 SPAC 初始并购的各方往往面临着加快进程的压力，但这可能导致资源不足，并可能在未来引发问题。

为了防止这种风险，对于 SPAC 的发起人来说，寻找专业的法律和财务顾问进行适当的尽职调查，并确保有足够的时间进行上市公司会计监督委员会（PCAOB）认可的会计师事务所的审计。对于目标公司来说，作为上市公司的准备是至关重要的，特别是支持财务和会计团队能够满足上市公司严格的财务报告要求。

SPAC 发起人、高管和董事在对目标公司进行强有力的尽职调查的同时，应尽可能地保持记录和档案，以减少股东抱怨尽职调查不足或未能发现危险信号的风险，并应对可能的诉讼风险。

（3）披露潜在的利益冲突。迄今为止，SPAC 的许多诉讼主张都集中在未披露潜在或实际的利益冲突的指控上。事实上，SEC 的前公司财务部门代理主任，现总法律顾问约翰·科茨指出："在某些方面，由于 SPAC 结构中的潜在利益冲突，（SPAC）涉及的责任风险比传统 IPO 更高，而不是更低"。因此，SPAC 的董事和高管必须仔细考虑其信托责任背景下的利益冲突，以及他们的行为是否符合"商业判断"规则的本质。

因此，SPAC 应采取措施避免任何利益冲突或关联方交易，并在 De – SPAC 交易之前充分披露任何此类利益冲突或交易。

（4）SPAC 应加强信息披露的管理。SPAC 发起人、官员和董事以及管理机构应仔细检查现有 SEC 关于披露、SPAC 初始并购和 De – SPAC 交易的股东委托权陈述中信息披露的指导。同时 SPAC 和目标公司应仔细起草股东委托权陈述和所有其他披露，以确保它们在实质上是完整的和准确的。SPAC 披露还应包括有关任何财务预测或其他前瞻性声明的适当警告语言。

（5）不要过分依赖安全港的保证。如前所述，SEC 高管的科茨发表声明称，SPAC 实际是 IPO，不属于并购的前瞻性安全港保护的范畴。尽管科茨的这一观点在法律界引发了质疑，但目前美国有一些案例支持科茨的观点。无论 SEC 的最终立场如何，目标公司和 SPAC 都应该考虑 De – SPAC 过程中与预测相关的诉讼风险，在做前瞻性分析时对假设和风险披露要深思熟虑。

这给参与 De – SPAC 交易的各方也提出了一个问题，即应该如何编制前瞻性陈述，包括它们是否愿意考虑采取缓解措施，如使用警示性语言和明确提出该前瞻性陈述是对基本面的情况预测，而不仅仅是看涨的财务状况。

（6）注意跨境 SPAC 的风险。虽然一些亚洲交易所正在考虑允许 SPAC 模式，但目前只有韩国、马来西亚、新加坡和中国香港允许。但与此同时，许多美国 SPAC 正越来越多地把亚洲作为目标公司的所在地。然而，在这种跨境交易中有许多问题需要考虑，包括 PCAOB 审计可能导致的申报延迟、美国和亚洲之间财务报表标准的差异（如 GAAP 与 IFPS 的差异），以及审计方法的不一致等。在这些情况下，内部控制以及财务和法律的尽职调查对于降低潜在的诉讼风险变得更加关键。

　　总而言之，尽管 SEC 加大了对 SPAC 和 De‑SPACs 的审查力度，并存在各种诉讼风险，但 SPAC 仍将被视为有吸引力的投资工具，仍将是某些考虑在美国上市的目标公司的最优选择，当然前提是他们进行适当的尽职调查，并在任何披露中使用清晰和谨慎的语言。

第 10 章　SPAC 的理论及创新

现代意义上的 SPAC 产生于美国，在美国已经有近 30 年的历史。其产业和监管都已经比较成熟。在本章以美国为例论述 SPAC 的理论及创新。

SPAC 在 2020/2021 年的美国华尔街爆发，被理论界归因于市场的投资供需曲线在近乎无限地向供给端上滑动，主要基于新冠肺炎疫情的全球大流行导致各国的中央银行的扩表和政府的财政扩张，最终鼓励美国股市出现创纪录的上涨。从投资需求端（融资需求端）看，新冠肺炎疫情的大流行在市场上引发的不确定性也加快了未上市公司接受 SPAC 的步伐。还有一些其他因素促进了 SPAC 在 2020/2021 年的爆发，如私募股权和风险投资的干粉（已募集待投资的资金）达到或接近历史最高水平，且 SPAC 发起人的素质也有了显著提高。同时 SPAC 也具备了一流的市场营销，一些知名度高、声誉良好的公司和投资者参与了 SPAC 项目。这些因素一起带来了 SPAC 在 2020/2021 年的爆发。

与此同时，美国风险投资基金和并购基金行业在这轮 SPAC 热潮之前也都存在着结构性问题。

从 20 世纪 40 年代开始到 90 年代中期，IPO 对于美国风险投资行业而言是风险投资退出最常见的获利方式。从 20 世纪 90 年代末到 21 世纪，IPO 和并购并驾齐驱。但 21 世纪以来，IPO 作为风险投资退出的方式大幅下降，出售给战略买家或并购基金已成为风险投资退出的首选。实际上，大约 60%～65% 的风险投资最终的市盈率小于 1.0，而 25%～35% 的风险投资以失败告终。此外，IPO 的中值和平均回报明显高于并购退出的回报，而并购退出的中值其实是亏损的。2008 年以来，以并购方式退出的风险投资占 90% 以上。在风险投资退出以后，而其中很大一部分资产变成了并购基金资产组合的一部分。

在过去几十年里，美国并购基金退出的形式也发生了重大变化。在 20 世纪 70 年代和 80 年代，并购基金的资产组合或其一部分出售给另一家公司，即所谓的"战略买家"，约占退出交易的 33%；IPO 退出占 25%；出售给另一家并购基金或金融公司，即所谓的"金融买家"，在退出的比例中不到 15%。这些出售给另一家收购公司或金融公司并购交易也被称为"二级收购"。近几十年来，对战略买家的销售一直保持相对稳定。通过 IPO 退出的企业越来越少。20 世纪 90 年代以来，收购行业的增长速度快于整个股权市场，收购公司（基金）通过证券交易公司之间的相互循环资本的频率更高，IPO 的数量也有所减少。从 2015 年在这轮 SPAC 热潮之前到 2019 年底，90% 的并购基金的退出仍然选择并购。而把出售给另一家收购公司（或金融公司）的所谓"二级收购"作为退出方式的，占并购基金退出比例的一半以上。2019 年，美国四分之三的并购交易的杠杆率高于 6。

一个很严重的问题是，在美国，一家被收购的公司在 10 年内申请破产的可能性大约是非被并购公司的 10 倍，因为破产往往是高财务杠杆的结果，而不是持续经营的结果。连续被并购或从风险基金的资产组合到并购基金的资产组合，都产生了杠杆率过高的问题。

因此，一个很重要的问题是，在私控领域的连续被并购或从风险基金的资产组合被出售而进入并购基金的资产组合，由此产生的普遍性的杠杆率过高的问题，是因为从私控领域到公开市场股权领域的通道缺乏效率引起的吗？SPAC 能否成为解决方案？

在 2010 年前后，欧洲和亚洲的一些国家和地区金融中心纷纷引进这种特殊 IPO 的融资及并购模式。现在欧洲的英国、荷兰、意大利、芬兰、瑞典、德国和法国，以及亚洲的新加坡、韩国、马来西亚、中国香港等超过 10 个国家和地区已经引进了这种特殊的 IPO 模式，以适应当地的发展。特别是去年，亚洲的两个国际金融中心新加坡和香港不约而同地在历史上首次引进 SPAC 模式，而欧洲的荷兰和英国则修改其规则去除管制（De - regulate），为 SPAC "松绑"。

那么，美国和欧洲及亚洲从两个相反的方向来监管 SPAC，背后是什么逻辑？从一个经济体的总体而言，SPAC 能承担什么功能呢？

10.1 SPAC 的理论综述及演绎

在 2016 年的一篇论文中，埃克塞特大学商学院（University of Exeter Business School）的劳拉·迪米特罗娃（Lora Dimitrova）将 SPAC 称为"穷人的私募股权基金"。这是因为它们为普通投资者提供了在热门公司上市前参与收购的途径，而这通常是为富人保留的特权。这个理论有一定意义，因为风险投资、杠杆并购以及国际并购等实际上早就对"穷人"关闭了大门，而快速增长的初创企业则在更长时间内保持私控。因此，SPAC 确实是为普通人提供了进行另类投资的途径。

同时，一些 SPAC 的市场报告显示，对 SPAC IPO 的投资由一群对冲基金在主导，称为"SPAC 黑手党"。这在 SPAC IPO 时投资，在初始并购之前交易 SPAC 股票，但在初始并购之前抛售或在初始并购时赎回其对 SPAC 的投资。

SPAC 的理论，当然不是如此简单的二分法。对资本市场本身，SPAC 也必然有其独特的意义。

1976—1996 年，美国上市公司数量总体呈上升趋势。1996—2019 年，美国上市公司数量总体呈下降趋势。尽管上市公司数量有所下降，但美国股票市场的市值却显著增加。1976—2019 年，股票市值以每年 9.0% 的复合增长率增长，而上市公司数量则以每年 0.6% 的复合增长率减少（见图 10 −1）。

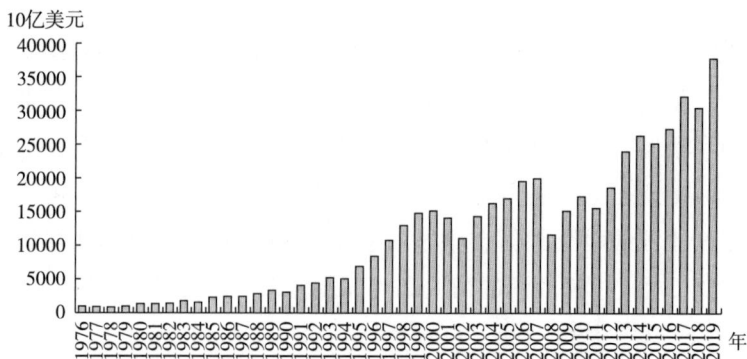

图 10 −1　1976—2019 年美国公共市场股权的市值

［资料来源：世界银行（World Bank）、Center for Research in Security Prices（CCRSP）］

2019 年美国上市股票的市值总额约为 38 万亿美元，美国国内股权类共同基金管理着约 8.4 万亿美元资金（不同的分类和统计口径有较大差异），其中主动型基金管理着 5.6 万亿美元基金，指数型基金管理着 2.8 万亿美元基金，这些数字还不包括被单独管理的 4.7 万亿美元账户资金。截至 2019 年 9 月 30 日，美国并购基金产业的资产管理规模只有 1.4 万亿美元，这其中可投资额度仅为 5600 亿美元的干粉，即有限合伙人承诺投资但尚未动用的资金。风险投资基金的资产管理规模约为 4550 亿美元，其中包括可投资资金 1200 亿美元。尽管许多大型投资者希望增加对私募基金的投资，但其市场容量远小于公开市场。如今美国上市公司的平均市值约为 104 亿美元，是 1976 年的约 7 亿美元平均市值的近 15 倍（调整了通货膨胀因素）。2019 年底美国大约有 3600 家上市公司，大约是 1996 年的一半，是 1976 年的四分之三。这反映了并购活动的活跃和 IPO 的低水平。那么，SPAC 可以作为公开股权市场和私募股权市场的另一个通道吗？对于继续获得资金的创业公司和基数广大的投资人而言，这个问题有着实质性意义。

上一个 SPAC 的小高潮是在国际金融危机前的 2007 年。当时彭博社（Bloomberg）报道了 SPAC 的 IPO 在 2007 年激增的现象，同时指出当时的 SPAC IPO 的增长与杠杆收购的显著下降是同时发生的。根据当时美林（Merrill Lynch & Co.）的数据，杠杆收购在 2007 年下半年几乎消失了，因为借贷成本从 2007 年 6 月到 12 月几乎翻了一番。由于房地产次级抵押贷款市场崩溃，美国的杠杆收购规模从 2007 年上半年的 3224 亿美元降至下半年的 1032 亿美元。因此，杠杆收购和 SPAC 之间可能存在着某种相关关系，甚至可能有可替代性。

SPAC 市场与风险投资资本市场是密切相连的，因为其发起人及其承销商必须向各个投资基金或投资公司游说才能获得资金。SPAC 试图通过向被收购公司提供更好的股权交易，或者用一个行业内满是大牌的管理团队来打动他们。

SPAC 之间也会为了好的目标公司而相互竞争。但随着 SPAC 发起人找到适合他们的正确路径，他们也将与传统的风险投资竞争。风险投资市场可能受到影响，因为企业可能将 SPAC 视为一种简化融资并最终上市的方式，形成公开市场对私募市场的竞争。

实际上，2020 年当 SPAC 热潮兴起时，许多风险投资家对成立自己的 SPAC 感到胆怯。风险投资基金对加入与核心业务不同的战略持谨慎态度，并担心缺乏公开证券市场的专业知识。随后风险投资家在观望，看到一长排私募股权基金、对冲基金和其他投资者争相利用 SPAC 市场的充裕资金和有利可图的机会在大显身手。2021 年初，一些风险投资基金已经得出结论，发起 SPAC 的诱惑已经变得难以抗拒。虽然风险投资基金在公开市场上缺乏经验，但它们通过利用自己拥有的潜在的可收购目标公司来弥补。

目前，连接公开市场股权和私募市场股权之间的通道，主要是 IPO 和并购。但是，至少 SEC 的前主席杰·克莱顿（Jay Clanton）在 2020 年 9 月说过，SPAC 是对 IPO 的一种健康的竞争。那么，SPAC 能否成为证券的公开市场和私募市场之间的另一个通道呢？未来能否出现 IPO、并购和 SPAC 在连接公开市场和私募市场时并驾齐驱的局面？

10. 2　SPAC 理论及创新的背景——美国公募和私募投资市场的历史变迁

2021 年 10 月初，SpaceX 与新投资者和现有投资者达成协议，以每股 560 美元的价格出售 7.55 亿美元的员工股股票，这使 SpaceX 估值增至 1003 亿美元。该公司当时并没有筹集新的资本，只是对现有股票的二次出售。此次交易价格较上次融资交易溢价了 33%，2021 年 2 月 SpaceX 以 740 亿美元估值进行了 12 亿美元的融资，当时交易价格为每股 419.99 美元。当月 SpaceX 也进行了一笔类似的二次出售交易，当时内部人士出售了约 7.5 亿美元的股票。

SpaceX 的新估值使其成为世界上罕见的私控"百角兽"公司之一——10 亿美元是独角兽公司，而其估值是十亿的 100 多倍。

其实，SpaceX 只是美国金融市场的一个缩影。近几十年来，包括养老基金和捐赠基金在内的成熟投资者已将资产配置转向私募市场，以寻求更高的回报。例如，1985 年以来耶鲁大学的捐赠基金一直由其首席投资官大卫·斯文森（David Swensen）管理。他在 20 世纪 80 年代中期执掌该基金时，约 65% 的投资组合配置在美国股票上，15% 配置在美国债券上，没有私募股权的配置。到 2019 年年底，耶鲁大学的捐赠基金对美国股票的配置只占 2.3% 的比例，而对杠杆并购基金的配置是 15.8%，对风险投资基金的配置是 22.6%。耶鲁大学的捐赠基金提供了出色的长期回报，斯文森也被认为是资产配置领域的先驱。2009 年以来，美国企业每年在私募市场筹集的资金都超过了公开市场。例如，2017 年，美国公司在私募市场筹集了 3 万亿美元，而在公开市场只筹集了 1.5 万亿美元。

10.2.1　美国公开市场股权和私募市场概况

我们先来研究新冠肺炎疫情之前的金融市场（见图 10-2）。截至 2019 年底，美国大约有 3640 家上市公司，雇员人数为 4200 万人，私募并购基金产业拥有的公司约有 7200 家，雇员人数为 540 万人，风险投资产业的公司约 1.84 万家，雇员人数为 110 万人。2019 年，美国上市公司的平均市值约为 104 亿美元，是 1976 年约 7 亿美元平均市值的近 15 倍（以上数据皆调整了通胀因素）。根据美国投资公司协会（ICI）的数据，截至 2019 年底，美国国内共同基金管理着约 8.4 万亿美元资金，其中主动型基金管理着 5.6 万亿美元，指数型基金管理着 2.8 万亿美元。这些数字不包括被单独管理的

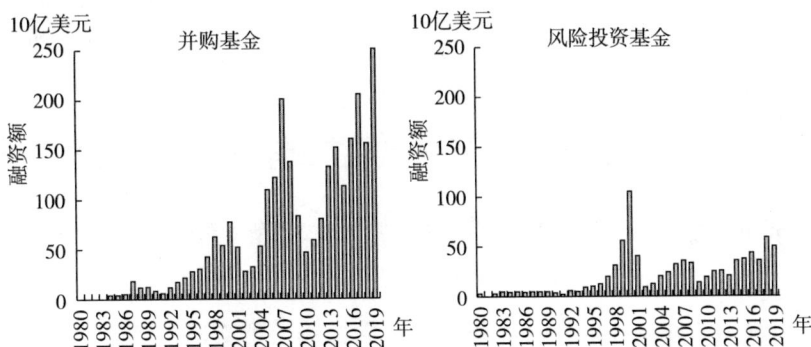

图 10-2　1980—2019 年美国并购基金和风险投资基金的投资人承诺投资额

（资料来源：2010 and 2020 NVCA Year books and Pitchbcok）

4.7 万亿美元账户（其中很多是养老金账户）。截至 2019 年 12 月 31 日，美国主板上市股票的市值总额约为 38 万亿美元。

截至 2019 年 9 月 30 日，美国并购基金产业的资产管理规模约为 1.4 万亿美元，这其中包括 5600 亿美元的干粉资金，即有限合伙人承诺投资但尚未动用的资金。因为并购基金收购公司时使用大量的债务杠杆，实际投资能力远高于干粉。风险投资基金的资产管理规模约为 4550 亿美元，其中包括可投资资金 1200 亿美元。尽管许多大型投资者都希望增加对私募基金的投资，但其市场容量远小于公开市场。

图 10 - 3 显示了从 1970—2019 年，投资者流入美国共同基金和股票交易所交易基金（ETF）的概况。在此期间的大部分时间里，资金流动跟随市场行情而波动：投资者在市场上涨后买入股票基金，在市场下跌后卖出。近年来，这种关系有所减弱，出现了资金外流，即便是在股市拥有诱人回报的情况下资本也会流出。例如，2019 年尽管标准普尔 500 指数的总回报率为 31%，投资者从共同基金和 ETF 中撤出了 1700 亿美元。

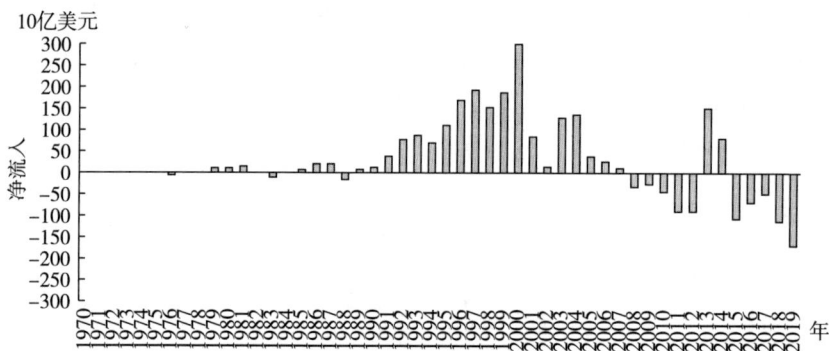

图 10 - 3　1970—2019 年美国共同基金和股票交易所交易基金的投资流入

（资料来源：Investment Company Institute）

尽管美国并购和风险投资基金大幅增长并受到欢迎，但公开市场的规模仍然要大得多。2019 年年底，美国股市的股票市值大约是并购基金资产管理规模的 27 倍，是风险投资基金规模的 80 多倍。投资者一直在从美国上市股票中撤资，2019 年前的 5 年里，从国内股票共同基金和 ETF 中净撤资约 5000 亿美元。但更重要的是，投资于股市的资金从积极管理的基金重新配置到指数化或基于股指的基金，包括传统的指数基金和 ETF。近年来，投资者对美国并购基金的承诺稳步增加（见图 10 - 4）。

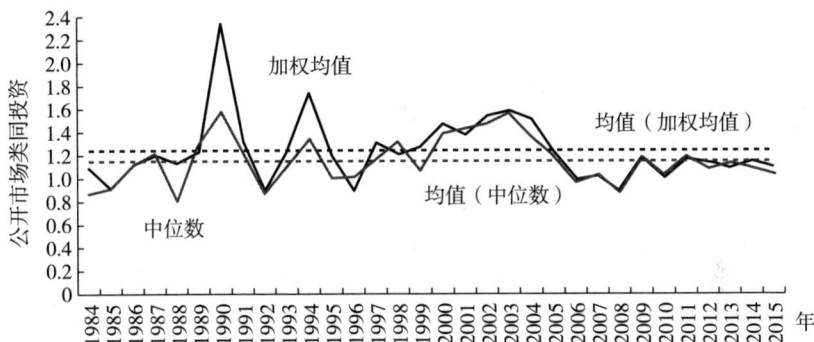

图 10 - 4　1984—2015 年美国并购基金在公开市场类同投资的回报

[资料来源：Harris R S 等（2014）；Kaplan S N（2020）]

那么，美国现有的公开市场和私募市场之间连接是否足够的有效率呢？SPAC 能否应该成为在公开市场和私募市场之间的一个常规的通道呢？如前所述，现有的通道主要是 IPO 和并购。未来能否出现 IPO、并购和 SPAC 在连接公开市场和私募市场时并驾齐驱的局面？

除 2000 年的巨额资金流入外，对风险资本基金的投资承诺也接近创纪录水平。2000 年的资金流入规模仍几乎是以往任何一年的 2 倍。2019 年，对美国并购和风险基金的投资总额合计约为 3150 亿美元。截至 2019 年的过去 40 年里，标准普尔 500 指数的总回报率为 11.8%。并购基金在 20 世纪 80 年代末崭露头角，并自那以后产生了颇具吸引力的回报。也就是说，2000 年以来，回报率似乎在下降，大规模的融资加上历史高位的估值水平，可能预示着未来的回报率会更低。此外，近几十年来，投资回报的持续性有所下降。在 20 世纪 90 年代的科技繁荣时期，风险资本基金在公开市场的回报一直不令人鼓舞。在这种情况下，最好的基金和最差的基金之间存在着明显而持久的差距（见图 10 - 5）。

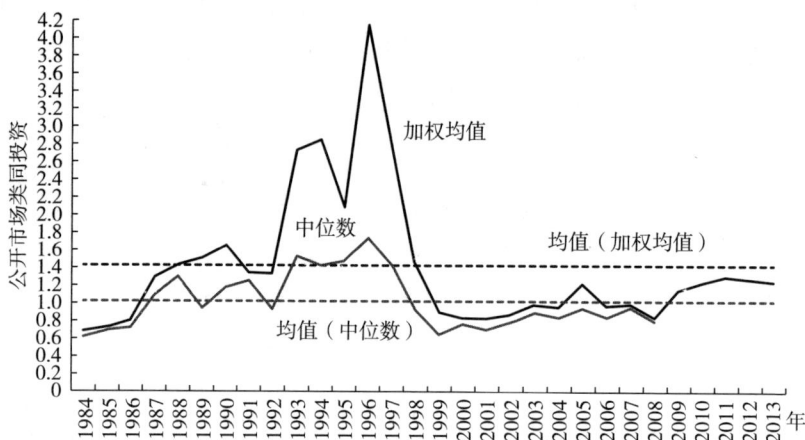

图 10-5　1984—2013 年美国风险投资基金在公开市场类同投资的回报

[资料来源：Harris R S 等（2014）；Kaplan S（2020）]

10.2.2　美国私募市场最近 50 年迅猛发展及其原因分析

在美国，投资从公开市场股权转向私募市场股权的原因有多种，包括投资者的愿望、科学技术发展的影响，以及立法的变化。对投资对象进行分析并计算出它们的价值是很专业和复杂的，但无疑机构投资者比个人投资者在这方面更有能力。1970 年，美国个人投资者持有约 75% 的上市公司股票，财富管理行业才刚刚起步，进入 21 世纪后，70% 以上的公开市场股权由机构持有（不同的统计口径有差异）。金融行业变得越来越专业和复杂，科技发展也改变了金融业。包括期权定价模型在内的金融创新，伴随着计算能力的提高和计算成本的下降，开创了一个新的金融时代。这导致了公开市场内部的变化，包括指数化基金的兴起和从公开市场股权市场向私募市场股权的迁移（见图 10-6）。

对于从公开市场股权市场向私募市场的转变，或许最简单的解释是机构投资者的需求。在美国，作为私募股权的主要投资者，大多数养老基金和捐赠基金的负债增加了，而预期的资产回报却下降了。例如，美国养老基金的资产和负债之间出现了巨大的缺口。有三种方法可以缩小这一差距：

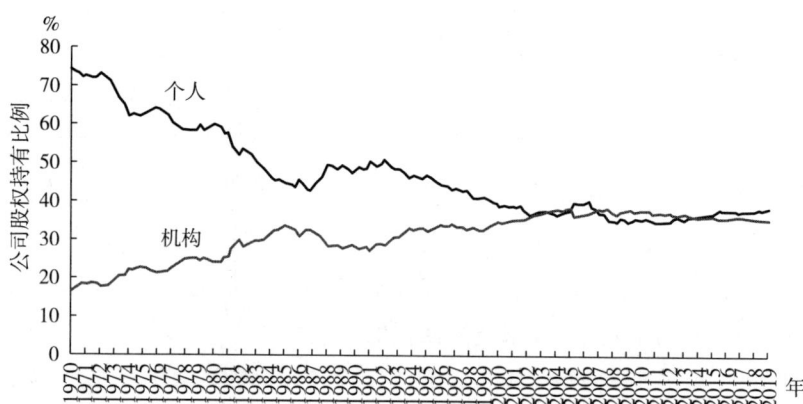

图 10 - 6　1970—2019 年美国股权投资从个人向机构转移

（资料来源：美联储）

增加对养老基金计划的投入、减少对受益人的支付，或者提高它们所管理资产的回报率。由于前两个方法不受欢迎，大多数首席投资官都争取在第三个方法上取得突破（见图 10 - 7）。

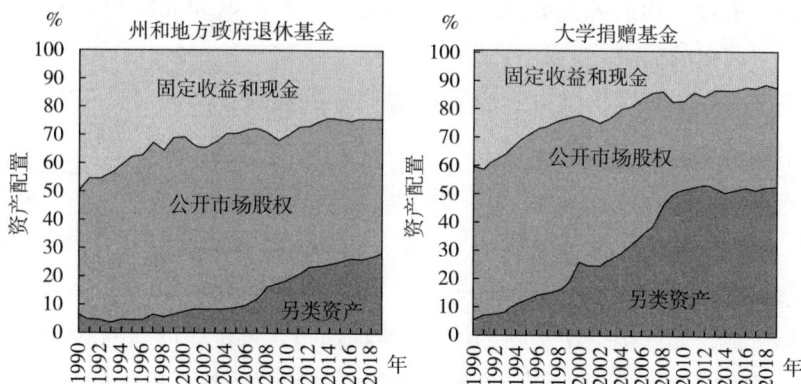

图 10 - 7　美国退休基金和大学捐赠基金的投资向另类投资转移

（资料来源：Public Plans Database；Ryan R. J，Fabozzi FJ. The Pension Crisis Revealed ［J］.

Journal of Investing，2003：43 - 48；National Association of College and University

Business Officers（NACUBO）；Dimmock S G，Wang N，Yang J Q. The Endowment Model

and Modern Portfolio Theory ［R］. Working Paper，2018 - 04 - 23）

美国 30 年期国债收益率在 1981 年 9 月达到 15% 的峰值。自那以后它基本上一直在单向下滑，降至 1.2% 的近期低点。在金融领域，计算预期收益的标准方法是从无风险利率（通常是国债、票据或债券的收益率）开始，加上风险溢价。其原理是一项资产的风险越大，其预期回报就越高。如果你想要更多的回报，你就必须寻求更多的风险。与此相一致的是，最近的研究表明，预测收购活动的最佳指标之一是风险溢价。证据表明，当总风险溢价较低时，总的收购活动就会增加，这与收购基金的投资者在风险溢价（即预期回报）较低时寻求更高回报的观点相吻合。

到 1992 年，预期回报率已攀升至 8.75%，30 年期国债收益率约为 7.75%，这意味着基金管理人只需让他们的基金获得约 1 个百分点的风险溢价，就能满足其回报目标。但在 2021 年初，预期收益率为 7%，而 30 年期国债收益率为 1.4%，意味着必须获得 5.6 个百分点的风险溢价。养老基金和捐赠基金的首席投资官以及为受益人服务的董事会，为了获得更高的回报就别无选择，只能寻求更高的风险。例如，2020 年 6 月，加利福尼亚州公务员退休基金宣布将增加高达基金价值 20% 的杠杆，即 800 亿美元，以增加投资组合的预期风险和回报。从历史上看，并购和风险投资基金有助于满足对回报的需求。

美国的一流大学捐赠基金也面临着同样的挑战，即需要获得足够的回报。捐赠基金的贡献为一些领先的大学提供了 30% 或更多的收入，例如，耶鲁大学的捐赠基金在 1985 年提供了运营预算的 10%，而 2019 年贡献了 35%。绝大多数的捐赠基金都有一个预算指导方针，并且大多使用一个流动平均回报规则，即根据平均资产的一个预先指定的若干年的百分比回报判断预算平衡，如许多捐赠基金都认为 5% 的回报是可持续的（可以达到预算平衡）。面对较低的预期回报，捐赠基金必须努力满足其机构的预算需求。一种方法是承担更多风险，而将更多资产配置给私募股权是解决问题的一种尝试。并购基金和对冲基金也是提高杠杆回报率的一种间接方式。大学捐赠基金（总共控制着约 6000 多亿美元的资产）经历了更大的转变。捐赠基金对另类资产的配置比例从 1990 年的 6% 增至 2019 年的 53%。尽管规模较小的捐赠基金在另类资产方面的风险敞口比规模较大的更小，但趋势是一致的。

　　另类资产具有吸引力有两个原因。首先，它们可以提供高回报。这是基于两个前提。一个前提是有限合伙人（投资者）可以识别出有能力提供更高回报的老练的普通合伙人（基金经理）。另一个前提是拥有非流动性资产有回报溢价。其次，如果投资组合中的收益与其他资产的相关度较低，那么另类资产可以改善投资组合的状况。换句话说，替代品可以提供多样化的好处。与其他资产类别相比，私募股权的回报率差异（最好和最差基金之间的差距）非常大。风险资本的分散度高于并购基金，但二者都很高。这意味着识别并接触成熟的普通合伙人的能力至关重要。研究表明，选择基金的技巧是投资回报的重要决定因素，而能接触到最优秀的基金经理，是斯坦福大学和麻省理工学院等捐赠基金成功的关键。高流动性意味着成本小，低流动性意味着成本高。因此，投资者对持有非流动性资产要求的更高回报，称为"非流动性溢价"，而金融家和经济学家已经用经验证明了这种溢价。

　　在一个教育成本不断上升、寿命不断延长的世界里，投资者正在寻求更高的回报，以满足不断膨胀的负债。养老基金和捐赠基金越来越多地转向私募股权，以求获得所需的回报。尽管关于私募股权的表现是否优于公共股本可能存在合理的争论，但固定收益投资的回报率处于历史低位，这一点是毫无疑问。

　　科技的发展　　上市公司的公司治理仍然是一个热门话题，有很多悬而未决的问题，包括公司的目的、股东应该扮演什么角色、业绩衡量和高管薪酬等，这些都是值得讨论的问题。与上市公司相比，由并购或风险投资基金持有的私控公司的董事会规模要小得多，也更复杂，参与的风险也更大。并购和风险投资基金都涉及高风险业务。对于并购来说，风险来自财务杠杆。对于风险投资来说，它来自新业务的不确定性。这两类基金处于公司发展生命周期的不同阶段，但都面临某种形式的风险。30 多年来公开市场股权向私募市场股权转变的相关因素，首先是无形资产和有形资产增长速度的差异。因研究内生增长理论而获得 2018 年诺贝尔经济学奖的经济学家保罗·罗默（Paul Romer）提出了一个基本问题："我们今天怎么可能比 100 年前的人更富有?"原材料的基本数量没有随时间而变化。答案是,我们现在可以用比以前更有价值的方式安排资源。

　　传统的经济增长模式以资本和劳动力的增量投入为基础,将技术视为外生性因素。同样是诺贝尔奖得主的罗伯特·索洛(Robert Solow)创建了一个使技术内生化的模型。罗默的贡献是使技术成为"部分排他的",或者说使其成为一种私人商品,这使公司可以从对它们的投资中获益。罗默强调无形资产的重要性,包括说明书、公式、配方和工艺等,他认为:"当公司和个人发现并实施这些公式和配方时,增长就发生了。"重要的是,这些无形资产具有不同于实物资本或劳动力的特征,经济学家称其为"非竞争性商品",这意味着一次可以有多个人使用该商品。纸质书是一种竞争产品,一次只能有一个人阅读。电子书是一种可以被许多人同时阅读的非竞争产品。在一定条件下,以无形资产为基础的公司可以违背边际收益递减的传统经济学概念,而在实际上实现收益递增表,显示了有形和无形投资组合在过去 40 年的变化。在 20 世纪 70 年代末,有形投资几乎是无形投资的两倍。今天,无形投资是有形投资的 1.5 倍。在几代人的时间里,投资形式发生了转折性的变化(见图 10 - 8)。

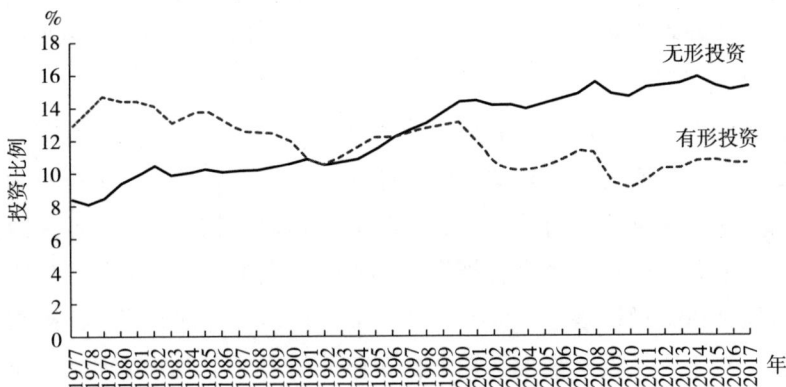

图 10 - 8　1977—2017 年美国无形投资的兴起

[资料来源:Corrado 和 Hulten(2010),Corrado 和 Hao(2013),
Corrado 等(2016),Corrado 等(2017)]

　　这样的转变带来了一系列的改变。首先，公司需要更少的资本，因为它们需要更少的有形资产。例如，2019 年脸书（Facebook）公司的人均销售额几乎是福特汽车公司（Ford Motor Company）的 2 倍。1956—1976 年，上市公司的数量增长了 5 倍，因为许多公司需要为"它们的大规模生产和大规模分销"提供资金。如今，公司根本不像以前那样需要那么多的资金。这一点，再加上更自由地获取私募资本，使私控公司可以保持更长时间的私控状态。此外，我们可以通过上市公司在公开股权市场存续的时间来衡量这种变化的速度，似乎这种变化正在加快。其观点是，如果存续的时间在缩短，变化的速度就在加快。20 世纪 70 年代美国大约有 1500 家公司上市，80 年代有 3000 家，90 年代有 3900 家，2000—2009 年有 2100 家。1970 年的上市公司在未来 5 年仍然存在于公开股权市场的概率为 92%，而 2000 年以来上市公司在未来 5 年仍然存在于公开股权市场的概率只有 63%。在公开股权市场的存续机会在连续的 10 年中逐年下降的主要原因是它们被收购了。这就是最后一个含义。在美国企业界，强者越来越强。这导致了"超级明星公司"的出现。例如，在最近几十年里，一家位于前 10% 的美国公司的投资回报与处于中间水平的公司之间的差距急剧上升，而愈演愈烈的并购在很大程度上解释了这一点。赫芬达尔—赫希曼指数（Herfindahl - Hirschman Index）等集中度指标显示，自 20 世纪 90 年代中期以来，许多行业的集中度都大幅上升，这包括依赖有形资产的行业。在适当的条件下，某些企业的回报增加，包括很高的市场份额和经济利润。以无形资产为基础的企业的回报在不断增加，而且大公司和小公司在无形资产上的支出的差距越来越大。从有形资产到无形资产的转变对上市公司和私控公司的组合产生了有意义的影响。许多年轻公司的资本密集度较低，这意味着它们不需要上市来筹集资金。上市公司的组合已经转向更多地依赖无形投资，这反过来导致了上市存续的时间的缩短。信息商品的资本化，再加上传统产业的集中和低附加值活动的外包，意味着少数领先企业赚取的经济租金要比它们的竞争对手和过去的企业高得多。

　　有形资产投资与无形资产投资的组合、信息商品的资本化、传统产业的集中和新经济对无形资产的依赖，使上市公司和私控公司的相互转变的速度加快。那么，美国现有的公开市场和私募市场之间的连接是否足够的有效率呢？SPAC 能否应该成为在公开市场和私募市场之间的一个常规的通道呢？

另外两个考虑因素是社会和经济背景以及金融市场的结构。这对并购行业产生了巨大影响。1989 年，哈佛商学院教授迈克尔·詹森（Michael Jensen）写了一篇具有挑衅性的文章，名为《上市公司的衰落》（*Eclipse of the Public Corporation*）。詹森认为，经理或代理人与股东或委托人的关系不太一致。他认为，杠杆收购等交易结构可以通过让经理人和股东保持一致，有效地解决委托代理问题，尤其是在存在自由现金流风险配置不当的成熟行业。在他写那篇论文的时候，美国大约有 5800 家上市公司，而 2019 年底大约有 3600 家。虽然詹森教授似乎具有先见之明，但也有一些需要注意的地方。一是并购行业的能力和时间范围受到结构的限制。二是上市公司可以采取措施，更明智地配置资本，并使经理和所有者的动机保持一致。三是詹森的理论更适用于基于有形资产的业务，而不是基于无形资产的业务。尽管有这些局限性，詹森的理论通过识别上市公司的弱点为并购基金产业奠定了基础。并购基金产业的另一个驱动力是 20 世纪八九十年代的高收益债券市场和 21 世纪初以来的杠杆贷款市场的发展。1977 年，高收益债券市场的未偿债务为 240 亿美元，1990 年增至逾 2000 亿美元，占所有公司债务的比例从 4% 升至 25%。特别是，1986—1989 年，高收益市场几乎翻了一番，反映了 20 世纪 80 年代末的收购浪潮和该行业最大交易商德雷克塞尔证券（Drexel Burnham Lambert）鼎盛时期的情况。20 世纪 90 年代初，在德雷克塞尔证券破产和储蓄及贷款危机之后，高收益债券市场有所回落，但在 90 年代中期又恢复了增长。在 20 世纪 80 年代和 90 年代，获得这种债务融资对收购行业至关重要。2007 年全年高收益债券市场稳步增长，尽管收购交易量激增。2008 年国际金融危机短暂抑制了增长，但规模再次增加，直到 2016 年达到一个平稳期（见图 10-9）。

2004—2007 年，已完成的并购交易价值为 5350 亿美元，是此前 10 年的 10 倍杠杆贷款填补了融资空缺（见图 10-10）。杠杆贷款是指信用评级低于投资级的银行贷款。2000 年杠杆贷款市场的规模只有高收益市场的六

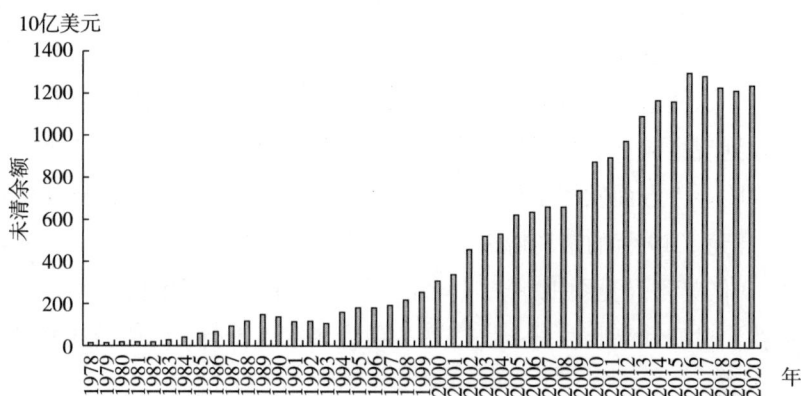

图 10 – 9　1978—2020 美国高收益债券市场

（注：本金金额，2020 年 3 月 31 日）

［资料来源：Altman E I（2020）］

分之一，但增长迅速，这在很大程度上是收购交易的结果。到 2019 年，杠杆贷款市场规模达到 1.2 万亿美元，与高收益市场差不多。杠杆贷款约占全部收购融资来源的一半。

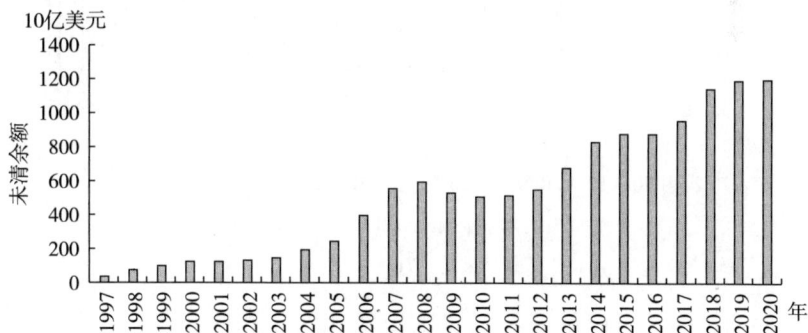

图 10 – 10　1997—2020 年美国杠杆贷款市场

（注：本金金额，2020 年 3 月 31 日）

［资料来源：Yu E（2020）］

收购行业和杠杆贷款市场之间正在形成的互补性。这种联系十分关键，其主要特点之一是债务抵押债券（CDO）市场的迅速增长，投资银行通过聚集产生现金的债务工具，并根据不同的信用风险水平将现金流打包成不同的部分，从而创建 CDO。例如，AAA 级债券将首先收到来自债务工具池的现金流，这使这些证券相对安全。股权部分只有在所有优先级部分支付后才会收到现金流。贷款抵押债券（CLO）是一种由企业贷款支持的 CDO，在推动收购业务方面发挥了重要作用。CLO 已经从 1994 年杠杆贷款市场的 0.1% 上升到 2019 年的市场份额的 60%。其间，CLO 从不足 10 亿美元增长到近 7000 亿美元（见图 10-11）。杠杆贷款的主要买家包括 CLO、保险公司、贷款、对冲和高收益基金。CLO 的最大买家是银行、保险公司和基金。

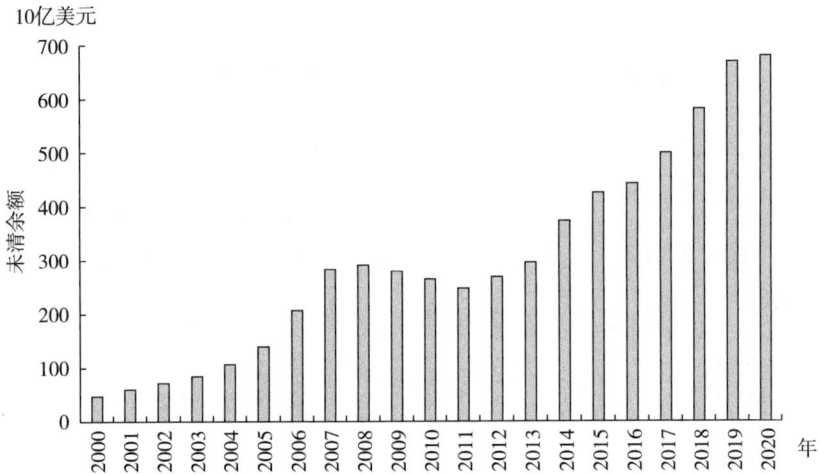

图 10-11 2000—2020 年美国非房地产抵押贷款市场

（注：本金金额，2020 年 3 月 31 日）

[资料来源：Yu E（2020）]

一些动机因素可以解释杠杆贷款市场相对于高收益债券市场的增长。杠杆贷款在资本结构中的地位往往高于高收益债券，通常有抵押品，利率通常是浮动的。此外，CLO 的需求一直很强劲。从发行方的角度来看，杠杆贷款市场的一个特点是有机会获得不那么复杂的结构性条款规定，这些条款本质是公司必须维持的财务指标，以帮助保护投资者。这些被称为"轻约贷款"（即"低门槛贷款"，covenant-lite loan）的宽松贷款占债券发行的比例从 2015 年的约 60% 上升到 2019 年的约 80% 。

杠杆贷款市场的增长，由收购行业的资本供给和 CLO 的需求推动，其在促成收购行业的发展方面发挥了重要作用。《破产法》是有利于美国并购业发展的另一个因素。一家被收购的公司在 10 年内申请破产的可能性大约是同类公司的 10 倍，因此重组公司资本结构的能力是至关重要的，因为破产往往是高财务杠杆的结果，而不是持续经营的结果。美国 1978 年《破产改革法》第 11 章允许收购与清算的早期重组，许多国家没有有效的方法进行公司重组，因此破产通常意味着清算，而这阻碍了企业资产负债表的杠杆化，因而阻碍了部分有效融资。

法律法规的变迁　有一些关键法规对美国的公开股权市场产生了重大影响，其中包括保护投资者和促进行业增长的法规。关注投资者的主要立法包括 1934 年的《证券交易法》，它建立了 SEC，以及 1940 年的《投资公司法》。美国 SEC 的目标是保护投资者，而 1940 年《投资公司法》解决了过去对投资行业的滥用和特定的规则。另外刺激这一行业发展的立法包括 1974 年《雇员退休收入保障法》（ERISA），该法案大幅提高了退休计划的允许缴款额，它还允许对以前被禁止的共同基金进行投资，并为不属于雇主计划的工人建立个人退休账户（IRA）。ERISA 还建立了所谓的"谨慎人规则"，即基金的资产应该以谨慎人的谨慎和保守来管理。但由于该规定没有一个明确的定义，许多机构的养老基金经理坚持公开和流动性投资。立法也在收购和风险投资业的发展中发挥了有意义的作用。

上述内容解释了美国私募股权市场的发展。加上前述的有形资产投资与无形资产投资的组合、信息商品的资本化、传统产业的集中和新经济对无限资产的依赖，上市公司和私控公司的相互转变的速度也在加快。

那么 SPAC 和杠杆贷款市场之间能否形成的互补性呢？本章下文将论述关于这个问题的案例。一家被收购的公司在 10 年内申请破产的可能性大约是非被收购公司的 10 倍，因为破产往往是高财务杠杆的结果，而不是持续经营的结果。SPAC 对杠杆贷款市场一定程度的代替，应该是接近于帕累托最优的选择。

下面介绍美国的公开股权市场，再来分析在美国现有的公开市场和私募市场之间连接的效率，以及 SPAC 的效能。

10.2.3　美国公开市场股权分析

20 世纪 90 年代中期以来，美国上市公司的数量呈下降趋势，直到 2020 年 SPAC 热潮。图 10 - 12 显示了从 1976—2019 年每年上市股票的总数以及增减。2019 年上市公司的数量是 1996 年的一半，是 1976 年的四分之三。

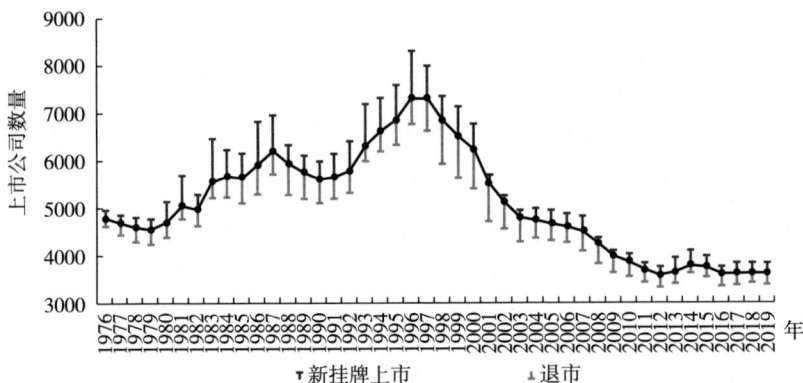

图 10 - 12　1976—2019 年美国上市公司数量的增减

［资料来源：Doidge C 等 (2021)］

1976 年以来，尽管上市公司数量有所下降，但美国股票市场的市值却显著增加（见图 10 - 13）。1976—2019 年，股票市值以每年 9.0% 的复合增长率增长，而股票数量以每年 0.6% 的速度减少。

一段时间内上市公司数量的变化是新上市公司数量与退市公司数量之间的差额。新的上市公司出现是 IPO、直接挂牌（Direct Listing）和分拆的结果。上市公司退市是并购、自愿摘牌以及被交易所基于一定理由摘牌的结果。1996—2019 年，虽然美国国内生产总值（GDP）增加了 70%，人口也增加了 20%，但上市公司却减少了。有的学者建立了基于 GDP、人口和治理的回归模型，他们认为美国应该有 5800 ~ 12200 只公开股票，这是一个很大的上市公司数量上的缺口。其他学者认为，用上市公司数量来衡量股

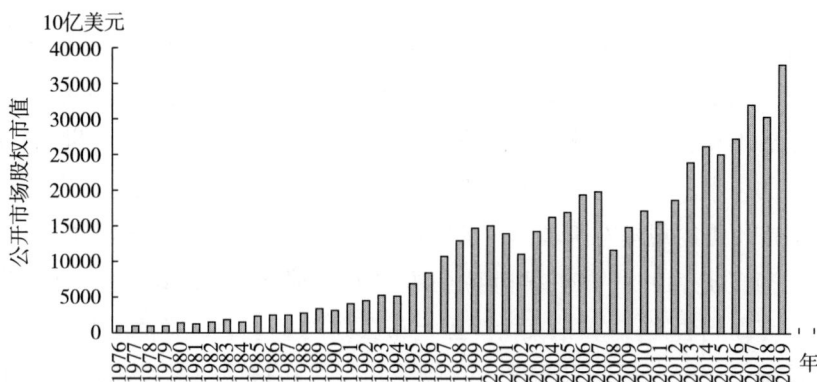

图 10 - 13　1976—2019 年美国公开市场股权市值

（资料来源：世界银行，Center for Research in Security Prices）

市的活力或经济增长前景是错误的。相反，他们认为，正确的衡量标准是企业资产的流动。这需要了解公司之间的交易，包括公开市场对公开市场、公开市场对非公开市场和非公开市场对公开市场。例如，如果一家上市公司收购另一家上市公司，那么名义上的上市公司数将从 2 减为 1，但实际资产上其上市数将保持为 2。同样，如果采用实物资产法，上市公司收购私控公司的收益将翻倍。据此推算，20 世纪 90 年代以来的资产减少幅度不到 5%，从而打消了人们对美国证券市场的竞争力和完整性的担忧。即使资产仍在公开市场领域，但上市公司之间的相互收购造成了一种减少的感觉。如果一家上市公司收购一家私控公司，将这些资产放到公开市场，而不是通过 IPO，上市公司数量没有增加，但公开市场的资产却增加了。克雷格·多伊奇（Craig Doidge）、安德鲁·卡洛伊（Andrew Karolyi）和瑞莱斯·达兹（René Stulz）三位经济学家对上市公司缺口所作的研究被最多的文章引用。他们试图解释上市公司的数量是上市的倾向（趋势）和候选上市公司数量的乘积。他们的研究表明，这种倾向和数量都发生了变化。我们可以将这些倾向提炼成成本和收益的分析。上市成本包括在交易所上市的费用、监管要求、与强制性披露有关的费用、披露可以被竞争对手利用的信息的竞争风险，以及投资者关系等。此外，高管们可能感到对短期业绩的担忧和负担，在媒体上有更高的知名度，还要接受激进投资者的审查和可能采取的行动。其中许多成本是固定的，而且一直在上升。上市的好处是能够筹集资金用于收购、流动性缓解、适当的价格发现和研究报告关注等。算上这些成本和收益，上述三位经济学家估计，上市倾向大约是 20 世纪 90 年代中期的一半。研究上市公司数量下降的经济学家也一致认为，近几十年来，上市所需的规模有所增加，部分原因是与上市相关的固定成本在增加。值得注意的是，一些看似显而易见的"罪魁祸首"，如 2002 年的《萨班斯—奥克斯利法案》，该法案为美国上市公司的董事会、管理层和会计师事务所设定了或扩大了披露要求，但似乎并没有在这些不断增长的成本中发挥核心作用。一个重要的驱动因素是"小规模陷阱"，即小公司现在很难变成大公司。例如，20 世纪 90 年代，每年 15% ~20% 的小企业变成了中小企业或大企业，而现在这一比例是过去的一半。这反过来反映了盈利能力的差距。20 世纪 90 年代，大公司和小公司的资产回报率中值之差为 15 个百分点，而现在为 30 ~35 个百分点之间。小公司有限的盈利前景为规模经济创造了机会。也就是说，小公司的资产作为大公司的一部分可能更有价值。因此，小公司通过出售给大公司获得的价值，要比通过 IPO 和作为上市公司保持独立更大。如果这一基本概述是正确的，那么它预计 IPO 数量将会减少，并购将会增加，上市公司的平均规模将会增加。图 10 - 14 展示了1976—2019 年的 IPO 数量。从 20 世纪 70 年代中期到 90 年代中期，总体呈上升趋势，随后到 2019 年呈下降趋势。1976—2000 年，平均每年有 282 起 IPO，2001—2019 年，平均每年有 115 起。同样与上述观点一致的是，近几十年来上市的公司平均延续上市身份时间和上市公司资产规模都高于前一时期。

图 10 - 15 显示了公司股票退市的原因。自愿退市是比例最低的原因。当一家公司认为保持上市身份的成本大于收益时，就会出现这种情况，这与上市规模门槛一直在上升的论点是一致的。证券交易所可以因一些正当理由迫使公司退市，如一家上市公司申请破产或未能满足某些要求、未能及时提交美国 SEC 要求的文件，或未能维持最低股价和市值时等。

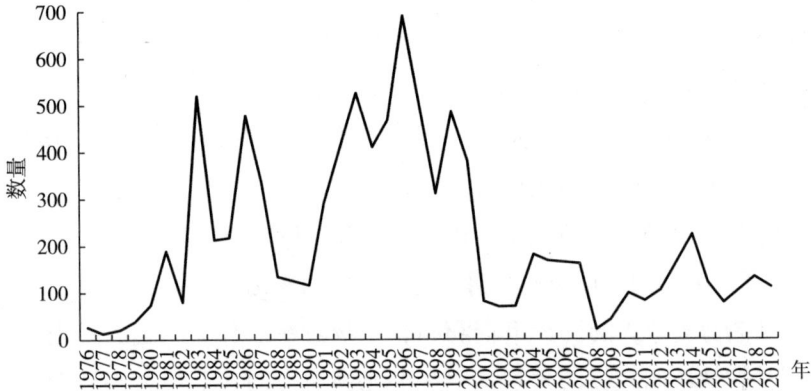

图 10 - 14　1976—2019 年美国 IPO 走势

（资料来源：Ritter J R. https：//site. warrington. ufl. edu/ritter/ipo - data）

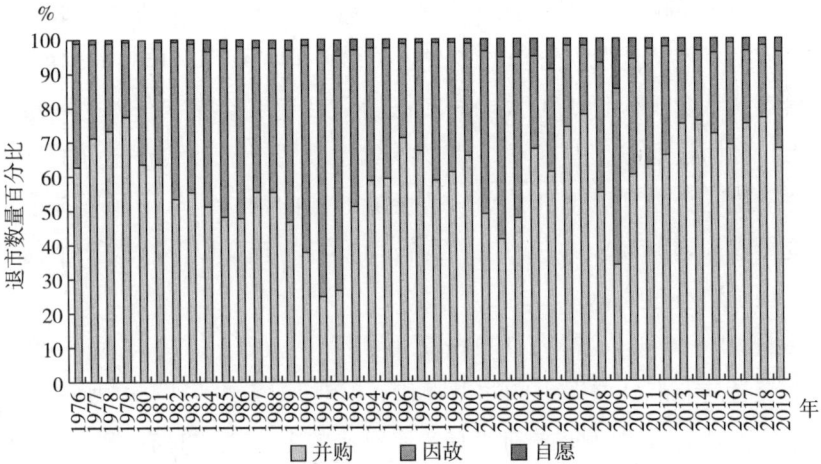

图 10 - 15　1976—2019 年美国上市公司退市原因对比

［资料来源：Doidge 等（2020）］

　　如图 10 - 15 所示，并购交易是上市公司退市的主要原因，这些交易包
括战略性并购和金融并购。这里的战略性并购是指一家上市公司收购另一
家上市公司的并购，而金融并购指并购基金或类似的机构收购了一家上市
公司并使其退市的模式。大部分退市都是战略性并购的结果。2000—2019

年，并购基金或类似的机构在与并购相关的全部退市交易中约占 10%。从 20 世纪 90 年代中期到本世纪初，战略性和金融性并购的上升在很大程度上解释了上市公司数量下降的原因。

20 世纪 90 年代中期到 2012 年左右，上市公司数量的下降，表明市场可能变得更加集中，但 HHI① 总体呈下降趋势，表明集中度降低。直到 2014 年，HHI 才恢复上升趋势。因此，没有一种理论可以完美地解释 20 世纪 70 年代以来美国上市公司数量和规模效应的变化。

这些趋势对今天的公开市场和私募市场意味着什么？首先，现在上市的公司平均规模比过去的公司大得多。充满活力的并购使大多数行业更加集中，少数非常大的科技公司已经获得了强大的市场地位。其次，并购和风险投资基金并没有包括很多普通投资者。最后，从积极管理的股票型基金转向追踪指数或基于股指的基金的趋势也很大。根据投资研究公司晨星（Morningstar）的数据，模仿标准普尔 500 指数等热门美国股票指数的基金现在拥有的资产比选股人管理的基金还要多。但如果算上单独管理的账户，积极管理的基金规模仍然更大。许多机构满足于以低成本获得公开市场的风险敞口和回报前景，并在私控市场寻求超额回报。虽然有充分的证据表明，主动型基金经理能增加价值，但随着时间的推移，从市场中提取超额回报变得越来越困难，从主动投资到被动投资的转变以及由此产生的费用变化反映了这一趋势。

由图 10－16 可以看出，1996—2019 年美国上市公司基本呈下降趋势，而并购交易是上市公司退市的主要原因，其他原因包括被交易所摘牌和资源退市。问题是，2019 年之前，有实质意义的上市模式只有 IPO 这一种耗时耗力而且非常昂贵的模式，而 SPAC 只是在有限的年份显示了其生命力。2020 年以来 SPAC 的热潮，也许并不是由于新冠肺炎疫情而昙花一现的金融应激性反馈，而是存在着金融市场内部深层次的原因和必然性。也就是，SPAC 模式对金融市场的价值发现和资源配置，可能是一块必要的拼图。

---

① Herfindahl－Hirschan index（HHI）在经济和金融领域用市场聚集程度衡量产业竞争的一个指数。

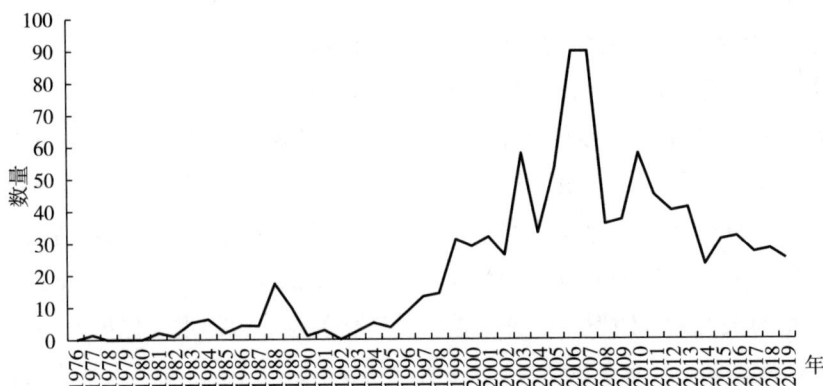

图 10 - 16　1976—2019 年美国上市公司因为并购而退市的数量

[资料来源：Doidge 等（2020）]

10.3　SPAC 和风险投资基金

　　SPAC 市场与风险投资资本市场是密切相连的，因为发起人及其承销商必须向各个投资基金或投资公司游说才能获得资金。SPAC 公司试图通过向被收购公司提供更好的股权交易结构，或者用一个行业内满是大牌的管理团队来打动他们。

　　SPAC 之间当然会为了好的目标公司而相互竞争，但随着 SPAC 发起人找到适合他们的正确路径，他们也将与传统的风险投资竞争。风险投资市场可能受到影响，因为需要融资的公司可能将 SPAC 视为一种简化融资并最终上市的方式。

　　2020 年 SPAC 浪潮卷过华尔街时，风险投资基金进入 SPAC 显得迟缓并不令人意外。虽然风险投资的主要任务是为创业者提供资金，但该行业本身很难能迅速接受并参与 SPAC 这种模式。2021 年初的风险投资基金的突袭恰逢 SPAC 狂热达到了新高度。发起成立 SPAC 的吸引力对风险投资基金非常之大，因为管理一家 SPAC 可以在风险很小的情况下获得可观的回报。

"SPAC 的发起人不需要投入大量资金，就能把它变成非常有价值的东西。"一家风险投资基金的知名母基金 Top Tier capital Partners（Top Tier）的董事总经理戴维·约克（David York）表示。Top Tier 投资了一只风险投资基金 Social Capital，投资人卡马斯·帕里哈比提亚（Chamath Palihapitiya）利用这只基金创办了一家 SPAC，这家 SPAC 最终在 2019 年与维珍银河（Virgin Galactic）进行了著名的初始并购——维珍银河是有英国首富之誉的理查德·本森（Richard Benson）的公司。约克表示，Social Capital 投入了约 1000 万美元的风险资本，并迅速将其转化为维珍银河近 2 亿美元的股权。无独有偶，摩根大通在 2021 年的一项研究显示，SPAC 的发起人平均获得了近 10 倍于其投资的回报。除非 SPAC 在 2 年内没有找到收购目标，否则这些发起人几乎不可能亏损。个人投资者作为发起人可能难以接受 SPAC 的失败，但风险投资基金因为发起 SPAC 而付出的数百万美元并不构成巨大损失。Tusk Ventures 的首席执行官兼联合创始人布拉德利·塔斯克（Bradley Tusk）表示，他发起的 3 亿美元专注于游戏的 SPAC 项目是作为一个与他的风投基金无关的项目启动的，而其发起 SPAC 的资本只有 800 万美元。他解释说："对风险基金来说，损失这些钱相当于初期投资失败。"塔斯克表示："我们认为，我们风险投资基金大约 35% 的投资最后将归于零。"即相对于风险投资而言，发起 SPAC 的风险很小。发起成立 SPAC 的另一个极具吸引力的因素是，在当前的市场环境下，一个 SPAC 可以迅速筹集到资金，尤其是与传统风险投资基金通常需要付出的努力相比。塔斯克说："我用了两年时间筹集了第一只 3700 万美元的风险基金，只用了 3 个月就筹集了 3 亿美元的 SPAC。"

10.3.1 风险投资基金和 SPAC——部分案例简介

2021 年前两个月，提交给 SEC 的启动 SPAC 文件中包括相当一部分风险投资公司，如 Lerer Hippeau、Khosla Ventures 和 Advancit Capital 都成立了 SPAC，其中 Khosla Ventures 更是一下子成立了 4 家 SPAC。业内人士接受采访时说，成立 SPAC 是风险投资公司分配资本、服务投资人的另一种方式。

Endurance Advisory Partners 董事总经理史蒂文·帕特里克（Steven Patrick）说，当风险投资公司成立 SPAC 时，它基本上是在为并购的目标公司扮演投资银行的角色。风险投资公司成立 SPAC 的初衷是，该公司拥有足够的信息，而且能够确定 IPO 的正确结构。因此，与投资银行相比，该公司在 IPO 中处于更有利的位置。"从（公司）管理层的角度来看，很多决策过程都是这样的：'我应该认识并信任谁，能提出最好的结构，以确保我的公司上市时受到欢迎'。"帕特里克说，"过去，投资银行家扮演着值得信赖的顾问的角色……就被投资的企业而言，最了解情况的是风险投资家，他们是 SPAC 的管理团队。"帕特里克表示，高昂的管理费和相关资金便利可能让私募股权公司等其他投资类公司也加入 SPAC 的行列。"SPAC 有足够的资金，几乎所有想要管理 SPAC 的人都会说，"我当然愿意这么做，"帕特里克说。

下面是部分 2021 年 2 月提交给 SEC 启动 SPAC 的文件中的部分信息：

Lerer Hippeau Acquisition Corp.

S–1 提交日期：2021 年 2 月 12 日

与风险投资基金的关系：

o 肯尼斯·莱雷尔（Kenneth Lerer）是莱雷尔·希波（Lerer Hippeau）的执行合伙人，也是《赫芬顿邮报》（*The Huffington Post*）的联合创始人

o Ben Lerer 是 Lerer Hippeau 的执行合伙人，曾任 Group Nine Media 首席执行官

o 埃里克·希波（Eric Hippeau）是莱勒·希波（Lerer Hippeau）管理合伙人、《赫芬顿邮报》（The *Huffington Post*）前首席执行官

o 阿里安娜·赫芬顿，Thrive Global 首席执行官和《赫芬顿邮报》创始人

莱雷尔·希波拒绝对该 SPAC 置评，但这家 SPAC 的一些关键人物包括 SPAC 发起人和企业家阿里安娜·赫芬顿（Arianna Huffington）。赫芬顿和该公司的创始人都有相关的职业经历——肯尼斯·莱雷尔是《赫芬顿邮报》的联合创始人，埃里克·希波担任其首席执行官。由赫芬顿创办的 Thrive Global 也有莱雷尔·希波作为投资者。

Khosla Ventures Acquisition Co.

S-1 提交日期：2021 年 2 月 12 日

与风险投资基金的关系：

o 维诺德·科斯拉（Vinod Khosla）是科斯拉风投（Khosla Ventures）的创始人

o 德里克·安东尼·韦斯特（Derek Tony West），Uber 首席法务官，副总裁卡玛拉·哈里斯（Kamala Harris）的姐夫（Brother-in-law）

o 马里奥·施洛瑟（Mario Schlosser）Oscar Health 的创始人

Khosla Ventures Acquisition Co. II

S-1 提交日期：2021 年 2 月 12 日

与风险投资基金的关系：

o 维诺德·科斯拉（Vinod Khosla），Khosla Ventures 创始人

o 萨米尔·考尔（Samir Kaul），Khosla Ventures 普通合伙人

o 皮特·巴克兰（Peter Buckland），Khosla Ventures 合伙人、董事总经理兼首席运营官

Khosla Ventures Acquisition Co. III

S-1 提交日期：2021 年 2 月 12 日

与风险投资基金的关系：

o 维诺德·科斯拉（Vinod Khosla），Khosla Ventures 创始人

o 萨米尔·考尔（Samir Kaul），Khosla Ventures 普通合伙人

o 皮特·巴克兰（Peter Buckland），Khosla Ventures 合伙人、董事总经理兼首席运营官

Khosla Ventures Acquisition Co. IV

S-1 提交日期：2021 年 2 月 22 日

与风险投资基金的关系：

o 维诺德·科斯拉（Vinod Khosla），Khosla Ventures 创始人

o 萨米尔·考尔（Samir Kaul），Khosla Ventures 普通合伙人

o 皮特·巴克兰（Peter Buckland）Khosla Ventures 合伙人、董事总经理兼首席运营官

在提交给 SEC 的文件中提到的名字包括公司创始人维诺德·科斯拉

(Vinod Khosla) 和德里克·安东尼·韦斯特（Derek Anthony West），后者更广为人知的名字是托尼·韦斯特。韦斯特是优步（Uber）的首席法务官，同时也是副总裁卡玛拉·哈里斯（Kamala Harris）的姐夫。Oscar Health 的创始人马里奥·施洛瑟（Mario Schlosser）也在文件中出现，Oscar Health 是 Khosla Ventures 的投资组合公司。

Advancit Acquisition Corp. I

S-1 提交日期：2021 年 2 月 17 日

与风险投资基金的关系：

o 杰森·奥斯海默（Jason Ostheimer），Advancit Capital 合伙人

o 艾利克斯·卡桑（Alex Kassan），安克雷奇资本集团（Anchorage Capital Group）前董事总经理

o 特洛伊·卡特（Troy Carter），原子工厂（Atom Factory）创始人（他在那里与 Lady Gaga 共事），艺术家约翰·传奇（John Legend）和梅根·特雷纳（Meghan Trainor）的前经理人

10.3.2　风险投资和 SPAC——退出渠道之外的策略

SPAC 无疑是风险投资的退出渠道之一，但除此之外，风险投资和 SPAC 还有很多交集。

公开市场股权、收购基金和风险资本都具有周期性，但风险资本是三者中周期性最强的。这在一定程度上反映了价值发现、调整机制和流动性。公开市场易受过度乐观和悲观情绪的影响，但总体而言，价值发现和流动性机制发挥着良好的作用。并购通常指向的是那些已经盈利且在一定程度上可以预测的公司，它们通常也有公开市场的可比性和可对标性，可以指导价格发现。风险投资涉及前景未知的年轻公司，而且风险投资的纠正机制比公开市场要少。一个限制因素是资金投入和资金回报之间的时间。投资者可以选择投资的时间，但无法控制何时收回资金或何时退出投资。

产业结构　图 10-17 显示了 1990—2019 年美国风险投资行业的资产管理规模。如今，资产管理规模约为 4550 亿美元，干粉规模约为 1200 亿美元。

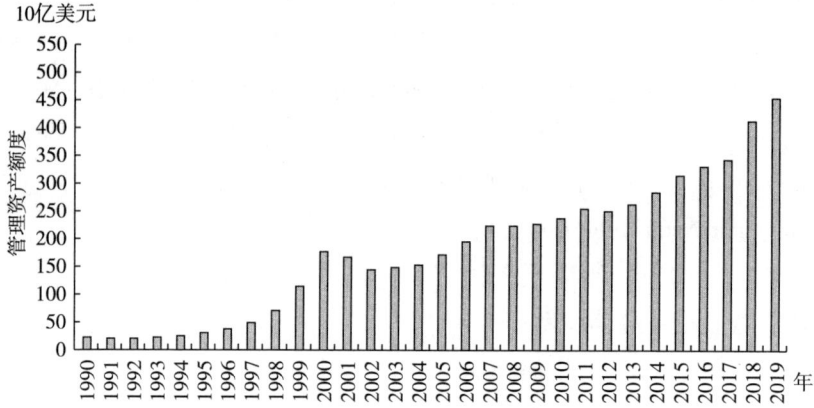

图 10 - 17　1990—2019 年美国风险投资基金管理的资产

(资料来源：PitchBook；NVCA Yearbook 2010；Counterpoint Global Estimates)

图 10 - 18 显示了风险投资基金的年度投资规模。直到 2018 年，风险投资规模才超过 2000 年，但近年来，投资水平强劲。几十年来，投资者承诺或资金流动与平均交易规模之间一直存在高度相关性。与大多数资产类别一样，风险资本的过分强劲的流入会带来低于平均水平的后续回报。

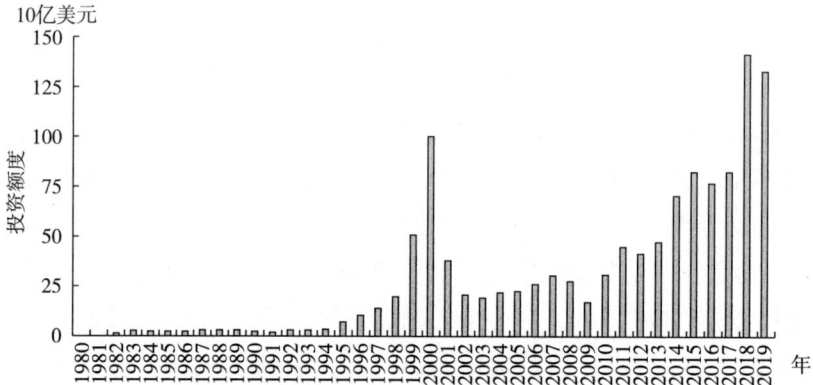

图 10 - 18　1980—2019 年美国风险投资基金每年的投资额

(资料来源：NVCA 2010 and 2020 Yearbooks)

风险投资基金的收费结构与并购基金类似。管理费通常是基金募集总额的 2%，奖励费通常是利润的 20%。但风险投资和并购在规模上有所不同。在并购中，做大的交易和做小的交易没有本质上的不同。因此，与风险投资公司相比，并购基金可以在预期回报下降较少的情况下扩大其资产管理规模。风险投资公司专注于相对年轻和不成熟的公司，其价值主张的一部分是帮助创业者发展自己的企业，因此这种基金不像并购基金那样容易扩大规模。

退出　从 20 世纪 40 年代开始到 90 年代中期，IPO 是风险投资退出最常见的获利方式。从 20 世纪 90 年代末到 21 世纪初，IPO 和并购并驾齐驱。但 21 世纪以来，IPO 作为风险投资退出的方式大幅下降，出售给战略买家或并购基金已成为风险投资退出的首选（见图 10 - 19）。实际上，60% ~ 65% 的风险投资最终的市盈率小于 1.0，而 25% ~35% 的风险投资以失败告终。此外，IPO 的中值和平均回报明显高于并购退出的回报，而并购退出的中值其实是亏损的。

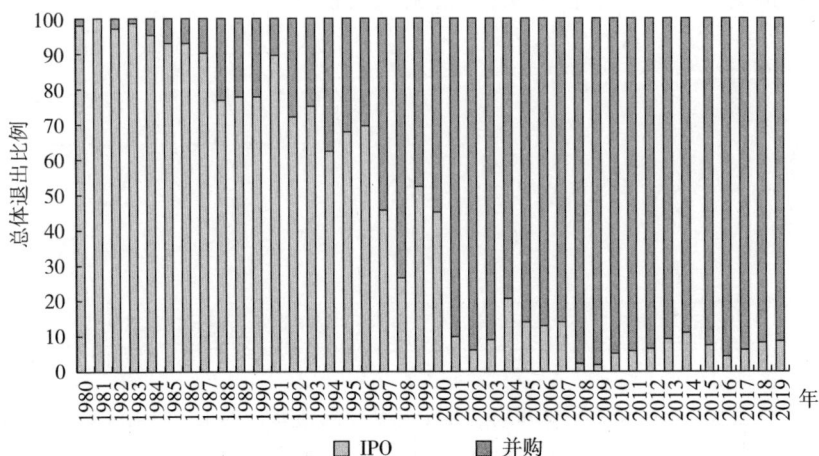

图 10 - 19　1980—2019 年美国风险投资基金退出的演变

（资料来源：NVCA 2010 and 2020 Yearbooks）

首先，由于近几十年来上市成本上升，只有规模更大、历史更长的公司才有可能上市。因此，上市公司从创立到上市的时间也随之提高。如图

10 - 20 所示，1976—1997 年，上市公司从创立到上市的平均时间为 7.9 年，从 1998—2019 年，上市公司从创立到上市的平均时间为 10.8 年，有近 37% 的增长。如果我们把第一个时期延长到互联网繁荣时期，从 1976—2000 年到 2001—2019 年，时间中值增加了近 50%。其次，上市的动机发生了变化。如今，年轻的公司不需要从公开市场筹集资金，因为它们的资本密集度通常低于以前的公司。例如，在 20 世纪 70 年代进行 IPO 的公司的毛利率、销售、一般和行政成本以及研发费用都低于 21 世纪 IPO 的公司，它们的资本支出占销售额的百分比也更高。再次，即使是那些处于竞争非常激烈行业的公司也能够保持私控，因为基金产业中有大量私募资本可用。资本市场的基本情况是，初始资金来自风险投资基金，这些风险投资基金在公司的早期阶段进行投资，而公司在后期阶段继续获得资本支持。关键在于，企业的估值往往会随着公司的成长而逐轮上升，造成财富创造的表面现象，而并不依赖销售额或股价提供的有形价格来估值。最后，现在资本市场有一些比以前便捷的渠道和方式，让获得股权补偿的员工可以出售其股份。在某些情况下，后续轮融资给了员工变现的机会。

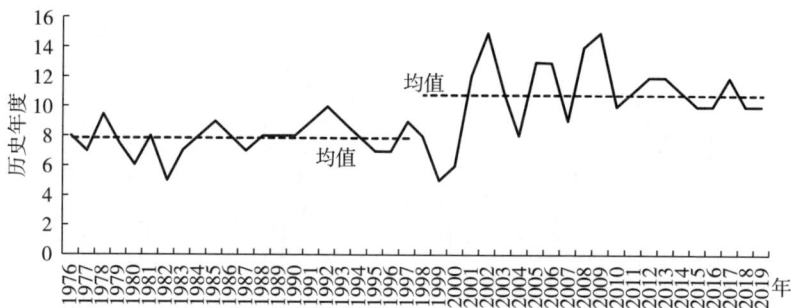

图 10 - 20　1976—2019 年美国公司从创立到 IPO 的平均时间演变

[资料来源：Ritter J R（2020）]

在私募市场中，价格发现受到阻碍，因为只有乐观主义者才会投资，而悲观主义者没有表达自己观点的机制。IPO 的"阳光"可能是消除估值过高的最好"消毒剂"。2011—2019 年，大约三分之一的上市公司的估值低于最后一轮私募融资的估值。评估初创公司的价值本质是一项棘手的任务，但复杂的资本结构是许多公司估值被夸大的主要原因。大多数投资者评估企业价值的方法是用上一轮股票的价格乘以流通在外的股票总数。这种计算具有误导性，因为股权融资在现金流和价值下行保护方面通常有不同的权利。不像大多数上市公司的普通股，所有股东都拥有基本相同的权利，而创业期公司的股权类别可能会有很大的不同。这些差异包括 IPO 回报保证、对价格低于 IPO 的否决、资本结构优先级等。延长私控地位时间的另一个后果是，私募股权市场创造的财富更多，而公开股权市场创造的财富更少，普通的个人投资者基本上被排除在这一财富来源之外。

尽管 IPO 数量下降，但许多风险投资家认为以公开市场为退出渠道是有吸引力的，因为上市公司具有问责制和透明度。同时，SPAC 自然而然地成为一个渠道。因此，2020 年以来 SPAC 的热潮，也许并不是由于新冠肺炎疫情而昙花一现的金融市场的应激性反馈，而是有存在于金融市场内部深层次的原因和必然性。也就是，SPAC 模式对金融市场的价值发现和资源配置，可能是必要的。

风险投资基金也在发起成立 SPAC，成立 SPAC 也是风投公司分配资本、服务其投资人的另一种方式。当风险投资基金成立 SPAC 时，除了价值发现和并购增值服务，它还承担了投资银行的角色。风险投资基金成立 SPAC 的初衷是，该公司拥有必要的信息，能够确定 IPO 的正确结构。

10.4　SPAC 和杠杆并购

如前所述，在 SPAC 的金融史上，上一个 SPAC 的小高潮是在国际金融危机前的 2007 年，当时的 SPAC 的 IPO 增长与杠杆收购的显著下降是同时发生的。

10.4.1　SPAC 和杠杆并购的案例分析：杠杆率过高的运营企业和 SPAC 的并购

国际头部投行高盛（Goldman Sachs）的第一个 SPAC 是杠杆率过高的工业公司降杠杆的成功案例。该 SPAC 是和戴维·科特（David Cote）合作的，而科特是多元化高科技巨头、世界五百强企业霍尼韦尔（Honeywell）的前首席执行官。他们共同创建的 SPAC 是 G S Acquisition Holding Corp.，将从私募基金大佬、NBA 球队底特律活塞队的老板汤姆·戈尔斯（Tom Gore）的私募股权公司 Platinum Equity Partners 手中收购数据中心冷却行业龙头公司企业 Vertiv Holding, LLC（Vertiv）。G S Acquisition Holding Corp. 的董事长和 CEO 都是科特，其于 2018 年 6 月从公众投资者那里筹集了 6.9 亿美元。在高盛前投行业务主管约翰·威尔德侬（John Waldron）的带领下，一群高盛的交易撮合者随后帮助科特研究了约 500 家公司，支持这一努力的是高盛承诺从其高净值客户和机构客户那里筹集额外资金，以完成一笔有吸引力的交易。

与此同时，私募股权公司 Platinum Equity Partners 却陷入了 2016 年以 40 亿美元从艾默生电气（Emerson Electric）手中剥离 Vertiv 的杠杆并购交易的困境中。Platinum Equity Partners 让 Vertiv 背上了数十亿美元的债务，其中一些债务被用来支付 4 亿多美元的股息。到 2019 年年中，该公司的债务总额为 36 亿美元，其债券的交易价格低于面值的 95%，由于其约等于 EBIT-DA7.5 倍的杠杆率，其持有的评级为 Caa2，属于垃圾级。信贷分析师预计，到 2020 年，自由现金流将为负。

高盛的投资银行家们决定，为科特领导的 SPAC 提供一个收购 Vertiv 方案。2019 年 12 月 10 日 Vertiv 和 G S Acquisition Holding Corp. 签订了初始并购的协议。根据该协议，SPAC 公司 G S Acquisition Holding Corp. 将以其 6.9 亿现金收购 Vertiv 20% 的股份，高盛与其客户通过 PIPE 筹集的 12 亿美元作为对价，占后 SPAC 存续公司 37% 的股份；Platinum Equity 将获得超过 4 亿美元的现金，同时将持有后 SPAC 存续公司 38% 的股份。科特及其团队还将进一步持有该公司 5% 的股份，有为期一年的禁售期。后 SPAC 存续公司（改名叫 Vertiv Holding Co）还将继续在纽交所上市。

Vertiv 主要向数据中心销售冷凝器、冷却器、IT 机架和电源分配器，以及监控软件和分析软件，主要是为了保持数据中心足够的冷却以保持运行。Vertiv 仍是这个新兴行业的巨头，2019 年在 130 个国家运营，为亚马逊、谷歌、Equinix、AT&T、Verizon 腾讯、沃达丰和中国电信等客户创造了 43 亿美元的销售额。因此，科特将负责一个引人注目的高新技术领域，他希望从这个领域整合整个行业，就像他对霍尼韦尔所做的那样。在他 15 年的任职期间，科特负责了数百项的并购交易，这些交易一般都是市场利好。而这些交易使霍尼韦尔从一家 200 亿美元的公司转变为一家市值超过 1000 亿美元的世界 500 强公司。

就 Vertiv 而言，举债派发股息和不温不怒地执行其战略，前期过度地利用杠杆来发展其产能和占有市场，使其资产负债表杠杆率太高，当然需要修复。其金融领域最大的问题在于其过高的杠杆率影响了其未来的发展。和 SPAC 的合并将帮助 Vertiv 将杠杆率削减近一半，从而修复其信用。2019 年 12 月有关这笔交易的报道曝光后，Vertiv 的债券价格飙升，超过了正常水平。

科特还认为，Vertiv 的运营水平低于其潜力。他说："这家公司就像是霍尼韦尔走过的 15 年道路前两到三年。""基础工作已经完成，如果你能正确操作，就有可能获得很多好处。"科特的重点领域将是提高价格、改善 Vertiv 销售团队的业绩，以及通过投资或收购专注于不断增长的高利润软件和数字服务。关于该 SPAC 的初始并购的交易，Platinum Equity 的亿万富翁老板汤姆·戈尔斯（Tom Gores）在一份声明中表示："戴维·科特将领导一个已经很强大的领导团队，通过这笔交易，Vertiv 处于有利位置，可以抓住未来的许多机会。"

当科特和高盛合作 SPAC 时，《福布斯》认为，这将是一个很好的测试，看看这家投行如何将其与行业巨头的高管和高净值客户等资金来源的深厚关系联系起来，创建独特的业务。高盛安排的 12 亿美元 PIPE 融资是当时规模最大的 PIPE 融资之一，表明对这家投行所构建的投资概念有很高的需求。高盛的 PIPE 和 SPAC 客户现在拥有一个与大数据、数字商务和云计算等趋势相关的有利行业。声誉卓著的科特担任执行董事长，而一家知名 SPAC 的大举投资，去杠杆化几乎是一眨眼的事。

这笔交易的时机也很有意义。SPAC 在 2019 年正在以国际金融危机以来从未见过的疯狂速度增长。然而从历史上看，SPAC 进入证券市场时没有什么比较优势，通常是通过价格优势来寻找交易，必须支付比企业买家和私募股权公司等杠杆投资者更高的价格。但金融市场变幻无常，传统的 IPO 举步维艰。但私募股权投资机构中充斥着大量需要退出的高杠杆公司。

在 Vertiv 和 G S Acquisition Holding Corp. 完成初始并购后，一场席卷世界的新冠肺炎疫情就来了。该案例表明，SPAC 模式对金融市场的价值发现和资源配置，可能是证券市场一个必要的部分，特别是在和杠杆并购相关的领域。

因此，本节所讨论的 Vertiv 案例可能是对本章开头所提出问题的一个解答：在私控领域的连续被并购或从风险基金的资产组合被出售而进入并购基金的资产组合，由此产生的普遍性的杠杆率过高的问题，是因为从私控领域到公开市场股权领域的通道缺乏效率引起的吗？SPAC 确实可以成为一个解决方案，至少是解决方案的一部分。

10.4.2　杠杆并购和 SPAC——退出渠道之外的策略

杠杆收购是指买方收购一家拥有充足而稳定现金流的公司，并以较高的债务股本比率为其这笔交易进行融资。然后，买方寻求改善经营、管理和监督机制，以更好地产生现金流来偿还其债务。这种交易的竞争力导致了另一个潜在的超额回报来源，并因此以能带来诱人的股权投资回报的价格退出。

杠杆收购的起源众说纷纭，但 1955 年麦克莱恩工业公司（McLean Industries）收购沃特曼轮船公司（Waterman Steamship Corporation）是一个有一些说服力的起源理论。马尔科姆·麦克莱恩（Malcolm Mclean）是一个有进取心的商人，靠货运发家。他放弃了卡车运输业而从事运输业。沃特曼轮船公司（沃特曼）是一个有吸引力的目标。它有 37 艘船，2000 万美元现金，没有债务，标价 4200 万美元。麦克莱恩从国家城市银行借了这笔钱，用沃特曼的现金偿还了近一半的贷款，自己只拿出了 1 万美元就拥有了这家企业。后来成为花旗集团董事长兼首席执行官的沃特·里斯顿（Walter Wriston）是与当时麦克莱恩共事的年轻银行家，他说："从某种意义上说，沃特曼是第一个杠杆收购的操盘手。"大约十年后，贝尔斯登（Bear Stearns）的一个由杰罗姆·科尔伯格（Jerome Kohlberg）领导的团队，最终在年轻同事亨利·克拉维斯（Henry Kravis）和乔治·罗伯茨（George Roberts）的帮助下，开始做"自助交易"的投行活动。这些交易主要是用借来的钱收购现金流可预测的老牌公司。第一次是在 1965 年以 950 万美元收购了斯特恩金属公司（Stern Metals），当时该公司背负了 800 万美元的债务。斯特恩家族拿出了一些股权，继续经营该公司。贝尔斯登杠杆收购业务的成功导致了该投行的一些内部摩擦，该杠杆收购团队离开了该公司并设立了 Kohlberg Kravis Roberts & Co.。于是，一系列杠杆收购公司大约在那个时期建立，包括 *Thomas H. Lee Partners*，小福斯特曼公司（*Forstmann Little & Company*），*Clayton & Dubilier*，以及 *Welsh*，*Carson*，*Anderson & Stowe*，等。现在美国有近 1900 家杠杆收购公司。

图 10-21 显示了 1990—2019 年美国并购及其基金行业的资产管理规模。2019 年底，其资产管理规模约为 1.4 万亿美元，可使用资金约为 5600 亿美元。假设股权占比为 45%，这些干粉的收购能力约为 1.2 万亿美元。

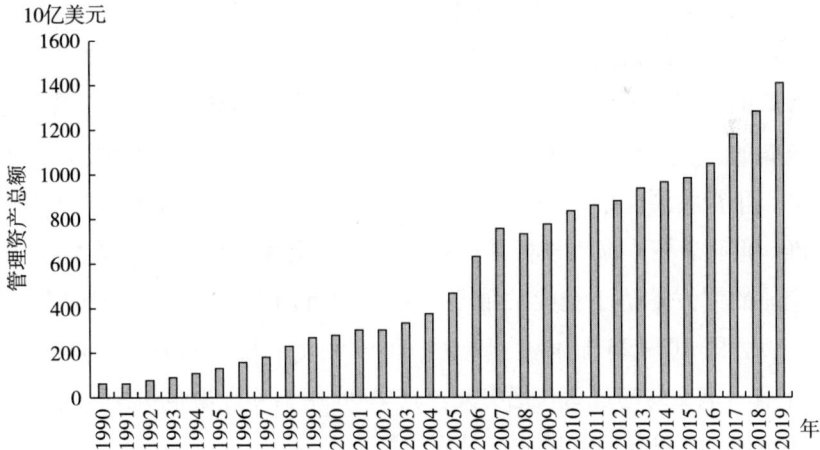

图 10-21　1990—2019 年美国杠杆并购产业管理的资产

（资料来源：PitchBook；NVCA；Counterpoint Global Estimates）

图 10-22 显示了杠杆收购基金的年度投资水平。总体交易应该大于该水平，因为这只反映了股权份额。年度交易规模在 2007 年达到顶峰。

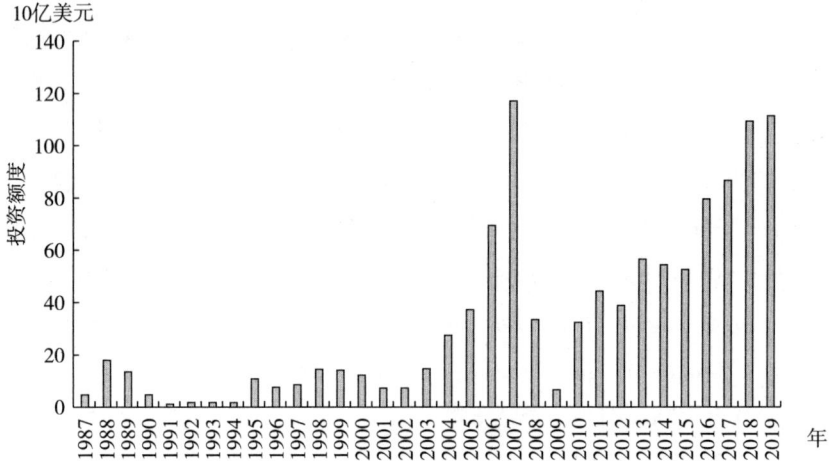

图 10 - 22　1987—2019 年美国杠杆并购产业的年度投资额

［资料来源：S&P Global Market Intelligence；Gaughan P A（2007）］

　　杠杆收购基金的典型收费结构包括管理费（通常占基金募集总额的 1.5% 至 2.0%）和激励费（通常占利润的 20%）。只有 10% 的基金对利润份额收取的费用低于 20%。从历史业绩来看，超过 95% 的收购交易都是小盘股范畴的，企业估值在 11 亿美元或以下，而且股价在统计时往往很便宜。在过去，小盘股价值指数一直是计算杠杆收购基金公开市场等价回报的合理基准。但随着资本流入杠杆并购行业，并购交易的规模和估值都在增加。这些交易的估值是基于企业估值与未计息税折旧摊销前利润的比率（EV/EBITDA）。图 10 - 23 显示了 1980—2019 年的平均交易规模。2006 年和 2007 年有 4 笔交易超过 250 亿美元。在 2008 年国际金融危机期间，交易规模有所增加，金融危机之后，交易规模稳步上升。

　　这些交易不仅规模更大，价格也更高。有两点值得注意。首先，国际金融危机以来，平均市盈率一直在稳步上升。2019 年的 EV/EBITDA 倍数为 11.5，是有记录以来的最高水平，美国 55% 的交易的收购价超过 EV/EBITDA 的 11 倍。一家并购基金分析报告发现，在其进行的 EV/EBITDA 超过 10 倍的交易中，有一半以上是亏损的，而总的来说，这些高倍数的交易给投

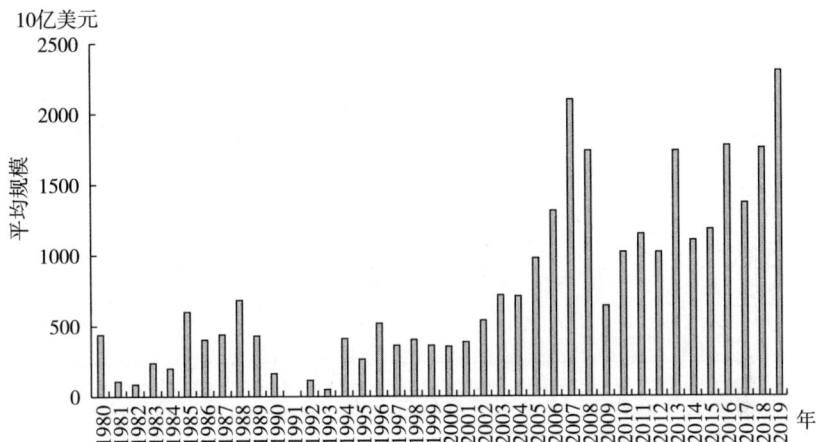

图 10 – 23 1980—2019 年美国杠杆并购的平均项目规模

[资料来源：S&P Global Market Intelligence and Evan Kershaw Rose（2011）]

资者带来的回报仅略高于公司的投资。其次，在 20 世纪 90 年代和 21 世纪头 10 年的大部分时间里，收购交易的市盈率都低于公开市场，但此后就趋同了。图 10 – 24 显示了 1990 年以来收购和标准普尔 500 指数的 EV/EBITDA 中值。由于交易集中于小盘股和价值型股票，收购已经偏离了它们的基本面。例如，过去 10 年，对软件公司的收购占所有交易的比例从 6% 升至 17%，而软件公司的市盈率高于平均水平。

随着市盈率的上升，以债务/未计息税折旧摊销前利润（EBITDA）衡量的杠杆水平和股权贡献也都有所提高。2019 年，美国四分之三的并购交易的杠杆率高于 6 倍。图 10 – 25 显示了从 1997—2019 年杠杆水平的演变。一些杠杆水平的提高是有意义的，因为较低的利率降低了利息覆盖率（EBITDA/利息费用）的分母。但如果现金流下降或利率上升，更高的杠杆率可能会带来问题。

投资回报最终取决于成功的退出。在 20 世纪 70 年代和 80 年代早期平均持有期超过 7 年，2008 年最低达 4 年，到 2019 年又逐渐上升约 5.5 年。在过去几十年里，退出的形式也发生了重大变化。20 世纪 70 年代和 80 年

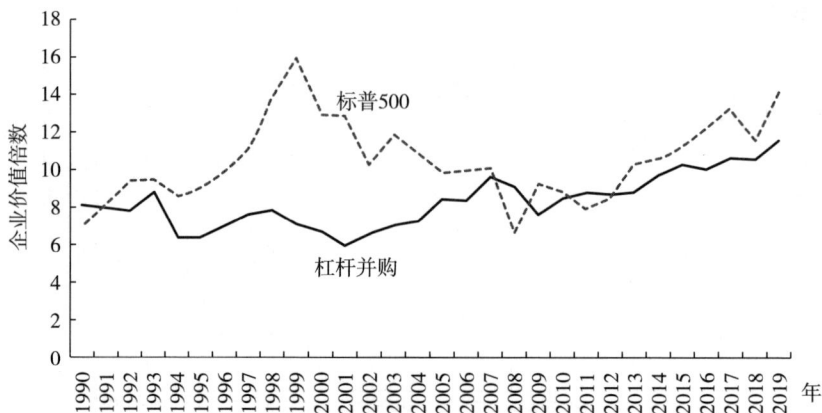

图 10 – 24　1990—2019 年美国杠杆并购和

标普 500 的企业价值倍数（EV/EBITDA）的中位数

［资料来源：FactSet；S&P Global Market Intelligence；Axelson U 等（2013）］

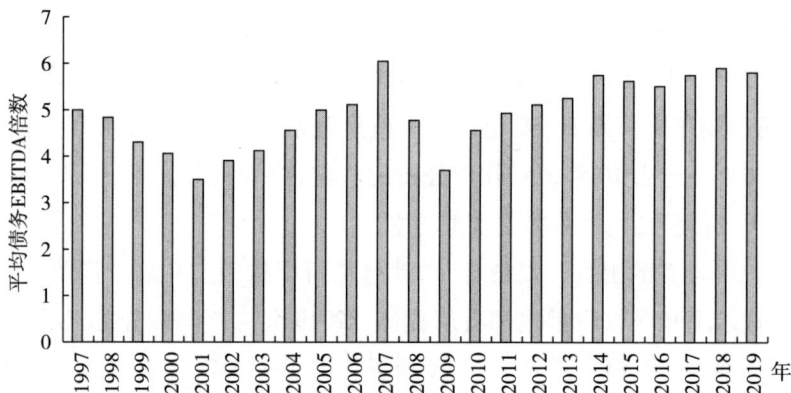

图 10 – 25　1997—2019 年美国杠杆并购的杠杆率

（资料来源：S&P Global Market Intelligence）

代，出售给另一家公司，即所谓的"战略买家"，约占退出交易的 33%，
IPO 占 25%。出售给另一家收购公司或金融公司，即所谓的"金融买家"，
在退出的比例中不到 15%。这些交易也被称为二级收购。近几十年来，对

战略买家的销售一直保持相当稳定。但如图 10 - 26 所示，二级收购在退出交易中所占的比例显著上升，目前已占多数。通过 IPO 退出的企业越来越少。20 世纪 90 年代以来，收购行业的增长速度快于整个股权市场，收购公司（基金）通过证券交易公司之间的相互循环资本的频率更高，IPO 的数量也有所减少。

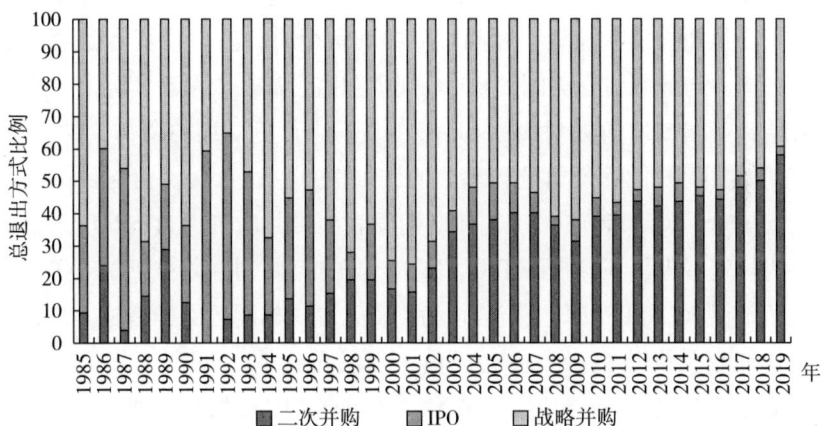

图 10 - 26　1985—2019 年美国杠杆并购退出的演变

（资料来源：PitchBook）

　　如前所述，1996—2019 年美国上市公司基本呈下降趋势，而并购交易是上市公司退市的主要原因。有实质意义的上市模式只有 IPO 这一种耗时耗力而且非常昂贵的模式，使美国证券市场的上市/退市的成本核算（时间、人力资源、资金等）出现了失衡。SPAC 模式对金融市场的价值发现和资源配置可能是必要的。

10.5　SPAC 规则的变化

　　2020/2021 年 SPAC 的大潮当然带来了一些问题，投资银行家和对冲基金大佬们在华尔街狂欢，在华盛顿也暗潮汹涌。美国 SEC 和国会山（Capitol Hill）也有声音呼吁出台 SPAC 新规，以应对可能出现的泡沫和欺诈。

　　问题的关键在于，投资者担心 SPAC 的发起人没有向投资者披露足够的信息，发起人可能因为承诺未来的回报而面临更多的法律责任。政策制定者在 2020 年放任市场狂奔之后，2021 年开始考量 SPAC 的新规。

美国 SEC 主席盖瑞·詹斯勒（Gary Gensler）在打击华尔街投机者方面有着长期的记录，他已指派该机构的工作人员为 SPAC 拟定可能的新规则或指导，他称其为"空白支票的 IPO"。2021 年 5 月，詹斯勒表示，股价飙升引发了人们的质疑，即散户投资者是否在 SPAC 周期的每个阶段都收到了准确的信息，以及当早期投资者撤资、顾问收取顾问费用时，散户投资者是否面临着成本的冲击。与此同时，美国的 SPAC 规则和监管都在收紧。实际上，从 2020 年底开始，美国 SEC 开始对 De－SPAC 的交易进行更详细的调查，要求 SPAC 提供其初始并购的目标公司盈利预测的详细信息，以及交易前与目标公司之间的互动信息。2021 年 12 月底，詹斯勒发表演讲，质疑通过 SPAC 上市的公司是否为投资者提供了与传统 IPO 相同的保护措施，并呼吁 SEC 工作人员提出建议，确保 IPO 和 SPAC 上市公司为投资人提供相同的保护措施。

美国联邦参议院银行委员会成员、参议员约翰·尼利·肯尼迪（John Neely Kennedy）提出了一项法案草案，要求向 SPAC 投资者披露更多信息，特别考虑到 SPAC 发起人可能会收取大笔费用的情形。

美国联邦众议院金融服务资本市场小组委员会主席、加利福尼亚州民主党众议员布莱德·谢尔曼（Brad Sherman）也提出了一项单独的法案草案，该草案将取消 SPAC 发起人因其在推介投资时就未来经营业绩发表声明而受到的法律保护（安全港）。但美国商会（U. S. Chamber of Commerce）警告称，取消法律保护将引发该商业组织的反对。

关于 SPAC 模式对金融市场的价值发现和资源配置的作用，以及新理论的探讨，我们将在本书最后一章继续讨论。

第11章 SPAC 的国际化及可持续发展

现代的 SPAC 源于美国，但现在其他司法管辖权区也在推动 SPAC 行业的发展，并试图和美国竞争（见图 11 – 1）。

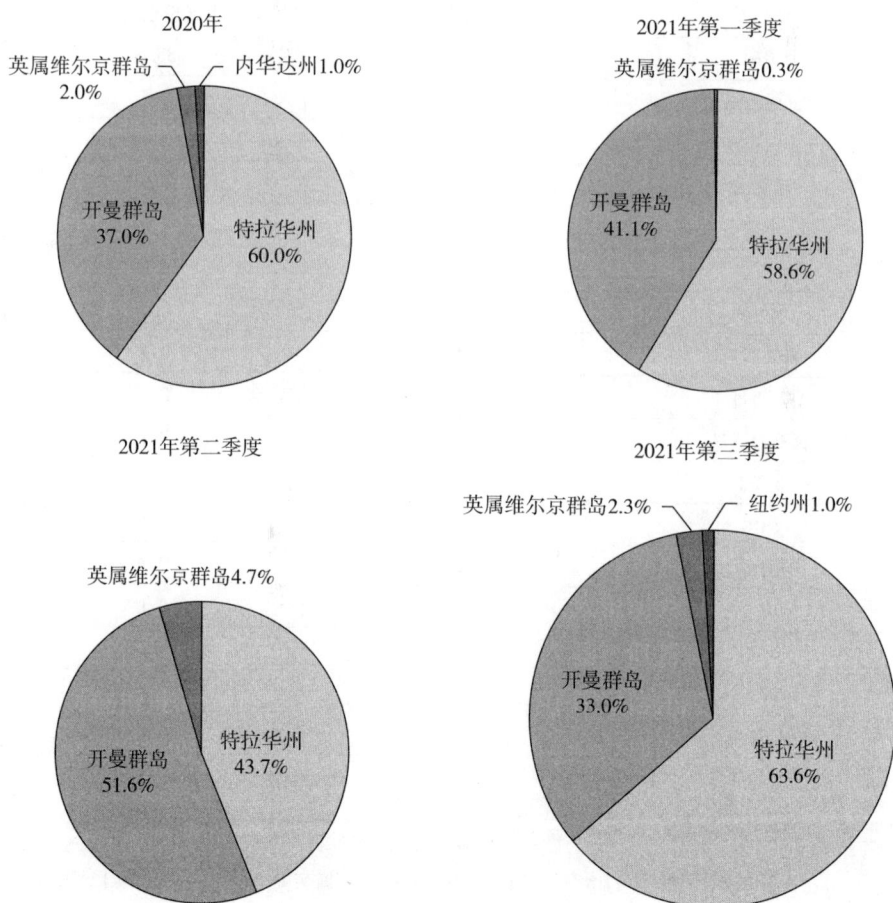

2020年

英属维尔京群岛 2.0%　内华达州1.0%

开曼群岛 37.0%　特拉华州 60.0%

2021年第一季度

英属维尔京群岛0.3%

开曼群岛 41.1%　特拉华州 58.6%

2021年第二季度

英属维尔京群岛4.7%

开曼群岛 51.6%　特拉华州 43.7%

2021年第三季度

英属维尔京群岛2.3%　纽约州1.0%

开曼群岛 33.0%　特拉华州 63.6%

图 11 –1 美国 SPAC 设立地

（资料来源：Deal Point Data）

在美国进行 IPO 的 SPAC 中，设立地在美国特拉华州的排名第一，美国
境外的开曼群岛排第二①，基本对应着计划在美国国内寻找目标公司进行初
始并购和在美国境外寻找目标公司进行初始并购。

2021 年第二季度，外国发起人在美国发起的 SPAC IPO 占 18.8%，达到
历史最高比例（见表 11-1）。2020 年 1 月以来，开曼群岛、中国香港、英
国、新加坡和中国为在美国发起 SPAC 所在地区的前五名②。

表 11-1　　　　美国 SPAC IPO 发起人按国家和地区划分

（2019 年 1 月至 2021 年 12 月）

发行人	发行次数	市场份额（%）
美国	810	88.6
开曼群岛	32	3.5
中国香港	22	2.4
新加坡	9	1.0
英国	9	1.0
中国	8	0.9
以色列	5	0.5
马来西亚	4	0.4
墨西哥	3	0.3
百慕大群岛	1	0.1
俄罗斯	1	0.1
德国	1	0.1
中国台湾	1	0.1
瑞士	1	0.1
南非	1	0.1
荷兰	1	0.1
哈萨克斯坦	1	0.1
巴哈马群岛	1	0.1

① 在美国境外设立的公司常常在美国境内 IPO（向 SEC 提交 Form F-1，如阿里巴巴、京东
等）。

② 外国发起人也可以在美国发起设立 SPAC，都是 SPAC 国际化的一种形式。

续表

发行人	发行次数	市场份额（%）
塞浦路斯	1	0.1
巴西	1	0.1
加拿大	1	0.1
总计	914	100

注：发行人的国籍基于发行人在 SEC 注册陈述上的地址和其他来源，不一定和 SPAC 设立的一致。
资料来源：Refinitiv，an LSGE Business。

　　全球的投资人在 2021 年对美国的 SPAC 投资机会依然保持着浓厚的兴趣，但欧洲的 SPAC 发起人越来越多地转向欧洲本土证券交易所（见图 11 - 2）。2020 年，在欧洲发起人发起的 9 家 SPAC 中，有 5 家（占 55.6%）选择在美国的 NASDAQ 或纽交所进行 IPO，而不是在欧洲的交易所上市。2020 年欧洲的 SPAC 发起人在全球筹集的 20.6 亿美元资金中，有超过四分之三是在美国交易所募集的。与此形成对比的是，2021 年在美国上市的 9 家由欧洲发起人发起的 SPAC，占欧洲发起人在全球发起的 SPAC IPO 总规模的不到五分之一。由于美国 SPAC 市场已经基本饱和，发起人为了寻求优质的并购目标公司，开始寻找其他国家和地区让 SPAC 上市，而这推动了欧洲本土 SPAC 模式的推广。

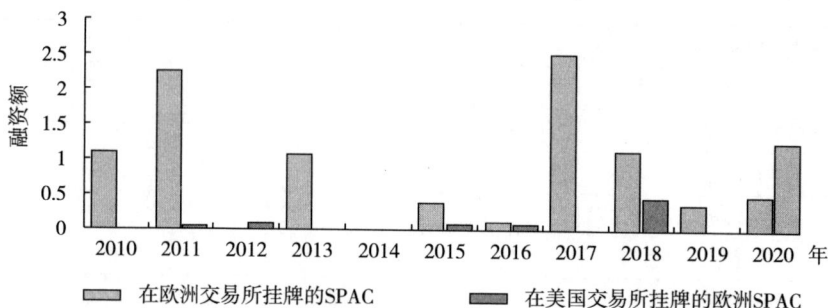

图 11 - 2　欧洲交易所挂牌的 SPAC v. s. 在美国交易所挂牌的欧洲 SPAC

　　于是，欧洲本土的 SPAC IPO 市场在 2021 年经历了辉煌的一年。SPAC 在欧洲交易所的 IPO 数量和价值均攀升至历史新高。欧洲证券交易所在

2021 年吸引了 39 起 SPAC IPO，是 2020 年的 4 起 IPO 的近 10 倍（见表 11 -
2）。SPAC 在欧洲交易所的 IPO 募资额也远高于 2020 年全年的数据，其
SPAC IPO 发行总额为 85.6 亿美元，是 2020 年的 4.9605 亿美元的 17 倍多。
2019 年以来，欧洲 SPAC IPO 筹集的资金中，90.7% 是在 2021 年募集的。

表 11 -2　　　　　　　　欧洲交易所挂牌 SPAC 年度比较

年度	挂牌数量	市场份额
2019	5	11
2020	4	8
2021	39	81
总计	48	100

资料来源：Refinitiv, an LSEG Business。

　英国历来是欧洲 SPAC IPO 最活跃的司法管辖区（2019 年占欧洲 SPAC
IPO 的 80%，2020 年占 50%），但在 2021 年却落后于荷兰，因为荷兰采用
了更为灵活的监管方式使阿姆斯特丹交易所变得更有吸引力，荷兰也成为
欧洲 SPAC IPO 的主要司法管辖区，2021 年完成了 16 起 SPAC IPO。2021 年
欧洲本土 SPAC IPO 的 41% 是在荷兰的阿姆斯特丹完成的，占欧洲本土总融
资额的一半（50.1%）（见表 11 -3）。

表 11 -3　　　　　2021 年欧洲交易所 SPAC 挂牌数量及市场份额

主要交易所所在国	挂牌数量	市场份额
荷兰	16	41
英国	6	16
法国	4	10
瑞典	4	10
德国	4	10
芬兰	2	5
意大利	2	5
瑞士	1	3
总计	39	100

资料来源：Refinitiv, an LSEG Business。

　　由于科技初创企业的蓬勃发展和国内 IPO 市场规模较小，东南亚地区应该是海外 SPAC 收购目标公司最好的聚焦地之一。但 2021 年初，只有韩国和马来西亚两个亚洲国家允许 SPAC 在其国内上市，而且其 SPAC IPO 市场一直不活跃。市场的力量终于在 2021 年改变了 SPAC 的国际格局，亚洲两个非常具有活力的交易所终于有所行动。2021 年 9 月 2 日，新加坡交易所（SGX）发布了《SPAC 拟议上市框架》，正式允许 SPAC 在其主板进行 IPO。此举旨在巩固新加坡作为亚洲头号金融中心的地位，吸引亚洲科技行业的独角兽公司前来挂牌交易，并满足当地高净值投资者对高风险投资的兴趣。在 SGX 修订的上市规则公布后，为满足有兴趣在中国香港推进 SPAC 上市的需求，香港联合交易所有限公司（香港联合交易所的全资子公司，以下简称港交所）于 2021 年 9 月发表了关于建立 SPAC 机制的咨询文件，提交建议书反馈的截止日期为 2021 年 10 月 31 日。2021 年 12 月 17 日港交所公布 SPAC 最终规则，于 2022 年 1 月 1 日起实施。于是，中国香港成为继韩国、马来西亚和新加坡后第四个引入 SPAC 机制的亚洲证券市场。

　　加拿大的法律也允许 SPAC IPO，但其 SPAC 市场比较惨淡。迄今为止，总共只有 7 家 SPAC IPO。而在这 7 家公司中，有 6 家专注于大麻行业，而这使它们对主流投资机构没有什么吸引力。唯一一家将目光投向大麻行业之外的公司 NextPoint，似乎拥有成功的所有要素，这是一个较小的 SPAC（2 亿美元的规模）。

　　与此同时，全球的投资者近期正在推动两种最热门的投资市场的融合——SPAC 和 ESG（环境、社会和治理）。相关研究报告表明，具有强大的 ESG 因子的 SPAC 初始并购后的存续公司通常比非 ESG SPAC 的表现更好。随着可持续发展目标继续成为商业议程的主要焦点，ESG 驱动的初始并购可能会成为 SPAC 市场的一个长期特征。

11.1　欧洲 SPAC 的发展及比较法研究

　　欧洲现代意义上的 SPAC 历史开始于 2005 年。欧洲 SPAC 和美国 SPAC 之间的一个显著区别，在于欧洲 SPAC 往往有更灵活的法规和规则，而且往往不要求 SPAC 管理层遵守那么多严格的要求。

英国和意大利历来是欧洲最活跃的 SPAC 上市地点（见表 11-4）。然而，2021 年 1 月以来，意大利逐渐落后，荷兰和法国有后来居上的趋势（见表 11-5 和表 11-6）。纳斯达克北欧交易所（NASDAQ Nordic）于 2021 年 2 月在斯德哥尔摩交易所为 SPAC IPO 引入了一个新的框架——SPAC 宣布初始并购目标后，SPAC 股票将不会因此停止交易。但如果投资者不愿意批准初始并购交易，他们可以出售或赎回其股票。另外，在斯德哥尔摩上市的 SPAC，有 3 年时间来完成其初始并购，而不是通常的 2 年，这让发起人和 SPAC 管理团队有更多时间找到有吸引力的目标公司。这项创新让斯德哥尔摩交易所成为 2021 年 SPAC 在欧洲具有吸引力的交易所之一。荷兰是欧洲 SPAC 发起人转向欧洲本土交易所的主要受益者其 SPAC 上市规则与美国类似。

表 11-4　　　欧洲 SPAC 发行人国家发行数量及市场份额
（2019 年 1 月 1 日至 2021 年 12 月 31 日）

发行人国家	发行数量	市场份额（%）
英国	12	25
荷兰	9	19
法国	6	13
卢森堡	5	11
意大利	4	8
瑞典	4	8
开曼群岛	3	6
芬兰	2	4
根西岛	1	2
德国	1	2
瑞士	1	2
总计	48	100

资料来源：Refinitiv, an LSEG Business。

表 11 – 5　　　　　2021 年欧洲交易所 SPAC 挂牌数量及市场份额

主要交易所所在国	挂牌数量	市场份额（%）
荷兰	16	41
英国	6	16
法国	4	10
瑞典	4	10
德国	4	10
芬兰	2	5
意大利	2	5
瑞士	1	3
总计	39	100

资料来源：Refinitiv，an LSEG Business。

表 11 – 6　　　　2020 年欧洲主要交易所 SPAC 挂牌数量及市场份额

主要交易所所在国	挂牌数量	市场份额（%）
英国	2	50
法国	1	25
荷兰	1	25
总计	4	100

资料来源：Refinitiv，an LSEG Business。

2021 年 3 月发布的《英国上市评论》（*UK Listing Review*）也建议放宽英国 SPAC 上市规则。建议修改的规则包括"在 SPAC 宣布初始并购目标后，SPAC 股票将不会因此停止交易"，以及"在收购的时候，为股东提供额外保护，如股东投票和赎回权利。"这将提高在英国上市 SPAC 的吸引力，缩小英国和美国上市规则之间的差距。英国金融市场行为监管局（Financial Conduct Authority）最终发布了与 SPAC 制度相关的最终政策修改陈述，该陈述于 2021 年 8 月 10 日生效。于是在那以后，英国重新变成 SPAC 上市最活跃的司法管辖区之一。截至 2021 年 7 月底，英国在欧洲证券交易所的 2021 年 SPAC IPO 排名中一直垫底，只有 2 家公司上市（次于荷兰、法国、瑞典、德国和意大利），但 8 月后英国成为 SPAC 上市最活跃的欧洲司法管辖区之一。

11.1.1 美国、英国、德国和荷兰 SPAC 规则的比较法研究

综合比较美国、英国、德国和荷兰四个司法辖区，其中德国法兰克福交易所（Frankfurt Stock Exchange）的 SPAC 规则和美国更为相似。法兰克福证券交易所曾经专门为 SPAC 引入了上市规则，使它们更容易在法兰克福上市（见表 11 - 7）。

表 11 - 7　　2019 年欧洲主要交易所 SPAC 挂牌数量及市场份额

主要交易所所在国	挂牌数量	市场份额（%）
英国	4	80
意大利	1	20
总计	5	100

资料来源：Refinitiv，an LSEG Business。

荷兰的阿姆斯特丹证券交易所的 SPAC 规则遵循与美国 SPAC 规则大致相同的基本框架。与阿姆斯特丹前 3 家上市公司采用的条款相比，2021 年在阿姆斯特丹上市的公司正越来越多地利用荷兰法律提供的灵活性，更加接近于美国模式。虽然荷兰法律没有专门适用于 SPAC 的规则，但荷兰法律允许以 BV 形式以 SPAC 的模式上市，使其更加具有灵活性 。BV 来自荷兰语 besloten vennootschap met beperkte aansprakelijkheid，取首字母为 BV，和中国的有限责任公司类似。而通常的上市公司以 NV 为主 ，NV 取自荷兰语 naamloze vennootschap ，取首字母为 NV，和中国的股份有限公司类似。

下面我们讨论欧洲不同上市司法管辖区 SPAC 规则的主要差异。

11.1.1.1 初始并购的股东批准

美国：SPAC 企业的初始并购通常需要获得多数票的批准，发起人可以投票支持其股份；另外 SPAC 也可以采取要约收购的模式代替股东批准。

法兰克福：2021 年，在法兰克福的 SPAC IPO 中，按照其公司章程，初

始并购需要获得股东多数票的批准，发起人/创始人可依据他们的股份投票支持初始并购的提议。法兰克福证券交易所的上市规则规定，上市公司的资产由信托方式持有，持有 50% 或以上股份的股东决定这些资产的使用，并且允许发起人/创始人以他们的股份投票表决。

阿姆斯特丹：在阿姆斯特丹的 SPAC IPO 中，根据公司章程（BV 和 NV 有所不同），初始并购需要两个条件：（1）70% 的投票通过，前提是参加投票的股份（至少）代表了 33% ~ 50% 的流通股代表；或者（2）超过 50% 的投票通过，通常不需要任何法定股份要求。根据荷兰法律，对于 NV 来说，企业并购只需要获得超过 50% 的投票通过。而对于 BV 而言，并没有明确规定的百分比投票要求。关于创始人股份的投票权，在 2021 年阿姆斯特丹交易所的前 3 起 SPAC IPO 中，SPAC 发起人不允许以其创始人股份投票，但荷兰法律并不禁止 SPAC 发起人以其创始人股份投票，在随后的 SPAC 上市公司中，SPAC 发起人被允许投票。

伦敦：历史上，在伦敦交易所标准上市板块上市的 SPAC 的初始并购不需要股东批准。但现在根据 FCA 的规则，如果 SPAC 想从新规则中受益，该 SPAC 就需要股东批准。此外，初始并购也需要董事会批准。

11.1.1.2　SPAC 股东的投票与赎回

美国：无论股东投票支持或反对初始并购，或者是否投票，他们都可以赎回他们的投资。

法兰克福：与美国一样，无论他们是否参加为了批准初始并购而召开的股东大会（以及他们是否参加投票），股东可以赎回他们的股份。

阿姆斯特丹：2021 年早些时候，在阿姆斯特丹的 SPAC IPO 中，只有在股东投票反对企业合并的情况下，SPAC 的股东才被允许赎回其股份。然而，最近在阿姆斯特丹上市的许多公司中，无论他们是否投票支持或反对企业合并，股东都可以赎回他们的投资。

伦敦：SPAC 股东赎回规则和美国类似。

11.1.1.3　股东赎回

美国：与初始并购相关的股东可以赎回多达 100% 的 SPAC 股份。

法兰克福：与美国类似，最近在法兰克福的 SPAC IPO 中，在初始并购时，股东可以赎回其高达100%的SPAC公开股份（当然取决于托管账户中存款的可用性和足够的可分配准备金）。

阿姆斯特丹：根据荷兰法律，如果SPAC是NV的法律形式（类似于股份有限公司），则不能赎回其超过50%的股份。因此，在某些SPAC初始并购时，可以赎回不超过30%或49%的股份。因为在有些SPAC中，只有投反对票反对初始并购的股东才能赎回其股票，而初始并购分别需要70%或51%的选票批准。如果SPAC是BV的法律形式（类似于有限责任公司），那么按照荷兰法律50%的赎回上限并不适用，该SPAC公司可以赎回最高可达其法定储备额度的股份。在2020年阿姆斯特丹上市的SPAC中，投票反对或支持初始并购并不影响赎回的权利，因此作为BV形式上市的SPAC能够赎回其法定准备金最高额度的股份。

伦敦：如前所述，为了从FCA的新规中受益，在股东赎回权方面可以灵活地遵循典型的美国SPAC结构。

11.1.1.4 发起人的股份

美国：SPAC发起人的股份通常相当于SPAC流通股的20%，尽管有一些发起人得到的股权比例要低一些。

法兰克福：最近法兰克福的SPAC IPO中，发起人获得的股份相当于SPAC流通股的20%。

阿姆斯特丹：最近在阿姆斯特丹的SPAC IPO中，发起人获得SPAC流通股的20%。在以前的SPAC IPO中，发起人可以取得SPAC约8%~30%的股份。按照荷兰/欧盟法律，任何股东直接或间接获得在荷兰上市的NV公司30%的股份，他们必须公开收购剩余的流通股（除非收购方以外90%的股票份额批准放弃该要约收购）。以NV形式上市的SPAC也同样适用该30%所有权强制性要约收购程序，因此30%的股权被列为NV形式SPAC发起人股权比例的一个固有限制。如果SPAC以BV的法律形式上市，就不适用30%的上限。

伦敦：过去SPAC发起人通常会认购一种创始人优先股，在满足股票市值门槛的情况下，他们有权获得年度股息金额（以股票或现金支付）。然而，在FCA新规生效后，拟在英国上市的SPAC可能将发起人股份规定为在 SPAC 上市后的部分股票，与美国以及荷兰和德国现行 SPAC 上市的安排相一致。

11.1.1.5　认股权证

美国：一般所有公开认股权证都是在 IPO 结束时作为 IPO 中出售单元的一部分向股东发行。

法兰克福：与美国的做法类似，2020 年 SPAC 在法兰克福上市时，所有认股权证都是在 IPO 结束时向股东发行。

阿姆斯特丹：在阿姆斯特丹 2021 年前的 SPAC 上市中，一半的认股权证在 IPO 结束时向股东发行，另一半将在 De - SPAC 的初始并购结束时发行。然而，最近上市的 SPAC 也效仿了美国的做法，即在 IPO 结束时向股东发行所有认股权证。

伦敦：历史上，普通股与三分之一相匹配的认股权证发行给所有 IPO 的股东，投资人股东以每股 11.50 美元（或 11.50 英镑）的价格购买该单元。这种结构很可能继续下去，因为它和美国的做法类似。

11.1.1.6　承销费用

美国：SPAC 的承销费用一般为 IPO 募资额的 5.5%，其中 2% 在 IPO 结束时以现金支付，另外 3.5% 在初始并购结束时支付。

法兰克福：最近法兰克福的 SPAC IPO 中，SPAC 的承销费用占 IPO 收益的 4%，其中 2% 在 IPO 结束时以现金支付，2% 在初始并购结束时支付。此外，双方还同意在初始并购结束时支付最高 1.5% 的递延酬处费。

阿姆斯特丹：在阿姆斯特丹，SPAC 的典型承销费用为 3.25% ~ 5.5%，在 IPO 结束时以现金支付 1.5% ~ 2%，在初始并购结束时支付 1.75% ~ 3.5%。

伦敦：典型的承销费用为 IPO 募资额的 2% ~ 3%，不包括发起人认购的股票，在 IPO 完成时支付。在完成 De - SPAC 交易时，发起人可以灵活地在初始并购完成时再支付部分承销费用。

11.1.1.7　目标公司的规模

美国：在签署最终协议时，目标公司总公允市场价值必须至少等于信托账户中持有的资产价值的 80%，当然 SPAC 可以并购多个目标公司。

法兰克福：法兰克福没有类似于美国的 80% 的规则。在法兰克福上市的 SPAC 一般可以自由选择目标公司，也可以选择收购多个目标公司。

阿姆斯特丹：与法兰克福类似，阿姆斯特丹没有类似于美国的 80% 的规则。在荷兰上市的 SPAC 可以自由选择目标公司，也可以选择并购多个目标公司。

伦敦：伦敦交易所没有对目标公司的规模限制。为了从 FCA 新规中受益，如果 SPAC 的任何董事与目标公司或其任何子公司存在利益冲突，则 SPAC 必须发布一份 "公平合理" 的声明，该声明必须反映合格的独立顾问的意见。

11.1.1.8 时间限制

美国：大多数要求 SPAC 在 IPO 后 24 个月内完成收购，尽管有的时间限制更短（12 个月、18 个月或 21 个月）。还有一些 SPAC 的文件规定，如果在 24 个月内达成初始并购协议，则自动延长至 27 个或 30 个月来完成初始并购。

法兰克福：与美国一样，24 个月是最典型 SPAC 存续期的安排。如果在 24 个月内达成初始并购协议，一些交易将自动延长至 27 个月。

阿姆斯特丹：和美国一样，24 个月是最典型的安排。有一些交易规定，如果获得股东批准，可以延期至 30 个月。

伦敦：根据 FCA 的新规，SPAC 必须在 IPO 两年内找到目标公司并完成初始并购，在股东批准的情况下可再延长 12 个月。在某些有限的情况下，如果交易已经在合理地推进，在没有股东投票的情况下这 2～3 年的运营期可以再延长 6 个月。

11.1.2 意大利的 SPAC 规则

2021 年 3 月，Finnex Acquisition Corp.（Finnex）以 SPAC 的形式成立，计划在意大利进行 IPO。Finnex 是首家亚洲的发起人在欧洲成立的 SPAC，计划主要收购私控的银行和金融科技公司，从战略上支持欧洲和亚洲数字银行业务的加速发展。这是亚洲的发起人第一次在欧洲发起 SPAC，因此我们来讨论意大利 SPAC 市场的发展，也作为 SPAC 在欧洲证券市场发展过程的一个范例。

　　SPAC 这种模式进入意大利市场的时间要比美国晚得多。起初 SPAC 只被允许在意大利证券交易所的 AIM 板块上市。AIM（Alternative Investment Market）是一个由意大利证券交易所（Borsa Italiana）管理的多边证券交易系统。从 2010 年开始，位于米兰的意大利证券交易所的另一个板块——MIV（Market of Investment Vehicles）市场也允许 SPAC 交易。MIV 中文翻译为投资工具市场，同样由意大利证券交易所组织和管理，其创建的目的是为具有明确战略愿景的投资工具提供资本流动性和可见性。MIV 分为四类：封闭式基金、投资公司、房地产投资公司（用于房地产投资和/或租赁活动）和特殊投资工具（Special Investment Vehicles，SIV）。在意大利证券交易所，SPAC 被划归特殊投资工具或另类投资的范畴。此外意大利证券交易所还有电子股票交易市场（意大利语 Mercato Telematico Azionario，MTA），属于主板的范畴。

　　CONSOB（意大利政府的证券监管机构）于 2010 年 5 月 4 日通过了第 17302 号决议，批准了意大利证券交易所于 2010 年 4 月 13 日制定的市场条例的修订，该修订于 2010 年 5 月 24 日生效，其中包括在 MIV 创建新的准入要求和披露义务。新的规则开创了一个新的专业领域，对散户投资者不开放，主要规定的是缺乏多样化特征的投资工具。因此，SPAC 获得了作为特殊投资工具（SIV）进入意大利证券交易所 MIV 的机会。

　　修订后的条例的第 1.3 条将 SIV 定义为"投资政策未提供足够程度的多元化的公司，其唯一的公司目的是其对另一个公司占绝对比例的投资"。该条例还指出 SIV 是一些投资政策特别复杂的公司，其规定的 SIV 类别受制于一系列条件，这些条件也是 SPAC 需要满足的，主要如下：

　　（1）公司法定存续期限不超过 36 个月；

　　（2）遵守有关投资政策的具体披露要求，这些要求必须清楚、详细、定期披露和更新；

　　（3）设立限制性基金，将 IPO 期间筹集的资金及随后的增资存入该基金；

　　（4）采取、应用和维持每一项合理措施，以查明投资活动可能产生的利益冲突；

（5）准备关于管理团队的专业声誉和经验的充分信息。

虽然意大利证券交易所的 MIV 市场为 SPAC 的上市提供了新的机会，但目前最受欢迎的市场仍然是监管较为宽松的意大利证券交易所的 AIM 市场，原因如下：

（1）它为中小型企业提供灵活的合规要求，确保它们能够享受简化的上市程序（与交易所的其他市场相比，能够在 10 天内进入市场，所需时间更短）；

（2）Nomad（提名顾问）具有中心地位，在 SPAC 公司挂牌阶段和整个上市期间陪伴 SPAC 公司，支持其上市状态的合规，确保对投资者的高透明度和强大的公信力；

（3）简化的准入要求：没有资本总额或具体财务指标方面的要求，不预先设定 SPAC 公司的最小或最大规模；

（4）速度和成本的优势：不需要像在强监管市场中那样提交详细的市场准入文件，也不需要提交详细信息的招股说明书，同时意大利证券交易所或 CONSOB 都不需要对拟上市的 SPAC 进行尽职调查。

意大利 SPAC 的周期也分为四个阶段：（1）设立阶段；（2）IPO 阶段；（3）确定目标公司并准备初始并购；（4）完成初始并购或清算解散。

第一阶段：设立阶段 SPAC 的生命周期从它的公司章程开始，同时该公司发起人注入 SPAC 的初始资本。发起人的基本任务是在 IPO 程序开始之前代表管理团队，并对所有旨在实现 SPAC 初始并购的操作进行战略性管理。在设立阶段，发起人持有 SPAC 所有的普通股。除了对开销费用的补偿外，发起人不收取任何报酬。

第二阶段：SPAC IPO 阶段 第二阶段由 SPAC 组织的 IPO 在资本市场上启动时开始。在 IPO 开始时，除发起人提供的资金外，该 SPAC 没有任何运营或资产，也没有任何经营历史。在意大利的监管环境下，典型的 SPAC 会在 AIM 市场进行 IPO，由于 Nomad 的存在，在意大利证券交易所上市的组织变得精简和安全，Nomad 是 AIM 市场的中心，其聘任必须由意大利证券交易所批准，并在一个特别注册登记册上注册。Nomad 的性质各不相同，但它必须是一家为意大利证券市场所熟知并具有足够可信度的资本公司。它既可以是商业银行，也可以是从事特定活动的金融中介机构。根据意大利证券交易所的规定，Nomad 将伴随上市公司完成 AIM 市场上市和交易的全过程。在 SPAC 证券发行阶段，另一个中介机构全球协调经纪人（Global Coordinator Broker）还将加入 Nomad，负责支持并指导公司选择发行价格和最有效的交易策略。在 IPO 期间，SPAC 发行普通股和一个或多个认股权证组成的单元或组合。在 IPO 后不久，这些单元将被分成两部分，即普通股和认股权证，将分别在市场上交易。IPO 后，绝大部分募集的资本都会立即转入银行或信托管理的监管账户。在意大利，第一代 SPAC 将募集资金总额比例的 80%～90% 存入监管账户；而最近上市的 SPAC，也可能将募集资金总额 100% 存入监管账户，目的是为投资者提供更多的保证，以增加投资人信心。

第三阶段：寻找初始并购的目标公司　第三阶段是在 SPAC IPO 完成后，对一些尚未上市的、具有较高发展潜力的运营公司进行研究，并通过初始并购来实现 SPAC 的目的。对于 SPAC 来说，这是一个非常紧张的阶段，同时它也会使用所有能够从内部和外部找到的管理和技术技能。

第四阶段：完成交易或公司清算　SPAC 生命周期的最后一步是实现初始并购，从确定目标公司的评估阶段结束时开始，并经股东大会批准，为合并或收购业务作准备。目标公司的研究成果及其与金融市场的沟通可以在股东大会中产生两种不同的结果：（1）批准 SPAC 初始并购方案；（2）否决 SPAC 初始并购方案。

如果 SPAC 股东大会批准了初始并购方案，在初始并购完成后的公司应该会准备新章程和新的公司治理结构。特别要注意的是，被收购公司应该保证其资产的公允价值或市场价值至少达到 SPAC 所持资本的 80%。因为只有达到这个阈值，初始并购才是"合格的"。

11.1.3　欧盟关于 SPAC 的规则

为了防止欧盟各国因为对 SPAC 资本的竞争而过分地去除管制，欧盟对 SPAC 也有一些相关的规则。

在欧洲 IPO 的 SPAC 还要考虑除了证券法以外的地方法规是否也会适用于任何拟议的 SPAC 的 IPO 和初始并购。在欧盟，特别需要注意包括另类投资基金经理指令（Alternative Investment Fund Managers Directive）的适用。在 SPAC 交易结构中的重要因素与监管分析也息息相关，包括 SPAC 是否有明确的投资政策，SPAC 是否有一般商业或工业目的，以及监管机构最终如何对 SPAC 进行资格审查。欧洲在这方面还没有定论，唯一一个司法管辖区部分解决了该问题：英国的 FCA 在其最近的政策声明中指出，它们这次规则的变迁不会导致 SPAC 适用英国的另类投资基金的规则。

欧盟的证券市场监管机构，即欧洲证券和市场管理局（European Securities and Markets Authority，ESMA），于 2021 年 7 月 15 日就 SPAC 的招股说明书披露和投资者保护问题发表公开声明，特别是关于发行人应如何满足欧盟招股说明书法规的具体披露要求，以提高 SPAC 招股说明书的可理解性和可比性。ESMA 在其关于 SPAC IPO 的招股说明书中特别提到了关于 SPAC 未来初始并购的信息披露的水准。根据 ESMA 的规定，SPAC IPO 的招股说明书应包含发行人未来将向股东大会披露的有关目标公司及预期的初始并购的详细描述的水准。这种披露将使投资者能够评估他们是否对未来将提供的与初始并购有关的披露水准感到满意。ESMA 预计有关初始并购的披露水准将与经批准的招股说明书中的披露水准类似。ESMA 指导方针的目的是帮助欧洲国家当局采取协调一致的方式审查 SPAC 的招股说明书，并支持投资者对这些交易的分析。此外，ESMA 还注意到由于涉及稀释的风险、发起人激励方面的利益冲突以及识别和评估目标公司的不确定性，SPAC 交易可能不是对所有投资者都适合的投资产品。

11.2 亚洲 SPAC 的发展及比较法研究

2009 年底，东亚的韩国成为第一个允许 SPAC 在其证券交易所上市的亚洲国家。2011 年，马来西亚随之效仿，成为东南亚第一个允许 SPAC 在其交易所上市的国家。两国的 SPAC 规则在很大程度上反映了美国 SPAC 的规则。在韩国，与 SPAC 相关的法规要求包括：在与目标公司合并之前，至少

90% 的 IPO 募资额应存入信托账户；在其 IPO 3 年内未完成初始并购的，该
SPAC 必须清算；在 IPO 完成之前，SPAC 不能选择收购目标；等等。同样，
在马来西亚，SPAC 规则要求在与目标公司合并之前，至少 90% 的 IPO 募资
额应以信托方式持有，而且至少 80% 的信托资金应用于符合条件的初始并
购；符合条件的初始并购应在 IPO 结束后 36 个月内完成，否则该 SPAC 清
算解散。

2020 年以来，亚洲金融市场显示了对 SPAC 强劲的需求。亚洲的发起人
2020 年以来在美国发起设立了约 40 家 SPAC，与此同时亚洲的投资人也对
SPAC 越来越熟悉。多个亚洲国家和地区研究和探讨在本地的证券交易所引
入 SPAC 模式，以吸引 SPAC 发起人在亚洲本地的交易所发起 SPAC。例如，
中国香港和新加坡的证券监管机构和交易所 2020 年起都在考虑引入 SPAC
制度。

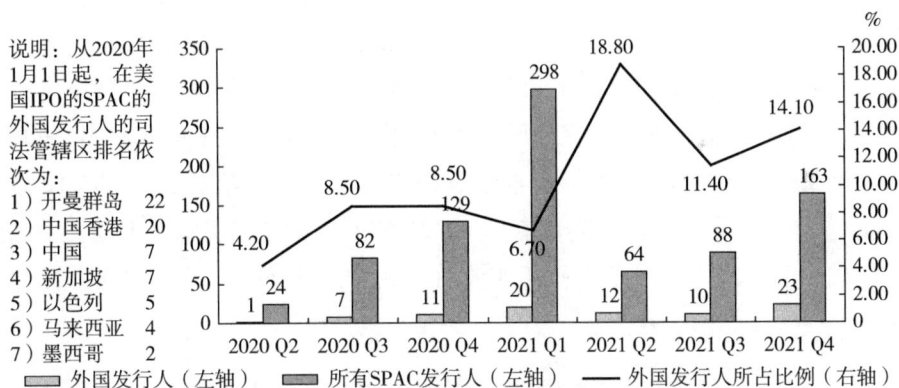

说明：从2020年
1月1日起，在美
国IPO的SPAC的
外国发行人的司
法管辖区排名依
次为：
1）开曼群岛　22
2）中国香港　20
3）中国　　　7
4）新加坡　　7
5）以色列　　5
6）马来西亚　4
7）墨西哥　　2

外国发行人（左轴）　所有SPAC发行人（左轴）　外国发行人所占比例（右轴）

图 11-3　外国发行人在美国挂牌 SPAC 所占比例（2020Q2—2021Q4）

（资料来源：Deal Point Data）

2021 年 3 月，在香港金融领袖论坛介绍了 SPAC 的全球趋势后，香港财
政司司长指示证券及期货事务监察委员会（Securities and Futures Commis-
sion）和香港交易所（Hong Kong Exchanges and Clearing），在中国香港为
SPAC 探索合适的上市机制。香港传统 IPO 的既定规则是，发行人必须具备
足够的运营水平，并拥有足以支撑其运营的资产。近年来，香港监管机构

进一步收紧了规则，以防止借壳上市时滥用香港联交所的壳公司。香港监管机构一直试图在保护投资者权益和抓住过热的 SPAC 市场机遇之间取得平衡。因此香港在推进 SPAC 上市机制时比较谨慎，香港部分立法会议员也表达了对在香港推进 SPAC 时的担忧。

在新加坡，新加坡交易所有限公司（Singapore Exchange Ltd.，以下简称新加坡交易所）于 2021 年 4 月结束了对 SPAC 的公众咨询。咨询集中在如何降低长期投资者股权被过度稀释的风险，以及如何解决发起人急于 De – SPAC 而损害投资人利益的问题。在这方面最重要的建议之一是在 De – SPAC 后认股权证的可执行性。新加坡交易所提议，任何在 IPO 时以 SPAC 普通股发行的权证，要么必须与相关普通股不可分离，要么在初始并购后，对于已发行认股权证的行权对普通股股东产生的稀释影响，必须设定一个上限。但新加坡交易所承认，不可分割的认股权证不符合市场规范，可能降低新加坡交易所 SPAC IPO 对投资者的吸引力。2021 年 9 月 2 日，新加坡交易所发布了《SPAC 拟议上市框架》，正式允许 SPAC 在其主板上公开上市。在新加坡交易所修订的上市规则公布后，为满足有兴趣在中国香港推进 SPAC 上市的需求，香港交易所于 2021 年 9 月发表了关于建立 SPAC 机制的咨询文件，提交建议书反馈已经于 2021 年 10 月 31 日结束。2021 年 12 月 17 日港交所公布 SPAC 最终规则，于 2022 年 1 月 1 日起实施。于是，中国香港成为继韩国、马来西亚和新加坡后第四个引入 SPAC 机制的亚洲证券市场。

11.2.1　韩国的 SPAC 规则与比较法研究

为了规避传统 IPO 过程中过分严格的监管，21 世纪初，韩国许多小公司通过反向并购上市。反向并购通过以特定的兼并、收购、换股、资产转让等方式接管上市公司的控制权，具有与上市公司经过正规的 IPO 程序类似的上市效果。同时，反向收购与证券欺诈/股价操纵、企业高管贪污、失信等韩国资本市场的诸多丑闻又息息相关。因此韩国政府为了保护小股东免受证券欺诈等影响，从 2010 年开始对反向并购实施了更多的限制，韩国资本市场上的反向并购因为更严格的监管几乎消失。

2009 年，韩国政府修改了金融投资服务和资本市场法（FSCMA）执行令，允许 SPAC IPO。2010 年 3 月 3 日，韩国第一家 SPAC——韩国大宇证券绿色 SPAC 上市。此后，在韩国资本市场上，SPAC 成为传统 IPO 的替代方案。韩国的 SPAC 以美国的 SPAC 为模板，但韩国 SPAC 无疑也有一些独特的特点。首先，由于不能发行认股权证，韩国的 SPAC 只能发行普通股。一些 SPAC 的发起人可以购买可转换债券，但不是认股权证。其次，当 SPAC 找到目标公司时，只允许 SPAC 公司与目标公司合并以达到 SPAC 的目的。最后，在韩国 SPAC IPO 中，个人投资者占很大比例，机构投资者的出资比例不足 50%。

2009 年韩国法规修订以推进 SPAC 后，1 年多的时间里有 22 家 SPAC 在韩国国内上市，但在 2011—2013 年又几乎消失。在经历了一段沉寂期之后，韩国 SPAC 市场又重新活跃起来。

下面我们比较一下韩国、美国和英国的 SPAC 规则。

托管账户或信托账户　在初始并购或清算之前，SPAC IPO 收益的相当大比例必须保存在信托账户中，并遵循严格的投资标准。在美国和韩国，这个比例为 90%；英国没有这样的要求，但在英国上市的 SPAC 通常将其收益投资于流动性资产，如美国国债。

对初始收购的批准　在美国和韩国，SPAC 的初始并购需要股东的多数批准，但在美国可以以要约收购来代替这一程序。NASDAQ 还要求，初始收购必须得到该 SPAC 多数独立董事的批准。韩国的股东批准的门槛更高，要求：（1）出席会议的股东的表决权超过三分之二；以及（2）占流通股总额的三分之一以上。在英国，对 SPAC 初始并购的股东投票并没有特别要求，但英国 FCA 正提议，参考美国的要求，对上市规则进行审查。

赎回权：在韩国，投票反对收购的股东（假设该收购后来以多数票通过）有权将其 SPAC 普通股按比例转换为信托账户中持有的资金并赎回。换句话说，不同意收购的投资者可以退还他们的投资金额，并根据作为营运资金的资金和任何投资收益或损失进行调整。这让投资者有机会以有限损失退出不受欢迎的初始并购。

对 SPAC 发起人的要求　韩国要求 SPAC 的发起人或管理团队为授权证

券交易商，以确保其专业性和责任性。相比之下，美国和英国没有这样的资质要求。在美国和英国，成功的 SPAC IPO 通常需要发起人和管理团队拥有良好的并购记录以及管理 SPAC 上市公司经验（是市场选择的结果不是法律法规的强制性规定），因此 SPAC 的管理质量和市场需求呈正相关。

完成初始并购的期限　在美国和韩国，为防止管理层不合理地闲置 SPAC 投资人的资金，SPAC 必须上市之日起 36 个月内完成收购。实际上，大多数 SPAC 发起人提供的期限甚至更紧，通常为 18～24 个月。逾期未完成初始并购的 SPAC 将被清算，信托账户中的金额将返还给投资者。

收购目标公司的市值　在美国，纽交所和 NASDAQ 都要求目标公司（或多家目标公司的总和）的总公平市值必须至少等于信托账户的 80%。与期限要求类似，该规定的目的是确保 SPAC 的资金使用能符合投资者的意愿。

11.2.2　中国香港联合交易所和美国、新加坡关于 SPAC 的比较法研究

如前所述，2021 年 9 月 2 日，新加坡交易所发布了《SPAC 拟议上市框架》，正式允许 SPAC 在其主板上公开上市。2021 年 12 月 17 日，港交所公布 SPAC 最终规则，计划于 2022 年 1 月 1 日起实施。港交所集团行政总裁欧冠升将 SPAC 称为"全新而重要的上市路径"，并希冀通过引进 SPAC 上市机制，容许经验丰富而信誉良好的 SPAC 发起人物色新兴和创新产业公司作为并购目标，扶植一些富有潜力的优质上市公司。

下文为港交所，美国纽交所、NASDAQ 和新加坡交易所 SPAC 规则的比较。

11.2.2.1　关于 SPAC 发起人和董事的资质

A. 港交所的规则

所有 SPAC 发起人均须符合关于个性、经验及诚信方面的适合性及资格规定，港交所将根据背景、经验、其他商业利益以及港交所认为相关的其他资料进行评估。每家 SPAC 须有至少一个 SPAC 发起人持有香港证监会所发第 6 类（就机构融资提供意见）及/或第 9 类（提供资产管理）牌照，并且持有至少 10% 的发起人股份。

SPAC 发起人提名的董事必须是发起人的高级管理人员（无论其是否持有香港证监会的牌照），并在董事会代表该发起人；如果 SPAC 的发起人是个人，其必须被提名为该 SPAC 的董事。于 SPAC 上市时及持续于其存续期间，SPAC 的董事会必须有至少两人持有证监会发出的牌照，可在证监会持牌法团进行第 6 类及/或第 9 类受规管活动。

B. 新加坡交易所的规则

新加坡交易所定出一系列因素，可在评估某一 SPAC 是否适合上市时由新加坡交易所全权作出考虑，有关因素与纽交所定下的规则类似。

C. 纽交所、NASDAQ 及美国 SEC 的规则

纽交所：列出一系列因素，可在认定某 SPAC 是否适合上市时由纽交所据以作出考虑。

NASDAQ：没有相应要求。

美国 SEC：负责审阅有关的 SPAC 的法律和会计事项注册/备案文件、向 SPAC 的管理层提出问题，并决定 SPAC 是否已经符合美国 SEC 的披露规则。美国 SEC 发布的指引可供投资者在评估 SPAC 时考虑，但 SEC 最终不会审查 SPAC 的投资适合性或风险程度，而是主要负责确保 SPAC 向投资人提供的信息是全面并准确的。

11.2.2.2　SPAC 投资人的资质

A. 港交所的规则

在完成 SPAC 并购交易前，仅限专业投资者（即机构专业投资者和个人专业投资者）认购和买卖 SPAC 证券。SPAC 须将 SPAC 股份及 SPAC 权证各自分发予至少 75 名专业投资者，其中须有 20 名机构专业投资者，而且这 20 名机构专业投资者须至少持有 75% 的待上市 SPAC 股份。以上交易限制将不适用于完成 SPAC 并购交易而产生的上市发行人（即继承公司）。个人专业投资者是指非机构专业投资者，并包括香港法例第 571D 章《证券及期货（专业投资者）规则》下的任何个人及法团。相应地，这包括：（1）拥有价值不少于 800 万港元的投资组合的个人；（2）拥有价值不少于 4000 万港元资产的信托法团；以及（3）拥有价值不少于 800 万港元的投资组合或价值不少于 4000 万港元总资产的法团或合伙。

禁止向公众人士营销 SPAC 证券，也不容许其买卖 SPAC 证券；SPAC 需要说服港交所其已有充足安排，确保 SPAC 证券不会向香港公众人士营销或容许他们买卖（而不禁止向专业投资者营销或容许其买卖）。为此，SPAC 将要符合下列规定：

（1）其 SPAC 股份的交易单位及认购额至少为 100 万港元；

（2）其须向港交所证明每名营销及买卖证券的中介人本身及其代表于进行《操守准则》所载"认识你的客户"程序时已确信各配售人均为专业投资者；以及

（3）其须向港交所证明，在 SPAC 证券发售架构的所有其他方面均不接受公众人士参与（专业投资者除外）。

B. 新加坡交易所的规则

新加坡交易所并无只让专业投资者认购和买卖 SPAC 证券的限制。

C. 纽交所、NASDAQ 及美国 SEC 的规则

纽交所、NASDAQ 及美国 SEC 均无只让专业投资者认购和买卖 SPAC 证券的限制。

11.2.2.3 SPAC IPO 的集资规模/最低市值

A. 港交所的规则

港交所的规则规定 SPAC 预期从 IPO 募集的资金须至少达 10 亿港元。

B. 新加坡交易所的规则

新加坡交易所 SPAC 拟议 IPO 的市值至少须达 1.5 亿新元（约 1.12 亿美元），此数额乃根据 IPO 发行价和邀请后已发行股本计算。

C. 纽交所、NASDAQ 及美国 SEC 的规则

纽交所：募集资金额至少达 1 亿美元。

NASDAQ 全球市场：募集资金额至少达 7500 万美元。

NASDAQ 资本市场：募集资金额至少达 5000 万美元。

美洲证券交易所（NYSE American）：5000 万美元。

美国各家交易所设有不同级别的上市标准，要求有关公司同时满足其中一套的标准。该等标准可能包括最低股东权益、公司总市值、公众所持股份之总市场价值、股价、总资产或派息等。有一些级别所要求的公司市

值比以上列出的要高，有一些级别则没有公司市值的规定。因此，以上数字代表着在设有这项要求的情况下，上市标准中的最低公司市值金额。

11.2.2.4　股权结构/权证发行/发起人股份

A. 港交所的规则

SPAC 必须申请将 SPAC 股份及 SPAC 权证上市，二者在初步上市之日起就分开买卖。

SPAC 不得申请将发起人股份或发起人权证上市；获 SPAC 配发、发行或授予任何发起人股份或发起人权证的 SPAC 发起人，在 SPAC 上市时以及该等发起人股份或发起人权证的存续期内，均必须一直是该等发起人股份或发起人权证的实益拥有人；SPAC 只能向 SPAC 发起人配发、发行或授予发起人股份或发起人权证；除 SPAC 发起人股份或发起人权证原本的配发、发行或授予对象外，SPAC 不得登记、认证或以其他方式促成任何发起人股份或发起人权证的所有权转让予 SPAC 发起人以外的人士。

发起人权证的发行价不得低于 SPAC 股份在该 SPAC IPO 的发行价的10%；每个发起人权证不得赋予其持有人在行使后获得多于一股继承公司的股份；发起人权证的条款不得比 SPAC 发行或授予的其他权证的条款更有利。

SPAC 所有权证于 SPAC 配发、发行或授予之前：（1）必须获得港交所批准；以及（2）如属拟于 SPAC 上市后才配发、发行或授予的权证，另须获得 SPAC 股东在股东大会上批准。

SPAC 配发、发行或授予的每份权证必须符合以下各项：（1）行使价比 SPAC 股份在 IPO 时的发售价高出至少 15%；（2）行使期于 SPAC 并购交易完成后才开始；（3）权证的到期日由 SPAC 的初始并购交易完成日期起计不得少于 1 年及不得多于 5 年，并且不得转换为其他 SPAC 初始并购交易完成日期起计不足 1 年便失效或超过 5 年才失效的可认购证券的权利；以及（4）行使仅导致继承公司股份的发行。

于 SPAC 发行或授予而未行使的全部权证获行使时，若所有该等权利即时予以行使（不论有关行使是否获允许），则其发行的 SPAC 股份数目不得超过该等权证发行时已发行股份数目的 50%，该"已发行股份数目"包括

SPAC 发行的发起人股份，同时港交所《上市规则》第 15.02 条不适用于
SPAC。

在 SPAC 初始并购交易完成之前，以下人士及其紧密联系人严禁买卖任
何 SPAC 的上市证券：（1）SPAC 发起人及其各自的董事和雇员；（2）SPAC
公司董事；以及（3）SPAC 的雇员。

B. 新加坡交易所的规则

在进行 IPO 时，SPAC 不得采用双重类别股份结构。

C. 纽交所、NASDAQ 及美国 SEC 的规则

纽交所和 NASDAQ：没有相应规定。

美国的 SPAC 通常设有两个股份类别。向公众出售的单位中包含的普通
股一般被归类为 A 类普通股，这些股份一般来说占已发行股份的 80%。通
常，发起人会支付一笔款项（一般约 25000 美元），获得一些 B 类或 F 类普
通股，这些股份通常称为创始人股份。

11.2.2.5 SPAC 股权单元发行价

A. 港交所的规则

港交所要求 SPAC 按 10 港元或以上的发行价发行 SPAC 股份。

B. 新加坡交易所的规则

SPAC IPO 时发售的证券，最低发行价为每股或每单元 5 新加坡元。

C. 纽交所、NASDAQ 及美国 SEC 的规则

纽交所：最低发行价为每股 4 美元，在实际操作中基本是每单元 10 美元。

NASDAQ：最低发行价为每股 4 美元；若符合其他一些要求，最低发行
价可为每股 2 美元或 3 美元；在实际操作中基本是每单元 10 美元。

美国 SEC：没有相应规定。

11.2.2.6 *创始人/发起人的最低投资额*

A. 港交所的规则

符合适合性及资格规定的 SPAC 发起人当中，至少需要有一个是受益持
有至少该家 SPAC 所发行的发起人股份 10% 之人士。

B. 新加坡交易所的规则

新加坡交易所要求创始股东及管理团队根据表 11.8 的规定至少认购一

定价值的股本证券（根据 IPO 时的认购价计算）：

表 11-8　　新加坡交易所对 SPAC 发起人和管理团队的持股要求

SPAC 的公司市值	认购比例（%）
150（含）百万~300（百万新元）	3.5
300（含）百万~500（百万新元）	3.0
≥500（百万新元）	2.5

C. 纽交所、NASDAQ 及美国 SEC 的规则没有相应规定。

11.2.2.7　摊薄上限

A. 港交所的规则

发起人股份总数上限：发起人股份以 IPO 时 SPAC 已发行股份总数的 20% 为上限。在进行 SPAC 初始并购之后，若满足一系列要求（包括继承公司达到预设的业绩目标），港交所可以考虑允许进一步发行最多 10% 的发起人股份（即提成部分）。因此，发起人股份总数以 IPO 时 SPAC 已发行股份的 30% 为限。

B. 新加坡交易所的规则

通常，创始股东、管理团队及他们的联系人按象征性对价或者无对价取得 SPAC 合计股份权益最多限于紧随 IPO 完成之后的 SPAC 已发行股本的 20%（按完全摊薄的基准计算）。

C. 纽交所、NASDAQ 及美国 SEC 的规则

没有相应规定。

11.2.2.8　初始并购后上市公司的挂牌标准

A. 港交所的规则

SPAC 初始并购后而存续的继承公司须符合所有新上市规定（包括最低市值规定及财务资格测试）。

B. 新加坡交易所的规则

新加坡交易所规定因 SPAC 并购交易而组成的继承公司须符合 IPO 规定。

C. 纽交所、NASDAQ 及美国 SEC 的规则

纽交所：继承公司须符合若干最低股价、公司市值及公众持股量规定。

纽交所同样会评估上市申请，以厘定有关交易是否属借壳上市。若确定为借壳上市，纽交所会向有关继承公司采用其所有 IPO 的规定。

NASDAQ：规定继承公司须完全符合 IPO 规定。

美国 SEC 的规则：没有相应规定。

11.2.2.9 初始并购时财务顾问/IPO 保荐人的聘请

A. 港交所的规则

继承公司须委任至少一名 IPO 保荐人协助其上市申请以及进行尽职调查。SPAC 最迟须于上市申请日期两个月前正式委任 IPO 保荐人。在提出 SPAC 初始并购的建议后，SPAC 便要提交上市申请。

B. 新加坡交易所的规则

SPAC 须委任一个财务顾问（新加坡交易所上市手册意义上的发行管理人）就初始并购提供咨询意见。财务顾问在对初始并购进行尽职调查时，应遵守新加坡银行协会发布的尽职调查指引。

C. 纽交所、NASDAQ 及美国 SEC 的规则

没有相应规定。

11.2.2.10 初始并购目标公司的资质/规模

A. 港交所的规则

SPAC 并购目标的公允市场价值至少应达 SPAC 自 IPO 筹集到的所有资金（进行任何股份赎回前）的 80%。

投资公司（定义见《上市规则》第二十一章）不能作为符合资格的 SPAC 并购目标。

B. 新加坡交易所的规则

新加坡交易所一般规定 SPAC 并购目标的公允市场价值须至少为信托持有的所得款项的 80%。

C. 纽交所、NASDAQ 及美国 SEC 的规则

美国的证券交易所一般规定 SPAC 并购目标的公允市场价值至少须为信托持有的所得款项的 80%。对于 SPAC 可考虑的目标公司类型并无限制，只要最后的继承公司符合适用规定即可。

11.2.2.11　关于初始并购中 PIPE 的规定

A. 港交所的规则

要求 SPAC 向外来独立的 PIPE 投资者获得投资，以完成 SPAC 并购交易。该等投资者的投资及比例必须符合表 11 – 9 中的规定。

表 11 – 9　　　　　　　　　　　　　　港交所的规则

特殊目的收购公司并购目标议定估值（「A」）	独立第三方投资占「A」的最低百分比
少于 20 亿港元	25%
20 亿港元或以上但少于 50 亿港元	15%
50 亿港元或以上但少于 70 亿港元	10%
70 亿港元或以上	7.5%

注：若议定的 SPAC 初始并购的目标公司估值超过 100 亿港元，则本交易所或可接纳低于 7.5% 的最低百分比。

B. 新加坡交易所的规则

没有关于独立 PIPE 投资的强制性要求。但是，若 SPAC 并购交易并无 PIPE 投资，则须委聘独立估值师。

C. 纽交所、NASDAQ 及美国 SEC 的规则

纽交所和 NASDAQ 没有类似的要求。在美国的交易所，SPAC 并购交易的价值由 SPAC 的管理层、承销商和投资者按公允市场价值确定。

11.2.2.12　SPAC 董事会和 SPAC 股东对初始并购的投票/决定

A. 港交所的规则

SPAC 并购交易须于股东大会上经 SPAC 股东批准，该批准不能用股东的书面同意来替代。

于该 SPAC 并购交易中拥有重大利益的股东（如 SPAC 发起人及其紧密联系人）须放弃表决权，而若 SPAC 并购交易会使控制权有所转变，SPAC 的任何原有的控股股东及其紧密联系人不得投票赞成该 SPAC 并购交易。

B. 新加坡交易所的规则

SPAC 并购交易须经以下批准：（1）过半数独立董事的批准，以及（2）股东们通过普通决议的批准。在有关初始并购的投票上，创始股东、管理团队及其联系人不得行使在 SPAC IPO 之前或当时以象征式对价或无对

价取得的股份的投票权。

若有关初始并购是（1）新加坡交易所上市手册意义上的"利益人士交易"或（2）与创始股东、管理团队成员及/或其各自的联系人进行，股东通函必须包含独立财务顾问和 SPAC 审计委员会的意见，表明交易条款符合正常商业条款，且不会损害 SPAC 及其少数股东的权益。

C. 纽交所、NASDAQ 及美国 SEC 的规则

根据纽交所和 NASDAQ 适用的上市规则，有关初始并购必须经在股东大会上获得多数票批准，或者用要约收购的模式代替股东投票。通常，SPAC 的管理层和创始人会在招股说明书中约定放弃其投票权。

此外，SPAC 必须在受制于 1934 年《证券交易法》第 14A 条或 14C 条的前提下，备案和提供一份股东投票权委托陈述或资料说明书（Proxy Statement）。股东投票陈述乃提交给美国 SEC，并可能被选择性地但不是必然地进行审阅。若 SPAC 的股东投票权委托陈述当中包含虚假或误导性陈述，而董事和管理人员原来知情或理应知情，则他们可能面对法律责任。要约收购提交给 SEC 的 Schedule TO 的法律责任和股东投票权委托陈述类似。

11.2.2.13　SPAC 股东的赎回权

A. 港交所的规则

在进行以下事宜之前，必须给予 SPAC 股东赎回其股份的选择权：（1）SPAC初始并购交易；（2）SPAC 发起人发生重大变动；以及（c）延长寻找合适的 SPAC 并购目标的期限。SPAC 股东只能赎回用于反对 SPAC 并购交易的 SPAC 股份。

B. 新加坡交易所的规则

新加坡交易所独立股东（创始股东、管理团队及其各自的联系人除外）有权在进行业务合并投票时赎回其普通股并按比例收取托管账户中持有的款项。

C. 纽交所、NASDAQ 及美国 SEC 的规则

投票反对初始并购的公众股东有权将其普通股转换为当时信托账户中的总金额相应比例的金额。

美国的交易所规则规定持有异议的股东享有赎回权。但是，SPAC 通常

会在招股说明书中向所有股东授予赎回权，并且该权利不取决于有关股东投票赞成还是反对 SPAC 并购交易。此外，SPAC 发起人以及 SPAC 的高级职员和董事通常会放弃对其持有的创始人股份（以及他们可能购买的任何公众股份）的赎回权。

11.2.2.14　初始并购后继承公司股票的限售

A. 港交所的规则

SPAC 发起人禁售：自 SPAC 初始并购交易完成之日起 12 个月内，限制出售其在继承公司的持股（包括发起人股份和发起人权证）。

B. 新加坡交易所的规则

SPAC 的创始股东、管理团队及其各自的联系人均须遵守股份禁售期规定，其于 SPAC 上市之日所持有的全部 SPAC 股权一概不得转让或出售，直至业务合并交易完成之日（包括该日）。

在实施业务合并后，以下人士所持有的全部股权证券自初始并购完成之日起，将要遵守新加坡交易所上市手册规定的禁售要求：（1）SPAC 的创始股东、管理团队及其各自的联系人；以及（2）随之组成的发行人的控股股东及其联系人以及拥有已发行股本 5% 或以上权益的发行人的执行董事。

C. 纽交所、NASDAQ 及美国 SEC 的规则

纽交所和 NASDAQ：没有此等要求。

在联邦证券法下，第 701 号规则（g）项和第 144 号规则规定股东在 IPO 后须遵守的禁售期规定。通常招股说明书对创始人持有的股份约定了转让限制。常见的限制为禁止创始人股份在以下最早情况发生之前进行转让：（1）SPAC 初始并购交易结束后满 1 年时间；（2）普通股的收市价在一段时间内等于或高于每股 12 美元；（3）实施 SPAC 初始并购之后，另一项允许股东用股份交换现金、证券或财产的事件（如清算、合并或股份交换）完成之日。

11.2.2.15　SPAC 继承公司的交易所继续挂牌条件

A. 港交所的规则

继承公司须确保其股份由至少 100 个股东（而非一般规定的 300 个股东）持有，以确保其股份由足够数目的人士持有。同时，继承公司必须符

合以下全部要求：

（1）SPAC 上市时由公众持有的证券中，由持股量最高的 3 名公众股东受益拥有的继承公司证券不可多于 50%；以及

（2）至少要有 SPAC 已发行股份总数的 25%，以及至少要有 SPAC 已发行权证的 25% 是由公众持有。这些公众持有量规定是一项持续规定。

B. 新加坡交易所的规则

SPAC 在新加坡交易所上市时，SPAC 已发行股份总数的至少 25% 须由不少于 300 个公众股东持有。

C. 纽交所、NASDAQ 及美国 SEC 的规则

纽交所和 NASDAQ 全球市场：至少应有 400 个整手持有人持有共 110 万股。

NASDAQ 资本市场：至少应有 300 个整手持有人持有共 100 万股。

此前，NASDAQ 要求 SPAC 50% 的整手持有人持有价值至少为 2500 美元的不受限制证券。美国 SEC 于 2021 年 2 月批准取消此项限制。美国 SEC 还否决了纽交所 2018 年提出的将整手股东数目降低至 100 个，并在上市后给予上市公司 30 天来遵守这一要求之宽限期的提议。

11.2.2.16 完成 SPAC 并购交易的允许期限

A. 港交所的规则

如果 SPAC 无法在 24 个月内宣布进行初始并购交易，或无法在 36 个月内完成初始并购交易，则 SPAC 必须清盘并将其筹集到的资金（加上累计利息）的 100% 返还给其股东。港交所随后会将 SPAC 除牌（可以在股东大会通过后向港交所申请延期）。

B. 新加坡交易所的规则

SPAC 必须在上市之日起 24 个月内完成业务合并。

如果 SPAC 在 24 个月期限届满之前就初始并购达成具有法律约束力的协议，则 SPAC 应在相关限期后最多 12 个月内，在满足某些预定条件的前提下完成该初始并购。除上述延期条件外，SPAC 必须为完成初始并购向新加坡交易所申请延期，并特别在根据新加坡交易所上市手册的规定所召开的股东大会上，就延期寻求股东至少 75% 的多数票批准。

C. 纽交所、NASDAQ 及美国 SEC 的规则

纽交所：如果在不超过 3 年的规定期限内没有完成过初始并购，SPAC 将被清盘。

NASDAQ：自 IPO 注册陈述生效起 36 个月内，或者公司在注册陈述里表明的较短时期内，SPAC 必须完成一项或多项业务合并（初始并购）。

在实践中，所有 SPAC 都约定会在 18～24 个月内完成 SPAC 初始并购，甚至有许多 SPAC 在指定时限远未届满时便完成交易。招股说明书将规定是否允许延长以上时期，以及如果允许的话，将规定应如何提议和批准延期。美国的交易所很少参与这个过程。

11.2.2.17　须交付信托账户持有的 IPO 所得款项之最低百分比

A. 港交所的规则

SPAC 在 IPO 中所筹集到的款项总额要 100% 全部存入设于中国香港的封闭式信托账户。这些以信托方式持有资金不得发放，除非：（1）将资金退还给选择了赎回 SPAC 股份 的 SPAC 股东；（2）为了完成 SPAC 初始并购交易；或（3）在规定情况下将资金退还给 SPAC 股东。

B. 新加坡交易所的规则

SPAC IPO 募集资金总额当中至少 90% 必须存入一托管账户。该托管账户应在一独立托管代理人处开设并由其运作，而且该代理人应是新加坡金融管理局发牌和批准的一家金融机构的一部分。除为进行初始并购的目的提款、在 SPAC 清盘时提款，或于新加坡交易所上市手册规定的某些其他情况下提款外，不得提取在托管账户中的款项。

C. 纽交所、NASDAQ 及美国 SEC 的规则

SPAC 在其 IPO 中的集资收益（纽交所指明为"集资收益总额"）连同其他同时出售的 SPAC 股权证券的出售收益，当中至少 90% 须存入一个受独立保管人控制的托管账户，直至一项业务合并完成为止。该账户应开设于一"受保障的存管机构"［其定义见美国《联邦存款保险法》第 3（c）（2）条］，或者是在一注册经纪或交易商开立的独立银行账户。

但是，美国的市场惯例是 SPAC 将 IPO 得到的总收益 100% 存入信托账户，因此可以确保选择行使赎回股份权的股东将收到原来支付的全部 IPO 价

格，而不是美国的交易所的规例保证的较低金额，因而投资者获得更高的保障。

11.2.2.18 SPAC 股东的赎回权

A. 港交所的规则

在召开股东大会以通过以下任何事宜之前，SPAC 须为股东提供可选择赎回其所有或部分 SPAC 股份持股的机会（以每股不低于 SPAC 股份在 SPAC IPO 时的发行价的金额赎回），并由《上市规则》第 18B.16 条所述托管账户中的款项支付：（1）《上市规则》第 18B.32 条所述的 SPAC 发起人重大变动后 SPAC 的存续；（2）《上市规则》第 18B.53 条所述的 SPAC 初始并购交易；或（3）《上市规则》第 18B.69 条或第 18B.70 条所述的任何延长期限。

SPAC 公司不得就股东赎回权施加任何限制。SPAC 在 IPO 中所筹集到的资金总额必须以现金或现金等价物的形式持有，例如银行存款或由政府发行的短期证券。

B. 新加坡交易所的规则

在符合条件的初始并购交易完成之前，SPAC 可以将托管资金投资于"认可投资"，即投资于现金或至少达到 A－2 评级（或同等级别）的现金等价物和/或短期证券。

C. 纽交所、NASDAQ 及美国 SEC 的规则

纽交所和 NASDAQ：没有相应要求。托管账户通常投资于货币市场基金或短期美国政府债券。SPAC 通常会将集资收益投资于相对安全的有息工具，但其实并无规定要求集资收益只能投资于这些类型的工具。SPAC 常会使用信托账户投资的利息来缴纳税项。

理论上，在美国的交易所上市的 SPAC 可以将其托管资金投资风险更高的资产类别，但 SPAC 要遵守美国《投资公司法》的其他限制。一般来说，当一家公司超过 40% 的资产投资于某些类型的工具时，该公司可能会符合美国《投资公司法》对"投资公司"的定义，并因此须要办理相关注册和受到额外监管。

11.2.2.19　可能会导致清盘的事件

A. 港交所的规则

如果 SPAC 未能（1）在适用的期限（包括已获延长的期限）内公布/完成 SPAC 并购交易；或（2）在 SPAC 发起人出现重大变更后一个月内就该变更获得所需的股东批准，则 SPAC 的证券须停牌而且 SPAC 必须在停牌的一个月内，按比例将在 IPO 中筹集的款项的 100%，按股份发行价另加应计利息全数退还给股东（不包括发起人股份的持有人）。

向股东退还有关资金后，SPAC 必须清盘。港交所将在 SPAC 清盘完成后自动取消其上市资格。

B. 新加坡交易所的规则

在初始并购完成之前，如果创始股东及/或管理团队的情况有重大改变而可能对 SPAC 的创建及／或业务合并之成功与否造成关键影响，则 SPAC 应寻求独立股东在为 SPAC 于新加坡交易所继续上市而召开的股东大会上以至少 75% 票数多数批准。就 SPAC 的继续上市问题进行投票而言，创始股东、管理团队及其联系人并不视为独立人士。新加坡交易所可自行认定是否已发生此类"重大变化事件"。

C. 纽交所、NASDAQ 及美国 SEC 的规则

NASDAQ 和纽交所没有相应要求。发生以上变化的可能性作为风险因素在 SPAC 的招股说明书中向投资者披露。除公司章程另有规定外，董事的选举和罢免通常由董事会决定。一般来说，合并、发行股份和修改公司章程，需要经股东的多数票通过，才能获得批准。

11.3　SPAC 与可持续发展——ESG 投资与 SPAC 的未来

最近 10 年，ESG 投资日益成为金融领域的主流投资方式，机构投资者也在投资决策过程中接受 ESG 因素日益增长的重要性，而且世界上一些主要的机构投资者已经通过将 ESG 整合到它们的投资组合中，并增加它们在与 ESG 相关的投资中的投资组合分配，展示了它们对 ESG 投资的承诺，如

摩根士丹利、巴克莱、贝莱德等主流金融机构。但每个投资者机构都有其具体的投资目标和策略、自己的法律授权，以及受益人和所在社会对其独特的期望。因此，ESG 投资没有单一的动机，也没有普遍遵循的单一策略或一套通用方法。

各种针对环境、社会和治理（ESG）机会的 SPAC 如雨后春笋般涌现，投资者的兴趣非常浓厚。在过去的两年里，已有超过数十家以 ESG 为重点的 SPAC 成立，通过 IPO 筹集了超过 70 亿美元。（SOAC）（Sustainable Opportunities Acquisition Corporation）于 2020 年 5 月在纽交所上市，IPO 募资 3 亿美元，并声称是第一家专门推动二氧化碳减排的 ESG 定向的 SPAC。2021 年 3 月，（DeepGreen Metals）同意与 SOAC 合并，交易价值 29 亿美元。该公司将以金属公司（Metals Company）的名义运营，利用在太平洋海底发现的分离式多金属结核，开发电动汽车电池用金属，以解决电动汽车供应链面临的短缺问题。据 DeepGreen Metals 称，该海底的资源足够生产 2.8 亿辆电动汽车的电池用金属，而且与传统采矿模式相比，对环境的影响更小。这可以为电池和电线材料（如镍、钴、铜和锰）提供低成本的原料供应。2021 年 2 月，（SDAC）（Sustainable Development Acquisition I Corp.）完成了 3.16 亿美元的 IPO，成立了一个新的 ESG 定向的 SPAC，目标是收购水、食品和农业、可再生能源和环境资源管理等领域的运营公司。SPAC 还致力于支持减排技术，以应对联合国可持续发展目标确定的全球挑战。

2021 年 ESG 因素成为并购市场的主流，SPAC 交易也不例外。高盛的股东咨询和收购防御实践全球主管阿文纳西·美热措（Avinash Mehrotra）肯定道："理解买方和卖方 ESG 资料的差异往往会触及企业的社会和文化规范的核心，而这些规范对并购的成功一直至关重要。"

但是，至少目前大多数 SPAC 交易并不以 ESG 为重点。2020 年 1 月 1 日至 2021 年 8 月 27 日，其宣布了 292 起 SPAC 合并。但根据毕马威的分析，其中只有 65 家企业是 ESG 主题的并购。许多以 ESG 导向的 SPAC 的目标都是气候变化方面的：电动汽车和电池制造商，以及可再生能源公司等。

11. 3. 1　ESG 简介

ESG 是英文 Environmental（环境）、Social（社会）和 Governance（公司治理）的缩写，是一种关注企业环境、社会、治理绩效而非财务绩效的投资理念和投资方式，也可以是一种评价体系。基于 ESG 评价，投资者可以通过观测企业 ESG 绩效，评估其投资行为和企业（投资对象）在促进经济可持续发展、履行社会责任等方面的贡献。

投资者的动机往往是由风险管理驱动的，即环境、社会或治理风险的相关性。风险方面自然是保险公司和其他低风险投资者的主要关注点。然而，一些投资者也将 ESG 视为一个寻求"阿尔法"（α）的投资机会。例如，ESG 分析可以提高对长期趋势的理解。一些投资者甚至在绿色和社会领域找到了新的投资目标。在实践中，ESG 投资者大致可分为三类：

（1）对于众多投资者（可能是大部分）来说，唯一的目的仍然是投资回报的财务业绩，但他们相信 ESG 因素会对投资风险和回报产生重大影响。

（2）越来越多的投资者寻求在不妨碍财务目标的情况下，将某些非财务目标（如伦理、宗教、政治、文化、社会价值观和偏好）结合起来。

（3）某些投资者愿意并能够牺牲部分或全部财务回报，以实现其他社会或环境效益（影响力/社区投资，慈善投资）。

各种组织已经为所有类型的投资者提供了大量的 ESG 指南，而专注于 ESG 及其相关的国际组织和非政府组织越来越多。

除了资产所有者日益增强的 ESG 投资意识外，商界领袖和政治家也越来越重视气候变化、自然灾害、收入不平等和水资源短缺等环境和社会因素带来的投资风险。根据世界经济论坛（WEF）2015 年以来每年发布的《全球风险报告》，环境危害在未来发生的频率和潜在影响方面都在增加。同样，社会不稳定和非自愿移民的风险（如自然灾害造成的环境难民人数的增加）对政策制定者来说非常重要，因为它们与其他全球风险有着如此紧密的联系。因此，未来几年投资者对 ESG 的接受程度将继续上升，ESG 投资将会加速。

ESG 这个缩写词代表环境、社会和公司治理。但在 ESG 领域，术语和定义还没有统一的标准。关于 ESG 的术语有多种：可持续发展投资、负责任投资、社会责任投资（SRI）和影响力投资等术语有时会被误解和错误地用作 ESG 同义词。更加混乱的是，SRI 最近不仅被美国 SIF（可持续和负责任投资论坛）用作"社会责任投资"的首字母缩写，而且还被用作"可持续、负责任和影响力"投资的首字母缩写。

可持续发展投资和负责任投资（以及美国 SIF 定义的 SRI）是涵盖所有具有 ESG 特征的投资的总括性术语。有一种分类比较合理：把 ESG 投资分为整合类和主题类（见图 11 - 4）。

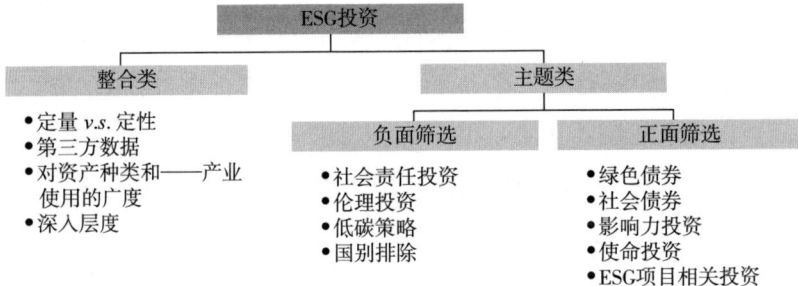

图 11 - 4　ESG 分类

11.3.2　整合类和主题类

整合类的 ESG 投资包括整个投资过程中的 ESG 分析与整合，即在投资过程和决策过程中考量 ESG 的因素。整合类的 ESG 投资不强调任何特定的因素，因此其实现的具体细节在投资经理之间可能有很大差异。例如，一些方法可能完全是定性的，而其他方法可能是定量的；一些方法可能使用第三方评级数据；一些方法可能将 ESG 应用于某些资产类别或行业；一些方法可能比其他方法更积极地参与 ESG 问题。考虑到不同方法之间的巨大差异，为了选择合适的合作伙伴来实现他们的目标，投资者理解他们的潜在的投资经理如何定义和合并 ESG 是非常重要的。

与整合类的 ESG 投资不同，主题类 ESG 投资寻求实现具体的主题，特别是在环境和社会问题类别内，如气候变化、多样性或经济平等。主题类的 ESG 投资可进一步细分为两类：负面筛选或正面筛选。

11.3.2.1　负面筛选或正面筛选

负面筛选试图通过排除一个或多个特定的资产类别来对世界产生积极的影响。其中一种常见的、长期使用的投资形式是社会责任投资（SRI），它通常会限制对酒精、烟草、枪支、游戏或化石燃料等行业的投资。

正面筛选旨在通过对特定投资的资产类别来对世界产生积极的影响。这些战略有时被称为"影响力投资"，它们坚持特定的可持续发展目标，如清洁能源、低收入住房、少数民族拥有的小型企业，或前沿经济体中的微型企业。在固定收益领域，投资选择包括绿色债券和社会责任债券。

11.3.2.2　ESG 投资的方法详述

投资者使用一系列的方法将 ESG 的因子考虑纳入他们的决策，上面的分类并不能完全涵盖这些方法。传统上，它们被用于股票投资，但也被用于固定收益和其他资产类别。这些方法并不是互斥的，通常是结合使用的。此外，各种 ESG 方法可以采用主动或被动的投资风格来实现。ESG 投资中，整合、主动参与和筛选约 99% 的资产，剩下的 1% 为主题投资和影响力投资。

负面/排他性筛选：这涉及将被视为不可接受的特定活动或行业（如有争议的武器、烟草、化石燃料）的证券排除在外。原因可能是伦理、法律或其他规范和标准（如人权、劳动条件、腐败）（上文已论述）。

正面筛选/最佳选择：这是一种积极的选择，对那些 ESG 表现优于同行的公司或国家进行考量并优先投资。它可以在已采用 ESG 措施上考量，也可以从 ESG 发展潜力上实施。

主动拥有/投票/参与/管理：这指的是与公司或国家就 ESG 问题进行对话，并行使所有权（包括投票权）和发言权（特别是在投资者没有投票权的情况下）以产生积极影响。这是除"退出"对 ESG 消极投资外的另一种选择。一些投资者还喜欢在政治上对 ESG 主题作更广泛的游说。

ESG 整合：这是在投资分析、投资组合构建和风险管理中系统地包含 ESG 风险和因子。不同的投资机构正在以不同的方式实施这一战略。

主题投资：若干投资主题以 ESG 问题为基础，包括清洁技术、可再生能源、能源效率、可持续林业和农业、水资源、教育、卫生和多样性；更广泛的气候投资正受到越来越多的关注。

影响力投资：如前所述，这种投资的目的是产生可衡量的社会和环境效益，同时获得经济回报。影响投资者通常预先设定结果目标或目标，制定并监督投资，然后衡量事后结果。它们试图在经济和社会回报之间取得平衡，但重点各不相同，这取决于具体的影响项目/基金。影响力投资有不同的方法。早期的发展更多地以"社区投资"的方式进行，即由小型基金进行投资，以资助市政/区域内较小的社会或环境项目。作为一个新的发展，影响力投资也延伸到非专业投资者。主流投资者现在觉得有必要衡量自己投资组合的"影响"，但通常不会被迫放弃财务回报。

虽然社会责任投资已经存在了几十年，但随着与 ESG 相关的信息披露水平和质量的提高，使投资人及其他金融机构能综合和积极的筛选投资，促进了 ESG 在投资过程中的更广泛采用。ESG 投资的迅速发展，对全球化的负面影响产生了对冲作用。

11.3.3　ESG 的投资回报

对于 ESG 投资，最常见一个误解是，家族办公室采用 ESG 需要牺牲经济效益。例如，2019 年某一项针对美国机构投资者的调查显示，47% 尚未进行 ESG 投资的机构表示，业绩担忧是他们抛弃 ESG 项目的主要原因。相反，实证研究表明，ESG 与企业财务绩效之间存在正相关的关系。20 世纪70 年代以来，学者和投资者发表了 2000 多篇实证研究报告，对这一关系进行了实证分析。这些研究的结果与许多投资者的普遍看法相悖：ESG 与收益之间明显存在正相关关系（Bassen 等，2015）。同样，有大量的证据支持ESG 在股票表现中的价值。根据明晟（MSCI）2018 年的一份研究报告，新兴市场 ESG 资质较高的公司与 ESG 资质较低的公司相比。2015—2020 年，新兴市场 ESG 资质较高的公司平均表现比后者高 14.4%，发达市场 ESG 资质较高的公司平均表现比后者好 5.2%。

图 11－5 将一系列晨星创投指数与其对应 ESG 指数进行了比较（跨度

至少 3 年），ESG 指数在每个资产类别中的表现都更好。

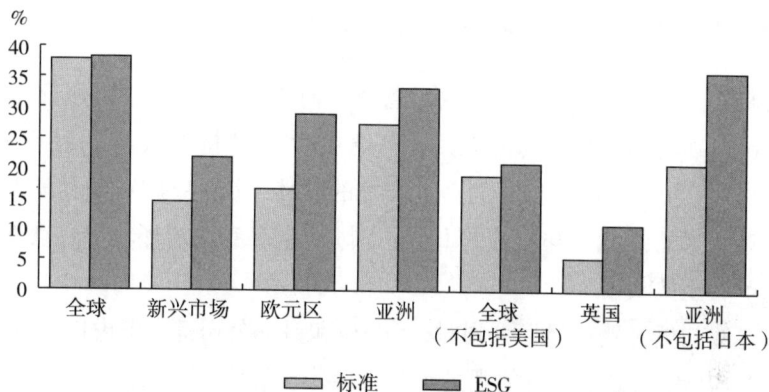

图 11 –5　晨星创投指数与对应 ESG 指数

［资料来源：Morningstar Open Index（2019）］

11.3.4　在 SPAC 模式中 ESG 投资的发展

野村绿色科技（Nomura Greentech）的数据显示，有不少具有 ESG 资质的公司在 2021 年美国 SPAC 的并购目标名单上。根据该数据，2021 年前四个月，专注于 ESG 或可持续发展以及环境技术、交通、工业、水和能源等行业的 SPAC 在美国的 IPO 总数为 49 起。相比之下，整个 2020 年下半年这一数字为 40 起。就初始并购交易而言，2021 年前四个月已宣布 32 家 SPAC 与 ESG 公司的合并，而 2020 年全年仅仅为 31 家。2020 年前四个月的 ESG 定向的 SPAC 并购交易总额为 1170 亿美元，是 2020 年全年的 2.5 倍以上，占 SPAC 并购总量的 38%，高于 2020 年下半年的 25.3%。

ESG 定向的 SPAC 强劲增长的原因是三股力量的汇聚：技术、创新驱动导致的低成本，消费者对可持续产品和服务的需求，以及强有力的政策支持。截至 2021 年 8 月，有超过 50 家活跃的 ESG 定向的 SPAC 正在寻找收购目标，还有更多的 ESG 定向的 SPAC IPO 在定价，未来会完成更多 ESG 定向的初始并购。因此，随着政策制定者推动低碳经济转型以应对气候变化，以及投资者也在寻找能在新环境下繁荣发展的公司，投资于具有强劲 ESG

背景的公司的需求在增加。

11.3.5　在 SPAC 模式中 ESG 投资的方法简介

当 ESG 定位的 SPAC 和私控的运营企业初始并购完成后，它们不仅可以加速突破性的业务创新，还有助于实现更大的可持续发展的社会目标。SPAC 可以成为实现 ESG 目标的一个很好的载体，因为 SPAC 的初始并购可以依赖对未来的预测（与传统的 IPO 不同），这对专注于环境和社会变化的行业变革者至关重要。

在寻找初始并购的目标公司时，SPAC 和目标公司都应考虑以下因素：

（1）SPAC 的愿景和价值观是否与目标公司的股东一致？

对于初始并购的双方而言，对合并后公司的愿景和价值观达成共识是很重要的，但那些在不断变化的 ESG 环境中推进其时间表和议程的人，必然会比其他初始并购候选人走一条更加崎岖不平的道路。

（2）SPAC 和目标公司准备好尽职调查了吗？

由于在 SPAC 时间表下，尽职调查通常可以加快，因此重要的是要考虑 SPAC 是否具有评估目标公司的恰当性和专业经验。对于目标公司而言，它不仅要准备好应对传统的财务、税务和会计方面的尽职调查问题，还要准备好应对更广泛的关于其业务和运营模式的战略问题，其中包括 ESG 元素。

（3）对于 SPAC 和目标公司来说，成功的定义是什么？

为了成功地发展初始并购后的存续公司，需要对上市模式、增长情况、价值创造计划和长期成功的路线图有一个清晰的理解。初始并购的双方应该进行一系列的议程规划会议和谈判，以帮助初始并购后的公司准备好应对潜在的挑战、业务冲击和其他未知因素，同时引领以 ESG 为主题的增长轨迹。

（4）对于 SPAC 和目标公司来说，他们对公司治理透明度和董事会监督水平的期望是否一致？在围绕 ESG 问题实施的公司治理和控制方面保持一致，将有助于所有参与者了解情况，并随着法规变化和利益相关者期待的演变迅速做出决策。

好消息是，根据毕马威的数据，以 ESG 为主题的 SPAC 初始并购，已完成的平均回报率远高于非 ESG 主题的 SPAC 初始并购（见表 11 - 10）。

表 11 - 10　SPAC 和 ESG 主题目标公司并购后比非 ESG 主题目标

公司并购后的股价对比（**2020 年 1 月 1 日至 2021 年 8 月 27 日**）

交易状态	ESG 主题 SPAC 初始并购	非 ESG 主题 SPAC 初始并购
总股价表现	11.9%	-0.7%
宣布并购	-0.8%	-0.1%
交割	19.3%	-1.1%

资料来源：KPMG。

第 12 章　SPAC 的未来

2019 年及以前，在美国 SPAC 被视为以避开传统 IPO 的严格监管为目的，为中小企业的公开股权市场 IPO 开辟的一条捷径。但 SPAC 对于小投资者并不友好，SPAC 的名声不算太好。但在过去两年的时间里，SPAC 似乎焕发了往日不曾有的光彩。2020 年 7 月美国 SPAC IPO 市场急剧升温以来，已有 900 家左右 SPAC 在美国上市（截至 2022 年 2 月的数据），融资额超过 2000 亿美元。金融界赫赫有名的对冲基金经理比尔·阿克曼、投资银行家迈克尔·克莱恩和瑞士信贷前 CEO 迪德简·蒂亚姆等知名金融人士，以及美国前总统唐纳德·特朗普、美国前国务卿康多莉扎·赖斯和联邦众议院前议长保罗·瑞安等政界名流在 2020 年也均不同程度地参与了风靡华尔街的 SPAC 热潮。令人啼笑皆非的是，娱乐和体育界的巨星们也不甘寂寞，或参与发起 SPAC，或对 SPAC 作类似于"代言"的推广，如天后级流行歌星詹妮弗·洛佩兹和 NBA 篮球传奇巨星沙奎尔·奥尼尔等。

但是，让 2020/2021 年显得如此流行的金融和政界大咖、体育和娱乐巨星的影响力和看似唾手可得的融资，只给了这些 SPAC 交易一种暂时的合法性。2021 年以来，在美国历史上曾经伴随 SPAC 的弊端似乎再次出现，使人们对其在美国的未来产生了怀疑。

欧洲缓慢地赶上了 SPAC 的繁荣。截至 2020 年，欧洲的发起人更倾向于在美国发起 SPAC，而不是在欧洲本土的交易所。然而，美国 SEC 从 2020 年底开始的被潜在打压和日益拥挤的美国市场使欧洲更具吸引力，特别是对于寻找非美国资产进行并购的机构。欧洲本土的 SPAC IPO 市场在 2021 年经历了辉煌的一年。SPAC 在欧洲交易所的 IPO 数量和价格均攀升至历史新高。欧洲证券交易所总共在 2021 年吸引了 39 起 SPAC IPO，是 2020 年全年数据的近 10 倍（见表 12 – 1）。SPAC 在欧洲交易所的 IPO 募资额是 2020 年全年的 17 倍多。欧洲并没有错过这轮 SPAC 的繁荣，只是比美国晚了一点。欧洲处在这个周期的不同阶段，欧洲资本市场的深度也不同于美国。金融创新通常在美国开始，然后再传到欧洲，SPAC 也是如此。然而，SPAC 在欧洲的繁荣和美国并不完全相同，那里有更多的投资干粉可供选择，潜在发起人也更多。因此，SPAC 在欧洲的繁荣将继续。

表 12 – 1　　　　　　　欧洲交易所 SPAC 挂牌的年度比较

年度	挂牌数量	市场份额（%）
2019	5	11
2020	4	8
2021	39	81
总计	48	100

资料来源：Refinitiv, an LSEG Business。

亚洲也不愿错过这一轮 SPAC 的繁荣。亚洲金融市场也显示了对 SPAC 强劲需求。2020 年以来，亚洲的发起人在美国发起设立了 40 个左右 SPAC，与此同时，亚洲的投资人也对 SPAC 越来越熟悉。多个亚洲国家和地区研究和探讨在本地的证券交易所引入 SPAC 模式，以吸引 SPAC 在亚洲本地的交易所 IPO。引人注目的是，中国香港和新加坡的证券监管机构和交易所在 2020 年起都在考虑引入 SPAC 制度，并在 2021 年付诸实施。

12.1　交易所的竞争 *v. s.* 国家（地区）的竞争

各个国家和地区都试图在股市繁荣、防止滥用和保护投资人利益之间取得平衡。而金融监管者最担忧的是由于欺诈导致的泡沫。

如前所述，美国 SEC 在 2021 年 4 月发布了指导意见，就 SPAC 认股权证的会计处理方式和前瞻性陈述的责任风险对 SPAC 提出了警告。SEC 工作人员在 2021 年 4 月 12 日的一份声明中表示，根据条款，有些 SPAC 认股权证应被视为负债，而非股权投资。结果，许多 SPAC 不得不重述其财务报表，这一过程基本在 2021 年 6 月前完成。但美国 SEC 也成功地让 SPAC IPO 从高点回落，市场似乎重新回归理性。

自 2021 年 6 月起，美国 SPAC 交易撮合者通过了更严格的 SEC 监管，完成了 27 起 SPAC 初始并购交易，创下了历史性月度记录。市场在慢慢地消化 SPAC 的存量，也预示着 SPAC IPO 复苏的开始，并可能在 2021 年剩余时间内进一步加强。会计师事务所安永称："尽管 SPAC 的组建狂潮已从创纪录水平放缓，但美国 SEC 指引导致的平静已经过去，每天都有初始并购交易宣布。"于是，2021 全年美国 SPAC IPO 数量创历史新高，达 613 起，其中第四季度 SPAC IPO 几乎是第三季度的 2 倍。到 2021 年底，共有 572 家 SPAC 在寻求收购目标。与此同时，截至第四季度末，仍有 270 起 SPAC IPO 在美国 SEC 注册中，潜在总融资额为 594 亿美元（见表 12 - 2 和表 12 - 3）。

表 12 - 2 美国 De - SPAC 交易的季度概况：
2019 年 1 月 1 日至 2021 年 12 月 31 日

季度	交易数量（起）	市场份额（%）	交易额度（百万美元）
2019Q1	3	1	3196. 23
2019Q2	4	1	1813. 66
2019Q3	11	3	12480. 46
2019Q4	8	2	10822. 32
2020Q1	4	1	5402. 63
2020Q2	9	3	5128. 87
2020Q3	34	11	68492. 92
2020Q4	45	13	60156. 08
2021Q1	81	24	158964. 71
2021Q2	48	14	77364. 70
2021Q3	41	12	112312. 63
2021Q4	51	15	54993. 35
总计	339	100	571128. 56

资料来源：Refinitiv，an LSEG Business。

表 12 - 3   美国 2021 年在 De – SPAC
交易中不同产业的目标公司的数量

目标公司产业	交易数量（起）	市场份额（%）	交易额度（百万美元）
高科技	64	29	114202.34
大健康	47	21	55276.76
工业	32	15	76966.16
金融	20	9	78532.34
消费品 & 服务	15	7	23102.52
媒体 & 娱乐	14	6	13569.98
能源和电力	11	5	13053.59
通信	6	3	7482.87
零售	4	2	3798.55
材料	3	1	4166.34
大宗消费品	3	1	1448.00
房地产	2	1	12035.95
总计	221	100	403635.40

资料来源：Refinitiv，an LSEG Business。

美国的三大证券交易所的考量就要微观一些。NASDAQ 向美国 SEC 申请取消 SPAC 50% 的整手持有人持有价值至少为 2500 美元的不受限制证券，美国 SEC 于 2021 年 2 月批准取消此项限制。但美国 SEC 否决了纽交所 2018 年提出的将整手股东数目降低至 100 个，并在上市后给予上市公司 30 天来遵守这一要求之宽限期的提议。

相比美国在逐步收紧 SPAC 监管，欧洲的监管环境却越来越宽松（见表 12 -4）。欧洲各大交易所对 SPAC 争夺之战在 2021 年激战正酣。阿姆斯特丹是 2021 年吸引 SPAC IPO 的赢家，法兰克福紧随其后。伦敦在 2021 年前半年没有被列入前几名的名单，主要是因为其上市规则要求在宣布企业合并后，SPAC 股票必须停牌，这被认为对投资者没有吸引力。因此英国金融市场行为监管局（FCA）最终在 2021 年 8 月放弃这一限制。FCA 当时在一份声明中表示："最终规则旨在为大型 SPAC 提供更大的灵活性，前提是它们能加入一些促进投资者保护和市场平稳运行的功能。""通过 SPAC 在英国上市的私控公司仍将受到 FCA 上市规则、透明度和披露义务的严格约束。"
FCA 表示："SPAC 仍然存在风险，仍然是一项更复杂的投资，投资者应确
保他们在投资前能够充分评估和了解。"

表 12 - 4   2021 年欧洲各交易所 SPAC 挂牌数量及市场份额

主要交易所所在国	挂牌数量（起）	市场份额（%）
荷兰	16	41
英国	6	16
法国	4	10
瑞典	4	10
德国	4	10
芬兰	2	5
意大利	2	5
瑞士	1	3
总计	39	100

资料来源：Refinitiv, an LSEG Business。

在亚洲，2021 年 9 月 2 日，新加坡交易所发布了《SPAC 拟议上市框架》，正式允许 SPAC 在其主板上公开上市。香港联合交易所有限公司于 2021 年 9 月发表了关于建立 SPAC 机制的咨询文件。2021 年 12 月 17 日，港交所公布 SPAC 最终规则，于 2022 年 1 月 1 日起实施。港交所集团行政总裁欧冠升将 SPAC 称为"全新而重要的上市路径"，并希冀能通过引进 SPAC 上市机制，容许经验丰富而信誉良好的 SPAC 发起人物色新兴和创新产业公司作为并购目标，培养一些富有潜力的优质上市公司。

对于 SPAC 的竞争，是全球各大证券交易所的竞争，也是各个国家和地区之间的竞争，而这样的竞争会一直持续下去。SPAC 模式当然有一定的不足，未来还会出现新的问题，但这些不足和问题会在全球各个国家和地区、各大交易所的博弈、竞争和合作中不断地改善和纠正。同时 SPAC 也会在全球各个国家和地区、各大交易所的博弈中不断发展——至少目前看不到停止的迹象。

　　因此，全球各大证券交易所正在形成对全球 SPAC 产业的资金和人才的竞争，而各个国家和地区也在形成对全球 SPAC 产业的资金和人才的竞争。在这两种竞争的背景下我们来探讨美国的金融市场。如表 12 - 1 和表 12 - 3 所示，最近 10 年美国风险投资产业 90% 以上的退出渠道是并购退出（其中相当一部分被并购基金收购退出），但并购基金产业 90% 以上的退出渠道仍是并购。在私控领域的连续被并购或从风险基金的资产组合被出售而进入并购基金的资产组合，是由于从私控领域到公开市场股权领域的通道缺乏效率而导致上市公司的资本垄断所造成的吗？

　　在美国一家被收购的公司在 10 年内申请破产的可能性大约是非被并购公司的 10 倍，因为破产往往是高财务杠杆的结果，而不是持续经营的结果。连续被并购或从风险基金的资产组合到并购基金的资产组合，都产生了杠杆率过高的问题。因此，一个很重要的问题是，在私控领域的连续被并购或从风险基金的资产组合被出售而进入并购基金的资产组合，由此产生的相对普遍性的杠杆率过高的问题，SPAC 能否成为解决方案？

12.2　"穷人的私募股权""SPAC 黑手党"对上市公司资本垄断的解决方案

　　在现代 SPAC 模式成熟之后，第一个有影响力的理论将 SPAC 描述为"穷人的私募股权基金"。这是因为它们为普通投资者提供了在热门公司上市前参与收购的途径——这通常是为富人保留的特权。这个理论有一定意义，因为风险投资、杠杆并购以及国际并购等实际上早就对"穷人"关闭了大门，而快速增长的初创企业则在更长时间内保持私控。因此，SPAC 确实是为普通人提供了进行另类投资的途径。

　　然而，有一些 SPAC 的市场报告显示，对 SPAC IPO 的投资由一群对冲基金在主导，即为"SPAC 黑手党"。它们在 SPAC IPO 时投资，在初始并购之前交易 SPAC 股票，但在初始并购之前抛售或在初始并购时赎回期 SPAC 股票。

　　SPAC 的理论，当然不是如此简单的二分法。对资本市场本身，SPAC

也有其独特的意义。

12.2.1 对上市公司资本垄断的解放——风险投资和 SPAC 的未来

从 20 世纪 40 年代到 90 年代中期，IPO 是美国风险投资行业退出最常见的方式。从 20 世纪 90 年代末到 21 世纪，IPO 和并购业务并驾齐驱。但 21 世纪以来，IPO 作为风险投资退出的方式大幅下降，出售给战略买家或收购基金已成为风险投资退出的首选。2008 年以后，在美国 90% 以上的风险投资的退出途径是并购。实际上，60% ~ 65% 的风险投资最终的市盈率小于 1.0，而 25% ~ 35% 的风险投资以失败告终。此外，IPO 的中值和平均回报明显高于并购退出的回报，而并购退出的中值其实是亏损的（见图 12 - 1）。

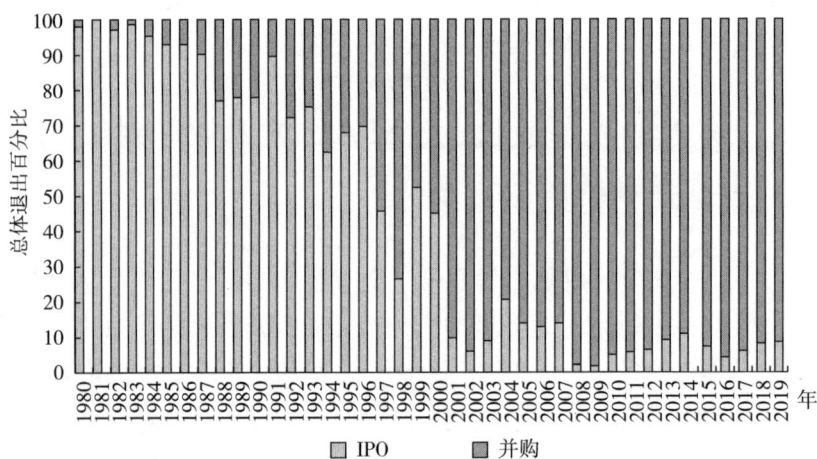

图 12 - 1　1980—2019 年美国风险投资基金退出的演化

（资料来源：NVCA 2010 and 2020 Yearbooks）

原因有很多。首先，由于近几十年来美国 IPO 成本上升，只有规模更大、历史更长的公司才有可能上市。因此，上市公司在上市前的发展历史也随之延长。如图 12 - 2 所示，1976—1997 年，美国上市公司上市前的发展期平均历史为 7.9 年，1998—2019 年，上市公司上市前的发展期为 10.8

年，有 37% 的增长。如果我们把第一个时期延长到互联网繁荣时期，从
1976—2000 年到 2001—2019 年，时间增加了近 50%。

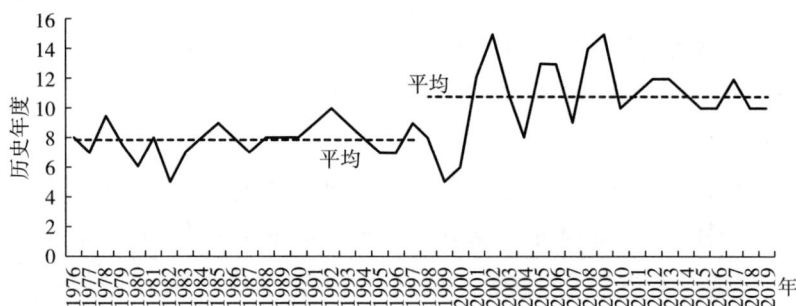

图 12 - 2　1976—2019 年美国 IPO 公司从创立到 IPO 平均年限的演化

［资料来源：Ritter J R（2020）］

其次，IPO 上市的动机发生了变化。如今，初创或发展期的公司不需要
从公开市场筹集资金，因为它们的资本密集度通常低于以前的公司。例如，
20 世纪 70 年代进行 IPO 的公司的毛利率、销售、一般和行政成本以及研发
费用都低于 21 世纪 IPO 的公司，它们的资本支出占销售额的百分比也更高。

再次，即使是那些处于竞争非常激烈的行业的公司也能够保持私控，
因为通过投后期的基金有大量私募资本可用。资本市场的基本情况是，初
始资金来自风投公司，这些风投公司在公司的早期阶段进行投资，而公司
在后期阶段继续获得资本支持。关键在于，企业的估值往往会随着公司的
成长而逐轮上升；换而言之，企业并不依赖销售额等估值。

最后，现在资本市场有一些比以前便捷的渠道和方式，让获得股权补
偿的员工可以出售其股份。在某些情况下，后续融资轮给了员工变现的
机会。

在私募市场中，价格发现受到阻碍。IPO 的"阳光"可能是消除估值过
高的最好"消毒剂"。2011—2019 年，大约三分之一上市公司的估值低于最
后一轮私募融资时的估值。不像大多数上市公司的普通股，所有股东都拥
有基本相同的权利，创业公司的股权类别可能有很大的不同。这些差异包
括 IPO 回报保证、对价格低于本轮 IPO 的否决，或资本结构优先级。延长私

控地位时间的另一个后果是，私募市场创造的财富更多，而公共市场创造的财富更少，而普通的个人投资者基本上被排除在这一财富来源之外。

尽管 IPO 数量下降，但许多风险投资家认为以公开市场为退出渠道是有吸引力的，因为上市公司具有问责制和透明度。SPAC 也自然而然地成为一个渠道。SPAC 这种模式对于风险投资行业的退出而言，还是有很大的潜力。因此，在良好的监管和充分的竞争的前提下，SPAC 可以连接私募市场和公开市场，打破一些非市场因素形成的垄断，与风险投资的 IPO 退出和并购退出这两种模式形成竞争。同时，全球各大证券交易所正在形成对全球 SPAC 产业的资金和人才的竞争，而各个国家行区也正在形成对全球 SPAC 产业的资金和人才的竞争。在这两种竞争的背景下，来考虑 SPAC 这种模式对于风险投资行业的退出渠道，具有更大的意义。

12.2.2　对资本垄断的解放——杠杆并购与 SPAC 未来

并购基金投资回报同样最终取决于成功的退出。在 20 世纪 70 年代和 80 年代，早期美国并购基金对资产组合的平均持有期超过 7 年，2008 年最低达 4 年，到 2019 年又逐渐上升至约 5.5 年。而在过去几十年里，并购基金退出的形式也发生了重大变化。在 20 世纪 70 年代和 80 年代，出售给另一家公司，即所谓的"战略买家"，约占退出交易的 33%，IPO 占 25%。出售给另一家收购公司或金融公司，即所谓的"金融买家"的二级市场交易，在退出的比例中不到 15%。近几十年来，对战略买家的销售一直保持相当稳定。但如图 12-3 所示，二级市场收购在退出交易中所占的比例显著上升，目前已占多数。通过 IPO 退出的企业越来越少。20 世纪 90 年代以来，美国并购行业的增长速度快于整个股权市场，并购基金公司通过交易公司之间的相互循环资金的频率更高，IPO 的数量也有所减少。

在良好的监管和充分的竞争的前提下，SPAC 可以连接私募市场和公开市场，打破一些非市场因素对并购基金退出而形成的资本垄断。因此，SPAC 市场或许会解决存在的问题。这是一项迅速成熟的业务，现在需要的是适当的平衡。这种交易是一种有效的方式，既可以节省时间，也可以避免传统 IPO 的麻烦。虽然会有起伏，但 SPAC 的初始并购可能成为一些公司

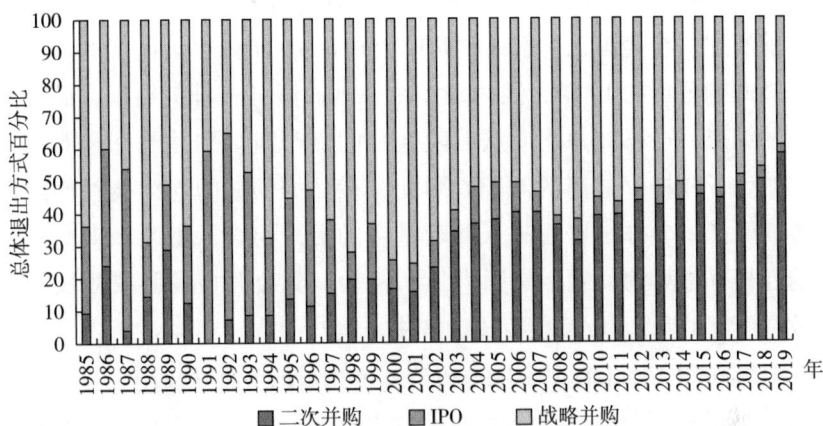

图 12 – 3　1985—2019 年美国杠杆并购退出渠道的演化

（资料来源：PitchBook）

上市的常规选择。它们还为较小的投资者提供初创企业的风险敞口，而以前只有专业人士（如风险投资家）才能获得这些敞口。

　　目前，全球各大证券交易所正在形成对全球 SPAC 产业的资金和人才的竞争，而各个国家和地区也正在形成对全球 SPAC 产业的资金和人才的竞争。在这两种竞争的背景下，考虑 SPAC 这种模式作为并购基金行业的退出渠道，具有更大的意义。

12.3　ESG 投资与 SPAC 未来

　　2021 年 4 月担任美国 SEC 主席以来，加里·詹斯勒一直在领导 SEC 制定一项雄心勃勃的规则。2021 年 6 月，SEC 公布了涉及 49 个领域的短期和长期监管立法或行动清单，其中 36 项在拟议规则阶段。相比之下，2020 年秋季议程上公布了 16 项拟议规则（总共 32 项），2020 年春季议程上公布了 19 项拟议规则（总共 43 项）。詹斯勒的会议议程包括许多热点话题，如 ESG 和多元化、内幕交易规则计划、SPAC 和增强股东民主等。ESG 和 SPAC 都在詹斯勒规则制订/修订的计划之内。SPAC 的健康发展，也离不开

ESG 投资，ESG 投资是 SPAC 未来的主要发展方向之一。

如前所述，在美国，一家被收购的公司在 10 年内申请破产的可能性大约是非被并购公司的 10 倍，因为破产往往是高财务杠杆的结果，而不是持续经营的结果。连续被并购或从风险基金的资产组合到并购基金的资产组合，都产生了杠杆率过高的问题。因此，在私控领域的连续被并购或从风险基金的资产组合被出售而进入并购基金的资产组合，由此产生的相对普遍性的杠杆率过高的问题，是因为从私控领域到公开市场股权领域的通道缺乏效率引起的吗？SPAC 能否成为解决方案？

SPAC 在 2019 年正在以金融危机前从未见过的疯狂速度增长着。然而从历史上看，SPAC 进入证券市场时没有什么比较优势，通常是通过价格优势来寻找交易，必须支付比企业买家和私募股权公司等杠杆投资者更高的价格。但金融市场变幻无常，传统的 IPO 举步维艰。但私募股权投资机构中充斥着大量需要退出的高杠杆公司。

但第 10 章讨论的 Vertiv 和 G S Acquisition Holding Corp. 初始并购的案例表明，SPAC 模式对金融市场的价值发现和资源配置可能是证券市场一块必要的拼图，特别是对被金融杠杆压制得失去了自我发展能力的目标公司而言。特别是目前在美国的金融市场上，在私控领域的连续被并购或从风险基金的资产组合被出售而进入并购基金的资产组合，由此产生的普遍性的杠杆率过高的问题，SPAC 确实可以成为一个解决方案——至少是解决方案的一部分。全球各大证券交易所正在形成对全球 SPAC 产业的资金和人才的竞争，而各个国家和地区也正在形成对全球 SPAC 产业的资金和人才的竞争。在这两种竞争的背景下，考虑 SPAC 这种模式对于美国一些杠杆率过高的公司治理结构的改善，其实是一种 ESG 投资的模式。

12.3.1　美国 SEC 的 ESG 立法计划

SEC 专注于增加和改善上市公司向投资者披露有关气候变化、人力资本、工作场所和董事会多样性的信息，这是 SEC 多数委员的一个优先项目。每当美国 SEC 提出这些新规则时，它们总会引起广泛听众的极大兴趣，并在公开评论、幕后游说和法庭上遭遇激烈的辩论。新规定将不可避免地出现在各种合同条款中，包括并购协议。

在詹斯勒主席的领导下，SEC 规则制定的最初目的可能是为 ESG 披露奠定基础。华尔街也应当期待当前 SEC 有更多的 ESG 规则制定，随后也会对之前的规则制定进行修正，以建立一个不断发展的 ESG 监管制度。SEC 可能继续遵循 2021 年 8 月批准 NSADAQ 规则变更的方式来发展其 ESG 监管制度，即 NSADAQ 关于公司董事会多元化的新规定，上市规则第 5605（f）条。该规则要求大多数 NSADAQ 上市公司要么在董事会中包含至少两名"多样化董事"，要么公开解释不这么做的原因。上市规则第 5605（f）条的"多样化"意味着至少一名自我认同的女性董事和一名自我认同的少数族裔或 LGBTQ（性少数者）董事。通过将新规则构建为"服从或解释"，而不是规定特定的董事会组成，可以认为，NSADAQ 上市公司的董事会实际并没有被强制要求多样化。

美国 SEC 未来的 ESG 规则制定可能遵循这种结构，不仅为了减少反对意见，还为了限制在法庭上遭受尴尬挫折的可能性。在过去 10 年左右的时间里，由于 SEC 被认为缺乏严格的数据分析，华盛顿特区联邦巡回上诉法院（Circuit Court of Appeals）高调地推翻了一些 SEC 制定的规则。

当 SEC 最终涉足 ESG 监管领域时，它将把重点放在收集数据和评估被要求申报企业的合规负担上。它可能要求企业要么披露更多与 ESG 相关的信息，要么解释为什么没有这样披露。新规则还可能试图遏制投资顾问和基金的"漂绿"行为，因为一些投资顾问和基金试图把自己的投资描述为比现实具有更多的 ESG 属性。

12.3.2　SPAC 与 ESG 的最新进展

近年来，投资者在进行投资决策时越来越重视 ESG 因素。他们要么寻找气候、劳动力发展和董事会相关记录优越的公司，要么避开那些在这些领域表现不佳的公司。重要的是，ESG 的倡议为企业创造了切实的价值，无论是通过吸引更多越来越有可持续发展意识的客户，还是通过向决策者施压要求企业承担更多社会责任、阻止政府的干预。由于这些基金的表现被认为优于整体市场，投资已经大量涌入以 ESG 为重点的基金。

2021 年，ESG 因素成为并购市场的主流，SPAC 交易也不例外。《金融时报》2020 年 12 月的一份报告奠定了基调：令人震惊的是，"83% 的企业领导人表示，在未来 12 ~ 24 个月内，ESG 因素将对并购决策变得越来越重要"。事实上，对于一些交易来说，"改善公司的 ESG 形象可能是交易战略基础背后的主要驱动因素"。

但是，至少目前大多数 SPAC 交易并不以 ESG 为重点。在 2020 年 1 月 1 日至 2021 年 8 月 27 日，宣布了 292 起 SPAC 合并，其中只有 65 家企业的 ESG 主题。然而，以 ESG 为重点的 SPAC 初始并购后存续企业的股价远远超过非 ESG 组合；以 ESG 为主题的 SPAC 初始并购，已完成的平均回报率远高于非 ESG SPAC 初始并购。许多以 ESG 导向的 SPAC 的目标都是气候变化方面的：电动汽车和电池制造商，以及可再生能源公司等。

随着对 ESG 投资机会的需求逐渐超过了供给，在可持续发展投资和责任投资领域，SPAC 模式将会占有重要地位。如果各国的监管机构能够重视并有效率地加强 ESG 的推动和监管，加上相互配合，SPAC 就会慢慢地从一种有争议的融资方式转变为一种更加主流的融资方式。

参考文献

［1］ ACKMAN W A. Notice of Filing of Proposed Rule Change Proposing to Adopt Listing Standards for Subscription Warrants Issued by a Company Organized Solely for the Purpose of Identifying an Acquisition Target（SR – NYSE – 2021 – 45）［Z/OL］.（2021. 09. 26）［2022 – 05 – 19］. https：//www. sec. gov/comments/sr – nyse – 2021 – 45/srnyse202145 – 9287412 – 259149. pdf.

［2］ Allen & Overy LLP. The Journey to De – SPACing and Beyond Key securities law considerations for former SPACs［D/OL］. Allen & Overy LLP, 2020 ［2022 – 08 – 23］. https：//www. allenovery. com/en – gb/global/news – and – insights/publications/the – journey – to – de – spacing – and – beyond – key – securities – law – considerations – for – former – spacs.

［3］ ALVES P , CUNHA M R, PACHECO L K, PINTO J M. How Banks Price Loans for LBOs：an Empirical Analysis of Spread Determinants［J］. Journal of Financial Services, 2021 （2021 – 05 – 24）［2022 – 08 – 23］. https：//doi. org/10. 1007/s10693 – 021 – 00355 – y.

［4］ AUTORE D M, KOVACS T. Equity Issues and Temporal Variation in Information Asymmetry［J］. Journal of Banking & Finance, 2010, 34（1）：12 – 23.

［5］ AYASH B, RASTAD M. Leveraged Buyouts and Financial Distress ［J］. Finance Research Letters, 2021, 38（2021 – 01 – 22）［2022 – 08 – 23］. https：//doi. org/10. 1016/j. frl. 2020. 101452.

［6］ AYDOGDU M, SHEKHAR C, TORBEY V, Shell Companies as IPO Alternatives：an Analysis of Trading Activity around Reverse mergers［J］. Applied Financial Economics, 2007, 17（16）：1335 – 1347.

[7] BAI J, MA A, ZHENG M. Segmented Going – Public Markets and the Demand for SPACs [R/OL]. (2021 – 09) [2022 – 05 – 19]. https: // scholar. harvard. edu/files/angelama/files/bai _ ma _ zheng _ sep2021. pdf.

[8] BALANKIN I A. An Analysis of the Effect of Transaction Strategy on Leveraged Buyout Returns [J]. Finance and Credit, 2021, 27 (7): 1672 – 1690.

[9] BANNIER C E, EWELT – KNAUER C, KHALED M A, KöLLING J. The Symmetry and Asymmetry of Bidder and Target Termination Fees in Acquisitions [J/OL]. Accounting, Economics, and Law: A Convivium, 2021 (2021 – 09 – 17) [2022 – 08 – 23]. www. degruyter. com/document/doi/10. 1515/ael – 2020 – 0049/html.

[10] BASNAGE J M, CURTIN III W J, RUBIN J W. Cross – border Tender Offers and Other Business Combination Transactions and the U. S. Federal Securities Laws: An Overview [J]. The Business Lawyer, 2006, 61 (3): 1071 – 1133.

[11] BERGER R. SPACS: An Alternative Way to Access the Public Markets [J]. Journal of Applied Corporate Finance, 2008, 20 (3): 68 – 75.

[12] BLOMKVIST M, NOCERA G, VULANOVIC M. Who Are the SPAC CEOs? Corporate Government & Management e – Journal [R/OL]. (2021 – 03 – 21) [2022 – 05 – 19]. https: //papers. ssrn. com/sol3/papers. cfm? abstract _ id = 3803665

[13] Bosa Italiana. AIM Italia Note for Investing Companies [D/OL]. Bosa Italiana, 2021 [2022 – 08 – 23]. https: //www. borsaitaliana. it/borsaitaliana/ regolamenti/euronext – growth – milan/03 – noteforinvestingcompanies – 03082021. en. pdf.

[14] BOYER C, BAIGENT G G. SPACs as Alternative Investments: An Examination of Performance and Factors that Drive Prices [J]. The Journal of Private Equity, 2008, 11 (3) : 8 – 15.

[15] BRODMANN J, DANSO C, JORY SR, THANH NGO. The Value

Added by Private Equity in Mergers and Acquisitions by Financial Institutions [J]. Applied Economics, 2021, 53 (51): 5898 – 5916.

[16] BRONHEIM J M, GOLDBERG – DARMON M, ROE B J, MATHIAS D H. European SPACs – Following in America's Footsteps? [D/OL] Cohen & Gresser LLP, 2021 [2022 – 08 – 23]. https://www.cohengresser.com/app/uploads/2021/05/European – SPACs – Following – in – Americas – Footsteps. pdf.

[17] CAQ. CAQ Alert: Auditor and Audit Committee Considerations Relating to Special Purposes Acquisition Company (SPAC) Initial Public Offerings and Mergers [R/OL]. [2022 – 05 – 19]. https://www.thecaq.org/wp – content/uploads/2021/05/caq _ alert – 2021 – 01 – SPACs _ 2021 – 05. pdf.

[18] CASTELLI T. Not Guilty by Association: Why the Taint of their "Blank Check" Predecessors Should Not Stunt The Growth of Modern Special Purpose Acquisition Companies [J]. Boston College Law Review, 2009, 50 (1): 237 – 275.

[19] CHEMMANUR T J, FULGHIERI P. Why Include Warrants in New Equity Issues? [J]. Journal of Financial and Quantitative Analysis, 1997, 32 (1): 1 – 24.

[20] CHEMMANUR T J, HULL T J, KRISHNAN K. Cross – Border LBOs, Human Capital, and Proximity: Value Addition through Monitoring in Private Equity Investments [J]. Journal of Financial and Quantitative Analysis, 2020, 56 (3): 1 – 84.

[21] CIZMOVIC M, LAKICEVIC M, VULANOVIC M. Unit IPOs: A Case of Specified Purpose Acquisition Companies (SPACs) [J]. Montenegrin Journal of Economics, 2013, 9 (1): 45 – 52.

[22] COATES J C. SPAC Law and Myths [D]. Harvard Law School, 2022.

[23] Complaint: GEORGE ASSAD, Derivatively on Behalf of Pershing Square Tontine Holdings, LTD., Plaintiff, v. Pershing Square Tontine Holdings, LTD., Nominal Defendant, V. Pershing Square TH Sponsor, LLC, Lisa Gersh,

Michael Ovitz, Jacqueline D. Reses, Joseph S. Steinberg, Pershing Square, L. P. , Pershing Square International, LTD. , and Pershing Square Holdings, LTD. , Defendants. In the United States District Court for the Southern District of New York [Z/OL]. (2021 - 08 - 17) [2022 - 05 - 19]. https://www. dandodiary. com/wp - content/uploads/sites/893/2021/08/Pershing - Square - complaint. pdf.

[24] Congressional Research Services. SPAC IPO: Background and Policy Issues [D/OL]. Congressional Research Services, 2021 [2022 - 8 - 23]. https://crsreports. congress. gov/product/pdf/IF/IF11655.

[25] CUMMING D, HAβ L H, SCHWEIZER D. The Fast Track IPO - Success Factors for Taking Firms Public with SPACs [J]. Journal of Banking and Finance, 2014, 47: 198 - 213.

[26] CUMMING D, JOHAN S. Oxford Handbook of IPOs [M]. Oxford: Oxford University Press, 2019.

[27] DATAR V T, EMM E E, INCE U. Going Public through the Back Door: A Comparative Analysis of SPACs and IPOs [J]. Banking & Finance Review, 2012, 4 (1): 17 - 36.

[28] Deal Point Data. Special Purpose Acquisition Company (SPAC) Market Study 2021 Year - End Update & Review [D/OL]. Deal Point Data 2022 [2022 - 08 - 23]. https://www. dealpointdata. com/res/dealpointdata _ spac _ study _ full _ year _ 2021. pdf.

[29] Debevoise & Plimpton LLP. Delaware Court Holds de - SPAC Transaction Subject to Entire Fairness [D]. Debevoise & Plimpton LLP, 2022 [2022 - 08 - 23]. https://www. debevoise. com/insights/publications/2022/01/delaware - court - holds - despac - transaction .

[30] Deloitte & Touch LLP. A Roadmap to Accounting for Contracts on an Entity's Own Equity [Z]. Deloitte & Touche LLP, 2020.

[31] Deloitte & Touch LLP. How to plan for the first days as a public company after a SPAC merger [Z]. Deloitte & Touche LLP, 2021.

［32］ Deloitte & Touch LLP. M&A Tax Talk：Private equity insights IPOs and the resurgence of SPACs［Z］. Deloitte & Touche LLP, 2020.

［33］ Deloitte & Touch LLP. Private – Company CFO Considerations for SPAC Transactions［Z］. Deloitte & Touche LLP, 2020.

［34］ Deloitte & Touch LLP. Special – purpose Acquisition Company （SPAC）［Z］. Deloitte & Touche LLP , 2021.

［35］ Deloitte & Touch LLP. Accounting and SEC Reporting Considerations for SPAC Transactions［Z］. Deloitte & Touche LLP, 2021.

［36］ DIMITROVA L. Perverse Incentives of Special Purpose Acquisition Companies, the "Poor Man's Private Equity Funds"［J］. Journal of Accounting & Economics, 2017, 63 （1）：99 – 120.

［37］ DREXLER M, MENDELSSOHN I. Direct Investing by Institutional Investors：Implications for Investors and Policy Makers［D/OL］. World Economic Forum in collaboration with Oliver Wyman, 2014 ［2022 – 08 – 23］. https：// www3. weforum. org/docs/WEFUSA _ DirectInvestingInstitutionalInvestors. pdf.

［38］ DUFF & PHELPS. Valuation Insights SPECIAL SPAC EDITION, SECOND QUARTER［D/OL］. Duff & Phelps, A Kroll Business, 2021 ［2022 – 08 – 23］. https：//www. kroll. com/ – /media/assets/pdfs/publications/valuation/valuation – insights/valuation – insights – second – quarter – 2021. pdf .

［39］ EGAN M, FUNG B （CNN）. Trump SPAC's Stock Nears Record High after His App Debuts to Mixed Reviews［N/OL］. （2022 – 2 – 23）［2022 – 05 – 19］. https：//edition. cnn. com/2022/02/23/investing/trump – spac – truth – social/index. html.

［40］ ERICSON B A, BERMAN A M, AMDUR S B. The SPAC Explosion：Beware the Litigation and Enforcement Risk ［D］. Pillsbury Winthrop Shaw Pittman LLP, Harvard Law School Forum on Corporate Governance, 2011.

［41］ Ernst & Young LLP, SEC in Focus Quarterly summary of current SEC activities［D］. Ernst & Young LLP, 2021.

［42］ Ernst & Young LLP. Business Combination, Financial Reporting Developments: A Comprehensive Guide [D]. Ernst & Young LLP, 2021.

[43] Ernst & Young LLP. SEC Financial Reporting Series, 2021 Proxy Statements, An Overview of the Requirements and Observations about Current Practice [D]. Ernst & Young LLP, 2021.

[44] Ernst & Young LLP. Technical Line Navigating: the Requirements for Merging with a Special Purpose Acquisition Company [D]. Ernst & Young LLP, 2021.

[45] FINRA. Guidance on Special Purpose Acquisition Companies, Regulatory Notice, 08 – 54 [D/OL]. FINRA, 2008 [2022 – 8 – 23]. https://www. finra. org/sites/default/files/NoticeDocument/p117208. pdf.

[46] FLOROS I A, TRAVIS R A. Shell games: On the Value of Shell Companies [J]. Journal of Corporate Finance, 2011, 17 (4), 850 – 867.

[47] Freshfields. 2020 De – SPAC Debrief: A Comprehensive Review of All de – SPAC Transactions that Closed in 2020 [Z]. Freshfields Bruckhaus Deringer US LLP, 2021.

[48] GIGANTE G, CONSO A, BOCCHINO E M. SPAC from the US to Italy: An Evolving Phenomenon [M]. Italy: Egea Editore, 2020.

[49] GULLIFER L, PAYNE J. Corporate Finance Law: Principles and Policy, 3rd Edition [M]. London: Hart Publishing, 2020.

[50] HALE L M. SPAC: A Financing Tool with Something for Everyone [J]. Journal of Corporate Accounting & Finance, 2007, 18 (2): 67 – 74.

[51] HAMMER B, JANSSEN N, SCHWETZLER B. Cross – border Buyout Pricing [J]. Journal of Business Economics, 2021, 91 (5): 705 – 731.

[52] HEYMAN D K. From Blank Check to SPAC: the Regulator's Response to the Market, and the Market's Response to the Regulation [J]. Entrepreneurial Business Law Journal, 2007, 2 (1): 531 – 552.

[53] HKEX. Consultation Paper, Special Purpose Acquisition Companies [D/OL]. HKEX, 2021 [2022 – 08 – 23]. https://www. hkex. com. hk/ – /media/HKEX – Market/News/Market – Consultations/2016 – Present/September –

2021 – Special – Purpose – Acquisition – Co/Consultation – Paper/cp202109. pdf? la = en.

[54] HOLLENDER V. Selected Tax Issues Involving Blank Check Companies [Z/OL]. TAX NOTES, 2018 [2022 – 08 – 23]. https：// www. skadden. com/ – /media/files/publications/2018/04/selectedtaxissuesinvolvingblankcheckcompanies. pdf.

[55] HOQUE F, VOORHES M. Unleashing the Potential of US Foundation Endowments [D/OL]. US SIF Foundation, 2014 [2022 – 08 – 23]. https： // www. ussif. org/files/Publications/unleashing _ potential. pdf.

[56] HOULIHAN LOKEY. SPAC Securities Valuation [D]. Houlihan Lokey, 2021.

[57] HUSKINS P C. Why More SPACs Could Lead to More Litigation and How to Prepare [D]. A. B. A. Business Law Today, 2020 [2022 – 08 – 23]. https：//businesslawtoday. org/2020/06/spacs – lead – litigation – prepare/.

[58] IGNATYEVA E, RAUCH C, WAHRENBURG M. Analyzing European SPACs [J]. Journal of Private Equity. 2013, 17 (1)：64 – 79.

[59] Investment Company Institute. 2019 Investment Company Fact Book [Z]. Investment Company Institute, 2019.

[60] Investment Company Institute. 2020 Investment Company Fact Book：Review of Trends and Activities in the Investment Company Industry [Z]. Investment Company Institute, 2020.

[61] Investment Company Institute. 2021 Investment Company Fact Book：Review of Trends and Activities in the Investment Company Industry [Z]. Investment Company Institute, 2021.

[62] JENKINSON T, SOUSA M. Why SPAC Investors Should Listen to the Market [J]. Journal of Applied Finance, 2009, 21 (2)：38 – 57.

[63] JOHNSON C J, MCLAUGHLIN J, HAUETER E S. Corporate Finance and the Securities Laws, 6th Edition [M]. New York：Wolters Kluwer, 2019.

[64] KIM H, KO J, JUN C. Going Public through Mergers with Special

Purpose Acquisition Companies [J]. International Review of Finance, 2020, 21 (3): 742 - 768.

[65] KLAUSNER M, OHLROGGE M, RUAN E. A Sober Look at SPACs [J]. Yale Journal on Regulation, 2022, 39: 228 - 303.

[66] KLEIN E, SCHWARTZ A. Investing in a SPAC [D]. Schulte Roth & Zabel LLP. Harvard Law School Forum on Corporate Governance, 2020.

[67] KLIEGMAN M. Continuity of Business Enterprise in SPAC Transactions, Bloomberg Tax, Tax Management Memorandum [D/OL]. Akin Gump Strauss Hauer & Feld LLP, 2021 [2022 - 08 - 23]. https://www. akingump. com/a/web/xbw58LV3SKTojNXYRSouMi/62 _ tmm _ 10 _ kliegman - article - pdf - 004. pdf.

[68] KOLB J, TYKVOVá T. Going Public via Special Purpose Acquisition Companies: Frogs Do Not Turn into Princes [J]. Journal of Corporate Finance, 2016, 40: 80 - 96.

[69] LAI S J, PU X L. Mispricing or Growth? An Empirical Analysis of Acquisition Premium [J]. Finance Research Letters, 2020, 37 (C): 101359.

[70] LAJOUX A R, Capital Expert Services. The Art of M&A,: A Merger, Acquisition, and Buyout Guide, 5th Edition [M]. New York: McGraw Hill, 2019.

[71] LAKICEVIC M, SHACHMUROVE Y, VULANOVIC M. Institutional Changes of Specified Purpose Acquisition Companies (SPACs) [J]. The North America Journal of Economics and Finance , 2014, 28: 149 - 169.

[72] LAKICEVIC M, VULANOVIC M. A Story on SPACs [J]. Managerial Finance, 2013, 39 (4): 384 - 403

[73] LAYNE R, LENAHAN B. Update on Special Purpose Acquisition Companies [D]. Vinson & Elkins LLP, 2020. Harvard Law School Forum on Corporate Governance (2021 - 10 - 03) [2022 - 8 - 23]. https: //corpgov. law. harvard. edu/2021/10/03/spac - momentum - continues - in - europe/.

[74] LEVITT M, AUSTIN M, GLESKE C. SPAC Momentum Continues in

Europe［D/OL］. Freshfields Bruckhaus Deringer LLP，2021.

［75］LOEB and LOEB LLP. Letter to SEC Re：Rule 419 and Rule 3a51 – 1［D/OL］. Loeb and Loeb LLP，2020［2022 – 08 – 23］. https：// www. sec. gov/rules/petitions/2020/petn4 – 768. pdf.

［76］MAGNAS J R. A New SPAC Structure May Lead to Renewed Interest in SPAC Offerings［R］. Bloomberg Law Reports，2011.

［77］MAUBOUSSIN M J，CALLAHAN D. Public to Private Equity in the United States：A Long – Term Look，Counterpoint Global Insights［Z］. Morgan Stanley Investment Management，2020.

［78］MCKENZIE B. Global LBO Guide［Z］. Baker & McKenzie International，2017.

［79］MCKENZIE B. SPACs cross the Atlantic［Z］. Baker McKenzie International，2020.

［80］Memorandum of Law in Opposition to Defendants' Motion to Dismiss，George Assad，Directly on Behalf of Himself and All Others Similarly Situated，and Derivatively on Behalf of Go Acquisition Corp. ，Plaintiff，V. Go Acquisition Corp. ，Nominal Defendant，V. Go Acquisition Founder LLTC. ，Noam Gottesman，M. Gregory O'Hara，Jeremy Isaacs，Gilbert Ahye，And Norma Corio，Defendants. In the United States District Court for the Southern District of New York，Case No. 21 – cv – 07076（JPO）［Z/OL］.（2021 – 10 – 25）［2022 – 05 – 19］. https：//fingfx. thomsonreuters. com/gfx/legaldocs/znvnezwykpl/frankel – spac40Act –– goMTDopposition. pdf.

［81］Memorandum of Law in Support of Defendants' Motion to Dismiss the Complaint，George Assad，Directly on Behalf of Himself and All Others Similarly Situated，and Derivatively on Behalf of E. Merge Technology Acquisition Corp. ，Plaintiff，– V – E. Merge Technology Acquisition Corp. ，Nominal Defendant，– V – E. Merge Technology Sponsor LLC，S. Steven Singh，Jeff Clarke，Guy Gecht，Shuo Zhang，David Ibnale，Curtis Feeny，Alex Vieux And Steven Fletcher，Defendants. In The United States District Court for the Southern District Of New

York, Case No. 21 – cv –07072 (JPO) [D/OL]. (2021 –10 –12) [2022 –05 – 19]. https: //fingfx. thomsonreuters. com/gfx/legaldocs/akpezabdxvr/frankel – spac40Act – – emergeMTD. pdf.

[82] MERKEL E W, ROSSMAN A, TIMMONS B, et al. Litigation Risk in the SPAC World [D/OL]. Quinn Emanuel Trial Laws. (2020 –09 –30) [2022 – 05 – 19]. https: //www. quinnemanuel. com/the – firm/publications/litigation – risk – in – the – spac – world/.

[83] MUN J. Real Options Analysis: Tools and Techniques for Valuing Strategic Investments and Decisions with Integrated Risk Management and Advanced Quantitative Decision Analytics [M]. New York: ROV Press, 2016.

[84] MURRAY J. Innovation, Imitation and Regulation in Finance: The Evolution of Special Purpose Acquisition Corporations [J]. Review of Integrative Business and Economics Research, 2017, 6 (2): 1 –27.

[85] NAPOLI F. Corporate Governance and Firm Network: An Empirical Research Based on Italy [J]. Corporate Ownership & Control, 2018, 15 (2 – 1): 231 –247.

[86] NIESAR G V, NIEBAUER D M. The Small Public Company after the Penny Stock Reform Act of 1990 [J]. Securities Regulation Law Journal, 1992, 20 (3): 227 –269.

[87] PitchBook. Uncertainty Clouds Future for SPACs SPAC market update Q3 2021 [D]. PitchBook, 2021.

[88] Prospectus. What's next for IPOs? More Nasdaq SPAC listings [N/ OL]. (2017 –09 –05) [2022 –05 – 19]. https: //www. prospectus. com/nasdaq – blank – check – companies – ipo – spac/.

[89] RADER B, BURCA S D. SPACs: A Sound Investment or Blind Leap of Faith? [J]. Journal of Taxation of Financial Products, 2006, 6 (2): 2 –7.

[90] Recommendations of the Investor as Purchaser and Investor as Owner Subcommittees of the SEC Investor Advisory Committee regarding Special Purpose Acquisition Companies, Draft as of August 26, 2021 to be discussed at the Sep-

tember 9, 2021 Meeting of the Investor Advisory Committee [R/OL]. (2021 –
09 –9) [2022 –05 –19]. https: //www. sec. gov/spotlight/investor – advisory –
committee –2012/draft – recommendation – of – the – iap – and – iao – subcommit-
tees – on – spacs –082621. pdf.

[91] RIEMER D S. Special Purpose Acquisition Companies: SPAC and
SPAN, or Black Check Redux? [J]. Washington University Law Review, 2007,
85 (4) : 931 –967.

[92] RIVA P R. Accounting for Debt Restructuring in the Current Crisis: I-
talian Experience by Italian Legal Conditions [D]. The 6th International Confer-
ence, The Changing Economic Landscape: Issues, Implications and Policy Op-
tions, 2013 [2022 –08 –23]. https: //hrcak. srce. hr/file/196582.

[93] RIVA P, PROVASI R C M. Legal Account Auditing in the Corporate
System of Chinese Listed Companies: Relevance and Implications [J]. Corporate
Ownership & Control, 2014, 11 (3 –1): 336 –348.

[94] RIVA P, PROVASI R L M. Evidence of the Italian Special Purpose
Acquisition Company [J]. Corporate Ownership & Control, 2019, 16 (4): 66 –
76.

[95] RODRIGUES U, STEGEMOLLER M. Exit, Voice, and Reputation:
The Evolution of SPACS [J/OL]. Delaware Journal of Corporate Law. 2013, 37:
849 –927.

[96] RODRIGUES U. SPACs and the JOBS Act [J]. Harvard Business
Law Review Online, 2012: 17 –21.

[97] SCAFARTO V, RICCI F, CORTE G D, LUCA P D. Board Structure,
Ownership Concentration and Corporate Performance: Italian Evidence [J]. Cor-
porate Ownership & Control, 2017, 15 (1 –2): 347 –359.

[98] SCHELL J M, KOREN K M, Endreny P L. Private Equity Funds:
Business Structure and Operations (Corporate Securities Series) [M]. New
York: Law Journal Press, 2020.

[99] Schulte Roth & Zabel LLP. SPAC Litigation Alert: CEO of Acquisition

Target Charged in First Criminal Indictment Connected to a De – SPAC Transaction [D/OL]. Schulte Roth & Zabel LLP, 2021 [2022 – 08 – 23]. https://www. srz. com/resources/spac – litigation – alert – ceo – of – acquisition – target – charged – in – first. html.

[100] SCHUMACHER B. New Development in Private Equity: The Rise and Progression of Special Purpose Acquisition Companies in Europe and Asia [J]. Northwestern Journal of International Law & Business, 2020, 40 (3): 391 –416.

[101] SG ANALYTICS. SPACs Sunshine or a Flash of Lightning [Z]. SG Analytics, 2020.

[102] SHACHMUROVEA Y, VULANOVIC M. Specified Purpose Acquisition Companies in Shipping [J]. Global Finance Journal, 2015, 26: 64 –79.

[103] SHACHMUROVEA Y, VULANOVIC M. US SPACs with a Focus on China [J]. Journal of Multinational Financial Management, 2017, 39: 1 –18.

[104] SJOSTROM JR W K. The Truth about Reverse Mergers [J]. Entrepreneurial Business Law Journal, 2008, 2 (2): 743 –759.

[105] STANFIELD J. Skill, syndication, and performance: Evidence from leveraged buyouts [J]. Journal of Corporate Finance, 2020, 65 (2020 – 12 – 15) [2022 –08 –23]. https://doi. org/10. 1016/j. jcorpfin. 2019. 101496.

[106] Total Spectrum, Steve Gordon & Associates. What You Need to Know about the New Rules for SPACs [D/OL]. Steve Gordon & Associates , 2021 [2022 – 08 – 23]. https://totalspectrumsga. com/files/content/articles/20210611 _ WYNTKA _ The _ New _ Rules _ for _ SPACs. pdf.

[107] TRIGEORGIS L. Real Options: Managerial Flexibility and Strategy in Resource Allocation [M]. Boston: The MIT Press, 1996.

[108] VARANT YEGPARIAN AND SCHIFFER HICKS JOHNSON. Are SPACs Going to Lose Their Safe Harbor? [R/OL]. (2021 – 08 – 04) [2022 – 05 –19]. https://www. jdsupra. com/legalnews/are – spacs – going – to – lose – their – safe –5692462/.

［109］ VULANOVIC M. SPACs：Post－merger survival ［J］. Managerial Fi-nance，2017，43（6）：679－699.

［110］ XIU J，DAUGHNEY B C. China Targeted M&A Re－Emerges in SPAC World. New York Law Journal ［N/OL］. （2018－10－26）［2022－05－19］. https：//beckerlawyers. com/wp － content/uploads/2018/10/JieXiu－BrianDaughney－NYLJ－20181029. pdf.